LE COLLÈGE SACERDOTAL AVESTIQUE
ET SES DIEUX

BIBLIOTHÈQUE DE L'ÉCOLE DES HAUTES ÉTUDES
SCIENCES RELIGIEUSES

VOLUME
195

Illustration de couverture : l'ossuaire de Mollakurgan montrant dans la partie inférieure le feu sacré et deux prêtres zoroastriens officiants sur les deux côtés. VIIe siècle, musée d'Afrasiab, Samarcande (Document Frantz GRENET, collection particulière).

LE COLLÈGE SACERDOTAL AVESTIQUE ET SES DIEUX

Aux origines indo-iraniennes d'une tradition mimétique

(Mythologica Indo-Iranica II)

Antonio C. D. Panaino

BREPOLS

Collection

« Bibliothèque de l'École des Hautes Études, Sciences religieuses »

Cette collection, fondée en 1889 et riche d'environ deux cents volumes, reflète la diversité des enseignements et des recherches menés au sein de la section des Sciences religieuses de l'École pratique des hautes études – PSL (Paris, Sorbonne). Dans l'esprit de la section qui met en œuvre une étude scientifique, laïque et pluraliste des faits religieux, on retrouve dans cette collection tant la diversité des religions et aires culturelles étudiées que la pluralité des disciplines pratiquées : philologie, archéologie, histoire, philosophie, anthropologie, sociologie, droit. Avec le haut niveau de spécialisation et d'érudition qui caractérise les études menées à l'EPHE, la collection *Bibliothèque de l'École des Hautes Études, Sciences religieuses* aborde aussi bien les religions anciennes disparues que les religions contemporaines, s'intéresse aussi bien à l'originalité historique, philosophique et théologique des trois grands monothéismes – judaïsme, christianisme, islam – qu'à la diversité religieuse en Inde, au Tibet, en Chine, au Japon, en Afrique et en Amérique, dans la Mésopotamie et l'Égypte anciennes, dans la Grèce et la Rome antiques. Cette collection n'oublie pas non plus l'étude des marges religieuses et des formes de dissidences, l'analyse des modalités mêmes de sortie de la religion. Les ouvrages sont signés par les meilleurs spécialistes français et étrangers dans le domaine des sciences religieuses (enseignants-chercheurs à l'EPHE, anciens élèves de l'École, chercheurs invités).

Directeurs de la collection : Mohammad Ali AMIR-MOEZZI, Ivan GUERMEUR

Éditeurs : Morgan GUIRAUD, Cécile GUIVARCH, Anna WAIDE

Comité de rédaction : Andrea ACRI, Constance ARMINJON, Jean-Robert ARMOGATHE, Samra AZARNOUCHE, Marie-Odile BOULNOIS, Marianne BUJARD, Vincent GOOSSAERT, Andrea-Luz GUTIERREZ-CHOQUEVILCA, Patrick HENRIET, Christian JAMBET, Vassa KONTOUMA, Séverine MATHIEU, Gabriella PIRONTI, François de POLIGNAC, Ioanna RAPTI, Jean-Noël ROBERT, Arnaud SÉRANDOUR, Judith TÖRZSÖK, Valentine ZUBER

Les ouvrages publiés dans cette collection ont été soumis à une évaluation par les pairs à simple insu, par un membre spécialiste du comité éditorial et un spécialiste externe.
Method of peer review: single-blind undertaken by a specialist member of the Board and an external specialist.

© 2022, Brepols Publishers n.v., Turnhout, Belgium.

All rights reserved. No part of this publication may be reproduced, stored in a retrieval system, or transmitted, in any form or by any means, electronic, mechanical, photocopying, recording, or otherwise without the prior permission of the publisher.

D/2022/0095/333
ISBN 978-2-503-60241-7
e-ISBN 978-2-503-60243-1
ISSN 1784-2727
E-ISSN 2565-9324
DOI 10.1484/M.BEHE-EB.5.131560

Printed in the EU on acid-free paper.

À la mémoire de
Gherardo Gnoli

> […]
> *ut te postremo donarem munere mortis*
> *et mutam nequiquam alloquerer cinerem,*
> *quandoquidem fortuna mihi tete abstulit ipsum*
> […]
> *accipe fraterno multum manantia fletu,*
> *atque in perpetuum, frater, ave atque vale.*
>
> Catullus, *Carmina* CI

ABRÉVIATIONS

ADA	Avestan Digital Archive
Āp.	*Āpastamba Śrauta Sūtra*
ĀŚS.	*Āśvalayana Śrauta Sūtra*
Āśv.	*Āśvalayana*
arm.	arménien
av.	avestique
av.r.	avestique récent
él.	élamite
Fr.W.	*Fragments Westergaard*
gr.	grec
GY.	*Yasna* selon la numérotation de Geldner
i.-e.	indo-européen
lat.	latin
MHD	*Mādayān ī Hazār Dādestān*
Mī.	*Mīmāmsāsūtra* de Jaimini
m.p.	moyen-perse
N.	*Nērangestan*
parth.	parthe
pehl.	pehlevi
pers.	persan
ṚV.	*Ṛgveda*
skt.	sanskrit
sogd.	sogdien
v.av.	vieil-avestique
Vd.	*Vidēvdād*
véd.	védique
Vr.	*Visprad*
VrS.	*Visprad Sāde*
Vyt.	*Vištāsp Yašt*
Y.	*Yasna*
Yt.	*Yašt*

INTRODUCTION

U N HEUREUX HASARD a voulu que des références éparses concernant la composition de l'équipe sacerdotale du rituel avestique aient été préservées dans la littérature mazdéenne[1]. C'est en particulier le passage de *Visprad* 3,1-2 [= *VrS*. 11,9-12] qui nous donne la description essentielle du collège sacerdotal, composé de sept prêtres-assistants subordonnés, installés par le *zaōtar*- (véd. *hótr̥*-; indo-iranien *jhau̯tar*-)[2], c'est-à-dire par le chef de ce collège. Par le mot « collège », j'entends simplement un groupe de prêtres œuvrant dans le contexte liturgique du *Paragṇā* (cérémonie préparatoire célébrée avant le début[3] du *Yasna*) ou d'autres rituels mazdéens, mais

---

1. Pour des raisons pratiques, j'ai préféré donner les titres pehlevis des liturgies avestiques selon l'orthographe la plus courante dans le monde académique français : *Vidēvdād, Visprad, Vištāsp Yašt*, etc., à la place de *Widēwdād, Wisprad* ou *Wištasp Yašt*. Les sources pehlevies, au contraire, ont été éditées selon le système de transcription de MacKenzie, même si quelques incohérences mineures sont inévitables. La transcription des textes avestiques suit les normes établies par K. Hoffmann, à l'exception de *-aō-* à la place de *-ao-*. Dans les citations, nous avons respecté l'orthographe originale.
2. Voir A. Minard, *Trois énigmes sur les Cent Chemins. Recherches sur le Śatapatha-Brāhmaṇa*, I, Paris 1949, p. 123, § 346a et II, Paris 1956, p. 108-109, § 265b ; W. Caland, *Altindische Zauberei. Darstellung der altindischen „Wunschopfer"*, Amsterdam 1908, p. XIII ; L. Renou, *Vocabulaire du rituel védique*, Paris 1954, p. 175-176 ; K. Mylius *Wörterbuch des altindischen Rituals*, Wichtracht 1995, p. 142-143 ; Ch. Sen, *A Dictionary of the Vedic Rituals Based on the Śrauta and Gr̥hya Sutras*, Delhi 2001, p. 168. Voir aussi É. Benveniste, *Noms d'agent et noms d'action en indo-européen*, Paris 1948, p. 25 ; H. Oldenberg, *Die Religion des Veda*, 2ᵉ éd., Stuttgart – Berlin 1917, p. 386-387 ; V. Sadovski, « Nominalkomposita, Neowurzelbildungen und zugrundeliegende syntaktische Konstruktionen im Veda und dem Avesta », *Dabir* 6 (2018), p. 161. Pour le pehlevi *zōt* [zwt'] « premier prêtre dans la liturgie », *zōtīh* [zwtyh] « office de *zōt* », et *rāspīg* [l'spyk'] « second prêtre dans la liturgie », voir D. N. MacKenzie, *A Concise Pahlavi Dictionary*, Londres – New York – Toronto 1971, p. 99. Voir V. Sadovski, « Ritual formulae, Structures and Activities in Vedic and Avestan Liturgies between Cultic Practice, Mythology, and Social Ideology », *Münchener Studien zur Sprachwissenschaft* 71/1 (2017/2018), p. 81-134, surtout p. 86-88, *passim*.
3. *Paragṇā* (ou « rituel précédent ») est le nom (en réalité une corruption de *paragra* à son tour dérivé du skt. *prakr̥yā-*, fém., « procédure, manière », voir

sans aucune implication concernant l'existence éventuelle, au moins dans les temps les plus anciens, d'une structure sociale comparable au *collegia sacra* de la tradition romaine[4].

Concernant le *zaōtar-*, je me contenterai de rappeler que dans la tradition védique, le *hótr̥-* était « celui qui verse (quelque chose dans le feu) ». C'est à une période ultérieure que cette désignation a été réinterprétée comme une référence au prêtre « qui élève son invocation », et à juste titre Jean Kellens et Éric Pirart[5] traduisent *zaōtar-* par « prêtre libateur ». Sur ce sujet il faut se rappeler deux remarques d'Émile Benveniste à propos du védique *hótr̥-* et de l'avestique *zaōtar-*. La première est la suivante[6] :

> On voit en outre la différence de conception qui sépare des noms traditionnellement fixés, sous la forme *-tr-* ou *-tr̥-* selon les cas, dans des emplois d'apparence uniforme. Par exemple certains noms d'offrants tels *hótr̥* caractérisent le sujet comme pratiquant (habituellement) un

---

J. Darmesteter, *Le Zend-Avesta, traduction nouvelle avec commentaire historique et philologique*, I, Paris 1892, p. LXX, n. 1) donné par les Parsis à une cérémonie dans laquelle on prépare le *parahaōma-* pour la première fois. Pour une nouvelle édition critique du texte de cette liturgie, voir A. Cantera, *The Paragnā. A Dynamic Edition*, Corpus Avesticum Berolinense, 2020. Le *parahaōma-* (pehlevi *parahōm*) est le liquide sacré obtenu par le pressurage de petites branches de *haōma-* écrasées avec des feuilles de grenadier (pehl. *urwarām*), infusé, puis filtré à travers une passoire fabriquée à partir de poils d'un bœuf sacrificiel. Cette boisson peut être mélangée avec de l'eau (*zaōθra-* ; pehl. *āb-zohr*), mais pas avec du lait (*jīuuām* ou *jīw*) contrairement à ce qu'affirment certains traités modernes (A. Cantera, « A Substantial Change in the Approach to the Zoroastrian Long Liturgy. About J. Kellens's *Études avestiques et mazdéennes* », *Indo-Iranian Journal* 59 [2016], p. 153-155). Je remercie Alberto Cantera pour m'avoir signalé ce détail, qui marque la distinction la plus importante avec le *haōma* véritable. La deuxième préparation a lieu à partir de *Y.* 22 et continue jusqu'à 27,12, mais il y a aussi un troisième pressurage qui commence au *Y.* 33,4. Voir aussi F. M. Kotwal et J. W. Boyd, « The Zoroastrian *paragna* Ritual », *Journal of Mithraic Studies* 2 (1977) ; M. Boyce, *A History of Zoroastrianism*, I, Leyde – Cologne 1975, p. 159 ; A. Hintze, « Avestan Literature », dans R. E. Emmerick, M. Macuch et E. Yarshater (éd.), *The Literature of Pre-Islamic Iran, Companion Vol. I to A History of Persian Literature*, Londres 2009, p. 3.

4. H. Oldenberg, *Die Religion des Veda*, 2ᵉ éd., p. 368-369, recommandait déjà la prudence au regard d'une comparaison superficielle avec les institutions religieuses du monde romain. Voir M. N. Dhalla, *History of Zoroastrianism*, New York – Londres – Toronto 1938, p. 254.
5. J. Kellens et É. Pirart, *Les textes vieil-avestiques*, II, Wiesbaden 1990, p. 32.
6. É. Benveniste, *Noms d'agent et noms d'action en indo-européen*, p. 16.

acte, non comme voués à une fonction : ainsi aussi *sthā́tr̥* « conducteur du char », ou *ā́str̥* « archer ». Par contre, les noms d'officiants tels que *vanditŕ̥*, *yaṣṭŕ̥*, *pavītŕ̥*, relèvent de la fonction proprement dite[7].

Dans sa deuxième remarque Benveniste note[8] :

> On peut hésiter sur *zaotar-* en face de v. *hótar-*; ce peut être, comme en védique, une forme à valeur de participe ou un nom d'agent qui correspondrait à **hotár-*. Du point de vue avestique en tout cas, *zaotar-* est sur le plan de *staotar-* et des autres noms d'agent.

La superbe monographie d'Eva Tichy[9], dans laquelle elle analyse en particulier le mot *hótr̥-* dans sa qualité de *nomen agentis* acrotonique, retrace parfaitement l'histoire de cette question[10]. Pour la comparaison avec le védique *hótar-*, l'avestique *zaōtar-* et le vieil-allemand **gudjan* (< **ĝh(e)w-d-*, forme élargie de **ĝh(e)w-*), il faut se reporter au travail de Jean Haudry[11]. Selon ce savant, qui a développé certaines conclusions avancées par Hertha Krick[12], le *hótar-*, à l'origine un simple prêtre externe au rituel[13], était autrefois le *yájamāna-* lui-même. Dans ce contexte nous pouvons placer aussi l'av. *zaōtar-*, lequel dans sa fonction de sacrifiant héroïque, ainsi qu'elle est attestée dans l'*Avesta* récent, se montre apparemment plus proche du germanique **gudjan*, comme le *guðija* dans l'inscription norvégienne runique de Nordhuglen (env. 400 de notre ère). Cette dernière comparaison reste toutefois incertaine[14]. Il faut aussi mentionner la possibilité, suggérée par Michael Witzel[15], que le kati *wutō*, *utō* et le

---

7. Par souci de clarté, nous pouvons traduire ces trois termes ainsi : *vanditŕ̥-* « celui qui célèbre, qui prie », *yaṣṭŕ̥-*, « adorateur, sacrifiant », *pavītŕ̥-*, « nettoyeur ».
8. É. Benveniste, *Noms d'agent et noms d'action en indo-européen*, p. 25.
9. E. Tichy, *Die Nomina agentis auf -tar- im Vedischen*, Heidelberg 1995, p. 17-30 et *passim*.
10. *Ibid.*, p. 35, 49, 55-57, 59, 138-139, 164, 199, 286, 329, 344, 375.
11. J. Haudry, *La triade pensée, parole, action dans la tradition indo-européenne*, Milan 2009, p. 67-69 ; id., « Magie et sacrifice dans l'Inde védique par la pensée, la parole et l'action », dans J.-M. Durant et A. Jacquet (éd.), *Magie et divination dans les cultures de l'Orient*, Paris 2010, p. 247-249.
12. H. Krick, *Das Ritual der Feuergründung (Agnyādheya)*, éd. G. Oberhammer, Vienne 1982, p. 449 et n. 1221.
13. L. Renou, *Les écoles védiques et la formation du Véda*, Paris 1947, p. 8.
14. Voir la discussion critique chez G. Kroonen, *Etymological Dictionary of Proto-Germanic*, Leyde – Boston 2013, p. 193-194 sub **guda*.
15. M. Witzel, « The R̥gvedic Religious System and its Central Asian and Hindukush

Le collège sacerdotal avestique et ses dieux

prasun *wutā́*, *utṓ* dérivent de *hotṛka-* (conformément à l'hypothèse de Turner)[16]. Dans ce cadre il faut également mentionner le kati *ištikavan* « prêtre », de *ištihék* « louer un dieu ». Je voudrais encore attirer l'attention sur certains mots rares du lexique védique du sacrifice qui ne sont attestés que dans les *maṇḍala*s II et III, comme *hotrá-*, « la fonction ou l'office de *hótṛ-* » ou *hotṛvū́rya-*, « élection du *hótṛ-* »[17].

Au sujet de la tradition rituelle avestique plus récente dont nous avons encore des traces, nous savons que six membres parmi les assistants, mais plus vraisemblablement le septième aussi (le *sraōšāuuarəza-*)[18], étaient désignés comme *upa.sraōtar-*, « célébrants assistants », parce qu'ils assistaient à la récitation du *zaōtar-* pendant les rituels solennels, échangeaient avec lui le *bāj*[19] ou *wāž* (« énonciation » ou « échange antiphoné ») et « chantaient » certaines parties déterminées de la liturgie[20]. Le nombre définitif de ces *upa.sraōtar-* faisait déjà l'objet d'une discussion détaillée dans la version pehlevie du *Nērangestān* 3,8[21]. La formation de cette désignation était, au moins sur le plan formel, d'origine indo-iranienne, comme l'a bien remarqué Eva Tichy[22], laquelle,

---

Antecedents », dans A. Griffith et J. E. M. Houben (éd.), *The Vedas. Texts, Language and Ritual. Proceedings of the Third International Vedic Workshop, Leiden 2002*, Groningen 2004, p. 608.

16. R. L. Turner, *A Comparative Dictionary of the Indo-Aryan Languages*, I, Londres 1989, p. 819, n° 14176. Voir V. Sadovski, « *Dvandva, tatpuruṣa* and *bahuvrīhi*: On the Vedic Sources for the Names of the Compound Types in Pāṇini's Grammar », *Transactions of the Philological Society* 100/3 (2002), p. 375. Le *hotṛka-* est le nom d'un assistant du *hotṛ-*, mais ce terme peut être utilisé comme désignation des prêtres les plus importants de la liturgie.
17. Voir J. Gonda, « Differences in the Rituals of the Ṛgvedic Families », *Bulletin of the School of Oriental and African Studies* 42/2 (1979), p. 259; voir H. Grassmann, *Wörterbuch zum Rig-Veda*, 6ᵉ éd. M. Kozianka, Wiesbaden 1996, p. 1682.
18. Ph. G. Kreyenbroek, *Sraoša in the Zoroastrian Tradition*, Leyde 1985, p. 160-161.
19. J. J. Modi, *The Religious Ceremonies and the Customs of the Parsees*, Bombay 1937, p. 333-353, *passim*; F. M. Kotwal et J. W. Boyd, *A Persian Offering: The Yasna, A Zoroastrian High Liturgy*, Paris 1991, p. 9-14, *passim*.
20. F. M. Kotwal et Ph. G. Kreyenbroek, *The Hērbedestān and Nērangestān*, II, Paris 1995, p. 39, et n. 57. Voir aussi A. Cantera, « The Taking of the *wāž* and the Priestly College in the Zoroastrian Tradition », *Journal asiatique* 304/1 (2016) avec de nombreuses nouvelles remarques.
21. F. M. Kotwal et Ph. G. Kreyenbroek, *The Hērbedestān and Nērangestān*, II, p. 41-42.
22. E. Tichy, *Die Nomina agentis auf -tar- im Vedischen*, p. 39 : « Für das Suffix -tar- belegt dies der Fall jav. upasraotar- Pl. ‚die Mitrezitatoren, die in die Rezitazion des Zaotar einfallen' zu srāuuaiieiti ‚bringt zu Gehör, rezitiert' »; cf. la

Introduction

bien qu'elle établisse la comparaison avec le védique *upaśrotár-* « auditeur », ne rappelle toutefois pas la différence sémantique dans l'usage rituel de ce terme.

Si la liturgie quotidienne standard était basée sur la présence de deux prêtres[23] seulement – le chef (vraisemblablement le prêtre le plus âgé et le plus qualifié) et son assistant –, les rites anciens les plus solennels imposaient la présence d'une importante équipe sacerdotale, toutes les règles pratiques à l'origine de la régularité liturgique ayant changé radicalement au cours du temps ou du moins connu d'importantes adaptations. Ces changements sont clairement visibles par exemple dans la réduction du nombre de prêtres participant au sacrifice qui, de sept en sus du chef sont passés à deux, le *zōt* (*zōṯ* ou encore *zōd*)[24], correspondant à l'av. *zaōtar-* (dont la fonction principale est la récitation des *Gāθā*s)[25], et le *rāspīg*[26], celui qui va jouer à lui seul le rôle des sept assistants plus anciens.

---

note 42 : « Zur Funktion des Präverbs vgl. ved. *upagātár-* Pl. ‚die Mitsänger, die in den Gesang des Udgātar einfallen'. Mit ved. *upaśrotar-* ‚Einhörer' stimmt jav. *upasraotar-* nur in formaler Beziehung überein ». Sur le védique *śrótr̥-*, l'avestique *upa.sraōtar-* et la racine verbale indo-européenne *k̂leu-* « écouter », voir K. Strunk, *Nasalpräsentien und Aoriste. Ein Beitrag zur Morphologie des Verbums im Indo-Iranischen und Griechischen*, Heidelberg 1967, p. 83-86.

23. É. Pirart (*Le Sentiment du Savoir. Présentation, analyse, traduction et commentaire de la Spəṇtā.mańiiu Gāθā [Y 47-50]*, Louvain 2022, p. 56, à paraître) suggère que les textes vieil-avestiques étaient répartis « entre deux officiants, celui qui les récitera, en tout ou en partie, et celui qui chantera, en tout ou en partie ». Surtout, il remarque que tous deux auraient été appelés *rāna-*. Voir aussi id., *Mańiiu et la mythologie protozoroastrienne*, Louvain 2020, p. 209-210, 327, mais il faut noter que le mot (masc. ou neutre ?) est de sens et d'étymologie inconnus, comme J. Kellens et É. Pirart (*Les textes vieil-avestiques*, II, p. 310) l'avaient remarqué.

24. Il faut aussi mentionner le fait que lors de l'initiation aux fonctions sacerdotales et dans certaines circonstances, le candidat agit en tant que *zōt* quand le prêtre qui est en train de l'initier doit se conduire comme un *rāspīg*, comme l'a expliqué Modi, *The Religious Ceremonies and the Customs of the Parsees*, p. 195.

25. *Ibid.*, p. 318 ; voir H. Jamasp (éd.), *Vendidad. Avesta Text with Pahlavi Translation and Commentary, and Glossarial Index*, II, Bombay 1907, p. 269.

26. M. Haug (*Essays on the Sacred Language, Writings, and Religion of the Parsis*, éd. W. West, Londres 1884, p. 193, 280) avait comparé le *zaōtar-* avec le *hótr̥-*, mais il avait aussi suggéré que le *rāspīg* (ou *Rathwi*, selon sa transcription), avait la fonction de l'*adhvaryú-* védique, c'est-à-dire du « prêtre *manager*, qui doit tout préparer » pour le *hótr̥-*. Voir aussi W. Caland et V. Henry, *L'Agniṣṭoma. Description complète de la forme normale du sacrifice de soma dans le culte védique*, II, Paris 1907, p. 480. On peut trouver une discussion préliminaire à propos de la fonction de ces deux prêtres et de l'origine de leurs noms déjà dans

Le collège sacerdotal avestique et ses dieux

Cette modification correspond certainement à une fracture importante dans la tradition liturgique, dont on peut repérer les traces et retracer l'évolution. Je tenterai ici de fournir une explication détaillée concernant les implications historiques et religieuses de cette « réforme », mais il me semble d'abord nécessaire de présenter les principales sources attestées afin de vérifier si elles peuvent apporter un éclairage nouveau, non seulement sur le fond indo-iranien et avestique, mais aussi sur les traditions liturgiques sassanides et celles des premiers siècles après la chute de l'Empire sassanide.

Il est fort regrettable que, dans l'histoire des études indo-iraniennes, et malgré l'importance et la prépondérance de travaux de valeur sur le sacrifice, la question de l'héritage commun de l'organisation rituelle et spéculative des fonctions sacerdotales propres au monde indo-iranien n'ait pas franchi le périmètre restreint de discussions savantes plus ou moins cantonnées aux notes d'érudition en bas de page de nos livres.

Dans le cas spécifique du domaine iranien, on trouve un grand nombre d'études sur les Mages occidentaux – les *magu*-s –, ou sur la relation historique entre les *hērbed*[27] et les *mowbed*[28], très fréquemment

---

un ouvrage d'Eugène Burnouf, *Commentaire sur le Yaçna, l'un des livres religieux des Parses*, Paris 1833, p. 49, 53-55, 57-58, *passim*.

27. Les prêtres mazdéens sont mentionnés avec la désignation de *harābidha*, c'est-à-dire *hērbed*, par al-Bīrūnī (*The Chronology of Ancient Nations: An English Version of the Arabic Text of the Athâr-ul-Bâkiya of AlBîrûnî or "Vestiges of the Past", collected and reduced to writing by the author in* A.H. 390-1, A.D. *1000*, trad. C. E. Sachau, Londres 1879, p. 58; *Chronologie orientalischer Völker*, trad. C. E. Sachau, Leipzig 1878, p. 48); voir Fr. Grenet, « Where Are the Sogdian Magi? », avec S. Azarnouche (Appendix 2), *Bulletin of the Asia Institute* 21 (2007), p. 159. Sur les *hērbed*, voir M.-L. Chaumont, « Recherches sur le clergé zoroastrien : le *hērbad* (premier article) », *Revue de l'histoire des religions* 158/1 (1960), et ead., « Recherches sur le clergé zoroastrien : le *hērbad* (deuxième article) », *Revue de l'histoire des religions* 158/2 (1960); Ph. Gignoux, « Pour une esquisse des fonctions religieuses sous les Sassanides », *Jerusalem Studies in Arabic and Islam* 7 (1986), p. 102-104; Ph. G. Kreyenbroek, « The Zoroastrian Priesthood after the Fall of the Sasanian Empire », dans Ph. Gignoux (éd.), *Transition Periods in Iranian History : actes du symposium de Fribourg-en-Brisgau (22-24 mai 1985)*, Louvain 1987, p. 152-154; Fr. Grenet, « Observations sur les titres de Kirdīr », *Studia Iranica* 19 (1990); S. Azarnouche, « Le clergé dans l'Iran ancien », dans L. Coulon et P.-L. Gatier (éd.), *Le clergé dans les sociétés antiques : statut et recrutement*, Paris 2018; ead., « Les fonctions religieuses et la loi zoroastrienne : le cas du *hērbed* », dans A. Hintze, D. Durkin-Meisterernst et Cl. Naumann (éd.), *A Thousand Judgements. Festschrift for Maria Macuch*, Wiesbaden 2019.
28. F. M. Kotwal et Ph. G. Kreyenbroek, *The Hērbedestān and Nērangestān*, 1992,

Introduction

rédigées dans un esprit de polémique et fondées sur des présupposés, mais, à l'exception de rares analyses de détail[29], le rôle et la fonction de ces huit prêtres avestiques employés pour le rituel mazdéen n'ont jamais reçu l'attention qu'ils méritaient. Il est vrai que les sources à notre disposition ne sont pas très nombreuses, et pourtant le matériel est suffisant pour une recherche monographique.

À ma connaissance, à l'exception de quelques travaux très importants d'Alberto Cantera, il n'existe aucune présentation systématique des sources et des problèmes concernant le collège sacerdotal avestique. Aujourd'hui cette recherche est un peu plus simple à mener car nous avons à notre disposition une édition sans doute perfectible, mais bien plus facile d'utilisation que celle des textes liturgiques du *Nērangestān* et de l'*Hērbedestān* établie par Anatol Waag[30]. Il faut reconnaître l'importance déterminante de la coopération entre Firoze Kotwal et Philip Kreyenbroek[31], qui non seulement ont établi une édition scientifique moderne de ces sources difficiles, mais proposent un commentaire détaillé sur de nombreux sujets rituels. Même s'il serait légitime de formuler d'éventuelles critiques à l'égard de cet ouvrage, on ne saurait cependant nier son caractère révolutionnaire. Jean Kellens[32], pour sa part, a mené dans ses *Études avestiques et mazdéennes* une recherche très intéressante sur certaines sections rituelles du *Yasna* en lien avec le *Visprad* dans une perspective qui a ouvert de nouvelles pistes. Bien que ces cinq opuscules (le dernier étant rédigé en collaboration avec Céline Redard) aient bénéficié de la critique

---

1995, 2003, 2009. Sur le rôle des *moγpat*s [*mwypat*] en Sogdiane, voir Fr. Grenet, « Where Are the Sogdian Magi? », p. 160. Dans cet article, on trouve une discussion très intéressante du mot sogdien *vaγnpat* [*βγnpt*] « maître du temple », comparable à l'arménien *bagnapet*, sans doute un emprunt d'origine parthe. Voir aussi le terme moyen-indien *bakanapati/vakanapati*, vraisemblablement dérivé de la langue bactrienne. En moyen-perse ce titre est attesté seulement dans le manuscrit manichéen M219 avec le signifié de « idol-priest », avec une acception clairement hostile et polémique.

29. Voir A. Christensen, *L'Iran sous les Sassanides*, Copenhague 1944, p. 163.
30. Une autre édition, mais seulement du *Hērbedestān*, a été donnée par H. Humbach et J. Elfenbein, *Ērbedestān. An Avesta-Pahlavi Text*, München 1990. Il y a aussi l'édition très datée de S. J. Bulsara, *Aērpatastan and Nīrangastān*, Bombay 1915.
31. Voir, par exemple, le livre très controversé de S. Wikander, *Feuerpriester in Kleinasien und Iran*, Lund 1946.
32. J. Kellens, *Le Hōm Stōm et la zone des déclarations (Y7.24-Y15.4, avec les intercalations de Vr3 à 6)*, Paris 2007.

Le collège sacerdotal avestique et ses dieux

méthodologique bien argumentée de Cantera[33], qui a notamment et à juste titre relevé l'obsolescence de l'édition de Geldner (ou *Avesta Ausgabe*) dans l'analyse du texte pratiquée par Kellens, ces livres restent d'une immense utilité et j'ose espérer que j'aurai su en faire bon usage ici.

L'étude du nombre, de l'organisation et de la fonction des différents prêtres dans leur activité offre donc un nouveau point d'observation sur la doctrine et le signifié du sacrifice et de sa liturgie. Comme dans le cadre védique, la comparaison des sources avestiques et védiques nous confirme que le prêtre, dans son rôle ésotérique et performatif, n'était pas simplement au service du dieu ou des dieux au(x)quel(s) il sacrifiait, mais que lui-même pouvait instaurer une relation très particulière avec la divinité, une relation directe et mimétique avec le monde divin. En d'autres termes, il avait la possibilité de transformer sa condition humaine en « endossant » l'identité et la fonction sacrée d'un dieu véritable. Dans le cadre du rituel, son état humain était transformé le temps de la célébration et sublimé pour atteindre une dimension divine. Ainsi le prêtre devenait – comme en miroir – le double physique de la divinité qu'il représentait. La cérémonie transformait donc le collège sacerdotal humain en un collège divin, et les dieux, descendus par la voie du sacrifice, s'installaient dans le monde qui serait dénommé *gētīg*.

Je n'ai pas la prétention d'analyser dans leurs détails toutes les typologies sacerdotales ni toutes les fonctions attestées dans la tradition mazdéenne, mais je voudrais au moins présenter leurs caractères fondamentaux, à la fois à titre singulier et en tant que collège sacerdotal. J'ai délibérément évité ici la question très controversée de la doctrine originelle des Mages occidentaux, déjà discutée dans des travaux antérieurs[34]. Cependant, dans le dernier chapitre, j'analyserai un certain nombre de problèmes concernant le sacerdoce mazdéen dans le cadre de la tradition sassanide.

---

33. Voir en particulier le compte rendu de A. Cantera, « A Substantial Change in the Approach to the Zoroastrian Long Liturgy. About J. Kellens's *Études avestiques et mazdéennes* » ; voir aussi id., *Vers une édition de la liturgie longue zoroastrienne : pensées et travaux préliminaires*, Paris 2014.
34. A. Panaino, *I Magi evangelici. Storia e simbologia tra Oriente e Occidente*, Ravenne 2004 ; id., « References to the Term *Yašt* and Other Mazdean Elements in the Syriac and Greek *Martyrologia* », dans A. Panaino et A. Piras (éd.), *Proceeding of the 5th Conference of the Societas Iranologica Europæa, held*

Introduction

Il me semble que l'étude des conséquences historiques et théologiques issues de la réforme radicale de l'organisation rituelle des cérémonies zoroastriennes qui s'imposa après la chute de l'Empire sassanide nous invite à évaluer avec prudence la crise de la culture liturgique mazdéenne[35]. La réduction radicale du collège sacrificiel de huit à seulement deux prêtres dans les rituels solennels et la décadence progressive des compétences orales dans la récitation des cérémonies plus longues et difficiles ont eu des effets dramatiques sur le processus de préservation des traditions les plus anciennes. Que les prêtres parsis aient perdu la connaissance de la cérémonie du *Vidēvdād*, par

---

in Ravenna, 6-11 October 2003, I, Milan 2006; id., « Aspetti della complessità degli influssi interculturali tra Grecia ed Iran », dans Chr. Riedweg (éd.), *Graecia Maior: Intrecci culturali con l'Asia nel periodo arcaico. Atti del Simposio in occasione del 75 anniversario die Walter Burkert*, Bâle 2009.

35. Sur l'organisation du clergé sassanide, voir M.-L. Chaumont, « Recherches sur le clergé zoroastrien : le *hērbad* (premier article) » et « Recherches sur le clergé zoroastrien : le *hērbad* (deuxième article) »; Ph. Gignoux, « Éléments de prosopographie de quelques Mōbads sasanides », *Journal asiatique* 270 (1982); id., « Titres et fonctions religieuses sassanides d'après les sources syriaques hagiographiques », *Acta Antiqua Academiae Scientiarum Hungaricae* 28 (1983); id., « Die religiöse Administration in sasanidischer Zeit: ein Überblick », dans H. Koch et D. N. MacKenzie (éd.), *Kunst, Kultur und Geschichte der Achämenidenzeit und ihr Fortleben*, Berlin 1983; id., *Le livre d'Ardā Vīrāz*, Paris 1984; id., « Der Grossmagier Kirdīr und seine Reise in das Jenseits », dans *Orientalia J. Duchesne-Guillemin emerito oblata*, Leyde 1984; id., « L'organisation administrative sassanide : le cas du *marzbān* », *Jerusalem Studies in Arabic and Islam* 4 (1984); id., « Le mage Kirdir et ses quatre inscriptions », *Comptes rendus de l'Académie des inscriptions et belles-lettres* (1989); id., « Pour une esquisse des fonctions religieuses sous les Sassanides »; id., « Une catégorie de mages à la fin de l'époque sasanide : les *mogvēh* », *Jerusalem Studies in Arabic and Islam* 9 (1987); Ph. G. Kreyenbroek, « The Zoroastrian Priesthood after the Fall of the Sasanian Empire »; id., « The *Dādestān ī Dēnīg* on Priests », *Indo-Iranian Journal* 30/3 (1987); Ph. Gignoux et R. Gyselen, *Sceaux sassanides de diverses collections privées*, Paris 1982, p. 175; eid., *Bulles et sceaux sassanides de diverses collections*, Paris 1987, p. 56, 302; R. Gyselen, *La géographie administrative de l'Empire sassanide. Les témoignages sigillographiques*, Bures-sur-Yvette 1989, p. 38-40; ead., « Les sceaux des mages de l'Iran sassanide », dans R. Gyselen (éd.), *Au carrefour des religions. Mélanges offerts à Philippe Gignoux*, Bures-sur-Yvette 1995; ead., *Nouveaux matériaux pour la géographie historique de l'Empire sassanide : sceaux administratifs de la collection Ahmad Saeedi*, Paris 2002, p. 85, 105, 167; S. Azarnouche, « Le clergé dans l'Iran ancien »; ead., « Les fonctions religieuses et la loi zoroastrienne : le cas du *hērbed* ».

exemple, n'a pas seulement eu pour conséquence la disparition de manuscrits liturgiques, lesquels ont plus tard été réimportés depuis l'Iran, mais aussi la déliquescence subséquente des compétences dans la mémorisation même des textes ainsi que la perte des ressources économiques et des soutiens politique et social nécessaires au recrutement d'un nombre suffisant de prêtres compétents. Cette situation dramatique, au moins par certains aspects, a par ailleurs induit l'utilisation de textes liturgiques manuscrits pendant les cérémonies, faute de prêtres capables de réciter par cœur le *Vidēvdād* ou d'autres types de rituels, ou plus simplement les différents *Yašt*s.

Avant d'entrer dans le vif du sujet, je souhaite remercier mes collègues de l'École pratique des hautes études, Samra Azarnouche et Philip Huyse, qui m'ont donné l'occasion de partager ces réflexions sur les traditions rituelles iranienne et indo-iranienne et de proposer une nouvelle interprétation de la dimension spéculative des cérémonies liturgiques mazdéennes dans le cadre d'une vision mimétique du *yasna-* dans laquelle divinités et prêtres non seulement se rencontrent sur la voie du sacrifice, mais se reflètent réciproquement dans un jeu ésotérique de miroirs invisibles. Ainsi nous verrons comment les prêtres ont incarné et incarnent la fonction divine, comment leurs dieux descendent sur terre dans le corps des hommes pour consacrer l'unité véritable des dimensions spirituelle et physique de la liturgie.

Je remercie encore Samra Azarnouche, Céline Redard, Alessia Zubani, Florence Somer-Gavage et Velizar Sadovski pour leur relecture de mon manuscrit et leurs suggestions très utiles et pertinentes. Je reste clairement le seul responsable des éventuelles fautes ou des imprécisions présentes dans ce livre. Enfin, je suis profondément reconnaissant à Alberto Cantera pour m'avoir très aimablement permis de citer et de publier trois schémas liturgiques attestés dans trois manuscrits édités dans l'Avestan Digital Archive. Je remercie par ailleurs Céline Redard d'avoir attiré mon attention sur le ms. 4515_FIRES1 et adresse mes sincères remerciements à Frantz Grenet, qui m'a apporté une aide inestimable sur le plan de l'iconographie et de son interprétation en me suggérant des références iconographiques très précieuses pour cette discussion. Un grand merci aussi à Stefano Damanins, ancien étudiant à l'université de Bologne, actuellement à la SOAS de Londres, pour ses suggestions et remarques.

Je tiens également à exprimer ma gratitude pour le soutien particulier de la Fondation Soudavar qui m'a permis de mener à bien ce travail dans les meilleures conditions et avec les outils nécessaires. Je remercie les membres du conseil d'administration de cette fondation et particulièrement Fatema Soudavar pour son extraordinaire compréhension. Je tiens également à remercier Morgan Guiraud, du service des publications de l'EPHE, qui m'a beaucoup aidé dans la présentation finale de cette étude.

Enfin, je voudrais manifester ma gratitude à tous les collègues et les étudiants de différentes régions du monde qui ont participé à mes cours parisiens, lesquels en raison de la pandémie de COVID-19, se sont déroulés en visio-conférence. Nous avons ainsi transformé une situation dramatique en occasion nouvelle de renforcer les liens intellectuels et humains de la petite communauté scientifique des iranisants.

Ravenne, 11 décembre 2020.

PARTIE I

PRÉPARATION DU SACRIFICE ET INSTALLATION DU COLLÈGE SACERDOTAL

CHAPITRE I

PRÉPARATION DU SACRIFICE ET INSTALLATION DES SEPT PRÊTRES : TÉMOIGNAGES AVESTIQUES

LA CÉRÉMONIE la plus importante dédiée à l'installation du collège sacerdotal dans sa totalité, c'est-à-dire à l'installation des sept prêtres assistants (ou sous-prêtres)[1] indispensables à l'accomplissement des liturgies solennelles, a lieu au début du *Visprad* 3,1, texte intercalé (dans la séquence entière de *Vr.* 3,1-5 [= *VrS.* 11,9-12])[2] entre *Yasna* 11,8 et *Yasna* 11,9.

Paradoxalement ce collège est installé au cours du rituel (vers la conclusion du *Hōm Stōm* dans le cadre de la liturgie haōmique) et non exactement à son début ou encore avant le début du *Yasna*, comme on pourrait s'y attendre. Les raisons qui ont déterminé le choix de ce moment précis dans la récitation du *Yasna* sont peu claires. Dans la période la plus récente, le premier qui à ma connaissance a explicitement essayé d'aborder la question est Éric Pirart[3], lequel présuppose que :

---

1. Chr. Bartholomae, *Altiranisches Wörterbuch*, Strasbourg 1904, col. 1501 ; J. J. Modi, *The Religious Ceremonies and the Customs of the Parsees*, p. 316-319 ; W. W. Malandra, « Ābərət », dans E. Yarshater (éd.), *Encyclopædia Iranica*, I, Londres – Boston – Henley 1985.
2. Dans ce cas j'utilise par commodité la numération du *Visprad* selon l'édition de Geldner, mais notons que l'*Avesta Ausgabe* est très insuffisante pour ce texte et qu'il faut suivre les normes établies par Cantera (selon l'édition donnée dans l'Avestan Digital Archive) et utiliser sa numération avec référence au *Visprad Sādé* (*VrS.*). Dans ce cas, le texte est *VrS.* 11,9-12. La première traduction française de ce passage avait déjà été donnée par A. J. Anquetil-Duperron, *Zend-Avesta*, I, 2ᵉ partie, Paris 1771, p. 118-119.
3. É. Pirart, « Énigmes arithmologiques dans la composition du *Hōm Stōm* », dans C. G. Cereti, M. Maggi et E. Provasi (éd.), *Religious themes and texts of pre-Islamic Iran and Central Asia. Studies in honour of Professor Gherardo Gnoli on the occasion of his 65th birthday on the 6th December 2002*, Wiesbaden 2003, p. 289, n. 2.

> L'insertion est dictée par la réalité rituelle extratextuelle [et coïncide avec] le moment où le Zautar va consommer le sacrifice de Hauma. Pour que le sacrifice profite à la communauté, il faut qu'elle soit tout entière présente ou soit supposée l'être. C'est pourquoi le Zautar appelle successivement toutes les classes de la société, en commençant par les sept prêtres invisibles qui l'assistent dans la personne du Rāspī et qui viennent à tour de rôle se mettre à la place qui leur est assignée par leurs fonctions.

En d'autres termes, on pourrait considérer que le choix de ce moment est gouverné par des raisons pratiques, c'est-à-dire par la nécessité de terminer le pressurage du *haōma-* en présence du collège sacerdotal au complet avant de consommer la liqueur. Cette explication se fonde explicitement sur les remarques proposées par Darmesteter[4] :

> [Nous sommes] au moment où le *zōt* va consommer le sacrifice de Haoma et boire la liqueur sacrée. Pour que le sacrifice profite à la communauté, il faut qu'elle soit tout entière présente ou censée l'être. C'est pourquoi le *zōt* appelle successivement les classes de la société.

Kellens[5] n'a pas cherché d'autres solutions, préférant lui aussi s'appuyer prudemment sur les remarques de Darmesteter ; il a cependant introduit l'idée très pertinente que la division attestée dans la tradition documentée pourrait ne pas être la seule. En réalité, le choix de ce point du *Yasna* aurait pu changer en fonction de « la nature du sacrifice et son extension sociale ». Malheureusement ce postulat fort plausible ne pourrait être démontré (ou définitivement invalidé) que par l'exégèse de l'ensemble des manuscrits liturgiques propres aux cérémonies solennelles. Pour l'heure, ils ne laissent pas apparaître de changements radicaux dans la position du rituel d'installation du collège sacerdotal.

L'exégèse de Pirart à propos de la section 8-10 du *Hōm Stōm* nous montre que ces paragraphes constituaient un ensemble « fait de bric et de broc » (selon l'expression de l'auteur), témoignant d'une rédaction tardive du diascévaste – témoignage à mon avis très incertain. En revanche, les particularités textuelles, en particulier la logomachie du *Yasna* 11,9, marquent et délimitent un moment crucial dans

---

4. J. Darmesteter, *Le Zend-Avesta*, I, p. 452.
5. J. Kellens, *Le Hōm Stōm et la zone des déclarations*, p. 101, n. 39.

Préparation du sacrifice et installation des sept prêtres

l'organisation liturgique des rituels les plus solennels. Je subodore que ce passage a été fabriqué plus ou moins artificiellement pour indiquer qu'il était possible à ce stade de la cérémonie d'installer le collège sacerdotal. Les raisons pratiques qui ont conduit à l'expansion du troisième chapitre du *Hōm Stōm* et à la rédaction de certains passages très particuliers sont évidemment bien plus nombreuses, mais je ne crois pas que le diascévaste qui a travaillé sur la composition très intriquée de ces passages n'ait pas tenu compte de la fonction liturgique manifestement délicate de ce moment rituel. Il est difficile de ne pas imaginer que l'installation des prêtres remontait à des temps anciens et que cette phase de la cérémonie ait reçu une attention particulière. Il semble en effet que, pour des raisons fondées sur une spéculation sur la nature du rituel, on avait situé l'installation dans le troisième chapitre du *Hōm Stōm* afin d'accroître l'importance de la consommation du *haōma* qui a lieu à la fin du *Yasna* 11,10, une ingestion que Kellens[6] définit comme étant d'ordre eschatologique. On reviendra sur cette question plus loin, dans le cadre d'une analyse plus circonstanciée de la dynamique rituelle.

La récitation du texte du *Visprad* 3,1 qui suit présente aujourd'hui (et depuis plusieurs siècles) une simple bipartition des rôles, à présent incarnés par deux prêtres seulement, le *zōṯ* et le *rāspī*, quand à l'origine, dans les rituels solennels, ils étaient sept en sus du chef (c'est-à-dire le *zaōtar-*), comme nous le confirment les dessins figurant dans certains manuscrits (planches 1 et 2). Bien que dans la formule présente, ce soit le *zōṯ* qui dirige l'installation, il très improbable, comme nous allons le démontrer, que le *zaōtar-* lui-même ait été nécessairement impliqué en tant que prêtre chargé de l'établissement du nouveau collège sacerdotal.

Le texte avestique se déroule comme suit[7] :

(*zōṯ*) *hāuuanānəm āstāiia*	Je veux établir[8] un *hāuuanān-* (le prêtre qui pressure le *haōma*).
(*rāspī*) *azəm vīsāi*	« Moi, je suis prêt ! » (ou « J'accepte ! »)
(*zōṯ*) *ātrauuaxšəm āstāiia*	Je veux établir un *ātrauuaxša-* (le prêtre qui allume le feu).
(*rāspī*) *azəm vīsāi*	« Moi, je suis prêt ! » (ou « J'accepte ! »)

---

6. *Ibid.*, p. 101, n. 39.
7. Voir J. Darmesteter, *Le Zend-Avesta*, I, p. LXX-LXXII, 452-454.
8. J. Kellens, *Le verbe avestique*, Wiesbaden 1984, p. 142 ; 147, n. 40.

(*zōṯ*) *frabərətārəm āstāiia*	Je veux établir un *frabərətar*- (le prêtre qui présente [l'offrande]).
(*rāspī*) *azəm vīsāi*	« Moi, je suis prêt ! » (ou « J'accepte ! »)
(*zōṯ*) *ābərətəm āstāiia*	Je veux établir un *ābərət*- (le prêtre qui apporte [l'eau]).
(*rāspī*) *azəm vīsāi*	« Moi, je suis prêt ! » (ou « J'accepte ! »)
(*zōṯ*) *āsnatārəm āstāiia*	Je veux établir un *āsnātar*- (le prêtre qui lave [les ustensiles]).
(*rāspī*) *azəm vīsāi*	« Moi, je suis prêt ! » (ou « J'accepte ! »)
(*zōṯ*) *raēϑβiškarəm āstāiia*	Je veux établir un *raēϑβiškara*- (le prêtre qui mélange).
(*rāspī*) *azəm vīsāi*	« Moi, je suis prêt ! » (ou « J'accepte ! »)
(*zōṯ*) *sraōšāuuarəzəm āstāiia dąhištəm aršuuacastəməm*	Je veux établir un *sraōšāuuarəza*- (le prêtre qui exerce l'obéissance), le plus savant qui connaît mieux les mots justes.
(*rāspī*) *azəm vīsāi*	« Moi, je suis prêt ! » (ou « J'accepte ! »)

Ce passage était suivi (*Vr.* 3,2-4)[9] d'une liste de figures d'autorité du point de vue de la hiérarchie et de la composition tribale, avec inclusion des représentants des deux sexes. Seuls les enfants étaient exclus[10]. Je mentionne cette liste *in extenso* pour souligner l'importance du cadre général dans lequel l'installation des prêtres s'accompagne d'une installation complète de tous les niveaux de la société avestique, même si seuls les prêtres étaient officiellement chargés de fonctions liturgiques. La présence au moins verbale de toutes ces personnes dénote un rapport avec la dimension liturgique, et en théorie, la possibilité de leur participation à une cérémonie solennelle.

Vr. 3,2 :

āϑrauuanəm āstāiia	Je veux établir le prêtre,
raϑaēštārəm āstāiia	Je veux établir le guerrier sur son char,
vāstrīm fšuiiaṇtəm āstāiia	Je veux établir le pâtre-éleveur,
nmānahe nmānō.paitīm āstāiia	Je veux établir le chef de la famille,
vīsō vīspaitīm āstāiia	Je veux établir le chef du clan,
zaṇtōuš zaṇtupaitīm āstāiia	Je veux établir le chef de la tribu,
daṅhōuš daṅhupaitīm āstāiia.	Je veux établir le chef de la nation.

---

9. Voir J. Kellens, *Le Hōm Stōm et la zone des déclarations*, p. 126-128 ; P. Lecoq, *Les livres de l'Avesta. Textes sacrés des Zoroastriens*, Paris 2016, p. 1057-1058.
10. Il faudra se rappeler cette exclusion quand on abordera la question de l'identification des *rehīg* mentionnés dans le cadre du rituel de Kerdīr.

Préparation du sacrifice et installation des sept prêtres

Vr. 3,3 :

yuuānəm humanaŋhəm huuacaŋhəm hušiiaōθnəm hudaēnəm āstāiia	Je veux établir le jeune qui pense bien, qui parle bien, qui agit bien, dont la *daēnā* est bonne,
yuuānəm uxδō.vacaŋhəm āstāiia	Je veux établir le jeune qui sait réciter le texte,
x^vaētuuadaθəm āstāiia	Je veux établir le (jeune) qui a contracté un mariage consanguin,
daŋhauruuaēsəm āstāiia	Je veux établir le (jeune) qui reste dans la région (?),
humāim pairijaθnəm āstāiia	Je veux établir le (jeune) qui sort de la région (?),
nmānahe nmānō.paθnīm āstāiia.	Je veux établir la maîtresse de maison.

Vr. 3,4 :

nāirikąmca āstāiia	Je veux établir la femme dont la pensée a été
frāiiō.humatąm frāiiō.hūxtąm	supérieurement pensée, le mot supérieurement prononcé,
frāiiō.huuarstąm huš.hąm.sāstąm	l'action supérieurement faite, parfaitement instruite,
ratuxšaθrąm ašaonīm	qui suit (ou possède) l'autorité des *ratus*, pieuse,
yąm ārmaitīm spəṇtąm yā̊sca tē γənā̊ ahura mazda.	comme Spəṇtā Ārmaiti et ces femmes (divines) qui t'appartiennent, ô Ahura Mazdā.
narəmca ašauuanəm āstāiia	Je veux établir l'homme pieux, dont la pensée a été
frāiiō.humatąm frāiiō.hūxtąm	supérieurement pensée, le mot supérieurement prononcé,
frāiiō.huuarstąm vistō.fraōrəitīm	l'action supérieurement faite et qui connaît le *Frauuāranē*,
auuistō.kaiiaδəm yeŋhe	mais qui ne connaît pas le *kaiiaδa*[11],
šiiaōθnāiš gaēθā̊ aša frādəṇte.	(le pieux) par les gestes duquel les vivants se multiplient, ô Aša.

---

11. Selon Chr. Bartholomae (*Altiranisches Wörterbuch*, col. 442-443), *kaiiaδa-* est un type de péché, mais il pourrait s'agir d'un ennemi religieux, vraisemblablement lié à des pratiques de nature ésotérique, un magicien associé à des arts obscurs par exemple. Voir A. Panaino, *Tištrya*, I. *The Avestan Hymn to Sirius*, Rome 1990, p. 95 avec bibliographie. Le lien entre *kaiiaδa-* et *kaēta-* (pehl. *kēδ* « astrologue ») proposé par W. B. Henning (« A List of Middle-Persian and Parthian Words », *Bulletin of the School of Oriental Studies* 9/1 [1937], p. 91-92) et

Le collège sacerdotal avestique et ses dieux

Revenons au premier paragraphe, concernant l'installation du collège de prêtres. Avant de présenter individuellement les différents assistants, réfléchissons sur la terminologie adoptée pour désigner la technique d'installation qu'évoque ce texte en adoptant le présent causatif (*stā̆iia-*), sans désinence (ou à désinence Ø), de la racine *stā* avec le préverbe *ā-*, usage attesté aussi en *Y.* 13,3[12], où nous trouvons une autre formule d'installation qui mérite d'être mentionnée *in extenso* :

mazištāiš vaēdiiāiš daēnaiiā̊ māzdaiiasnōiš aθaurunō [*ratūm*[13] *āmruiiē*] *cašąnąscā aēšąmcīṯ ratūš āmruiiē.*
ratūš āstāiiā aməšascā spəṇtą saošiiaṇtascā dąhištą aršuuacastəmą aiβiiāmatəmą aš.xrāxᵛanutəmą.
mazištą amą āmruiiē daēnaiiā̊ māzdaiiasnōiš aθaurunąscā raθaēštąscā vāstriiąscā fšuiiaṇtō.

En accord avec les plus grandes connaissances de la *daēnā-* mazdéenne je désigne les prêtres (*aθauruuan-*) et ceux qui enseignent comme leurs modèles (*ratūš*).
J'installe comme (leurs) modèles (*ratūš*) les Aməša Spəṇtas et les Saōšiiaṇts les plus instruits dans la récitation la plus rectiligne de la parole, la plus forte et la plus stimulante.
Je désigne les prêtres (*aθauruuan-*), les guerriers sur le char et les pâtres-éleveurs comme les plus grandes forces de la *daēnā* mazdéenne.

Ces occurrences ont été discutées par Kellens[14], qui avait également remarqué que dans le cas de *Vr.* 3,1-4, *āstaiia* peut être indicatif ou subjonctif. Évidemment cette forme a pris une valeur réflexive indirecte qui, encore selon Kellens[15], se traduit aisément, comme dans les cas suivants :

---

confirmé par I. Gershevitch (*The Avestan Hymn to Mithra*, Cambridge 1959, p. 156-157) est possible, mais les rôles spécifiques de ces personnages ne sont pas clairs. À propos de *kaēta-*, voir aussi P. Cipriano,« La quinta stanza dell'inno avestico a Tištrya », *Rendiconti dell'Accademia Nazionale dei Lincei, Classe di Scienze Morali, Storiche e Filologiche*, serie 9, 13 (2002), p. 767-772. À propos de *əuuistō.kaiiaδa-*, voir encore Chr. Bartholomae (*Altiranisches Wörterbuch*, col. 349) ; J. Duchesne-Guillemin, *Études de morphologie iranienne*, I. *Les composés de l'Avesta*, Liège – Paris 1936, p. 131, § 208.

12. Ce passage correspond à *VrS.* 13,3.
13. Interpolation tardive à éliminer selon J. Kellens, *Le Hōm Stōm et la zone des déclarations*, p. 139. Je suis pour la suppression de *āmruiiē* aussi.
14. J. Kellens, *Le verbe avestique*, p. 201, 1.1.2.3, dans la note.
15. Voir *ibid.*, p. 30, § 3.1 ; 58, § 4.3.1 ; 71, § 4.4.1 ; 144, § 6.1.1 ; 147, n. 40. En

Préparation du sacrifice et installation des sept prêtres

Vr. 3,4 :   āθrauuanəm āstāiia   J'installe le prêtre à sa place
Yt. 10,89 : yim zaōtārəm staiiata ahurō lui que Ahura a installé comme son
                                         zaōtar-.

Je pense qu'il serait utile rappeler que Renou[16] avait déjà souligné les implications performatives du thème causatif *sthāpay-* en sanskrit où ce verbe exprime le signifié « aposter à telle fonction », avec une sémantique très proche des attestations avestiques. Par ailleurs, Stephanie Jamison[17] a remarqué que *ā́ sthāpayati/-te* dans le *Ṛgveda* et l'*Atharvaveda* signifie « he makes mount, stand » par opposition avec l'usage intransitif de *ā́ tiṣṭhati* « he mounts, stands », et malgré le fait qu'au moins quatre des attestations soient moyennes, « the underlying voice of the formation was certainly active ».

Pour son importance, il faut aussi mentionner le très bref passage incorporé au *Nērangestān* avestique 47,19[18] où se trouve l'une des attestations les plus importantes de la doctrine sacrificielle zoroastrienne. C'est le seul passage parvenu jusqu'à nous qui concerne l'installation d'un prêtre nommé *pasuuāzah-*, c'est-à-dire « celui qui conduit l'animal[19] (au sacrifice) ». Ce prêtre était chargé de l'action qui aboutissait à la mise à mort de l'animal sacrificiel :

   pasuuāzaŋhəm āstāiia   J'installe le (prêtre)-qui-conduit l'animal
                                 (au sacrifice).

---

   avestique, les formes moyennes de *ā-stāiia-* et *paiti-stāiia-* peuvent aussi prendre une valeur réflexive.
16. L. Renou, *Grammaire sanskrite*, Paris 1996, p. 310, § 223c.
17. St. W. Jamison, *Function and Form in the -áya- Formations of the Rig Veda and Atharva Veda*, Göttingen 1983, p. 170-171, et la n. 136. Le sanskrit *prathiṣṭā-* est également adopté par les Bouddhistes pour leur cérémonies d'installation des Bouddhas et des Bodhisattvas, etc. ; voir M. Mori, « The Installation Ceremony in Tantric Buddhism », dans Sh. Einoo et J. Takashima (éd.), *From Material to Deity. Indian Rituals of Consecration*, New Delhi 2005. Sur le mot *prathiṣṭā-*, voir encore H. Hikita, « Consecration of Divine Images in a Temple », dans Sh. Einoo et J. Takashima (éd.), *From Material to Deity. Indian Rituals of Consecration*, New Delhi 2005. Notons qu'un rite d'installation indien pouvait également concerner des images divines ; c'est le cas par exemple de la description du rite nommé *pratima-pratiṣṭhā-* par le célèbre astrologue Varāhamihira dans sa *Bṛhatsaṃhitā*, chap. 60 (M. R. Bhat, *Varāhamihira's Bṛhat Saṃhitā*, II, Delhi – Varanasi – Patna – Madras 1982, p. 568-573).
18. F. M. Kotwal et Ph. G. Kreyenbroek, *The Hērbedestān and Nērangestān*, III, Paris 2003, p. 206-207 ; J. Darmesteter, *Le Zend-Avesta*, III, Paris 1893, p. 122.
19. Chr. Bartholomae (*Altiranisches Wörterbuch*, col. 884) : « der das Opfertier zu treiben hat ».

Le collège sacerdotal avestique et ses dieux

La fonction de ce prêtre fera l'objet d'une discussion plus approfondie plus loin, il suffit pour le moment de le mentionner.

Revenons à présent au texte pehlevi du *Visprad* 3,1-4[20] :

1) *zōt gōwēd zand ēn*   Le *zōt* dit (et) celle-ci est l'explication :
   kū hāwanīh ēstēn   « Que j'installe la fonction de *hāwan* ».
   rāspīg gōwēd zand ēn kū   Le *rāspīg* dit (et) celle-ci est l'explication :

   ā-m padīrift   « Je l'accepte ! »
   zōt gōwēd zand ēn kū   Le *zōt* dit, (et) celle-ci est l'explication :
   ātarwaxšīh ēstēn   « Que j'installe la fonction de *ātarwaxš* ».
   rāspīg ā-m padīrift   Le *rāspīg* : « Je l'accepte ! »
   zōt gōwēd kū fraburdārīh ēstēn   Le *zōt* dit : « Que j'installe la fonction de *fraburdār* ».

   rāspīg ā-m padīrift   Le *rāspīg* : « Je l'accepte ! »
   zōt gōwēd kū āburdīh ēstēn   Le *zōt* dit : « Que j'installe la fonction de *āburd* ».

   rāspīg ā-m padīrift   Le *rāspīg* : « Je l'accepte ! »
   zōt gōwēd kū āsnadārīh ēstēn   Le *zōt* dit : « Que j'installe la fonction de *āsnadār* ».

   rāspīg ā-m padīrift   Le *rāspīg* : « Je l'accepte ! »
   zōt gōwēd rehwiškarīh ēstēn   Le *zōt* dit : « Que j'installe la fonction de *rehwiškar* ».

   rāspīg ā-m padīrift   Le *rāspīg* : « Je l'accepte ! »
   zōt gōwēd srōšāwarz ēstēn   Le *zōt* dit : « Que j'installe le *srōšāwarz*,
   dānāgtom rāst-gōwišntom   le plus savant qui connaît mieux les mots ».
   rāspīg ā-m padīrift.   Le *rāspīg* : « Je l'accepte ! »

2) *āsrōgīh ēstēnēm*   J'installe[21] la fonction de prêtre.
   ratēštārīh ēstēnēm   J'installe la fonction de guerrier.

---

20. B. N. Dhabhar, *Pahlavi Yasna and Visperad*, Bombay 1949, p. 300. Il faut souligner que les manuscrits liturgiques donnent aussi des instructions rituelles confirmant que le *rāspīg*, après la formule d'installation de chaque prêtre assistant prononcée par le *zōt*, devait aller physiquement à la place du prêtre mentionné (*pad gāh ī hāwanān, ātrawaxšān, frabardārān*, etc.) et déclarer pour lui l'acceptation de cette fonction. Voir le texte complet dans l'Avestan Digital Archive au paragraphe *VrS.* 11,9. Ces manuscrits témoignent évidemment du fait que la substitution par le *rāspīg* était devenue systématique. Voir C. Redard dans J. Kellens et C. Redard, *Introduction à l'Avesta, le récitatif liturgique sacré des zoroastriens*, Paris 2021, chapitre 4.1 à propos de la cérémonie du *Visprad*.

21. Ou, comme solution alternative, « nous installons » ; voir la discussion suivante.

Préparation du sacrifice et installation des sept prêtres

wāstaryōšīh ēstēnēm	J'installe la fonction de pâtre-éleveur.
mān mānbed ēstēnēm	J'installe la fonction de chef de maison.
ud wis wisbed ēstēnēm	J'installe la fonction de chef de clan.
ud zand zandbed ēstēnēm	J'installe la fonction de chef de tribu.
ud deh dahībed ēstēnēm	J'installe la fonction de chef de nation.

3) *ǰuwān ī humenišn ī hugōwišn* — J'installe le jeune qui pense bien, qui parle bien,

ī hukunišn ī hudēn ēstēnēm	qui agit bien, dont la *dēn* est bonne.
ud ǰuwān ī saxon-gōw ēstēnēm	Et j'installe le jeune qui sait réciter le texte,
jādagōw ud xwēdōdah ēstēnēm	et j'installe le jeune qui a contracté un mariage consanguin.

deh waštār ēstēnēm	J'installe (le jeune) qui change de village,
āsrōg ī astīdag	prêtre véritable.
huframān pad abar rasišnīh ēstēnēm	J'installe (le jeune) obéissant à parvenir.

ud mān mānbedīn ēstēnēm	Et j'installe la maîtresse de maison,
kadag-bānūg	la dame de la maison.

4) *nāirīg-iz ahlaw ēstēnēm* — J'installe la femme pieuse, dont la pensée,
frāhumat frāhūxt ī frāhuwaršt — la parole et l'acte sont très bons
ī huhammōxt ī rad-xwadāy — bien instruite, pour laquelle le seigneur est un modèle,

kū šōy pad xwadāy dārēd	(et) que le mari tient sous son autorité,
ahlawīy kē spandarmad	la rectitude qui est de Spandarmad;
kū ān wehīh-menišnīh	que cette intention de bonté
pad spandarmad šāyēd būd	soit restée conforme à Spandarmad
pad ōy ast	(et) est en elle,
kē-iz tō mādag ohrmazd	elle qui est ta femme, ô Ohrmazd!
kū tā kū xwēš ān spandarmad	C'est-à-dire Spandarmad est à toi-même.
mard-iz ī ahlaw ēstēnēm	J'installe aussi l'homme pieux,
ka nāirīg nē mad ēstēd	s'il n'est pas encore venu une femme dont
frāhumat frāhūxt ī frāhuwaršt	la pensée, la parole et l'acte sont très bons,
kē paydāg franāmišn	dont la profession (de foi) est visible
ō kār ud kirbag	dans l'activité et le bon acte
u-š a-frāz-paydāg kāstārīh	et dont la diminution (de la foi) n'est pas visible du tout,

kū-š winahgārīh nē paydāg	dont la corruption n'est pas visible
pad ān ī ōy kunišn gēhān ī ahlāyīh	dans l'acte de rendre le monde juste
frāyihišnīh kū az kerd ī ōy	et d'apporter de l'aide, afin qu'il puisse prospérer
bē abzāyēd.	grâce à son acte!

31

Le collège sacerdotal avestique et ses dieux

Il faut noter que dans la traduction pehlevie il y a un changement intéressant dans l'usage du verbe « installer », qui en *Vr.* 3,1, est *ēstēn* « que j'installe », au subjonctif, tandis que dans le reste du chapitre on trouve l'indicatif présent, *ēstēnēm* « j'installe ». Cette variation n'a pas de correspondance dans le texte avestique, où le verbe reste toujours *āstāiia*. Je ne crois pas que cette différence soit due à l'incertitude de la syntaxe du verbe avestique, mais au changement de signifié liturgique du verbe « installer ». Dans le cas de l'installation des prêtres assistants, il s'agissait d'une action véritable, dans laquelle le prêtre était « aposté » à sa place. Dans les paragraphes suivants il s'agit d'une installation fictive, figurée, ou symbolique, vraisemblablement sans la présence active d'autres acteurs liturgiques. Je pense aussi que cette situation ne correspondait pas à une réalité originaire, mais que la version pehlevie témoigne des effets d'une adaptation plus tardive, dans laquelle peut-être les sept prêtres étaient eux aussi déjà devenus des figures fantomatiques. Selon une autre hypothèse, peut-être moins vraisemblable mais sans doute digne d'être envisagée, *ēstēnēm* est un pluriel, « nous installons », à supposer que tous les prêtres installés récitaient la même formule ensemble pour souligner la puissance collective du collège installé au complet.

Cependant *Visprad* 3,1 ne désigne jamais comme ²*ratu*- l'ensemble des prêtres. L'identification du *zaōtar*- et de ses sept assistants avec des *ratu*s est confirmée dans le passage (avestique et pehlevi) de *Gāh* 3,5 (dans le cas exemplaire du *Gāh*[22] de l'après-midi) :

uzaiieirinəm ašauuanəm ašahe ratūm yazamaide	uzērin ahlaw ahlāyīh rad yazam
zaōtārəm ašauuanəm ašahe ratūm yazamaide	zōdīh ahlaw ahlāyīh rad yazam
hāuuanānəm ašauuanəm ašahe ratūm yazamaide	hāwanān ahlaw ahlāyīh rad yazam
ātrauuaxšəm ašauuanəm ašahe ratūm yazamaide	ātarwaxš ahlaw ahlāyīh rad yazam
frabərətārəm ašauuanəm ašahe ratūm yazamaide	fraburdār ahlaw ahlāyīh rad yazam
ābərətəm ašauuanəm ašahe ratūm yazamaide	āburdār ahlaw ahlāyīh rad yazam
āsnatārəm ašauuanəm ašahe ratūm yazamaide	āsnadār ahlaw ahlāyīh rad yazam
raēθβiškarəm ašauuanəm ašahe ratūm yazamaide	rehwiškar ahlaw ahlāyīh rad yazam
sraōšāuuarəzəm ašauuanəm ašahe ratūm yazamaide.	srōšāwarz ahlaw ahlāyīh rad yazam.

---

22. K. F. Geldner, *Avesta, The Sacred Books of the Parsis*, II. *Vispered and Khorda Avesta*, Stuttgart 1889, p. 55.

Préparation du sacrifice et installation des sept prêtres

Nous vénérons	le pieux (gāh)	uzaiieirina- (l'après-midi), ratu- d'Aṣ̌a.
Nous vénérons	le pieux (prêtre)	zaōtar-, ratu- d'Aṣ̌a.
Nous vénérons	le pieux (prêtre)	hāuuanān-, ratu- d'Aṣ̌a.
Nous vénérons	le pieux (prêtre)	ātrauuaxša-, ratu- d'Aṣ̌a.
Nous vénérons	le pieux (prêtre)	frabərətar-, ratu- d'Aṣ̌a.
Nous vénérons	le pieux (prêtre)	ābərət-, ratu- d'Aṣ̌a.
Nous vénérons	le pieux (prêtre)	āsnātar-, ratu- d'Aṣ̌a.
Nous vénérons	le pieux (prêtre)	raēθβiškara-, ratu- d'Aṣ̌a.
Nous vénérons	le pieux (prêtre)	sraōšāuuarəza-, ratu- d'Aṣ̌a.

Dans ce passage, la sémantique de *ratu-* (pehlevi *rad*) pourrait paraître ambiguë parce que le même mot est attesté, exactement comme ici (*uzaiieirina- gāh*), pour l'ensemble des cinq *gāh*, c'est-à-dire des différents moments du jour (mais il peut également renvoyer aux saisons de l'année, comme dans le cas du védique *r̥tú-*, masc.; indo-européen *$h_2r̥tu$-)[23]. Comme les *gāh*, les prêtres sont des « *ratu*s d'Aṣ̌a », des « modèles »[24] de l'ordre cosmique ainsi que de la cadence rythmique du rituel, et par ailleurs, ils ont leur correspondants divins parmi les Aməṣ̌a Spəṇtas, également appelés *ratu*s.

Il est assurément difficile de nier que cet emploi particulier du syntagme *aṣ̌ahe ratūm* (*ahlāyīh rad*), qui, malheureusement, n'a pas de correspondances védiques dans un syntagme comme **r̥tásya r̥túḥ* – bien que Renou ait relevé l'attestation fréquente de *r̥tá-* et *r̥tú-* à proximité –, pourrait avoir de multiples implications ésotériques.

---

23. Voir L. Renou, « Védique *r̥tu* », dans *Symbolae ad studia Orientis pertinentes Frederico Hrozny dedicatae*, III, Prague 1950; id., *Études védiques et pāṇinéennes*, IV, Paris 1958, p. 74. Voir aussi H. Humbach,« Das Ahuna-Vairya-Gebet », *Münchener Studien zur Sprachwissenschaft* 11 (1957); É. Benveniste (*Noms d'agent et noms d'action en indo-européen*, p. 89) avait considéré l'av. *ratu-* « juge, etc. », comme un *nomen agentis* de dérivation secondaire, dont le signifié de base était « ordonnateur »; M. Mayrhofer, *Kurzgefaßtes etymologisches Wörterbuch des Altindischen. A Concise Etymological Sanskrit Dictionary*, I, Heidelberg 1956, p. 123; id., *Etymologisches Wörterbuch des Altindoarischen*, I, Heidelberg 1992, p. 257.
24. Voir J. Haudry (*La religion cosmique des Indo-Européens*, Paris 1987, p. 176-177) avec référence à *R̥V.* 5,46,8d : *r̥túr jánīnām*, « elles qui sont le modèle (des femmes) ». Voir aussi le passage de *R̥V.* 2,13,1 : *r̥túr jánitrī*, analysé et traduit par L. Renou (*Études védiques et pāṇinéennes*, IV, p. 74) comme : « (son) principe gouvernant (ou : son modèle) est (sa) génitrice ».

Le collège sacerdotal avestique et ses dieux

En réalité, il est évident que la relation profonde entre ²*ratu-* « prêtre »[25] et ¹*ratu-* « moment de la journée, saison »[26] pose un problème très difficile. Apparemment, on peut supposer qu'à partir du sens établi de « instant, moment opportun dans le cours du temps, de la saison » – signifié qui persiste dans la tradition avestique[27] –, *ratu-* a aussi pris le sens de « modèle », trouvant ainsi une incarnation l'associant tant au monde divin qu'à celui des créatures humaines. Évidemment, l'association avec des prêtres qui oscillent entre ces deux dimensions fait tout à fait sens. Il faut néanmoins tenir compte de la comparaison directe avec le nom védique souvent donné aux membres de l'équipe sacerdotale – *r̥tvíj-* –, et généralement interprété comme « aus rechten Zeit (*r̥tú-*) opfernd (*yaj*) »[28]. Si cette comparaison, déjà signalée par Eugène Burnouf[29], démontre clairement le fait que la fonction sacerdotale était strictement liée à un besoin irrésistible de contrôler et de surveiller les différents moments de la journée et des saisons dans le cadre de l'activité rituelle, ce modèle exclusivement temporel ne peut pas être considéré comme pleinement satisfaisant. De fait, certains éléments prouvent que ce phénomène était plus probablement fondé sur une évolution sémantique plus récente. Au début,

---

25. Chr. Bartholomae, *Altiranisches Wörterbuch*, col. 1498-1501. À propos du chorasmien *rid* (< av. *ratu-*) correspondant à l'arabe *'īd*, « fête », voir W. B. Henning, « Mitteliranisch », dans *Iranistik*, 1ʳᵉ partie : *Linguistik*, articles de K. Hoffmann, W. B. Henning, H. W. Bailey, G. Morgenstierne, W. Lentz, Leyde – Cologne 1958, p. 83. Cf. aussi J. Benzing, *Das Chwaresmische Sprachmaterial einer Handschrift der „Muqaddimat al-Adab" von Zamaxšarī*, Wiesbaden 1968, p. 287 ; id., *Chwaresmischer Wortindex*, Wiesbaden 1983, p. 78, s.v. « '*rd* ,Fest' ».
26. Chr. Bartholomae, *Altiranisches Wörterbuch*, col. 1497-1498. Sur l'interprétation du mot pehlevi *radpassāg*, vraisemblablement « cérémonie », voir D. N. MacKenzie, « A Zoroastrian Master of Ceremonies », dans M. Boyce et I. Gershevitch (éd.), *Henning Memorial Volume*, Londres 1970 ; M. Back, *Die sassanidischen Staatsinschriften*, Téhéran – Liège 1978, p. 254 ; Ph. Gignoux, *Les quatre inscriptions du mage Kirdīr. Textes et Concordances*, Paris 1991, p. 72-73, n. 150.
27. Voir J. Kellens, *Lecture sceptique et aventureuse de la Gâthâ uštauuaitī*, Paris 2020, p. 127.
28. M. Mayrhofer, *Kurzgefaßtes etymologisches Wörterbuch des Altindischen*, I, p. 123 ; id., *Etymologisches Wörterbuch des Altindoarischen*, I, p. 257, 258.
29. E. Burnouf, *Commentaire sur le Yaçna*, p. 20. Voir aussi J. Hertel, « Die awestischen Jahreszeitenfeste », *Archiv Orientální* 5 (1933), p. 43 ; id., « Die awestischen Jahreszeitenfeste II », *Archiv Orientální* 5 (1933), p. 207.

Préparation du sacrifice et installation des sept prêtres

les *ṛtvija*s sont « ceux qui vénèrent/adorent selon leurs fonctions », comme l'a montré Renou[30], et comme l'a confirmé par la suite Minkowski[31] en s'appuyant sur un certain nombre d'arguments convaincants. Lorsque les dieux sont invités à boire *ṛtúnā* dans les *ṛtuyāja*s védiques (« les offrandes aux saisons »)[32], *ṛtúnā* (ou parfois *ṛtúbhis*) n'implique pas simplement que chaque divinité s'avance « chacune à son tour », mais « selon la répartition », ou « selon les délais impartis par (leur) fonction (rituelle) ». Le védique *ṛtú-* servait en principe à désigner une sorte de « réflexion active de l'*ṛtá-* », ou à déterminer « la fonction correcte, exacte »; par la suite, il a pris également la valeur de « bon moment, bonne heure, moment opportun de la saison ». Comme *nomen actionis*, dérivé de la racine **ṛ*, *ṛtú-* se réfère à une sorte d'« articulation (correcte) » (voir aussi le latin *artus*), qui conserve également une « nuance distributive »[33]. En outre, il pourrait avoir la force sémantique d'un thème agentif comme *yātú-* (« magicien »), etc. En sorte que, bien que ce développement exact ne soit pas attesté en védique dans le cas d'*ṛtú-*, on perçoit une racine identique dans le mot *aratí-*, attribué à Agni, comme « répartiteur des fonctions »[34]. Ainsi, *ṛtvij-* est « celui qui sacrifie » (ou : « celui qui prononce les *yājyā* ») « selon la norme répartitive »[35]. À son tour, l'avestique *ratu-*, pour lequel nous n'avons pas de correspondances védiques exactes (**ratu-*, ou mieux **artu-*, n'est pas attesté)[36], serait peut-être, conformément à l'hypothèse de Benveniste, un *nomen agentis* de dérivation secondaire, signifiant essentiellement « ordonner »[37]. On peut souligner l'importance de l'équivalence entre l'avestique *vīspe ratauuō* et le védique *pārthivānām ṛtūn* (*ṚV.* 1,95,3) : l'idée que les êtres vivants ont un modèle dans le monde divin, bien attestée dans le cadre de

---

30. L. Renou, « Védique *ṛtu* », p. 431-438 (repris dans Renou 1978, p. 117-126).
31. Chr. Z. Minkowski, *Priesthood in Ancient India. A Study of the Maitrāvaruṇa Priest*, Vienne 1991, p. 85-89, 109.
32. Voir V. Sadovski, « Indo-Iranian Sacred Texts and Sacrificial Practices: Structures of Common Heritage (Speech and Performance in the Veda and Avesta, III) », dans J. Braarvig et M. J. Geller (éd.), *Studies in Multilingualism, Lingua Franca and Lingua sacra*, Berlin 2018, p. 371-372, *passim*.
33. L. Renou, « Védique *ṛtu* », p. 437-438 (= 1978, p. 124-125).
34. *Ibid.*, p. 436-438 (= 1978, p. 124-125).
35. *Ibid.*, p. 438 (= 1978, p. 124). M. Mayrhofer (*Etymologisches Wörterbuch des Altindoarischen*, I, p. 258) propose « zur rechten Zeit (*ṛtú-*) opfernd (*YAJ*) ».
36. L. Renou, « Védique *ṛtu* », p. 438 (= 1978, p. 124).
37. *Ibid.*

l'Iran (où nous trouvons des *ratu*s animaux, humains et divins), se retrouve couramment dans le *Ṛgveda*. Si dans *Y.* 13,1, il y a un *ratu-* de la femme, en *ṚV.* 1,46,8c on trouve aussi un *ṛtúr jánīnām*[38], etc. Dans le cas du thème *raθβiia-*, qui signifie fondamentalement « conforme à une certaine règle, norme », et pas forcément (à l'origine) « selon le bon moment, de saison », on constate qu'il concorde avec le védique *ṛtvíya-*, dans lequel, comme l'a souligné Renou[39], il n'y a pas de nuance exclusivement temporelle ; en témoignent les exemples de *raθβiia vaca*, *raθβiia vacaŋha*, qui couvrent le même champ sémantique que *ṛtvíya vācah*.

Il existe un passage (*Vr.* 4,1 [= *VrS.* 11,34]) dans lequel *raθβiia-* pourrait déjà avoir pris le sens de « prêtre assistant » dans la mesure où il prend pour modèle le *ratu-*, en assume la fonction, et fait par ailleurs l'objet d'un éloge explicite (*gərəṇte*). Ainsi à l'exception de *ratu-* « prêtre », survivant dans les mots pehlevis *rad*, *radīg*, l'avestique *raθβiia-* ainsi qu'un dérivé plus tardif comme **raθβiiaka-*, semblent avoir eu les caractéristiques requises pour devenir les antécédents du moyen-perse *rāspīg* et *rehīg*. Nous en reparlerons dans le dernier chapitre, mais nous pouvons dès à présent montrer que *ratuθβa-* fait sans doute référence à la fonction sacerdotale. Cette présentation des données avestiques et védiques démontre, malgré quelques différences minimes, l'existence d'une conception indo-iranienne commune des fonctions sacerdotales. Elle est visible également dans la dénomination des prêtres de l'Inde – *ṛtvija*s – et d'Iran – *ratu*s et ses dérivés.

L'intercalation des chapitres 3 et 4 du *Visprad* soulève un grand nombre de problèmes et de questions. Nous avons mis en évidence la situation tardive dans laquelle seuls deux prêtres, le *zōt* et le *rāspīg*, accomplissent le rituel, le second jouant le rôle des sept assistants d'autrefois. Le second point concerne l'installation, située dans le cadre de la cérémonie et non au début du *Yasna*. Ce choix mérite plus ample analyse. Même si nous avons déjà exprimé certaines considérations préalables, il nous reste à interpréter la dynamique rituelle et l'identité du prêtre installateur. Ce dernier point constitue une autre difficulté spécifique dans la mesure où il n'est pas certain que cette fonction ait été assumée par le *zaōtar-* du nouveau collège sacerdotal, qui n'est jamais mentionné ni installé. Kellens[40], qui avait analysé

---

38. L. Renou, *Études védiques et pāṇinéennes*, IV, p. 74.
39. L. Renou, « Védique *ṛtu* », p. 437-438, *passim* (= 1978, p. 125-126, *passim*).
40. J. Kellens, *Le Hōm Stōm et la zone des déclarations*, p. 101.

Préparation du sacrifice et installation des sept prêtres

l'intercalation de *Vr.* 3 et 4 (mais aussi de *Vr.* 5 et 6), a constaté que la récitation de *Vr.* 3,1-5 commence alors que la cérémonie *Hōm Stōm* n'est pas encore terminée, c'est-à-dire entre *Y.* 11, 8[41] et 9, quand celle de *Vr.* 4,1-2 [= *VrS.* 11,34-35] se place entre *Y.* 11,15 et 16, après le *Vasasca*[42]. Il a dûment remarqué que l'identité du « locuteur »[43] de ces formules d'installation n'était pas précisée, même si les manuscrits plus tardifs attribuent ce rôle au *zaōtar-*. Mais on peut évidemment douter que cette situation corresponde à la dynamique originelle, laquelle a sûrement été bouleversée par la réduction drastique du nombre d'assistants. Pourtant, Kellens[44] fait porter son enquête sur l'importance attribuée au dernier prêtre de la liste, le *sraōšāuuarəza-*, également dénommé *dąhištəm aršuuacastəməm* « le plus savant qui connaît mieux les mots les plus justes »[45]. Cette mise en relief indique la possibilité qu'il soit celui qui, à l'origine, prononçait la formule

---

41. Voir aussi J. J. Modi, *The Religious Ceremonies and the Customs of the Parsees*, p. 331 ; F. M. Kotwal et J. W. Boyd, *A Persian Offering: The Yasna*, p. 98. Notons que, à la fin de la récitation de *Y.* 11,9-10, le *zōt* boit le *parahaōma* en trois gorgées successives. Les proportions de ces gorgées font l'objet de discussions liturgiques dans la littérature pehlevie, sur laquelle Cantera prépare une étude spécifique.
42. Sur le *Vasasca*, voir la discussion détaillée de J. Kellens, *Le Hōm Stōm et la zone des déclarations*, p. 14, et surtout id., *L'acmé du sacrifice. Les parties récentes des* Staota Yesniia *(Y27.13-Y59) avec les intercalations de Visprad 13 à 24 et la* Dahmā Āfriti *(Y60-61)*, Paris 2011, p. 127-130.
43. Id.
44. Id.
45. L'importance morale attribuée au *srōšāwarz* est confirmée dans *Dēnkard* VII,8,20 (M. Molé, *La légende de Zoroastre selon les textes pehlevis*, Paris 1967, p. 84-85 ; Dh. M. Madan, *The Complete Text of the Pahlavi Dinkard published by the Society for the Promotion of Researches into the Zoroastrian Religion*, II, Bombay 1911, p. 661), où, dans le cadre de l'apocalypse mazdéenne, on donne la description de la réaction au déclin de la religion mazdéenne après la chute de l'Empire sassanide. En l'occurrence, les prêtres, traditionnellement considérés comme les gardiens de la foi, pervertiront le peuple dont les croyances étaient encore justes. Le *srōšāwarz* utilisait pour les châtiments un fouet spécial nommé *srōšočarnām*. Voir *Le texte supplémentaire au Šāyest nē-Šāyest* XI,1-2 ; XIII,2 ; XVI,5 ; F. M. Kotwal, *The Supplementary Texts to the Šāyest nē-Šāyest*, Copenhague 1969, p. 22-23, 40-41, 68-69 ; D. D. Kapadia, *Glossary of Pahlavi Vendidad*, Bombay 1953, p. 122. À propos de l'importance de ces termes, voir A. Cantera, « The *sraōšāuuarəza*-priest and the usage of the *srōš-barišnīh* in the greater Long Liturgy », *Journal of the Royal Asiatic Society* 31/3 (2021), p. 479-514.

Le collège sacerdotal avestique et ses dieux

d'installation des autres prêtres à la place du *zaōtar-*. Nous allons reprendre et développer cette hypothèse, mais il faut d'abord souligner que la position rituelle très particulière assumée par le *sraōšāuuarəza-* selon l'hypothèse de Kellens présente certaines difficultés et soulève des questions. La proposition est corroborée par un passage du *Nērangestān* 28,41[46] spécifiant que si le *zōt* ne récite pas *hāuuanānəm āstāiia*, le service en question ne doit pas inclure les *karda*s du *Visprad* ou du *Bagān Yašt*. Le même passage évoque également l'éventualité où le *rāspīg* oublie par sa faute de répondre *azəm vīsāi*. Dans ce cas, le rituel n'est pas complètement invalidé mais la cérémonie est ramenée au niveau d'un « service mineur » et le prêtre maladroit pratiquement disqualifié[47].

Cantera[48] note très justement que la présence de ce collège de huit prêtres était nécessaire dans le seul cadre des « liturgies solennelles », tandis que, comme on le peut déduire de l'analyse systématique des formules pour « prendre le *wāž* » telles qu'en attestent les manuscrits, leur présence n'était pas prescrite dans la cérémonie standard du *Yasna*, pour laquelle seuls deux prêtres étaient prévus, voire dans le cas de certaines cérémonies plus simples, un seul prêtre suffisait pour accomplir le rituel.

Malheureusement, seuls quatre prêtres sont mentionnés de manière explicite dans ces formules (*zaōtar-*, *ātrauuaxša-*, *sraōšāuuarəza-*, et *frabərətar-*)[49], le *sraōšāuuarəza-* et le *frabərətar-* le sont une fois chacun, alors que, à l'exception du *zaōtar-*, dont le rôle est fondamental,

---

46. Voir F. M. Kotwal et Ph. G. Kreyenbroek, *The Hērbedestān and Nērangestān*, III, p. 98-99.
47. Voir *ibid.*, p. 21-23, 98-99, et en particulier les notes 335, 336, 337, 338, 339 p. 99.
48. Voir A. Cantera, « The Taking of the *wāž* and the Priestly College in the Zoroastrian Tradition », qui a démontré que la formule pour « prendre le *wāž* » (pehlevi *wāž gīrišnīh*, c'est-à-dire « l'acte de prendre la parole ») était étroitement liée au changement de prêtre dans le cadre de la récitation liturgique ou – plus clairement – qu'elle marquait le changement du prêtre récitant. Je remercie encore une fois Alberto Cantera pour la gentillesse avec laquelle il m'a informé sur ses recherches bien avant leur publication définitive. Pour une description du *wāž*, voir M. Boyce et F. Kotwal, « Zoroastrian 'bāj' and 'drōn' (I) », *Bulletin of the School of Oriental and African Studies* 34/1 (1971), et eid., « Zoroastrian 'bāj' and 'drōn' (II) », *Bulletin of the School of Oriental and African Studies* 34/2 (1971).
49. A. Cantera, « The Taking of the *wāž* and the Priestly College in the Zoroastrian Tradition », p. 50, note 4. Voir encore l'article très important de Cantera, « The

c'est l'*ātrauuaxša*- qui apparemment assume la fonction la plus remarquable. Je crois que Cantera a raison de supposer que les formules rituelles figurant dans les manuscrits avestiques reflètent une tendance fortement conservatrice (comme, par exemple, dans le cas de la récitation antiphonée échangée entre deux prêtres, laquelle était connue et pratiquée dans le contexte védique aussi), mais on aurait tort de trop se fier à ces témoignages car si ce matériel textuel est fondamental pour opérer une reconstitution partielle de la liturgie sassanide, il ne permet pas de le faire pour les phases les plus anciennes de la liturgie avestique (récente) avec la même fiabilité. Il faut en fait tenir compte de l'occurrence inévitable d'une série de phénomènes de modernisation dans les cérémonies post-achéménides et sassanides, auxquels s'ajoutent des différences liturgiques entre les diverses écoles mazdéennes. On peut par exemple s'étonner du peu d'importance accordé au *sraōšāuuarəza*- dans la formule du *wāž* étant donné que, en sa qualité de représentant direct du dieu Sraōša, les fonctions de ce prêtre étaient fondamentales et son rôle symbolique primordial. Il était ainsi investi d'une mission protectrice nocturne, stratégique du point de vue de la théologie spéculative de la liturgie nocturne, laquelle impliquait l'intercalation du *Vidēvdād* comme une arme antidémoniaque. Plus encore, il faut se rappeler que le *sraōšāuuarəza*- avait conservé un rôle très prestigieux dans la tradition mazdéenne orientale d'Asie centrale, comme en atteste l'iconographie extraordinaire des prêtres-oiseaux, prêtres dotés d'ailes (voir planche 7), dans leurs fonctions de psychopompe et de protecteur des âmes des morts lors de leur passage sur le pont Cinvat[50].

Nous savons qu'il ne faut pas accorder trop de foi à ces traditions plus modernes, en particulier en ce qui concerne l'organisation primitive de la liturgie, mais cette iconographie explicite a probablement conservé la trace d'une période au cours de laquelle le collège

---

sraōšāuuarəza-priest », p. 479-494, qui est paru quand le livre était déjà sous presse et dont je n'ai pu tenir compte que dans une mesure limitée.

50. Voir A. Panaino, « *El sueño de la razón produce monstruos*. Lights and Shadows of Av. x^v*afna*- 'sleep/dream' », *Estudios Iranios y Turanios* 2 (2015), avec références bibliographiques supplémentaires sur le sujet; id., « Yima ed il rifiuto della daēnā-. Ovvero dell'incestualità, della beatitudine e della morte tra ambigui ostacoli e seducenti trasparenze », dans Ph. Swennen (éd.), *Démons iraniens. Actes du colloque international organisé à l'Université de Liège les 5 et 6 février 2009 à l'occasion des 65 ans de Jean Kellens*, Liège 2015.

sacerdotal comptait effectivement davantage de membres, et où le *zaōtar-* avait lui-même ses propres fonctions spécialisées, mais pas encore le rôle absolu qui lui fut attribué après la réduction radicale du nombre des assistants. En d'autres termes, l'erreur éventuelle commise par le *zaōtar-* se conçoit plus aisément si l'on suppose que, dans les temps anciens, il n'était pas systématiquement chargé de la récitation de la formule d'installation ou plus simplement que, dans certaines circonstances, cette tâche ne lui incombait pas nécessairement. Par ailleurs, on peut se demander comment le *sraōšāuuarəza-* pouvait installer les autres prêtres si lui-même n'avait pas encore été installé. Il va de soi que le problème mis en évidence ici à propos du *zaōtar-* (qui n'est pas mentionné, mais auquel la tradition attribue un rôle actif en tant qu'« installateur ») se pose également pour cet autre prêtre assistant[51]. Le manque de clarté dans l'attribution de la formule d'installation serait résolu si nous pouvions supposer la présence d'une autre personne, ayant par exemple une fonction similaire à celle du *yájamāna-* védique, qui avait le droit de sélectionner les prêtres et, comme le précise Minkowski, de nommer « the deitiy who performs the ritual function in the divine realm, and then chooses the human in front of him as the human counterpart »[52]. Ce problème sera traité à nouveau dans le cadre de la chronologie de l'évolution rituelle (troisième partie), mais pour l'heure, il nous faut admettre d'une part que l'insertion de l'intercalation de *Vr.* 3-4 établit en pratique que la présence de l'ensemble du personnel n'est apparemment requise qu'à partir de ce point précis du rituel[53], et d'autre part que cette situation pourrait témoigner d'une fusion entre un rituel ancien et un plus récent.

Cette affirmation doit être comprise de deux façons :

---

51. L'hypothèse d'une auto-installation impliquerait une complexité rituelle pour laquelle nous ne disposons d'aucune preuve. Au contraire, on peut imaginer que le pouvoir rituel était préservé grâce à une installation précédente, et que l'installation était nécessaire seulement pour les fonctions d'assistant. Sur la question, voir maintenant les remarques de Cantera, « The *sraōšāuuarəza*-priest », *passim*.
52. Chr. Minkowski, *Priesthood in Ancient India*, p. 69, *passim*.
53. En revanche, A. Cantera (*Vers une édition de la liturgie longue zoroastrienne*, p. 252, n. 275) souligne à juste titre que, sinon tous, au moins certains des prêtres auxiliaires étaient déjà présents avant leur installation, comme l'indiquent les manuscrits liturgiques et le *Nērangestān*. C'était certainement le cas du prêtre *hāwanān*, expressément mentionné en référence à *Y.* 8,2 (selon le ms. 2010) et dans le *N.* 28,38. Cependant, il me semble difficile d'établir s'il s'agit d'une

1) au sens technique, comme la survivance d'un rituel plus ancien dans lequel le *parahaōma-* avait déjà été préparé, mais non encore consommé ;

2) au sens historique, comme le reflet d'un point de jonction entre différentes traditions (et, peut-être, également par ordre chronologique ou géographique, entre des dialectes différents).

Cette dernière hypothèse serait largement corroborée si l'on acceptait, en sachant qu'elle n'est pas démontrable, l'idée qu'au moins une partie de *Vr.* 3, et en particulier de *Vr.* 3,1, fut à l'origine composée dans la variante dialectale de l'avestique moyen[54].

---

innovation ou d'un fait authentiquement archaïque, et le cas échéant, à quel point il était réellement ancien.

54. J. Kellens, *Le Hōm Stōm et la zone des déclarations*, p. 101-110 ; Voir aussi X. Tremblay, « Le pseudo-gâthique. Notes de lecture avestique II », dans A. Panaino et A. Piras (éd.), *Proceedings of the 5th Conference of the Societas Iranologica Europœa, held in Ravenna, 6–11 October 2003*, I, Milan 2004. Cf. aussi Cantera, « The *sraōšāuuarəza*-priest », p. 509-510.

CHAPITRE II

LA CHAÎNE RITUELLE ET L'IDENTITÉ DE L'INSTALLATEUR

On peut sans grand risque avancer l'idée que le rituel, sous un modèle parfait (ce qui signifie que dans l'idéal, il pourrait connaître des adaptations ou des variantes en fonction de raisons pratiques), est mis en œuvre par deux groupes différents de prêtres, le premier ayant été installé auparavant et sur le point d'avoir accompli sa tâche, le second entrant en action avant la deuxième ingestion de *haōma-*. On pourrait comparer cette situation à une sorte de chaîne rituelle, dans laquelle le *yasna-* et le pressurage du *haōma-* ne s'arrêtent jamais, et dans laquelle le deuxième collège sacerdotal consomme ce qui a été préparé par le collège précédent, et prépare à son tour le *parahaōma-* nécessaire à la suite du rituel. Cette proposition est fondée sur l'idée simple que l'image du rituel « parfait » est fondamentale dans l'idéologie liturgique des prêtres de l'Iran ancien. Ce modèle, dans sa plus haute efficacité et harmonie, sublime par sa forme, sa cadence temporelle et ses fonctions, était fondamental pour conserver l'ordre cosmique, en sorte qu'il était inconcevable de laisser survenir des temps morts ou des ruptures liturgiques dans la continuité temporelle. À l'instar du monde qui ne s'arrête jamais, le rituel ne doit pas connaître de solution de continuité. Il devient l'architecture même du monde, son linteau ou son architrave. Si le temps marque les phases de la bataille contre les forces des ténèbres[1], et si les démons cherchent à rompre l'harmonie cosmique en arrêtant le cours temporel qui annonce la victoire finale, la chaîne rituelle soutient la structure du cosmos et protège aussi sa course inexorable. Cette interprétation du rituel cadre parfaitement avec une vision spéculative de la liturgie dans la mesure

---

1. Voir A. Panaino,, « The 'Trepidation' of the Sun, the 57 Years of the Resurrection and the Late Mazdean Speculations on the Apocalypse », *Studia Iranica* 47/1 (2018).

où elle explique le rôle de tous les *ratu*s en fonction d'une dialectique impliquant temps, dieux et hommes. L'efficacité de cette liturgie présuppose la présence active d'un grand nombre de prêtres, que nous pouvons imaginer pour toutes les périodes où le mazdéisme possédait une communauté forte et bien organisée, dotée d'un pouvoir séculier politique et économique très important. Une organisation aussi dispendieuse fut donc possible à l'apogée de l'Empire sassanide et uniquement dans les temples les plus importants, mais non à d'autres époques, en raison d'un manque inévitable de ressources économiques suffisantes. Dans les temples et les structures religieuses plus modestes, on pratiquait des cérémonies mineures, et ce n'est qu'en certaines occasions qu'était mise en œuvre une liturgie plus complexe et onéreuse incluant la présence active d'un grand nombre de prêtres et le sacrifice de nombreux animaux. Le problème de l'identification du prêtre-installateur pourrait s'expliquer grâce à l'hypothèse selon laquelle le *zaōtar-* qui présidait le dernier *yasna-* avec ses assistants (ou au moins l'un d'entre eux) ne quittait pas le temple[2] et restait (avec certains d'entre eux) en fonction, dans l'état de pureté et le dispositif liturgique requis, en attendant le prochain sacrifice[3] qu'il entamait (avec au moins deux assistants), et jusqu'à la nouvelle entrée,

---

2. Je remercie Stefano Damanins (communication personnelle) qui suggère la possibilité que le prêtre installateur pouvait avoir gardé une sorte de « pouvoir rituel », dont subsiste un reflet dans la tradition parsie du *mōṭī khūb* (grand pouvoir rituel) et du *nānī khūb* (petit pouvoir rituel); voir J. J. Modi, *The Religious Ceremonies and the Customs of the Parsees*, p. 91, 120, 140, *passim*; F. M. Kotwal et J. W. Boyd, *A Persian Offering: The Yasna*, p. 63-64, n. 6, *passim*.
3. J. E. M. Houben (« Vedic Ritual as Medium, in Ancient and Pre-Colonial South Asia: its Expulsion and Survival between Orality and Writing », dans *Travaux du symposium international Le Livre, La Roumanie, L'Europe, troisième édition, 20-24 septembre 2010*, III. *Études euro- et afro-asiatiques*, partie IIIA. *Veda-Vedāṅga et Avesta entre oralité et écriture*, éd. J. E. M. Houben et J. Rotaru, Bucarest 2011, p. 161) suppose, à mon avis à juste titre, que dans la période la plus archaïque les prêtres védiques célébraient les rituels auprès du feu tous les jours. Voir aussi id., « From Fuzzy-Edged 'Family-Veda' to the Canonical Śākhās of the Catur-Veda: Structures and Tangible Traces », dans J. E. M. Houben et M. Witzel (éd.), *Vedic Śākhās: Past, Present, Future. Proceedings of the Fifth International Vedic Workshop, Bucharest 2011*, Cambridge 2016; id., « Ecology of Ritual Innovation in Ancient India: Textual and Contextual Evidence », dans L. M. Bausch (éd.), *Self, Sacrifice, and Cosmos. Thought, Ritual, and Philosophy. Essays in Honor of Professor Ganesh Umakant Thite's Contribution to Vedic Studies*, Delhi 2019.

La chaîne rituelle et l'identité de l'installateur

c'est-à-dire celle du nouveau collège nouvellement installé. Je suis convaincu que ce scénario n'exclut pas d'autres variantes[4], comme, par exemple, la participation d'une sorte de *yazəmna-*; mais quoi qu'il en soit, rien ne nous oblige à imaginer sa présence en toutes occasions.

Laissons de côté pour le moment le problème général de l'origine et du développement de ce rituel, que nous reprendrons plus tard; rappelons pour l'heure qu'en *Vr.* 3,2, les classes sociales ou cercles sociaux sont également installés, et qu'en *Vr.* 3,3, c'est le tour du jeune homme, qui, comme il se doit, suit les devoirs religieux, et enfin celui de la dame de la maison; en *Vr.* 3,4, sont mentionnés et installés en ordre inverse la femme et l'homme qui connaissent le *frauuarānē*, mais pas le magicien nommé *kaiiaδa-*.

Kellens[5] a très justement remarqué que les responsabilités attribuées à l'homme et à la femme mentionnés dans *Vr.* 3,3 correspondent à celles déjà attestées dans le contexte du *post mortem*. Cette correspondance frappante nous révèle la dimension spéculative de l'acte liturgique, par lequel l'individu se trouve transporté sur un plan où il accède à une dimension métaphysique relevant d'un état de sublimation, exempt du mélange de bien et de mal propre à la réalité ordinaire. Le rituel nous transfère dans un espace et un temps sublimes par essence.

À ce propos, Kellens[6] fait remarquer que, dans *Vr.* 3,4, le texte évoque le « sacrifiant commanditaire et son épouse ». On peut sans

---

4. Je rappelle qu'il ne faut pas perdre le sens du réel, parce que nonobstant le fait que nous pouvons postuler une reconstitution idéale et théorique, avec des abstractions inévitables, mais en conformité avec des hypothèses bien plausibles, les accidents de la vie ordinaire doivent avoir posé de manière continue des difficultés ou des problèmes d'ordre technique avec beaucoup de variantes possibles. Pour cette raison, si on a le droit de proposer une reconstitution plausible, il faut aussi reconnaître que la pratique liturgique provoqua sûrement des changements et des adaptations multiples et imprévisibles. De plus, une lecture plus attentive des sources manuscrites nous invite à modifier notre perception du rituel, et parfois à observer que la présentation de la réalité liturgique a été énormément simplifiée dans l'*Ausgabe* de Geldner. Par exemple, C. Redard (« *Y.* 72.11 : un final qui n'est pas un! », dans S. Badalkhan, M. de Chiara et G. P. Basello [éd.], *Iranian Studies in Honour of Adriano V. Rossi*, 2ᵉ partie, Naples 2020, p. 717-728) a bien montré qu'on avait des solutions (aussi textuelles) différentes pour la conclusion du *Yasna*, dont Geldner n'avait pas tenu compte. Sur ce sujet voir aussi A. Panaino, « The End of the Yasna between Philological and Theological Problems », *Dabir* 1/4 (2017).
5. J. Kellens, *Le Hōm Stōm et la zone des déclarations*, p. 101.
6. *Ibid.*

Le collège sacerdotal avestique et ses dieux

doute les identifier au *yazəmna-* et à sa femme (dans l'éventualité ou bien au moment où ils attendent la cérémonie). Si on admet cette hypothèse, on peut alors supposer que, au moins en ces occasions, il incombe à ce sacrifiant (dans son état de pureté) de célébrer la formule d'installation, la parole n'étant donnée au *sraōšāuuarəza-* nouvellement installé qu'après *Vr.* 3,1. Selon cette hypothèse, si elle est avérée, le « sacrifiant commanditaire » agirait, au niveau formel, en tant que patron du sacrifice chargé du choix des prêtres pour la cérémonie. Dans *Vr.* 3,5, tous les *ratu*s, les « modèles », qui ont été installés, correspondent aux Aməṣ̌a Spəṇtas. Ici le récitant n'est pas seul, comme en témoignent semble-t-il les verbes systématiquement attestés au pluriel (*āmrūmaide* [deux fois], *āstāiiamaide*)[7]. Nous pouvons donc imaginer que cette installation (seconde et générale) était célébrée par les mêmes sept prêtres ou éventuellement par un groupe d'assistants comme les *upa.sraōtar-*, qui, malgré l'absence de mention explicite, appartenaient au collège d'une cérémonie précédente et n'avaient pas encore quitté l'espace sacré. Mais peut-être est-il plus prudent d'imaginer le *zaōtar-* et le *sraōšāuuarəza-* officiant ensemble.

Vr. 3,5[8] :

*āaṯ vō [kasciṯ mazdaiiasnanąm] ratūš āmrūmaide
ratūš āstāiiamaide aməš̌āsca spəṇtō saōšiiaṇtasca
dąhištō aršuuacastəmą aiβiiāmatəmą aš.xrāxᵛanutəmą
mazištō amą āmrūmaide daēnaiiā̊ māzdaiiasnōiš
aϑaurunąsca raϑaēštārąsca vāstriiąsca fšuiiaṇtō.*

Alors, nous désignons comme vos modèles,
nous installons comme vos modèles [chacun des mazdéens],
les Aməṣ̌a Spəṇtas et les Saōšiiaṇts
les plus experts à réciter les formules de manière rectiligne,
les plus forts et les plus stimulants (?).
Nous désignons (et nous installons)
les prêtres, les guerriers et les pâtres-éleveurs
comme les plus grandes forces de la Daēnā mazdéenne.

---

7. À cet égard, il faut noter qu'en *Y.* 13,3 (déjà cité ci-dessus) les verbes sont conjugués à la première personne du singulier (*āmruiiē, āstāiia*), ce qui indique peut-être que la récitation n'est faite que par l'un des (deux) prêtres présents. Dans la cérémonie du *Visprad*, le collège était, du moins en théorie, beaucoup plus large, et l'usage du pluriel (*āmrūmaide, āstāiiamaide*) implique une situation plus complexe.
8. J. Kellens, *Le Hōm Stōm et la zone des déclarations*, p. 128. Selon la numérotation de l'Avestan Digital Archive, il s'agit de *VrS.* 11,13.

La chaîne rituelle et l'identité de l'installateur

Il est remarquable que les « modèles » ou *ratu*s de tous les mazdéens, en particulier ceux qui sont mentionnés au cours du processus d'installation rituelle[9], soient explicitement les Aməṣa Spəṇtas (avec les Saōšiiaṇts). Je présuppose (mais je démontrerai mes arguments dans les chapitres suivants, notamment le cinquième) que cette référence ne concerne pas simplement les cercles sociaux, énumérés dans la deuxième partie de ce paragraphe, mais que cette déclaration contient une allusion directe aux six prêtres assistants dès lors que soit le *zaōtar-* soit le *sraōšāuuarəza-* correspondent respectivement à Ahura Mazdā et à Sraōša (dans leur transfiguration divine).

En réalité, on peut affirmer que les (huit) prêtres correspondaient symboliquement et fonctionnellement à la dimension divine des Aməṣa Spəṇtas de la liste fermée[10] propre à l'*Avesta* récent, ainsi qu'à Sraōša et Ahura Mazdā. Au plan de l'existence humaine, ils jouaient en outre le rôle des Saōšiiaṇts liturgiques (et dans le rituel ils assument aussi le rôle des Aməṣa Spəṇtas). Dans ce cas, les récitants de *Vr.* 3,5

---

9. La tradition tardive cherche à établir une connexion entre l'énumération des trente-trois *ratu*s mentionnés dans le premier chapitre du *Yasna* et les différents instruments mentionnés ici ; voir N. B. Desai, « Symbolism of the Various Articles used in the Higher Liturgical Services of the Zoroastrians and the Enumeration of the thirty-three Ratus mentioned in Yaçna 1, § 10 », dans J. J. Modi (éd.), *Sir Jamsetjee Jejeebhoy Madressa Jubilee Volume, Papers on Irânian Subjects written by Various Scholars in Honour of Sir Jamsetjee Jejeebhoy Zarthoshti Madressa*, Bombay 1914.
10. L'association entre les six prêtres assistants et les Aməṣa Spəṇta a également été proposée par G. Windfuhr (« The Ties that Bind: Sacred Geometry in the Zoroastrian Yasna Ritual [*Nērangestān* 60–61] », *Nāme-ye Irān-e Bāstān* 4/1 [2004], p. 30, *passim*), bien que le savant américain préfère associer Zoroastre au *zaōtar-* et Ahura Mazdā avec Sraōša au prêtre *sraōšāuuarəza-*. En réalité, si le collège sacerdotal est vu dans sa dimension divine, son chef ne peut être qu'Ahura Mazdā même. Évidemment, à partir d'un collège terrestre, mais exceptionnel par son prestige, on peut aussi associer le *zōd* à Zoroastre, mais ce processus apparaît plus complexe. Clairement, si nous revenons au niveau plus simple de la cérémonie à deux prêtres seulement, la transposition mimétique permet dans ce cas également d'associer le *zaōtar-* à Ahura Mazdā, tandis que son assistant correspond à Zoroastre, ou, toujours sur le plan terrestre, de représenter le prêtre principal comme un alter ego de Zoroastre et son assistant comme l'un des *saōšiiaṇt*s. Windfuhr (« The Ties that Bind: Sacred Geometry in the Zoroastrian Yasna Ritual [*Nērangestān* 60–61] », p. 30, *passim*) suppose également que Miθra serait lui-même associé au *zaōtar-* dans son hypostase solaire, mais cette association me semble nécessiter d'autres éléments de preuve pour être admise sans difficulté.

pourraient correspondre à ces prêtres ainsi qu'au *yazəmna*- (surtout si le commanditaire du sacrifice avait pu prendre dans le passé la fonction de *zaōtar*-).

À ce stade, *Vr.* 3,6 [= *VrS.* 11,24] reprend depuis le début. Ce passage est pratiquement identique (à l'exception de changements mineurs) à *Y.* 11,16b[11], mais en l'occurrence il est clair que c'est l'*ātrauuaxša*-, et non le *zaōtar*-, qui récite. L'échange de formules entre ces deux prêtres se termine avec l'investiture définitive et solennelle (prononcée par l'*ātrauuaxša*-) du *zaōtar*-, qui à la fin accepte la responsabilité de la direction de la liturgie.

Vr. 3,6-7 :

6) *yaϑā ahū vairiiō yō ātrauuaxšō frā.mē mrūitē*
   aϑā ratuš aṣ̌āṯcīṯ hacā frā aṣ̌auua vīδuuå̄ mraōtū (cf. *Y.* 11,16b).
   yaϑā ahū vairiiō yō zaōtā frā.mē mrūitē
   aϑā ratuš aṣ̌āṯcīṯ hacā frā aṣ̌auua vīδuuå̄ mraōtū.

7) *tūm nō āϑraōm zaōtastē*
   yaϑā ahū vairiiō yō ātrauuaxšō frā.mē mrūitē
   aϑā ratuš aṣ̌āṯcīṯ hacā frā aṣ̌auua vīδuuå̄ mraōtū (cf. *Y.* 11,16b).
   azəm aēta zaōta vīsāi staōtanąm yesniianąm
   frasraōϑrəmca framarəϑrəmca fragāϑrəmca frāiiaštīmca.

6) Que l'*ātrauuaxša*-, qui est là pour réciter solennellement devant moi (la formule) *yaϑā ahū vairiiō*, prononce (aussi), lui qui est savant et juste, (la formule) *aϑā ratuš aṣ̌āṯcīṯ hacā*. Que le *zaōtar*-, qui est là pour réciter solennellement devant moi (la formule) *yaϑā ahū vairiiō*, prononce (aussi), lui qui est savant et juste, (la formule) *aϑā ratuš aṣ̌āṯcīṯ hacā*.

7) Toi, le prêtre, tu es là pour être notre *zaōtar*-.
   Que l'*ātrauuaxša*-, qui est là pour réciter solennellement devant moi (la formule) *yaϑā ahū vairiiō*, prononce (aussi), lui qui est savant et juste, (la formule) *aϑā ratuš aṣ̌āṯcīṯ hacā*.
   Je suis prêt à accepter (ma fonction), au risque du châtiment, d'être le *zaōtar*- (chargé de) la récitation à voix haute, de la récitation à voix basse, (de) l'intonation chantée et de la performance solennelle des *Staōta Yesniias*.

---

11. Voir É. Pirart, *Guerriers d'Iran. Traductions annotées des textes avestiques du culte zoroastrien rendu aux dieux Tištriya, Miθra et Vərəθragna*, Paris 2006, p. 76-77, n. 28 ; id., *L'Aphrodite iranienne. Études de la déesse Ārti, traduction annotée et édition critique des textes avestiques la concernant*, Paris 2006, p. 112, n. 34.

La chaîne rituelle et l'identité de l'installateur

Kellens[12] présente ainsi le problème concernant les prêtres susceptibles de prendre la responsabilité de l'installation :

> Le processus ainsi reconstitué rencontre deux difficultés : le *bāj* adressé au zaotar par le sraošāuuarəza dès Vr3.1 et celui adressé à l'ātrauuaxša en Vr3.7 entre l'investiture donnée au zaotar et son acceptation. Le premier pourrait signifier, soit que le sraošāuuarəza exerce provisoirement, dans l'attente de sa désignation officielle, la charge de récitation du zaotar, soit qu'il charge le futur zaotar de prononcer Vr3.2-5 avant son investiture pleine et entière. De son côté, le second pourrait signifier que le zaotar investi légitime a posteriori la prise de parole de l'ātrauuaxša. Les deux étrangetés sont, d'une manière ou de l'autre, les corollaires de l'énigme fondamentale : le locuteur non identifié de Vr3.1 (il y a, à mon avis, trois possibilités : le commanditaire du sacrifice, le zaotar du dernier sacrifice rendu, le zaotar potentiel du sacrifice à venir). Quoi qu'il en soit, ce petit jeu de relais, voire de cache-cache, entre trois ou quatre personnes souligne la complexité du processus d'entrée dans l'univers sacré. Les dépositaires du pouvoir de parler sont successivement un inconnu, le sraošāuuarəza, responsable de l'écoute, l'ātrauuaxša, responsable des préparatifs, le zaotar, patron définitif du rite des Staotas Yesniias. On voit ainsi que la brève formule du Y11.16b renvoie de manière succincte et sibylline au processus d'investiture du collège des officiants et que ce processus aboutissait effectivement, au témoignage de Vr4.2, à la récitation du *Frauuarānē*. Les intercalations du Visprad constituent la mise en situation liturgique de la zone des déclarations.
>
> Toutes les déclarations sont prononcées par un officiant, puis par le zaotar dès qu'il a accepté la charge de diriger la cérémonie (Vr3.7). Elles sont de trois types : d'organisation du rite (Vr3.1-Y11.16 et Y13.1-3), de mise en condition mentale (le bloc *frastuiiē – frauuarānē – āstuiiē*), d'allégeance sacrificielle aux Aməšas Spəṇtas (Y11.18, Y13.4, Y14.1, Y15.1).

Mon interprétation des données ne diffère de la solution proposée par Kellens que par le refus d'attribuer une fonction directe au *sraōšāuuarəza-* avant sa complète installation, solution qui de fait était considérée par ce savant comme une alternative plausible. Je vois la même difficulté dans l'attribution immédiate de responsabilité au *zaōtar-* nouveau, parce qu'il n'a pas encore été installé. « Le commanditaire du sacrifice », et le « zaotar du dernier sacrifice rendu » sont, à

---

12. J. Kellens, *Le Hōm Stōm et la zone des déclarations*, p. 102.

Le collège sacerdotal avestique et ses dieux

mon avis, les meilleurs candidats, bien qu'on ne puisse pas être sûr de l'identité des locuteurs qui récitent *Vr.* 3,5, où les protagonistes sont des sujets multiples.

Selon l'interprétation de Cantera, la partie de la liturgie qui suit l'installation du collège sacerdotal de *Vr.* 3,1-3, et sa réalisation définitive en *Vr.* 3,5, concerne le changement du prêtre récitant, qui, dans ce cas, est sans doute l'*ātrauuaxša*-[13] :

> Vr3.7 is very interesting, since not only ritual instructions and modern practice but also the Avestan text itself presuppose the change of reciter. It cannot therefore be a modern feature of the recitation. The auxiliary priests have just entered the ritual area and assumed their offices. After a double taking of the *wāž* (type 8 *yō ātrauuaxšō ... aθā ratuš ... yō zaōtā ... aθā ratuš*), the *ātrauuaxša* makes his first appearance. He recites the beginning of Vr3.7 in which he directly addresses the *zaōtar* (*tūm nō āϑraōm zaōtastē* "You are here, oh *āθrauuan*, for being the *zaōtar*"). Before answering him with the end of Vr3.7 (*azəm aēta zaōta vīsāi* "I'm here ready to serve as *zaōtar*"), the *zaōtar* takes the *wāž* from the *ātrauuaxša* : [...]
> In this passage, we note a clear functional usage of the formula for taking the *wāž*. The *ātrauuaxša* takes it before his first exchange with the *zaōtar*, and then the *zaōtar* takes it back before answering the *ātrauuaxša*. Both the distribution of the formulas and the exchange between the reciters as reflected by the medieval ritual instructions must be as old as the text itself, and not late medieval innovations, since the exchange of reciters is required by the Avestan text itself.

Selon *Vr.* 3,1, quand chaque prêtre révèle sa présence et accepte son devoir rituel, son installation est définitivement établie (bien que l'identité du prêtre ayant installé les autres ne soit pas complètement claire, et ce d'autant plus qu'il changeait selon les occasions). Bien entendu, le statut différent des prêtres installés était confirmé par la récitation chorale de *Vr.* 3,2-5 (le *zaōtar*- et l'ensemble de ses sept assistants)[14]. Comme le souligne encore Cantera[15], *Vr.* 3,6-7 contient

---

13. Voir A. Cantera, « The Taking of the *wāž* and the Priestly College in the Zoroastrian Tradition », p. 54-55.
14. Sur ce sujet, voir encore A. Cantera, « The Taking of the *wāž* and the Priestly College in the Zoroastrian Tradition », et C. Redard (dans J. Kellens et C. Redard, *Introduction à l'Avesta, le récitatif liturgique sacré des zoroastriens*, chapitre 4.1). Voir ici p. 48-49 ; 81, n. 89.
15. Voir A. Cantera, « The Taking of the *wāž* and the Priestly College in the Zoroastrian Tradition », p. 55, et les notes 19 et 20.

La chaîne rituelle et l'identité de l'installateur

la récitation d'un *wāž* nouveau, dans lequel l'échange entre le *zaōtar-* et l'*ātrauuaxša-* était prononcé bien que cette partie de la cérémonie n'eût sans doute pas la même force rituelle que l'installation précédente qui, pour sa part, avait été menée à son terme. De plus, il faut reconnaître qu'il est difficile actuellement de comprendre la dynamique de la récitation de *Y.* 11,9. En effet, on ne sait pas vraiment si le texte était récité par l'*ātrauuaxša-* seul ou par les sept assistants ensemble. Quoi qu'il en soit cette récitation n'avait pas d'influence sur l'efficacité de la cérémonie d'installation.

Au plan pratique, lorsque cela était possible et à l'exclusion des cas particuliers (comme la présence extraordinaire de personnalités commanditaires très prestigieuses – le roi[16], un prince, des nobles de très haut rang, etc.)[17], la règle devait s'appliquer selon une modalité simple : pendant les cinq (ou quatre) liturgies quotidiennes prévues (dont certaines n'étaient évidemment pas solennelles), quelques prêtres (ou au moins l'un d'entre eux)[18] ayant participé à la session rituelle

---

16. À propos du rôle du roi, voir Houben, « Vedic Ritual as Medium, in Ancient and Pre-Colonial South Asia: its Expulsion and Survival between Orality and Writing », p. 158.
17. La pratique du parrainage des cérémonies religieuses, même et peut-être surtout solennelles, remonte à un héritage indo-iranien, comme le confirme la tradition de la *dānastuti-*, ou « éloge du don », dont nous trouvons des reflets également dans le contexte gāθique (voir Panaino, *Rite, parole et pensée dans l'Avesta ancien et récent. Quatre leçons au Collège de France [Paris, 7, 14, 21, 28 mai 2001]*, Vienne 2004, p. 97, 101-102). Cette pratique est amplement confirmée par ce que l'on appelle les « fondations pieuses », dont l'importance a été bien mise en évidence par J. de Menasce (*Feux et fondations pieuses dans le droit sassanide*, Paris 1964). Certes, dans le contexte sassanide, le rôle de la royauté présente des nuances qui ne peuvent pas être discutées ici, mais il est clair que le souverain couvrait également des prérogatives à caractère sacerdotal, sa présence devait donc avoir une certaine pertinence, voire opérative, dans la mise en œuvre de chaque liturgie. Enfin, nous rappelons qu'une pratique de parrainage des rites persiste, *mutatis mutandis*, même dans le zoroastrisme contemporain (voir M. Stausberg, *Die Religion Zarathushtras. Geschichte – Gegenwart – Rituale*, II, Stuttgart 2002, p. 45-48).
18. Il faut également noter que selon le chapitre 62 du *Nērangestān* (F. M. Kotwal et Ph. G. Kreyenbroek, *The Hērbedestān and Nērangestān*, III, p. 268-271) si par accident le *zaōtar-* était laissé seul, il aurait toujours le pouvoir de reprendre l'ensemble des différentes fonctions des autres assistants. L'attribution de ce pouvoir est très importante et permet de comprendre le grand sens pratique sur lequel s'appuyait la liturgie mazdéenne au moment de la composition des normes les plus anciennes du traité de *Nērangestān*.

précédente demeuraient dans le temple, surtout si une longue liturgie était prévue pour le *gāh* suivant, ce qui permettait à la fois le démarrage régulier des activités préparatoires et l'installation ultérieure (si nécessaire) du collège sacerdotal dans son intégralité. Cette reconstitution expliquerait pourquoi, selon le chapitre 64 du *Nērangestān*[19], le prêtre qui se trouve déjà dans le temple attribue ou plutôt répartit les tâches cérémonielles entre ses assistants selon leur ordre d'arrivée au lieu du sacrifice. Cela signifie que le prêtre en chef était déjà dans le temple, dans l'attente des autres participants, et qu'il était déjà dans l'état requis pour la cérémonie suivante. On peut également imaginer que dans des situations moins solennelles la présence de deux prêtres habilités était suffisante, sans autre complication, et que dans ce cas, une installation spéciale n'était pas nécessaire. Il faut en effet remarquer qu'au cours des liturgies ordinaires, le *zaōtar*- et son unique assistant n'avaient pas besoin d'être à nouveau installés via un rituel spécifique. Ce fait est une preuve manifeste de la dimension supérieure attribuée aux liturgies solennelles, au rôle du collège sacerdotal dans son intégralité et évidemment à chacun de ses assistants.

Il faut également noter que le rituel mentionne l'installation de sept assistants, et non celle de huit prêtres. Or au début de la cérémonie, il n'y a que deux prêtres. Puis, mis à part le *zaōtar-*, son unique assistant est également réinstallé (ou éventuellement remplacé par un autre prêtre). Ce détail implique que l'installation concerne également la fonction spécifique propre à chaque prêtre subordonné puisque même un prêtre déjà opérationnel avec son *zaōtar* aurait pu/dû être installé dans sa nouvelle fonction selon la liturgie dans sa version longue. De même, rappelons que d'autres prêtres étaient installés, par exemple celui qui était chargé de tuer les animaux sacrificiels (le *pasuuāzah-*, mentionné par le *Nērangestān* avestique 47,19). Nous savons que cette cérémonie existait, bien que nous ignorons dans quelle partie exacte de la liturgie cette installation était célébrée. On peut supposer par ailleurs qu'une telle installation pouvait avoir lieu lors de cérémonies non solennelles pourvu qu'il y eût offrande carnée d'un animal vivant.

Enfin, nous devons faire face à l'immense difficulté posée par l'analyse de la liturgie avestique au fil d'une histoire millénaire dont nous ne connaissons que le stade final. Cette considération ne concerne pas seulement la tradition mazdéenne plus ancienne, mais

---

19. Voir *ibid.*, p. 274-275.

La chaîne rituelle et l'identité de l'installateur

aussi la nouvelle synthèse apparue après l'inclusion de strates textuelles moyen-avestiques et plus récentes. En réalité, si les traditions médiévales, comme celles que l'on trouve dans le *Nērangestān* ou dans les *kiriā* et les *nērang* des manuscrits[20] rituels pehlevi-avestique ou sanskrit-avestique, sont d'une extrême importance, elles n'offrent pas toujours une description complète du rituel et des changements introduits. Il est vrai que leur témoignage n'a jamais été sérieusement et correctement examiné jusqu'à la révision radicale du problème proposée par Cantera[21]. Notre perception de la complexité rituelle est devenue aujourd'hui un enjeu majeur grâce aux avancées de son « Projet *Avesta* » mais je doute que l'on puisse arriver à proposer une reconstitution générale et systématique du rituel sassanide, si l'on doute, malgré des arguments très convaincants, de la possibilité théorique d'une reconstitution d'un archétype sassanide de l'*Avesta*. À l'heure actuelle, nous ne connaissons pas toutes les variations liturgiques développées dans l'Iran occidental, c'est-à-dire dans le collège des Mages occidentaux. Nous ne savons rien des liturgies orientales de la tradition mazdéenne. On peut supposer que la structure de base du *yasna-* dans les cercles religieux sogdiens était semblable à celle que nous connaissons grâce aux manuscrits zoroastriens, mais on n'a pas grand-chose à dire des intercalations et des rituels solennels ou des festivités dédiées aux *yazata*s[22].

Si nous limitons notre enquête à la dimension d'origine persane (iranienne ou indienne / parsie), les différences entre les nombreuses liturgies au fil des saisons, les variations entre les différentes traditions principales ou éventuellement dans l'organisation de cérémonies à caractère politique (pour le roi et la famille royale, ou encore en cas de guerre), sont vraisemblablement perdues, ainsi que les règles propres aux écoles sacerdotales des différentes régions d'Iran. On

---

20. A. Cantera, « Rituales, manuscritos y ediciones del Avesta: Hacia una nueva edición de los textos avésticos de la liturgia larga », *Boletín de la Sociedad Española de Iranología (SEI)* 1/1 (2010), p. 31, *passim* ; voir aussi id., « How Many Chapters Does the 'Yasna of the Seven Chapters' Have? », *Iranian Studies* 43/2 (2012).
21. Id.
22. Avec l'exception de certaines reconstitutions très probables avancées par A. Cantera, « Textual Performative Variation in the Long Liturgy: The Ceremonies of the Last Ten Days of the Year », *Dabir* 6 (2018) et G. König, « Bayān Yasn. State of the Art », *Iran and the Caucasus* 21 (2017).

peut imaginer que chacun des Feux majeurs avait certaines particularités, certaines habitudes rituelles, dont nous ne savons presque rien. Quelques traces de ce passé de grandeur sont arrivées jusqu'à nous grâce aux notes que des savants particulièrement attentifs au rituel, comme Darmesteter, Boyce, Kotwal, etc. ont laissées sur ce sujet. Il est encore plus difficile – voire impossible – de proposer une reconstitution différenciée de la cérémonie du *Yasna* à la période achéménide, ou parthe et proto-sassanide. Il en va de même pour une reconstitution du rituel gâthique ou de la première liturgie basée sur la fusion des textes vieil-avestiques, moyen-avestiques et avestiques récents. On reviendra plus en détail sur ces questions, mais il faut dès à présent souligner que, si nous pouvons postuler que le rituel transmis par la tradition mazdéenne est basé sur une liturgie née durant la période achéménide tardive, nous n'avons aucune idée définitive de son organisation intérieure. On peut imaginer que ce rituel a connu des changements, non seulement par rapport au rituel gâthique, mais aussi par rapport à sa tradition orientale originelle. En effet, il est impossible que le transfert de la version avestique du culte de Mazdā vers l'Occident ne se soit pas accompagné d'adaptations et d'intromissions, délibérées ou non, de la part du clergé des mages. Pour le moment, nous travaillons à la reconstitution d'une tradition très conservatrice que la culture mazdéenne en Iran et en Inde a préservée malgré l'effondrement de l'Empire sassanide et de sa culture politique, idéologique et religieuse. Il est certain qu'une grande partie de la liturgie trouve son origine dans le cadre sassanide et en partie achéménide, mais pour ce qui est des cérémonies, il est à mon sens difficile d'établir avec sûreté l'antiquité absolue d'un rite pris dans sa totalité performative. C'est pourquoi je préconise la plus grande prudence sur le sujet.

Il est regrettable que les prêtres zoroastriens n'aient pas produit (ou préservé?) une abondante littérature, semblable au genre des *Brāhmaṇa*, avec une description détaillée des cérémonies et des normes liturgiques. À l'exception du *Nērangestān* et de l'*Hērbedestān*, nous pouvons nous fier uniquement aux directions liturgiques préservées dans les manuscrits, et aux remarques relatives aux rites attestées dans les *Rivāyats* persanes.

La désagrégation progressive de la position des prêtres dans la société après la conquête arabe, avec la réduction progressive de leur nombre, de leur prestige et leur richesse, a déterminé une série de changements, en général défavorables, qui ont en partie bouleversé le modèle idéal de liturgie, et entraîné une transformation inévitable.

La chaîne rituelle et l'identité de l'installateur

Quand le nombre des prêtres fut sans exception[23] réduit à deux officiants dans les cérémonies longues, la « catastrophe » était accomplie, même si les sources survivantes préservent la mémoire des acteurs rituels que le *zōt* tente de représenter spirituellement sur l'aire sacrificielle. Il s'agit bien d'une « catastrophe » au sens où la tradition mazdéenne a vécu cette réduction comme un événement dramatique, le signe d'une décadence inévitable, comme le souligne l'auteur du *Wahman Yasn* IV,31, texte que nous allons analyser plus bas.

Ces prêtres sont devenus invisibles et leurs fonctions, malgré leur substitution par le *rāspīg*, en partie réduites. Du moins est-ce l'impression que m'ont laissée mes réflexions sur le sujet. En fait, il est impossible qu'un prêtre seul puisse vraiment jouer le rôle de sept personnes sans perdre certaines nuances, sans abandonner des compétences techniques qui étaient objet d'étude pour un sacerdoce spécialisé.

Avant de conclure ce chapitre, rappelons que Kellens[24] a de son côté souligné le fait que, avec la fin de la récitation du *frauuarānē* de *Y.* 12, le prêtre qui assumait la fonction de *zaōtar-* constituait de fait sa propre *daēnā-*, tandis que les membres de l'ordre sacerdotal devenaient des *saōšiiaṇt*-s (« celui qui est destiné à gonfler »). L'idée fondamentale, que je partage entièrement, c'est que sur la voie rituelle (*paθ-/aduuan-*) la *daēnā-* des *saōšiiaṇt*-s (c'est-à-dire les prêtres officiant dans la liturgie) voyage, son but étant la possession du *mižda-*, « le prix de la victoire ».

Pour Kellens[25]:

[...] *saōšiiaṇt-* désigne dans l'Avesta récent le prêtre dans sa fonction sacrée lorsqu'il s'inscrit dans la continuité sacrificielle qui débouchera un jour sur la fin des temps.

Ainsi la dimension rituelle rejoint la dimension eschatologique car l'accomplissement du rituel d'installation transforme les sacrificateurs

---

23. Je désire souligner ce fait. Il ne s'agit pas de la dialectique entre deux et huit, ni de l'opportunité symbolique de jouer avec un nombre réduit de prêtres travaillant au lieu d'un groupe plus large – une opportunité sans doute normale autrefois –, mais de la réduction systématique et obligatoire du clergé, et par conséquent de l'impossibilité d'accomplir des rituels solennels avec huit prêtres compétents en même temps.
24. Voir le *résumé* de la leçon de J. Kellens du 20 janvier 2012, disponible sur le site internet du Collège de France.
25. Voir le *résumé* de la leçon de J. Kellens du 27 janvier 2012, disponible sur le site internet du Collège de France.

Le collège sacerdotal avestique et ses dieux

en *saōšiiaṇt*-s, protagonistes d'une cérémonie cosmologique non seulement nécessaire à la conservation du temps présent, mais également d'une importance fondamentale pour la préparation de la phase finale du monde et de sa restauration dans la transfiguration à venir.

PARTIE II

PRÊTRES ET DIEUX :
SYMBOLISME DU COLLÈGE SACERDOTAL

CHAPITRE III

NOMS ET FONCTIONS
DES SEPT PRÊTRES ASSISTANTS

Dans ce chapitre, nous proposons une analyse (assortie d'un appareil bibliographique général et systématique) des rôles et des fonctions des sept prêtres assistants mentionnés dans le texte de *Visprad* 3,1, de *Vidēvdād* 5,57-58 (= 7,17-18), et de *Nērangestān* 64,1-3[1]. Nous donnerons une présentation complète du collège sacerdotal mazdéen sous une forme synoptique incluant la nomenclature en moyen-perse et les dénominations alternatives, en particulier les variantes attestées dans la tradition pehlevie :

Vr. 3,1 et *Vd.* 5,57-58			*N.* 64,1-3	
1) *hāuuanān-*[2]	*hāwanān*		*hāuuanān-*	*hāwanān* [h'wn'n']
2) *ātrauuaxša-*[3]	*ātarwaxš*		*ātrauuaxša-*	*ātarwaxš* [tlwxš][4]
3) *frabərətar-*[5]	*frabardār*		*frabərətar-*	*frabardār* [plblt'l]
4) *ābərət-*[6]	*āburd*		**dānuzuuāza-*[7]	*rōd-wazēnīdār*[8] [lwtwcynyt'l]
5) *āsnātar-*[9]	*āsnadār*		*āsnātar-*	*āsnadār/āsnūdār/āsnīdār* ['snt'l/'snwtl/'snytl][10]

---

1. Très importants aussi sont les chapitres 54,1-3 ; 55,1-2 ; 56,12 ; 57,1 ; 58,11 ; 60,1-9 ; 62,1-3 du *Nērangestān* (sur lesquels voir maintenant les hypothèses avancées par K. Rezania, *Raumkonzeptionen im früheren Zoroastrismus. Kosmische, kultische und soziale Räume*, Wiesbaden 2017, p. 278-283).
2. Cf. Appendice 1, n. 2, p. 66.
3. Cf. Appendice 1, n. 3, p. 66-68.
4. Cf. Appendice 1, n. 4, p. 68.
5. Cf. Appendice 1, n. 5, p. 68.
6. Cf. Appendice 1, n. 6, p. 68-69.
7. Cf. Appendice 1, n. 7, p. 69.
8. Cf. Appendice 1, n. 8, p. 69.
9. Cf. Appendice 1, n. 9, p. 69.
10. Cf. Appendice 1, n. 10, p. 69-70.

Le collège sacerdotal avestique et ses dieux

6) *raēϑβiškara-*[11]   *rehwiškar*   :   *raēϑβiškara-*   *rehwiškar* [l(y)tpškl, lytpyškl][12]

7) *sraōšāuuarəza-*[13]   *srōšāwarz*   :   *sraōšauuārəza-*   *srōšāwarz* [slwš'wlc]

Les fonctions et les dispositions de ces assistants sont bien présentées dans le *Nērangestān* :

1) le *hāuuanān-* doit pressurer le *haōma-* et manier le pilon dans un mouvement de haut en bas (*N.* 54,3)[14] ;
2) l'*ātrauuaxša-* doit attiser le feu, en purifier les trois côtés[15] et répondre au *zaōtar-* (*N.* 55,1-2)[16] ;
3) le *frabərətar-* doit purifier[17] le côté restant du feu, apporter le *barəsman-* et l'approcher du feu selon les exigences de la liturgie et encore prononcer le *Yasna* (*N.* 56,1-2)[18] ;
4) l'*āsnātar-* doit laver le *haōma-* et le filtrer (*N.* 57,1-2)[19] ;
5) le *raēϑβiškara-* doit mélanger le *haōma-* avec du lait et le distribuer (*N.* 58,1)[20] ;

---

11. Cf. Appendice 1, n. 11, p. 70.
12. Cf. Appendice 1, n. 12, p. 70.
13. Cf. Appendice 1, n. 13, p. 70.
14. F. M. Kotwal et Ph. G. Kreyenbroek, *The Hērbedestān and Nērangestān*, III, p. 262-263.
15. Il faut noter que dans la cérémonie préparatoire déjà, le *zaōtar-* purifie seulement trois des côtés de l'espace consacré au feu. Dans ce cas, l'*ātrauuaxša-* assume donc une fonction qui, dans le rituel à deux prêtres, incombait au prêtre principal. Cette attribution confirme qu'un rang plus élevé doit être attribué à cet assistant. Sur le plan symbolique, cependant, il faut noter que le quatrième côté, celui du nord, qui est le plus dangereux car exposé à la direction des démons, est laissé au prêtre *frabərətar-*. Dans le découpage que l'on retrouve, on peut observer l'attention aux modalités numériques à base impaire (ici trois, puis un), ainsi que l'attribution du nettoyage du seul côté nord uniquement à l'assistant qui se trouve à proximité, peut-être à cause du danger de cette direction.
16. F. M. Kotwal et Ph. G. Kreyenbroek, *The Hērbedestān and Nērangestān*, III, p. 262-263. À propos du brasier utilisé pendant les cérémonies et les activités sacerdotales, voir l'analyse très juste de Rezania (K. Rezania, *Raumkonzeptionen im früheren Zoroastrismus*, p. 268-283).
17. D'autres fonctions de ce prêtre, par exemple l'acte de poser le *parāhōm* sur sa main et de réciter *Y.* 11,10, sont décrites en *N.* 28,43 (Kotwal – Kreyenbroek 2003, p. 100-101).
18. *Ibid.*, p. 264-265.
19. *Ibid.*
20. *Ibid.* Voir J. Gonda, « Differences in the Rituals of the Ṛgvedic Families », p. 259,

6) l'*ābərət-* (appelé aussi **dānuzuuaza-* « le porteur (d'eau) de rivière » en *N.* 64,3) doit apporter l'eau (*N.* 59,1)[21] ;
7) enfin, le *sraōšāuuarəza-* doit surveiller toutes ces activités (*N.* 59,1)[22].

L'ordre de présentation que nous trouvons dans le *Nērangestān* est un peu différent de la séquence donnée en *Visprad* 3,1 : l'*ābərət-* passe de la quatrième à la sixième position[23], l'*āsnātar-* avance de la cinquième à la quatrième place de même que le *raēϑβiškara-*. Seules trois des dénominations techniques attribuées aux assistants (*zaōtar-*, *frabərətar-*[24], *āsnātar-*) se construisent avec le suffixe *-tar-* des *nomina agentis*. Dans le contexte védique, cette construction est apparemment plus répandue. En fait, dans une série de seize termes attestée dans l'*Agniṣṭoma*, au moins huit d'entre eux sont des thèmes en *-tr̥-*[25]. D'autre part, on trouve de nombreuses occurrences de ce modèle en avestique, surtout si l'on prend en considération d'autres termes utilisés pour les fonctions sacerdotales[26], par exemple[27] :

āfrītar- « le donneur de bénédictions »[28], du verbe *ā-frī-* « bénir » (cf. véd. *pretár-*) ;

à propos de l'addition védique du lait au *soma-* filtré. Sur le corps du *S/soma-*, voir l'analyse de Ch. Malamoud, « Briques et mots. Observations sur le corps des dieux dans l'Inde védique », dans Ch. Malamoud et J.-P. Vernant (éd.), *Corps des dieux*, Paris 1986, p. 113-114.

21. F. M. Kotwal et Ph. G. Kreyenbroek, *The Hērbedestān and Nērangestān*, III, p. 266-267.
22. *Ibid.*
23. Ce problème a été souligné par F. M. Kotwal et Ph. G. Kreyenbroek, *The Hērbedestān and Nērangestān*, III, p. 25, n. 7, n. 8, qui inclut aussi le *zōt*.
24. É. Benveniste (*Noms d'agent et noms d'action en indo-européen*, p. 24) avait noté une différence remarquable par rapport à la situation védique, où nous trouvons *prábhartar-*, et non **prabhartŕ̥-*. D'un autre côté, je crois qu'il est difficile de déduire l'existence d'une conception différente des fonctions sacerdotales sur la base de cette variation dans la position de l'accent, en particulier si nous considérons que le système avestique d'accentuation ne peut pas être déduit avec certitude, n'étant jamais indiqué expressément dans l'orthographe.
25. Voir la discussion proposée par Chr. Z. Minkowski, *Priesthood in Ancient India*, p. 43, n. 67.
26. É. Benveniste, *Noms d'agent et noms d'action en indo-européen*, p. 25.
27. Voir aussi P. Lecoq, *Les livres de l'Avesta*, p. 190-192.
28. Chr. Bartholomae, *Altiranisches Wörterbuch*, col. 331. Voir E. Tichy, *Die Nomina agentis auf -tar- im Vedischen*, p. 44.

aibi.jarətar- [v.av. et av.r.] « le louangeur »[29], « qui souhaite la bienvenue »[30], « qui chante », du verbe *²gar-/jar-* « louer » (véd. *jaritár-*);

upa.sraōtar- « Beibeter, Beirezitirer »[31] (véd. *upaśrotár-*);

framarətar- « qui récite (par cœur les prières) »[32] du verbe *fra-²mar-* « mémoriser », ou encore « lanceur »[33].

staōtar- [v.av. et av.r.] « chantre d'éloges et prières »[34] (véd. *stotár-*);

yaštar- « sacrificateur, prieur »[35] du verbe *yaz-* « sacrifier, célébrer un sacrifice, vénérer » (véd. *yaṣṭár-*, mais aussi *yáṣṭar-*);

yaōždatar- « purificateur »[36];

fradaxštar- « enseignant »[37];

paitiiāštar- [seulement v.av.] « qui répète (un enseignement) »[38];

zbātar- « qui appelle, invoque ou interpelle »[39] du verbe *zav-* (cf. *hvātar-*)[40].

---

29. Chr. Bartholomae, *Altiranisches Wörterbuch*, col. 90. Voir de M. de Vaan, *The Avestan Vowels*, p. 592; E. Tichy *Die Nomina agentis auf* -tar- *im Vedischen*, p. 35 et n. 22, 55.
30. J. Kellens et É. Pirart, *Les textes vieil-avestiques*, II, p. 202.
31. Chr. Bartholomae, *Altiranisches Wörterbuch*, col. 397. Voir la discussion dans le texte.
32. *Ibid.*, col. 987.
33. J. Kellens et É. Pirart, *Les textes vieil-avestiques*, II, p. 265.
34. Chr. Bartholomae, *Altiranisches Wörterbuch*, col. 1589; J. Kellens et É. Pirart, *Les textes vieil-avestiques*, II, p. 316; A. Hintze, *A Zoroastrian Liturgy: The Worship in Seven Chapters (Yasna 35–41)*, Wiesbaden 2007, p. 354. Lecoq (*Les livres de l'Avesta. Textes sacrés des Zoroastriens*, p. 192) souligne qu'il figure en premier dans la liste de *Yt.* 3,1-2.
35. Chr. Bartholomae, *Altiranisches Wörterbuch*, col. 1280.
36. *Ibid.*, col. 1235.
37. *Ibid.*, col. 982; J. Kellens et É. Pirart, *Les textes vieil-avestiques*, II, p. 269 : « propulseur » (*frā + daxš*). Voir J. Narten, *Der Yasna Haptaŋhāiti*, Wiesbaden 1986, p. 129-130; A. Hintze, *A Zoroastrian Liturgy: The Worship in Seven Chapters (Yasna 35–41)*, p. 105, 339.
38. Chr. Bartholomae, *Altiranisches Wörterbuch*, col. 841; J. Kellens et É. Pirart, *Les textes vieil-avestiques*, II, p. 264 : « lanceur » du verbe *paitī + ²ah*, mais voir J. Narten, *Der Yasna Haptaŋhāiti*, p. 129-136, et A. Hintze, *A Zoroastrian Liturgy: The Worship in Seven Chapters (Yasna 35–41)*, p. 99-105, 351, « receiver, listener » < *paiti-ā-s-tar-*, du verbe *paiti-ā-dā* « to receive, accept ».
39. Chr. Bartholomae, *Altiranisches Wörterbuch*, col. 1699.
40. Mais M. Mayrhofer (*Kurzgefaßtes etymologisches Wörterbuch des Altindischen. A Concise Etymological Sanskrit Dictionary*, III, Heidelberg 1976, p. 618-619) fait référence au texte du *Nirukta*, où *hótṛ-* est glosé comme *hvātar-* qui a l'apparence

N'ont été exclus de cette liste que les prêtres suivants (à l'exclusion des sept assistants déjà mentionnés plusieurs fois), qu'il faut évoquer ici afin de présenter un catalogue complet, avant de leur consacrer une analyse plus détaillée :

haši- « ami, compagnon » (véd. *sakháy-*); uniquement mentionné dans la liste de *Y.* 65,7, son rôle n'est pas clair; Lecoq[41] propose la traduction conventionnelle de « pontife », mais suggère une vraisemblable connexion avec la dimension scolaire ou de formation des novices[42];

mąθran- [v.av. et av.r.] « le prêtre qui entonne le mantra » (véd. *mantrīn-*[43]), désignation du chantre d'Ahura Mazdā, terme utilisé aussi pour Zaraθuštra;

moγu-°, uniquement attesté dans le composé *moγu.tbiš-* (hapax)[44] et parfois considéré comme le correspondant avestique du vieux perse /mède *magu-*, mais les avis divergent sur ce point[45];

nāfiia-, masc., « parent, membre de la famille, *sodalis*, associé », dérivé de *nāfiiah-* « famille, parenté » et de *nāfa-* « nombril »; Lecoq[46] propose « diacre », mais je préférais le latin *sodalis* pour éviter une terminologie trop étroitement liée à une fonction sacerdotale trop caractérisée;

varəzāna-, titre uniquement utilisé dans la liste de *Y.* 65,7, dans le cas du composé *varəzāna.tbiš-*; sa fonction spécifique n'est pas claire, Lecoq[47] propose « évêque ». La relation avec

---

d'une *Neubildung* (Debrunner dans J. Wackernagel [et A. Debrunner], *Altindische Grammatik*, II, 2, Göttingen 1954, p. 672).

41. Voir P. Lecoq, *Les livres de l'Avesta*, p. 191.
42. S. Damanins (communication personnelle) remarque à juste titre que le texte de *Y.* 62,8 propose un usage très intéressant de *haxa-* et *haši-* (*haxa hašē* [+]*baraiti*) : le *yazata-* et le prêtre s'appellent réciproquement « compagnon ».
43. A. Panaino, *Rite, parole et pensée dans l'Avesta ancien et récent*, p. 61; P. Lecoq, *Les livres de l'Avesta*, p. 191.
44. Chr. Bartholomae, *Altiranisches Wörterbuch*, col. 1379.
45. Voir P. Lecoq, *Les livres de l'Avesta*, p. 191; voir A. Panaino, « Later Avestan *maγauua-* (?) and the (Dis)adventures of a 'Pseudo-Ascetic' », dans C. Redard (éd.), *Des contrées avestiques à Mahabad, via Bisotun. Études offertes en hommage à Pierre Lecoq*, Neuchâtel 2016, p. 167-186. A. Panaino, *Zoroastrismo. Storia, temi, attualità*, Brescia 2016, avec discussion et bibliographie sur le sujet.
46. Voir P. Lecoq, *Les livres de l'Avesta*, p. 191.
47. Voir *ibid.*, p. 192.

l'av. *varəzāna-/vərəzāna-* « communauté », comme classe sociale, est évidente, mais il est très difficile d'en déduire quoi que ce soit sur son rôle liturgique.

Il faut ajouter à cette liste le v.av. *arədra-*, « celui qui obtient le succès rituel »[48], à mettre en relation avec *rādah-*, neutre, « succès (rituel) » et le verbe *rād-* « réussir » (cf. véd. *rādh-*).

Considérations sur la disposition des assistants lors des cérémonies longues

Les chapitres 60[49] et 61[50] du *Nērangestān* contiennent une description remarquable de la position rituelle que chacun des prêtres doit occuper pendant la liturgie. L'ordre dans lequel les huit *ratu*s (c'est-à-dire le collège au complet) sont présentés, avec des variations dans la disposition des prêtres sur l'espace sacré[51], dont l'origine tient à la logique intérieure de la cérémonie, est le suivant :

1) Le *zaōtar-* se place[52] au centre de la maison, il est tourné vers le centre de la table, adossé aux colonnes (ou éloigné[53] du centre de la

---

48. Voir J. Kellens et É. Pirart, *Les textes vieil-avestiques*, II, p. 206.
49. F. M. Kotwal et Ph. G. Kreyenbroek, *The Hērbedestān and Nērangestān*, III, p. 266-267.
50. *Ibid.*, p. 266-269. Voir aussi H. Reichelt, *Avesta Reader*, Strasbourg 1911, p. 79, 182-183.
51. Voir J. J. Modi, *The Religious Ceremonies and the Customs of the Parsees*, p. 251-329, surtout les pages 316-318 ; A. Waag, *Nirangistan. Der Awestatraktat über die rituellen Vorschriften*, Leipzig 1941, p. 127-128 ; P. Lecoq, *Les livres de l'Avesta*, p. 1206. Sur la disposition des prêtres, voir aussi les *nērang*s concernant la cérémonie de *Vr.* 3, présentés et discutés par A. Cantera (*Vers une édition de la liturgie longue zoroastrienne*, p. 250) et Redard (dans J. Kellens et C. Redard, *Introduction à l'Avesta, le récitatif liturgique sacré des zoroastriens*).
52. Sur les *dāitiiō gātu-*, « les lieux établis, fixés » pour les assistants, voir la discussion de G. Windfuhr (« The Ties that Bind: Sacred Geometry in the Zoroastrian Yasna Ritual [*Nērangestān* 60–61] », p. 14-27) et surtout les réflexions avancées par K. Rezania (*Raumkonzeptionen im früheren Zoroastrismus*, p. 278-283).
53. Il était aussi assis sur le *zōdgāh*, ou « la place du *zōd* ». Il faut souligner que ce passage est corrompu et ses interprétations contrastées. En particulier, à propos de *apa.sritō* comme « retiré de », voir G. Windfuhr (« The Ties that Bind: Sacred Geometry in the Zoroastrian Yasna Ritual [*Nērangestān* 60–61] », p. 22-24 et la note 18, *passim*) et J. Kellens, *Les noms-racines de l'Avesta*, p. 285 avec référence au véd. *ápa-śri-*, « se retirer de ». K. Rezania (*Raumkonzeptionen im*

Noms et fonctions des sept prêtres assistants

table mais inscrit dans la verticalité[54]);
2) Le *hāuuanān-* est placé à droite du *zaōtar-*, devant le *barəsman-*, derrière le feu;
3) L'*āsnātar-* est placé du côté gauche du feu;
4) L'*ātrauuaxša-* est placé sur la droite, devant le feu (et derrière le *barəsman-*);
5) Le *frabərətar-* est placé sur la gauche, devant le *barəsman-* et derrière le feu;
6) Le *raēϑβiškara-* est placé sur la gauche, tandis que
7) le *sraōšāuuarəza-* et
8) l'*ābərət-* n'ont pas de place fixe et se déplacent selon la nécessité.

On peut ainsi chercher à disposer les prêtres à leurs places respectives, en veillant à laisser l'*ābərət-* et le *sraōšāuuarəza-* dans la position qui leur fut attribuée dans la tradition postérieure[55], c'est-à-dire exactement à la place où le *rāspīg* (qui les a remplacés) doit se trouver, une fois que ces deux assistants sont installés. Dans de nombreux manuscrits du *Visprad*, nous trouvons à la fin du chapitre 3 un grand nombre de schémas donnant une description précieuse de la position des prêtres au moment de leur installation[56]; sur ces dessins, la direction du sud est en haut, tandis que la place du nord est au contraire en bas. C'est pourquoi je présenterai la disposition traditionnelle dans les sources mazdéennes, puis celle qui est plus familière en Occident[57]. Ces schémas sont aujourd'hui facilement accessibles grâce à

---

früheren Zoroastrismus, p. 279) suggère pour *arāθraōṯ apa.sritō* « hingewendet zur (?) Mitte », c'est-à-dire « tourné vers le centre », mais la solution n'est pas claire et l'interprétation demeure problématique. Voir maintenant Cantera, « The *sraōšāuuarəza*-priest », p. 489-490.

54. L'avestique *stūna.yuxtiš* fait l'objet de discussion : pour son interprétation comme « en connexion, lié à la ligne verticale (comme une colonne) », voir G. Windfuhr, « The Ties that Bind: Sacred Geometry in the Zoroastrian Yasna Ritual (*Nērangestān* 60–61) », p. 23-25, *passim*. Voir aussi A. Waag, *Nirangistan*, p. 84-85.
55. J. J. Modi, *The Religious Ceremonies and the Customs of the Parsees*, p. 317-318.
56. Sur les différences de présentation des sept assistants, selon la fonction, la position assignée et l'installation, voir l'analyse de Windfuhr (« The Ties that Bind: Sacred Geometry in the Zoroastrian Yasna Ritual [*Nērangestān* 60–61] », p. 15-16, *passim*).
57. Il faut aussi souligner que K. Rezania (*Raumkonzeptionen im früheren Zoroastrismus*, p. 281-285) observe que la disposition symétrique attestée dans les schémas présentés dans les manuscrits pourrait ne pas correspondre à l'emplacement réel des prêtres, en particulier dans le cas du *sraōšāuuarəza-*, qui semblerait

Le collège sacerdotal avestique et ses dieux

l'Avestan Digital Archive (ADA) [https://ada.geschkult.fu-berlin.de] comme on le constate dans la monographie de Cantera (2014)[58]. On trouve également une description dans l'*Avesta Ausgabe* avec référence aux sources manuscrites connues[59].

Appendice 1 : notes 2 à 13[60]

2. Comme K. Hoffmann, « Ein grundsprachliches Possessivsuffix », *Münchener Studien zur Sprachwissenschaft* 6 (1955), p. 35 (repris dans Hoffmann 1976, p. 378) l'a expliqué, *hāuuanān-* est un thème dérivé de *hāuuana-*, masc., « mortier » (mais cf. aussi *hāuuana-*, masc., « id. »), avec le suffixe possessif *-Hen-/-Hon-*, comme *mąθrān-*, masc. (« der Sruchkenner »), lequel, à son tour, est le thème possessif dérivé du mot *mąθra-*, masc. Donc, il n'y a aucun thème *hāuuanan-*, comme postulé par Chr. Bartholomae (*Altiranisches Wörterbuch*, col. 1805). À propos de *hāuuani-*, adjectif, « concernant le pressurage du *haōma-* », voir de M. de Vaan, *The Avestan Vowels*, Amsterdam – New York 2003, p. 92-93. Clairement le mot est étroitement lié au verbe *hu-/hav-* « presser » et au nom du *haōma-*. Voir J. Darmesteter, *Le Zend-Avesta*, III, p. 129 ; J. J. Modi, *The Religious Ceremonies and the Customs of the Parsees*, p. 318. H. Jamasp, *Vendidad*, II, p. 110. Pour la présence de deux mortiers différents dans la liturgie du *Yasna*, voir V. Henry dans W. Caland et V. Henry, *L'Agniṣṭoma*, II, p. 478, n. 1).

3. Chr. Bartholomae (*Altiranisches Wörterbuch*, col. 318-319 : *ātrəuuaxš-/ātrauuaxš-*) avait subodoré la présence d'une forme athématique qui ne pouvait être thématisée que dans certaines circonstances. Mais déjà A. Meillet (« Notes sur quelques faits de morphologie », *Mémoires de la Société de linguistique de Paris* 11 [1900], p. 20-21), et plus tard J. Kellens (*Les noms-racines de l'Avesta*, Wiesbaden 1974, p. 66), ont démontré qu'il s'agit d'un composé thématique en *-a-*. Voir Duchesne-Guillemin (*Les composés de l'Avesta*, p. 75, § 104) : « qui fait croître le feu ». Voir aussi W. W. Malandra, « Ātravaxš », dans E. Yarshater (éd.), *Encyclopædia Iranica*, IV, Londres – New York 1990, p. 17. La fonction de ce prêtre était comparée par Haug (*Essays on the Sacred Language, Writings, and Religion of the Parsis*, p. 281) avec celle du védique *agnīdhra-* ou du prêtre *aghnīh-*, qui en fait tient le feu (A. Minard, *Trois énigmes sur les Cent Chemins*, I, p. 37, § 101 et II, p. 28, § 65a ; L. Renou, *Vocabulaire du rituel védique*, p. 5 ;

---

s'associer à l'*ābərtar-* du côté sud-est plutôt qu'exactement au sud, face au *zaōtar-*. K. Rezania (*ibid.*) propose une analyse très détaillée du problème.

58. A. Cantera, *Vers une édition de la liturgie longue zoroastrienne*, p. 371, 372, 373, 375.
59. K. F. Geldner, *Avesta, the Sacred Books of the Parsis*, I [*Yasna* avec les *Prolegomena*], Stuttgart 1896, p. 8. La liste des manuscrits donnés par Geldner est la suivante : Mf2, Jp1, Fl1, Kh1, K4.8, J11, S2, L5, Br1.
60. Ces notes se rapportent à la présentation synoptique du collège sacerdotal donnée plus haut, p. 59-60.

Noms et fonctions des sept prêtres assistants

K. Mylius, *Wörterbuch des altindischen Rituals*, p. 25; U. M. Vesci, *Heat and Sacrifice in the Vedas*, Delhi 1992, p. 113-116). Cette comparaison a été acceptée aussi par H. Oldenberg, *Die Religion des Veda*, 2ᵉ éd., p. 385-386) et V. Henry (dans W. Caland et V. Henry, *L'Agniṣṭoma*, II, p. 470), bien que ce dernier ait discuté la possibilité que la dénomination du prêtre védique *acchāvaka-* (un « invocateur ») pourrait dériver d'une altération d'un composé comme celui de l'avestique *ātrəuuaxša-*. Voir aussi A. Hillebrandt, *Ritual-Litteratur. Vedische Opfer und Zauber*, Strasbourg 1897, p. 11. Voir J. J. Modi, *The Religious Ceremonies and the Customs of the Parsees*, p. 319; H. Jamasp, *Vendidad*, II, p. 39; S. Wikander, *Feuerpriester in Kleinasien und Iran*, p. 17, 35, 219. Vraisemblablement, M. de Vaan a raison (*The Avestan Vowels*, p. 513) de supposer une forme originelle comme *ātərə-. Très intéressante est l'attestation du composé *haturmakša* en élamique, dénomination qui correspond à la terminologie avestique. Il est étrange que ce titre ait été normalement attribué, comme le fait remarquer R. T. Hallock (*Persepolis Fortification Tablets*, Chicago 1969, p. 695), « to an official with religious function », mais « also concerned with the handling of commodities » (voir W. Hinz, « Die elamischen Buchungstäfelchen der Darius-Zeit », *Orientalia*, N.S. 39 [1970], p. 429). Si I. Gershevitch, sur la base d'une occurrence différente de cette forme comme m.*an-tar-ma-ša* (Persepolis Fortifications n. 1957, 34; voir G. G. Cameron, *Persepolis Treasury Tablets*, Chicago 1948, p. 42), n'avait exclu aucune connexion directe avec le composé avestique (voir R. T. Hallock, *Persepolis Fortification Tablets*, p. 26), cette association a été acceptée par H. Koch, *Die religiöse Verhältnisse der Darioszeit. Untersuchungen an Hand der elamischen Persepolistäfelchen*, Wiesbaden 1977, p. 159-164, J. Tavernier, *Iranica in the Achaemenid period (ca. 550-330 B.C.): lexicon of Old Iranian proper names and loanwords, attested in non-Iranian texts*, Louvain 2007, p. 416. É. Benveniste (*Titres et noms propres en iranien ancien*, Paris 1966, p. 83) l'explique comme **ātr̥-vǎzah-* (?), en référence à l'avestique *ātrə.vazana-* et (*aṣa*)*vǎzah-* « qui stimule Arta », tandis que I. Gershevitch (« Amber at Persepolis », *Studia Classica et Orientalia Antonino Pagliaro Oblata*, II, Rome 1969, p. 189) propose **ātr̥-vasa-* « wanting fire ». En tout cas, dans un article suivant, Gershevitch (« Iranian Nouns and Names in Elamite Garb », *Transactions of the Philological Society* [1969], p. 165-200) accepte la comparaison directe avec *ātrə-vaxš-*, en proposant un signifié comme « fire-fanner » plutôt que celui de « fire-watcher ». Il a suggéré également que le *an-* d'une variante attestée (m.*an-tar-ma-ša*) révélerait « that in Old Iranian speech long *ā* was apt to be nasalized, as it is this day, e.g. in Baluchi ». M. Boyce (*A History of Zoroastrianism*, II, Leyde – Cologne 1982, p. 136) exprime aussi sa perplexité au regard de cette comparaison. Un des outils utilisés par ce prêtre fut l'*ātrəuuazana-* (pehlevi *ātaxš-zāzēnīdār*), lequel a été utilisé pour produire du vent, comme une sorte d'éventail; voir A. de Jong, *Traditions of the Magi. Zoroastrianism in Greek and Latin Literature*, Leyde – New York – Cologne 1997, p. 136-137. Je remercie Frantz Grenet qui a attiré mon attention sur l'image de deux prêtres officiant, dont celui de droite utilise un soufflet, tandis que l'autre, assis, est le *zōt*. Bien que le rituel ici représenté concerne seulement le *zōt* et le *rāspīg*, la fonction du prêtre utilisant le soufflet pour attiser le feu est identifiable comme celle de l'*ātrauuaxša-* (voir Fr. Grenet, « Zoroastrian Funerary Practices in Sogdiana and Chorasmia and among Expatriate Sogdian Communities in China », dans S. Stewart, F. Punthakey Mistree et U. Sims-Williams [éd.], *The Everlasting Flame. Zoroastrianism in History and Imagining*, Londres – New York 2013, p. 100-101 à propos du panel inférieur d'un ossuaire provenant de Durmen-Tepe, Mallakurgan, près de Samarkand; voir aussi id., « L'art zoroastrien en Sogdiane : étude d'iconographie funéraire », *Mesopotamia* 21 [1986]; voir ici la planche n° 9). À propos de l'interprétation de cette image, il faut souligner que Grenet (communication personnelle) pense que le prêtre tient le soufflet par l'extrémité (le tuyau d'où s'échappe l'air).

4. Dans *F.* (= *Frahang-i Ōīm*) 7 (362) on trouve : *ātrəuuaxšō*, ʾthš-wšynyt'l (*ātaš-waxšīnītar*); voir G. Klingenschmitt, *Farhang-i ōīm. Edition und Kommentar*, Erlangen – Nuremberg 1968, p. XIII, 121; H. Reichelt, « Der Frahang i oīm », *Wiener Zeitschrift für die Kunde des Morgenlandes* 14 (1900), p. 198 et 15 (1901), p. 128. Pratiquement, je préfère lire le pehlevi ʾtlwxš comme *ātarwaxš* sur la base du thème avestique (voir, par exemple, F. M. Kotwal et Ph. G. Kreyenbroek), bien que l'orthographe semble présenter parfois les résultats d'une adaptation au pehlevi *ādur*. Ph. Gignoux et A. Tafazzoli, *Anthologie de Zādspram*, Paris 1993, p. 381, lisent *ādurwaxš* [ʾtl'whš]. Une solution intermédiaire serait *ādarwaxš*.

5. Chr. Bartholomae (*Altiranisches Wörterbuch*, col. 985); Duchesne-Guillemin (*Les composés de l'Avesta*, p. 100, § 128) analyse le composé *frabərətar-* avec *ābərətar-*, « serviteur », litt. « qui apporte », en soulignant que le vocalisme radical de ces deux mots est d'origine secondaire par comparaison avec *barəθrī-* et *hąm.barətar-*. En fait, selon ce savant, ces formes ont été vocalisées vraisemblablement sur le modèle de *ābərət-*. Voir. É. Benveniste, *Noms d'agent et noms d'action en indo-européen*, p. 24. Par contre, M. de Vaan (*The Avestan Vowels*, p. 585) propose « an oxytone zero-grade form **br̥tár-* 'bearer' », lequel est « shown in *ābərətar-* and *frabərətar-* 'bearer'; with fitting reference also to MP bwlt'l/*burdār*/ 'bearer' < **br̥tār-* ». Voir aussi E. Tichy, *Die Nomina agentis auf -tar- im Vedischen*, p. 44 et 56-57. La fonction de ce prêtre (et de son collègue, le *ābərət-*) a été comparée par V. Henry (dans W. Caland et V. Henry, *L'Agniṣṭoma*, II, p. 479) avec celle du védique *neṣṭr̥-* (K. Mylius, *Wörterbuch des altindischen Rituals*, p. 85). Voir H. Jamasp, *Vendidad*, II, p. 90. Voir aussi la note suivante.

6. Si Chr. Bartholomae (*Altiranisches Wörterbuch*, col. 329, 734) fait l'hypothèse que *ābərət-* est le résultat de **āp-bərət-* « celui qui porte l'eau », ou de **āb-bərət-*, comme le note Duchesne-Guillemin (*Les composés de l'Avesta*, p. 62, § 91), J. Kellens (*Les noms-racines de l'Avesta*, p. 136-137) suggère en revanche, mais avec prudence, qu'il pourrait être une simple désignation du prêtre « qui porte », c'est-à-dire un type de dénomination complémentaire à celle d'un autre des sept assistants qui étaient désignés comme *frabərətar-*. Cette solution est à mon avis improbable, non seulement parce que *N.* 57,1 déclare qu'« il faut que le prêtre-*ābərət-* apporte l'eau » (*āpəm ābərəš ābarāṯ* […]; F. M. Kotwal et Ph. G. Kreyenbroek, *The Hērbedestān and Nērangestān*, III, p. 266-267), mais aussi parce que sa dénomination alternative (non prise en compte par Kellens) est *dānazuuāza-*. Comme le propose Duchesne-Guillemin (*Les composés de l'Avesta*, p. 67, § 99), il s'agit d'une corruption (Chr. Bartholomae, *Altiranisches Wörterbuch*, col. 734, propose dans une note [« Wahrscheinlich verderbtes Wort »])

Noms et fonctions des sept prêtres assistants

de *dānuzuuāza- « qui puise l'eau », où l'élément premier est *dānu*- (*dānav*-), fém., « eau », tandis que le second est *uz-vāza*-, du verbe *uz-vaz*-, dont le signifié est confirmé par le sanskrit *ud-vah* « retirer en élevant ». Voir aussi H. Jamasp, *Vendidad*, II, p. 1, et W. W. Malandra, « Āsnatar », dans E. Yarshater (éd.), *Encyclopædia Iranica*, III, Londres – New York 1987. Klingenschmitt en revanche (*Farhang-i ōīm*, p. 123) n'exclut pas une dérivation du verbe **ā-br̥t*- « herbeibringen ». À propos de °*bərət*-, voir M. de Vaan, *The Avestan Vowels*, p. 582-583, et n. 728 ; voir aussi Tichy, *Die Nomina agentis auf* -tar- *im Vedischen*, p. 44.

7. Voir Chr. Bartholomae, *Altiranisches Wörterbuch*, col. 734 sub *dānazuuāza*-. Il s'agit d'une dénomination alternative pour le prêtre-*ābərət*-.
8. Dans le *Nērangestān* seule la fonction assumée par ce prêtre est mentionnée, exactement en sa qualité de *rōd-wazēnīdārīh* (*rōd* = *dānaz*°, *wazēnīdārīh* = °*uuāzəm*), selon la lecture de A. Cantera. Le mot pehlevi est interprété par Chr. Bartholomae (*ibid.*, col. 743) comme *rōdwizīnīdārīh* [lwtwcynyt'lyh] « responsable de la sélection (*wizīn*) de (l'eau) de rivière (*rōd*) » ; voir aussi F. M. Kotwal et Ph. G. Kreyenbroek, *The Hērbedestān and Nērangestān*, III, p. 274, 313. Notons que dans le *Frahang-i Ōīm* 7 (368) *ābərətəm* est glosé MYA-bwlt'l (*āb-burdar*), où la présence de l'hétérogramme araméen MYA souligne encore une fois le lien direct (au moins dans la tradition pehlevie) entre ce titre sacerdotal et l'eau ; voir Klingenschmitt, *Farhang-i ōīm*, p. XIII, 122-123 ; Reichelt, « Der Frahang i oīm », *Wiener Zeitschrift für die Kunde des Morgenlandes* 14 (1900), p. 198 et 15 (1901), p. 129.
9. Chr. Bartholomae, *Altiranisches Wörterbuch*, col. 341-342 : *āsnatar-/āsnāθr*-. Voir J. Duchesne-Guillemin (*Les composés de l'Avesta*, p. 99, § 127) ; il s'agit d'une forme dérivative en -*tr̥*- de la racine *snā*- « laver », avec le préverbe *ā*-. M. de Vaan (*The Avestan Vowels*, p. 138) remarque que l'accusatif singulier *āsnatārəm* représente vraisemblablement un plus ancien *ā-snātārəm à la lumière des occurrences de -*ā*- aux cas obliques (*āsnāθrō*, *āsnāθre*, *āsnāθrat̰*). La seule déviation que nous trouvons dans la déclinaison est attestée dans le génitif singulier ˣ*āsnatarš* de *N.* 75,79. Cette forme montre une flexion différente et pourrait avoir généralisé une séquence *ā-sna*° à partir du verbe *ā-snaiia*-. Il a aussi souligné que « the Pahlavī Vīdēvdād usually translates *āsnātar* with ʾ*snt'l* […], i.e. /*āsnaδari*/, which seems to indicate that when MP borrowed this priest name, it had the form **asnatā̆r* in Avestan liturgy ». Voir aussi *ibid.*, p. 148, 159, 531. C'est pourquoi nous pouvons poser un thème *āsnatar*- « prêtre chargé du lavage », quoique l'alternance *āsnatar-/āsnāθr*- mérite d'être soulignée et incite à préférer la forme retenue par Bartholomae. La prudence peut aussi nous inciter à privilégier la graphie *āsnătar*-. Voir Tichy, *Die Nomina agentis auf* -tar- *im Vedischen*, p. 57. Voir H. Jamasp, *Vendidad*, II, p. 34. Une comparaison entre les fonctions de ce prêtre et celles du védique *pótr̥*- « clarificateur » a été proposée par Oldenberg (*Die Religion des Veda*, 2ᵉ éd., p. 386 ; voir aussi K. Mylius, « *Potr̥, potra*. Charakteristik eines vedischen Opferpriesteramtes », *Ethnographisch-Archäologische Zeitschrift* 18 [1977], p. 222 ; id., *Wörterbuch des altindischen Rituals*, p. 94).
10. L'orthographe du nom pehlevi de ce prêtre présente des variations. En *F.* (= *Frahang-i Ōīm*) 7 (369) : *āsnatārəm* est rendu comme ʾ*snyt'l*, à lire vraisemblablement comme *āsnīdār* ; voir Klingenschmitt, « Mittelpersisch », dans B. Forssman

Le collège sacerdotal avestique et ses dieux

et R. Plath (éd.), *Indoarisch, Iranisch und die Indogermanistik*, Wiesbaden 2000, p. XIII, 123 ; H. Reichelt, « Der Frahang i oīm », *Wiener Zeitschrift für die Kunde des Morgenlandes* 14 (1900), p. 198 et 15 (1901), p. 128. Klingenschmitt suggère que « ʾsnytʾl ist entweder Nomen agentis zu einem aus av. *āsnaiia-* ‚waschen' entlehnen *snytn* (*āsnayīδan*) oder mp. Adaptierung eines *āsnatār* (pd. -δār; ʾsnytʾl) zu *āsnīδār* ». Dans les *nērangs* pehlevis au texte de *VrS*. 3,1, on trouve aussi *āsnūdārān* ; par exemple, dans la phrase *rāspīg pad gāh ī āsnūdārān* « le *rāspīg* (dit) à la place des prêtres *āsnūdār* » (lʾspyk PWN gʾs Y ʾšnwtʾlʾnʾ) ; voir le ms. 2109, fol. 145r (*VrS*. 76,6a) et la version en ligne (A. Cantera, *The nērang of the Visperad*, Corpus Avesticum Berolinense, 2020, https://cab.geschkult.fu-berlin.de). Cantera confirme (communication personnelle) que dans de nombreux passages (attestés dans divers manuscrits) l'orthographe ʾsnwtʾl à la place de ʾsnʾtl est attestée. Mais il faut noter que *āsnūd(ag)* [ʾsnwt(k)ʾ] (MacKenzie, *A Concise Pahlavi Dictionary*, p. 12, « cleansed, purified, pure ») présente une variante bien attestée comme *āsnīdag* [ʾsnytkʾ]. C. Redard remarque (communication personnelle) que dans le schéma du ms. 4000 au folio 30v, le terme *āsnadār* est clairement écrit ʾsnwtʾl.
11. Chr. Bartholomae, *Altiranisches Wörterbuch*, col. 1483-1484. Voir J. Duchesne-Guillemin (*Les composés de l'Avesta*, p. 53, 78) « qui fait le mélange ».
12. Dans l'*Anthologie* du Zādspram XXXV,16-17, ce mot est écrit sous la forme lytpyškl, que Ph. Gignoux et A. Tafazzoli (*Anthologie de Zādspram*, p. 422) lisent *rētwiškar*. Voir H. Jamasp, *Vendidad*, II, p. 198. Voir M. de Vaan, *The Avestan Vowels*, p. 342, 355. D'autre part, on peut lire *rehwiškar* sur l'exemple de *rapihwin* [lyptpyn] de l'av. *rapiθβina-* !
13. Selon Chr. Bartholomae (*Altiranisches Wörterbuch*, col. 1636), il s'agit d'une forme athématique, mais le contraire est plus vraisemblable, comme le propose J. Kellens, *Les noms-racines de l'Avesta*, p. 66. Voir J. Duchesne-Guillemin (*Les composés de l'Avesta*, p. 64, § 95) : « qui exerce l'obéissance ». Sur la présence de *-ā-* dans les composés avec *varz-* comme deuxième membre, voir de M. de Vaan, *The Avestan Vowels*, p. 171. Haug (*Essays on the Sacred Language, Writings, and Religion of the Parsis*, p. 280) compare ce prêtre avec le védique *pratiprasthātā* (ou mieux *pratiprasthātr̥-*), qui tient une épée de bois à la main, arme normalement attribuée à Srōš (A. Minard, *Trois énigmes sur les Cent Chemins*, I, p. 37, § 101 et II, p. 146-147, § 350b ; L. Renou, *Vocabulaire du rituel védique*, p. 108 ; K. Mylius, *Wörterbuch des altindischen Rituals*, p. 96), sujet sur lequel on reviendra dans la dernière section de ce travail. Ce prêtre indien était l'un des collaborateurs de l'*adhvaryú-*. Voir Chr. Z. Minkowski, *Priesthood in Ancient India*, p. 85, 95, 123 et *passim*. L'importance du prêtre mazdéen au contraire est mise en évidence par *Vd.* 5,25. Voir J. J. Modi, *The Religious Ceremonies and the Customs of the Parsees*, p. 320 ; H. Jamasp, *Vendidad*, II, p. 210. Il faut aussi noter la double valence autoritaire de ce prêtre, qui écoute les ordres et les fait écouter, qui obéit aux ordres et fait obéir aux ordres.

Noms et fonctions des sept prêtres assistants

Appendice 2 : *Nērangestān* 54-59[61]

N. 54,1-3 :
1) *ciš zaōtarš kairim aŋhaṯ ⁺miiazdahe aiią̇n*
2) *⁺gāθåsca frasrāuuaiiāiti vācimca aŋhe astuuaite paiti.aδaiiāṯ*
3) *āaṯ hāuuanānō ? yaṯ haōməmca ahunauuaṯ aŋhauuanəmca ⁺vīmanāṯ.*

55,1-2 :
1) *āaṯ ātrauuaxšahe ? yaṯ ātrəmca aiβi.vaxšaiiāṯ āθrasca tišrō θraxtiš yaōždaθaṯ*
2) *zaōθraēca vācim paiti.aδaiiāṯ.*

56,1-2 :
1) *āaṯ frabərətarš ? yaṯ āθrasca aēuuą̇n θraxtim yaōždaθaṯ*
2) *barəsmą̇nca frakəm āθraēca yasnō.kərətaēibiiō paiti.barāṯ.*

57,1 : *āaṯ āsnatarš ? yaṯ haōməmca āsnaiiāṯ haōməmca pairi.harəzāṯ.*

58,1 : *āaṯ raēθβiškarahe yaṯ haōməmca gauua raēθβaiiāṯ baxšaiiāṯca.*

59,1 : *apəm ābərəš ābarāṯ sraōšāuuarəzō aiβiiāxšaiiāṯ*[62].

N. 54,1-3 :
1) Quelle sera la tâche du *zaōtar-* le jour de l'offrande (le *miiazda-*) ?
2) Qu'il récite les *Gāθā*s et donne (en réponse) sa parole pour ce monde matériel.
3) Et alors (la tâche) du *hāuuanān-* ? Qu'il pressure (*ā °hu-nau-*) le *haōma-* et manie (*vī °manā-*)[63] le pilon (*aŋhauuana-*) de haut en bas.

---

61. Voir F. M. Kotwal et Ph. G. Kreyenbroek, *The Hērbedestān and Nērangestān*, III, p. 262-267 ; P. Lecoq, *Les livres de l'Avesta*, p. 1206. Voir aussi K. Rezania, *Raumkonzeptionen im früheren Zoroastrismus*, p. 283-284.
62. *aiβiiāxštaiiāṯ* dans le texte édité par F. M. Kotwal et Ph. G. Kreyenbroek, *The Hērbedestān and Nērangestān*, III, p. 266 est une version fautive de *aiβiiāxšaiiāṯ* ; voir Chr. Bartholomae, *Altiranisches Wörterbuch*, col. 310-311 ; J. Kellens, *Liste du verbe avestique*, Wiesbaden 1995, p. 11, s.v. *°āxš* « surveiller » ; J. Cheung, *Etymological Dictionary of the Iranian Verb*, Leyde – Boston 2007, p. 171. L'étymologie de ce verbe est liée à celle du nom de l'œil (cf. véd. *ákṣi-*).
63. Cf. Chr. Bartholomae, *Altiranisches Wörterbuch*, col. 1135, s.v. *maṇt-* ; J. Kellens, *Liste du verbe avestique*, p. 43, s.v. *°manθ* « percer » ; J. Cheung, *Etymological Dictionary of the Iranian Verb*, p. 171, analyse les attestations correspondantes s.v. **manH* (?) « to press on? », mais considère *vaēmanāṯ* des mss sans explication ; voir aussi **manθH* « to agitate, stir, churn on ».

Le collège sacerdotal avestique et ses dieux

55,1-2 :
1) Et alors (la tâche) de l'*ātrauuaxša-*? Qu'il attise le feu (*ātrəmca aiβi.vaxša-*) et purifie (*yaoždā-*) les trois côtés du feu ;
2) et qu'il réponde à la parole du *zaōtar-*.

56,1-2 :
1) Et alors (la tâche) du *frabərətar-*? Qu'il purifie (*yaoždā-*) un (seul) côté du feu,
2) et apporte (*paiti °bar-*) le *barəsman-* et l'approche du feu selon les sections liturgiques (du *Yasna Haptaŋhāiti*).

57,1 : Et alors (la tâche) de l'*āsnātar-*? Qu'il lave (*āsnaiiāt̰*) le *haōma-* et filtre (*pairi °harəz-*) le *haōma-*.

58,1 : Et alors (la tâche) du *raēθβiškara-*? Qu'il mélange (*raēθβa-*) le *haōma-* avec du lait et le distribue (*baxša-*).

59,1 : L'*ābərət-* doit apporter (*apəm ā °bar-*) l'eau et le *sraōšāuuarəza-* doit le surveiller (*aiβi °āxšaiia-*) !

N. 54,1-3 :
1) *čē <ka> zōt kār ast andar ān ī mēzd rōz [ī gāhāmbār pad zōtān gāh]*.
2) *gāhān-iz frāz ē srāyēd gōwišn-iz ī axw ī astōmand passox ē gōwēd [aθā ratuš]*.
3) *ōy hāwanān hōm ē hunēd ud hunišn-iz narmēnēd [kū pāk be ē kunēd]*.

55,1-2 :
1) *ān ātarwaxš ātaxš-iz abar ē waxšēnēd ud ātaxš 3 *sraxt yōǰdahrēnēd [kū pāk darēd]*.
2) *zōt passox ē gōwēd [aθā ratuš]*.

56,1-2 :
1) *ān ī frabardār ātaxš ēk sraxt yōǰdahrēnēd [kū pāk darēd]*.
2) *barsom-iz frāgām ud ātaxš-iz pad frāz yazišn-kardārīh abar ē barēd [*hadanapad]*.

57,1 : *ān ī āsnatār hōm-iz ē šōyēd ud hōm-iz <ē pālāyēd> [vīspåsca āθrō pad *hāwanān]*.

58,1 : *ān ī rehwiškar hōm-ē ud ǰum [gōšt] ē gumēzēd [ud bōr ud zōhr] ē baxšēd [pārag]. [ast kē ēdōn gōwēd ay gumēzag bōr ud zōhr ē baxšēd. *any ham ast kē ēdōn (*gōwēd) ay gumēzēd nān ud spēdbāg baxšēd [pārag]**.

59,1 : *āb ān ī ābard ē barēd [srōšīh] ; ān ī srōšāwarz abar nigāh ē dārēd [kū harw kē andar yazišn frōdmāndag ē kunēd ā-š pādifrāh garzēd]*.

Noms et fonctions des sept prêtres assistants

N. 54,1-3 :
1) Quelle est la tâche du *zōt* les jours d'offrande [les *Gāhāmbār*s, sur la place des *zōt*s] ?
2) Qu'il récite les *Gāθā*s et donne une réponse pour l'existence du monde matériel [en récitant *aθā ratuš*].
3) Que l'*hāwanān* pressure le *hōm* et le purifie c'est-à-dire qu'il le rende pur].

55,1-2 :
1) Que l'*ātarwaxš* attise le feu et purifie les trois côtés du feu [qu'il les purifie]
2) et qu'il réponde au *zōt* [en récitant *aθā ratuš*].

56,1-2 :
1) Que le *frabardār* purifie un (seul) côté du feu [c'est-à-dire qu'il le rende pur]
2) et qu'il porte le *barsom* et la (branche nommée) *frāgām* au feu en accord avec les sections du sacrifice [la plante *haδanaēpatā-*].

57,1 : Que l'*āsnatār* lave le *hōm* et filtre (les branches du) *hōm* [en récitant *vīspåsca āθrō* avec le *hāwanān*].

58,1 : Que le *rehwiškar* mélange (une portion) de *hōm* et du lait [viande] et qu'il distribue [viande et *zōhr*], [une portion]. [Il y a une personne qui dit ainsi : Qu'il distribue la viande et *zōhr*. Et il y a une autre qui dit ainsi : Qu'il mélange du pain et du caillé (*spēdbāg*) et qu'il (les) distribue [une portion].

59,1 : Que l'*ābard* apporte l'eau [comme un acte d'obéissance] et que le *srōšāwarz* assure la surveillance [c'est-à-dire que celui qui commet une faute dans le sacrifice soit exposé à la sanction !].

Le collège sacerdotal avestique et ses dieux

Appendice 3 : *Nērangestān* 60-61[64]

60,1-2 :
1) *zaōtarš dāitiiō gātuš*
2) *maδəmiia nmānahe maδəmāṯ arāθraōṯ apa.sritō stūna.yuxtōiš.*

61,1-9 :
1) *hāuuanānō dāitiiō gātuš*
2) *dašinəm upa srαxtim *fratarąm barəsmąn aparąm āθrō.*
3) *haōiiāṯ <hē naēmāṯ> āsnatarš.*
4) *ātrauuaxšahe dāitiiō gātuš*
5) **dašinəm upa θraxtim *fratarąm āθrō.*
6) *frabərətarš dāitiiō gātuš*
7) **haōiiam upa srαxtim *fratarąm barəsmąn (*aparąm āθrō)*
8) *dašināṯ <hē naēmāṯ> raēθβiškarahe.*
9) **anaiβi.ərətuuō.gātu aēta ābərəta *sraōšāuuarəza vīcaraiiatəm.*

60,1-2 :
1) La place appropriée du *zaōtar-*
2) se trouve dans le centre de la maison, tourné vers le centre de la table (ou vers la table du milieu), adossée aux colonnes (ou en alternative : retirée[65] du centre de la table, tandis que (le *zōt*) s'inscrit dans la verticalité[66] de l'espace rituel).

61,1-9 :
1) La place appropriée du *hāuuanān-*
2) est du côté droit devant le (lit. « de ce côté » du) *barəsman-*, derrière le (lit. « de l'autre côté » / « au-delà » du) feu.
3) De son (c'est-à-dire du feu) côté gauche se trouve l'*āsnātar-*.
4) La place appropriée de l'*ātrauuaxša-*
5) se trouve du côté droit du feu.
6) La place appropriée du *frabərətar-*
7) est du côté gauche devant le *barəsman-*, derrière le feu.
8) De son (c'est-à-dire du feu) côté droit se trouve le *raēθβiškara-*.
9) Sans place fixe sont l'*ābərət-* et le *sraōšāuuarəza-* ; ils se déplacent.

---

64. Voir F. M. Kotwal et Ph. G. Kreyenbroek, *The Hērbedestān and Nērangestān*, III, p. 266-269 ; P. Lecoq, *Les livres de l'Avesta*, p. 1206 ; K. Rezania, *Raumkonzeptionen im früheren Zoroastrismus*, p. 279-285.
65. Voir la discussion concernant *apa.sritō* comme « retiré de ».
66. Dans le texte av. *stūna.yuxtōiš*, qui semble en accord avec *zaōtarš*.

60,1-2 :
1) *zōt dādīhā gāh*
2) *pad mayānag ī mān [tā pad mayānag] ī āb [pad mayānag ī zōtdān] be abājuxt.*

61,1-9 :
1) *hāwanān dādīhā gāh,*
2) *čē az dašn abar *sraxt frāztar az barsom abāztar az ātaxš.*
3) *az hōy nēmag ī ōy āsnatār bawēd.*
4) *ātarwaxš dādīhā gāh,*
5) *az dašn [nēmag] ī *sraxt frāztom az ātaxš.*
6) *frabardār dādīhā gāh,*
7) *(*az hōy abar sraxt frāztom az barsom) abāztom az ataxš.*
8) *az dašn nēmag ī ōy rehwiškar bawēd.*
9) *an-abar-drang-*gāh awēšān ābard ud srōšāwarz be rawēnd [kūšān pad rāspīg *yašt guftan gāh ne paydāg].*

60,1-2 :
1) La place appropriée du *zaōtar-*
2) se trouve dans le centre de la maison [jusqu'au centre] de l'eau [dans le centre de la place du *zōt*] en connexion.

61,1-9 :
1) La place appropriée du *hāwanān*
2) est celle (qui se trouve) sur le côté droit devant le *barsom* et derrière le feu.
3) Du côté gauche se trouve l'*āsnatār*.
4) La place appropriée de l'*ātarwaxš*
5) se trouve du côté droit [à mi-chemin ?] devant le feu.
6) La place appropriée du *frabardār*
7) (se trouve du côté gauche, devant le *barsom*), (un peu) plus derrière le feu.
8) Du côté droit se trouve le *rehwiškar*.
9) Le *ābard* et le *srōšāwarz*, qui n'ont pas de place (fixe) où se positionner, se déplacent [c'est-à-dire qu'ils n'ont pas de place désignée pour réciter le service dans la fonction de *rāspīg*].

Le collège sacerdotal avestique et ses dieux

Appendice 4 : disposition des prêtres selon le *Nērangestān* et le *Visprad*[67]

                            Sud

SE		*sraōšāuuarəza-*		SO
	ābərət-	**Vase du feu**	*ātrauuaxša-*	
Est	*raēϑβiškara-*	*andarag*	*āsnātar-*	Ouest
	frabərətar-	*urwēs*	*hāuuanān-*	
NE		*zaōtar-*		NO

                            Nord

Représentation inversée selon l'usage occidental :

                            Nord

NO		*zaōtar-*		NE
	hāuuanān-	*urwēs*	*frabərətar-*	
Ouest	*āsnātar-*	*andarag*	*raēϑβiškara-*	Est
	ātrauuaxša-	**Vase du feu**	*ābərət-*	
SO		*sraōšāuuarəza-*		SE

                            Sud

---

67. Cette disposition des prêtres est la même que celle que donne Haug, *Essays on the Sacred Language, Writings, and Religion of the Parsis*, p. 332, n. 1 ; voir J. J. Modi, *The Religious Ceremonies and the Customs of the Parsees*, p. 316-318.

Noms et fonctions des sept prêtres assistants

Modi[68] a montré que dans l'évolution moderne du rituel, les places de l'*āsnātar-* et du *raēθβiškara-* ont changé[69], or dans sa description du schéma d'installation, on ne trouve pas de différences remarquables avec la présentation donnée dans le *Nērangestān*[70]. Dans l'usage moderne et contemporain, seuls le *zōt* et le *rāspīg*, qui a pris la place des sept autres assistants, récitent le dialogue d'installation de *Vr.* 3,1-3. Ceci est confirmé par les directions liturgiques conservées dans les manuscrits, qui n'attribuent un rôle actif qu'à ces deux prêtres[71]. À ce moment précis, il faut que le *rāspīg* change de place pour jouer le rôle de l'(ancien) assistant dont il va prendre l'identité et répondre à sa place qu'il est prêt à procéder à l'installation[72]. C'est une

---

68. J. J. Modi, *The Religious Ceremonies and the Customs of the Parsees*, p. 318. Voir H. S. Nyberg, *Hilfsbuch des Pehlevi*, II, Uppsala 1931, p. 33 ; id., *A Manual of Pahlavi*, 2ᵉ partie, Wiesbaden 1974, p. 44.
69. Les reflets de ces changements, qui apparaissent également dans la cérémonie de *Y.* 58, ont été étudiés avec une remarquable finesse par C. Redard (« Entre tradition et changement : le cas de la désinstallation des prêtres dans la tradition indienne (Y58) » (à paraître). Voir ici le chapitre VII.
70. M. F. Kanga, « Barsom », dans E. Yarshater (éd.), *Encyclopædia Iranica*, III/8, Londres – New York 1988.
71. On a déjà rappelé que la récitation des chapitres 3 et 4 du *Visprad* se déroule dans la deuxième moitié du *Yasna* 11, après le paragraphe 8. Voir aussi J. J. Modi, *The Religious Ceremonies and the Customs of the Parsees*, p. 331. Selon *Nērangestān* 28,41, si le *zōt* ne récite pas *hāuuanānəm āstaiia*, cela signifie que le service n'inclut pas les *karda*s du *Visprad* ou du *Bagān Yašt*. Le même passage rappelle aussi le cas où le *rāspīg* oublie par sa faute de donner la réponse (*azəm vīsāi*). Le rituel devient alors « un service mineur » et le prêtre perd sa qualification liturgique. Voir F. M. Kotwal et Ph. G. Kreyenbroek, *The Hērbedestān and Nērangestān*, III, p. 21-23, 98-99, en particulier les notes 335, 336, 337, 338, 339 p. 99. Sur l'importance de la distinction entre un *yašt ī meh* « service majeur » et un *yašt ī keh* « service mineur » en rapport avec la récitation des hymnes avestiques, voir G. König, « Bayān Yasn. State of the Art ».
72. Il faut noter que le *zōt* et le *rāspīg* sont chargés dans les traditions modernes de la performance générale du rituel, mais que subsiste quelques différences entre usages indien et iranien. Par exemple, C. Redard relève que selon le livre gujarati d'instructions rituelles (*Yasna bā nirang*) édité par Anklesaria dans l'année 1888 et désormais publié avec traduction et commentaire par C. Redard et K. Daruwalla (*The Gujarati ritual directions of the Paragnā, Yasna and Visperad ceremonies. Transcription, Translation and Glossary of Anklesaria 1888*, Leyde – New York 2020), le prêtre assistant doit se rendre auprès du *zōt* exactement au *Y.* 8,2, mais si dans la tradition iranienne il se porte à sa droite, dans la tradition indienne, il va à sa gauche. Voir encore Redard dans J. Kellens et C. Redard, *Introduction à l'Avesta, le récitatif liturgique sacré des zoroastriens*, chapitre 2.2.

Le collège sacerdotal avestique et ses dieux

cérémonie qu'il répète sept fois[73]. Pourtant, la situation actuelle se présente ainsi[74] :

Disposition moderne :

SUD

rāspīg

EST   OUEST

zōt

NORD

Ou, inversée selon le modèle occidental :

NORD

zōt

OUEST   EST

rāspīg

SUD

Il est évident que les aspects techniques liés aux fonctions de ce collège sacerdotal étaient encore bien connus au temps de la composition du *Nērangestān* avestique, où la position à l'égard de la tradition liturgique était très conservatrice. Or si le caractère pratique de ces fonctions a été bien préservé, on peut en revanche penser que chacun des prêtres avait beaucoup plus de responsabilités orales et pratiques lors de la récitation des textes utilisés au cours des cérémonies solennelles.

Des passages en témoignent dans *N.* 65,1-2 et 6-7 :

1) *aδāṯ aniiaēšąm raθβąm paiti āδaiiōiṯ*
2) *aēteca ratauuō *para.iiąiṇti* […]

---

73. J. J. Modi, *The Religious Ceremonies and the Customs of the Parsees*, p. 316.
74. Voir M. Haug, *Essays on the Sacred Language, Writings, and Religion of the Parsis*, p. 395, pour plus de détails.

Noms et fonctions des sept prêtres assistants

6) (*zaōtā) zaōθranąm paitišta *asti miiazdōiš aiiąn
7) ratuš *rāitinąm dāθranąm srauuanąmca pasu.vastranąm[75].

1) Alors il (c'est-à-dire le *zōt*) peut répondre aux autres prêtres (les *ratu*s).
2) et il faut que ces prêtres (subordonnés = les *ratu*s) s'éloignent [...]
6) Le *zaōtar*- est autorisé à (recevoir?/prendre?) des libations le jour des offrandes.
7) Le prêtre (*ratu*-) (est autorisé à [recevoir]) les dons libéraux et les honoraires, les cornes et les vêtements en peau d'animal.

On peut aussi donner le texte de la version pehlevie et sa traduction selon l'interprétation proposée par Kotwal et Kreyenbroek[76] :

1) *pas awēšān *anīgān radīgān passox ē gōwēd* [*aθā ratuš*]
2) *awēšān-iz kē radīh ē rawēnd* [*ō kār*] [...]
6) *zōt zōhrān pādixšāy ast <kē> andar *mēzd rōz* [*gāhānbār zōtān pad *garmōwarag baxtan*]
7) *rad* (**rādīh*) [*čē niyāz ma *bārēd*] *dāsarān *srūwān pah wastarān* [*radpassāg-sālārīh be padixšāy dādan*].

1) Thereafter let him give response to those other priestly men [*aθā ratuš*],
2) and let those who have the function of subordinate priests go [to (perform) the ritual]. [...]
6) The *zōhr* is the legitimate share of the *zōt* on the day of the offering [(the offerings of) the *Gāhānbār* should be distributed to the *zōt*s at *garəmō.varaŋhəm*[77]].
7) The liberal gifts to the subordinate priests [that he may not suffer want] are the gifts, the horns and garments [it is (also?) permissible to give these (as recompense) for the office of Master of Ceremonies][78].

---

75. F. M. Kotwal et Ph. G. Kreyenbroek (*The Hērbedestān and Nērangestān*, III, p. 274-276) traduisent : « Then he (i.e. the *zōt*) may respond to the other priests (*ratu*s). (2) And let those (subordinate) priests (*ratu*s) go away [...] (6) The *zaotar*- is entitled to (?) the offerings on the day of the offerings. (7) The (subordinate) priest (*ratu*-) (is entitled to) the liberal gifts and fees, the horns and the clothes from animal skin ».
76. Voir *ibid.* La transcription et la traduction du texte pehlevi n'ont été modifiées que sur quelques points mineurs.
77. Voir F. M. Kotwal et Ph. G. Kreyenbroek, *The Hērbedestān and Nērangestān*, III, p. 270, n. 1131.
78. L'identification de ce maître pose des difficultés; voir *ibid.*, p. 270, n. 1133. Voir aussi MacKenzie, « A Zoroastrian Master of Ceremonies ».

Le collège sacerdotal avestique et ses dieux

Comme je l'ai mentionné en *Introduction*, le chapitre 3 du *Nērangestān*[79] suggère l'existence d'un nombre variable d'« assistants » aux cérémonies, appelés *upa.sraōtar-*[80] (titre directement comparable au véd. *upaśrotr̥-*, mais du point de vue de la fonction plus proche de l'activité de l'*upagātr̥-*, le « sous-chantre »[81]). Ces prêtres mineurs aidaient le *zaōtar-*. Ils étaient désignés en pehlevi sous le terme de *abar-srōdārān* [QDM slwt'l'n], mais il est clair qu'ils correspondent à un nombre indéterminé et indéterminable de *rāspī*s. Bien que leur superposition avec les sept assistants soit dans certains cas évidente, on peut postuler l'existence de cérémonies et d'occasions spéciales dans lesquelles l'appareil sacerdotal était élargi pour diverses raisons, parfois pour une question de prestige. Le *zaōtar-* et l'*upa.sraōtar-* ont le pouvoir d'être également *ratufrī-*, ou « celui qui satisfait les *ratu*s », c'est-à-dire les « modèles suprêmes » de la création. Ils peuvent s'écouter réciproquement ou pas, mais dans tous les cas, ils doivent garder une concentration absolue pour leur récitation[82]. La performance orale collective (**dōspurrnām*)[83] pouvait être assurée par (au moins) cinq prêtres, qui assistaient le *zōt*, mais selon certains commentateurs le nombre de *rāspīg*s pouvait être de quinze, vingt-et-un ou vingt-cinq[84]. Il faut préciser que le *sraōšāuuarəza-*, comme l'ont fait remarquer Bulsara[85] et Kreyenbroek[86], n'est pas un membre des *upa.sraōtar-*s, en effet il joue le rôle indépendant de superviseur, en lien direct (mais avec une certaine marge de manœuvre) avec le

---

79. F. M. Kotwal et Ph. G. Kreyenbroek, *The Hērbedestān and Nērangestān*, II, p. 38-43.
80. Chr. Bartholomae, *Altiranisches Wörterbuch*, col. 397; A. Waag, *Nirangistan*, p. 115.
81. L. Renou, *Vocabulaire du rituel védique*, p. 41.
82. Dans les chapitres 4, 5 6, 7, 8 et 9 du *Nērangestān*, tous les problèmes spéciaux connexes à la récitation rituelle, individuelle ou conjointe, personnelle ou antiphonaire, sa tonalité, etc., sont traités en détail; voir F. M. Kotwal et Ph. G. Kreyenbroek, *The Hērbedestān and Nērangestān*, II, p. 43-59, *passim*.
83. L'étymologie ne serait pas claire selon F. M. Kotwal et Ph. G. Kreyenbroek, *The Hērbedestān and Nērangestān*, II, p. 39, n. 58; 49 (*N.* 5,3). Selon A. Waag (*Nirangistan*, p. 115), « *dō-spurr-nām*, wörtlich : ‚(eine Vortragsweise, bei welcher) der Text (‚das Buch' : *nām* = *nāmay*) (durch) zwei (Mann) vollständig (wird)', bezeichnet einen Wechselvortrag des Zaotar und des Teilnehmers am Opfer ».
84. Voir *N.* 3,8; F. M. Kotwal et Ph. G. Kreyenbroek, *The Hērbedestān and Nērangestān*, II, p. 41.
85. S. J. Bulsara, *Aērpatastan and Nīrangastān*, p. 40, n. 4.
86. Voir Ph. G. Kreyenbroek, *Sraoša in the Zoroastrian Tradition*, p. 160.

zaōtar-. Il est en outre chargé de protéger les rituels contre les risques liés à des erreurs imprévisibles dans le déroulement de la cérémonie. Il est le gardien des frontières du rituel et son superviseur à l'intérieur de celles-ci. Les sources avestiques recèlent d'autres références relatives aux prêtres ; on peut en particulier mentionner *Y.* 15,4[87] (cf. *Vr.* 15,4)[88], où dans le contexte d'un dialogue (à présent) entre le *zōt* et le *rāspīg*, le *zaōtar-* invite l'*ātrauuaxša-* à parler en disant[89] :

yaθā ahū vairiiō {yō} ātrauuaxšō frā.mē mrutē (pehlevi *ādarwaxš frāz ō man gōw*)[90].

L'*ātrauuaxša-* est là pour réciter solennellement devant moi (la clausule) : « *yaθā ahū vairiiō* ("comme il faut qu'il soit choisi par le monde") ».

Le second prêtre peut répondre :

aθā ratuš ašācīṯ hacā frā ašauua vīδuuā̊ mraōṯ

Que l'adepte d'*aša-*, qui connaît (ça), prononce (aussi la clausule) : « *aθā ratuš ašācīṯ hacā* ("ainsi il faut choisir le *ratu-* selon *aša-*") ».

---

87. Cf. *Y.* 0,3, où c'est le *zaōtar-* qui récite.
88. Voir A. Hintze, *„Lohn" im Indoiranischen. Eine semantische Studie des Rigveda und Avesta*, Wiesbaden 2000, p. 294. Voir *VrS.* 42,7 selon la numérotation de l'ADA.
89. Comme l'a bien expliqué C. Redard (voir J. Kellens et C. Redard, *Introduction à l'Avesta, le récitatif liturgique sacré des zoroastriens*, chap. 4.1, p. 25) en suivant les remarques avancés par A. Cantera (« The Taking of the *wāž* and the Priestly College in the Zoroastrian Tradition »), la version dialoguée de la prière *Ahuna Vairiia*, considérée comme l'arme antidémoniaque par excellence, est très importante pour la détermination et l'identification des modalités de l'antiphonie liturgique. La structure de base de cette prière est la suivante : (a) *yaθa ahu vāiriiō {yō}* [plus le titre spécifique du prêtre récitant] *frā mē mrūitē*, (b) *aθā ratuš aš ātcīṯ hacā vīδuuā̊ ašauua mraōtū*. Sa récitation est attestée avec une série de huit variations, qui dépendent de la présence ou non du pronom relatif *yō* (que j'ai placé ici en gras pour souligner son importance). L'absence de ce pronom signifie que la phrase était récitée par un prêtre seul. Il faut aussi remarquer que seuls quatre prêtres sont mentionnés dans ces formules : (au nominatif) *zaōta, ātrauuaxšō, frabarəta, sraōšāuuarəzō*. Cette observation n'implique pas que les autres prêtres n'aient pas la capacité de réciter des formules, car nous verrons que tous les assistants peuvent parler, par exemple dans le cas de la cérémonie de « désinstallation » de *Y.* 58. Voir maintenant les remarques de Cantera, « The *sraōšāuuarəza*-priest », *passim*.
90. En *Vr.* 15,4, la seule différence dans la phrase est présence de *yō* (*yō ātrauuaxšō mē mrutē*).

Le collège sacerdotal avestique et ses dieux

Darmesteter[91] souligne avec justesse que dans ce cas le *rāspīg* assumait la qualité d'assistant du feu parce qu'il avait pris cette fonction dans le cadre de son dernier acte cérémoniel, consistant à déposer de l'encens dans le feu (*Y.* 11,11).

Il est important de remarquer que certains manuscrits (K5[92], J2[93], et en particulier Pt4[94], et Mf4)[95] non seulement conservent la version pehlevie du *Yasna*, mais incluent aussi un nombre très significatif de détails concernant la récitation du *zōt* et du *rāspīg*; ils indiquent par exemple si elle est conjointe ou séparée et donnent la description systématique de leurs actions au cours de la liturgie. Ces *nērang*s ont été traduits *in extenso* par Darmesteter[96], lequel avait bien compris l'importance de ces sources. C'est pourquoi son édition ancienne du *Zend-Avesta* conserve toute son importance malgré le caractère daté de son travail. Évidemment, la collation critique de ces données est très utile et très importante pour la recherche à venir, et c'est l'un des mérites de l'ADA à Berlin que de permettre l'accès à ces sources.

Dans un nombre limité d'occasions, ces sources liturgiques conservent la mémoire des fonctions et des rôles attribués aux sept prêtres du passé. C'est le cas, par exemple, dans les chapitres *Y.* 11,8[97] et 9[98], où les *nērang*s pehlevis nous expliquent qu'il faut que le *rāspīg*

---

91. J. Darmesteter, *Le Zend-Avesta*, I, p. 138, n. 8, avec référence à la p. 113. Voir J. Kellens *Le Hōm Stōm et la zone des déclarations*, p. 131, 143.
92. N. L. Westergaard, *Codices Orientales Bibliothecae Regiae Havniensis, iussu et auspiciis Regis Daniae Christiani Octavi enumerati et descripti*, 1re partie, Copenhague 1846, p.112; K. Barr, *The Avesta Codex K5 containing the Yasna with its Pahlavi Translation and Commentary*, First Part, Copenhague 1937, fol. 79v-80r, mais sans le commentaire liturgique pehlevi.
93. L. H. Mills, *The Ancient Manuscript of the Yasna, with its Pahlavi Translation (A.D. 1323)*, Oxford 1893, p. 219 (sans le commentaire). Un fac-similé du manuscrit selon l'édition de Mills est visible sur le site internet de TITUS Project : http://titus.uni-frankfurt.de/texte/iranica/avestica/j2/j2/j2intro.htm.
94. Ce manuscrit est disponible sur le site internet de l'ADA, Avestan Digital Archive (https://ada.geschkult.fu-berlin.de) : Ms. Pt4, fol. 72v. À propos de Pt4, voir A. Cantera et M. de Vaan, « Remarks on the Colophon of the Avestan Manuscripts Pt4 and Mf4 », *Studia Iranica* 34 (2005).
95. A. Cantera a eu l'amabilité de m'informer que le premier *nērang* est attesté aussi dans le ms. Mf4, bien que cette partie ait été rédigée de seconde main; voir Kh. M. Jamaspasa et M. Nawabi, *Manuscript D. 90, Yasnā, with its Pahlavi translation*, 1re partie, Chiraz 1976, p. 191, 192.
96. J. Darmesteter, *Le Zend-Avesta*, I, p. LXXXIX-XCI, CX-XI.
97. *Ibid.*, p. 112.
98. *Ibid.*, p. 113. Pour le texte standard, voir J. Josephson, *The Pahlavi Translation Technique as illustrated by* Hōm Yašt, Uppsala 1997, p. 17-118.

occupe la place du *frabardār*, ou que ce dernier assistant (mais c'est là encore le *rāspīg* qui accomplit cette cérémonie) appuie le vase du *parāhōm* sur la main droite du *zōt*.

Il est tout à fait pertinent de mentionner ces *nērang*s *in extenso* parce qu'ils représentent un témoignage de la continuation d'une tradition plus ancienne.

Dans *Y.* 11,8, on lit : (Pt4, 72v, lignes 5-7 ; Mf4 : 191, lignes 13-14 [deuxième main]) :

rāspīg : parāhōm pad dast <ī> hōy abar griftan ; pad gāh <ī> frabardārān barišn ; dar [Mf4 *andar*] *4 angust <az> barsom dārišn. bē gōwišn* [un texte avestique suit].

rāspīg : il faut qu'il prenne le *parāhōm* (c'est-à-dire la coupe qui contient le *parāhōm*) avec sa main gauche : il faut qu'il (la) porte à la place du *frabaradār*, (et) il faut qu'il (la) tienne à quatre doigts (du) *barsom*. (Alors), il faut qu'il dise : [...].

Dans *Y.* 11,9, on lit (Pt4, 72v, lignes 15-17 ; Mf4 : 192, lignes 5-7 [première main]) :

zōt : dast pad band ī barsom frāz dārišn. frabardār parāhōm ul ō dast <ī> dašn ī zōt nīhišn. zōt : [après un texte avestique suit].

zōt : il faut qu'il tienne sa main (gauche) sur le *barsom*. Il faut que le *frabardār* appuie la (coupe du) *parāhōm* sur la main droite du *zōt*. (Alors, il faut que) le *zōt* (en fixant du regard le *parāhōm*) dise : [...].

Ces exemples montrent que, nonobstant le rôle joué plus tard par le *rāspīg* en lieu et place des sept assistants, dans certaines sources on gardait encore la mémoire de fonctions sacerdotales originelles et on avait la possibilité de désigner la place et la charge spécifiques d'un prêtre, comme dans le cas du *frabardār*, dont la désignation propre était connue en dépit du rôle envahissant attribué au *rāspīg*. L'accord textuel entre les mss Pt4 et Mf4 dans la préservation de ces *nērang*s contribue non seulement à faire ressortir l'histoire de la tradition zoroastrienne, comme le soulignent à juste titre Alberto Cantera et Michiel de Vaan[99], mais nous donne également la preuve qu'il existait des sources communes et plus anciennes dans lesquelles les détails rituels étaient décrits et transmis.

---

99. A. Cantera et M. de Vaan, « Remarks on the Colophon of the Avestan Manuscripts Pt4 and Mf4 ».

Le collège sacerdotal avestique et ses dieux

Appendice 5 : symbolique de l'*andarag*

Quelle valeur faut-il attribuer aux schémas liturgiques apparaissant dans certains manuscrits avestiques ? Aucun d'eux ne reflète une situation dans laquelle les sept prêtres assistants sont encore physiquement présents dans l'espace cérémoniel parce que, comme on l'a plusieurs fois souligné, leur rôle était assumé par le *rāspīg*. Cette constatation objective doit nous inciter à la plus grande prudence car il semble inévitable de supposer que l'espace nécessaire pour loger un collège de huit prêtres devait être différent de celui qui suffisait pour accueillir deux officiants seulement (voir planche 4). Les schémas liturgiques représentent cependant trois lieux distincts, placés dans la section centrale du *yazišngāh* : le premier, sur le côté nord, face au *zōt*, est appelé *urwēsgāh*[100], tandis que l'espace du *zōt* s'appelle *zōtdān*; le second, au centre, s'appelle *andarag* (< av. *aṇtara*-), ou « espace entre les deux »; le troisième, au sud, en face de la position réservée au *sraōšāuuarəza-*, est celle du feu et se nomme *ādušt* (ou *ātašgāh*). Cette subdivision triadique est très intéressante car elle rappelle un modèle cosmologique primitif figurant la terre, un espace intermédiaire, et le ciel, et évoque en outre la triple expansion de la terre réalisée par Yima. Une tradition bien établie par le clergé zoroastrien, et explicitement confirmée par le dastur Kotwal[101], rapporte qu'une fois la liturgie commencée, il est interdit d'entrer dans l'espace intermédiaire, ou *andarag*. Plus récemment, Rezania[102], dans un chapitre spécifiquement consacré à l'analyse de l'espace rituel dans le monde zoroastrien, a souligné ce qui suit :

---

100. Le pehlevi *urwēs* dérive à mon avis de l'avestique *uruuaēsa-*, masc., « tournement (du chemin) » et donc il n'évoque pas seulement l'image d'un espace quasi-elliptique déterminé, comme par exemple attesté dans le cas du tournoiement des étoiles, mais aussi l'idée d'une compétition de chars qui se développe sur l'espace sacrificiel contre les démons.
101. K. M. Kotwal et J. W. Boyd, *A Persian Offering: The Yasna*, p. 132 dans le lexique. Voir S. Azarnouche, « A Zoroastrian Cult Scene on Sasanian Stucco Reliefs at Bandiyān (Daregaz, Khorāsān-e Razavī) », *Sasanian Studies: Late Antique Iranian World / Sasanidische Studien: Spätantike iranische Welt* 1 (2022), p. 9, n. 25. Voir J. Kellens et C. Redard, *Introduction à l'Avesta, le récitatif liturgique sacré des zoroastriens*, chap. 4.
102. Voir K. Rezania, *Raumkonzeptionen im früheren Zoroastrismus*, p. 274-274. Voir M. Stausberg, *Die Religion Zarathushtras. Geschichte – Gegenwart – Rituale*, III, Stuttgart 2004, p. 38, 321.

Noms et fonctions des sept prêtres assistants

In zeitgenössischen Zoroastrismus ist zwischen dem Feuer und dem Requisitentisch ein freier Raum vorgesehen, der *andarag* „Zwischenraum" genannt wird. Der Ritualpriester darf bei dem Vollzug des Rituals keinesfalls diesen physisch nicht markierten Raum betreten.

Il cite à ce propos un passage très explicite, en particulier dans sa version pehlevie, attestée en *N.* 65,2-4[103] :

2) *aēteca ratauuō ⁺*apara.iiā̊iṇti.*
3) *θri.gāmim aṇtarə; anaṇtarə* ⁺*iθβa* ⁺*anaṇtarə* ⁺*pataθβa.*
4) *yaṯ aṇtarə vā aiiāṯ aṇtarə vā* **pataiti vā θri vā āzāiti aiiarə.drājō vā vāstriiāṯ.*

2) Et ces *ratu*s (i.e. les prêtres assistants) doivent s'éloigner
3) (à une distance de) trois étapes entre (le feu et eux-mêmes) ; il ne faut pas y entrer, il ne faut pas y faire irruption.
4) S'il y pénètre ou y fait irruption, il méritera trois (coups de fouet) ou une journée de travail agricole.

2) *awēšān-iz kē radīh ē rawēnd [ō kār].*
3) *3 gām [andarag rawišnīh] andar andarag : pad an-andarag [rawišnīh]* (**ēdōn) an-andarag* **paššinjišnīh [kū andar ma raw ud andar ma paššinj].*
4) *ka andar rawēd ayāb andar paššinjēd 3 zanišn ayāb rōz-drahnāy* **wāstarēnīh [ud yazišn xūb]* (...).

2) Et que ceux qui ont la fonction de prêtres subalternes aillent [(accomplir) le rituel].
3) (à une distance de) trois étapes [ils doivent se déplacer (de l'entrée)] dans l'*andarag*; ils doivent [se déplacer] à l'extérieur de l'*andarag*, et lorsqu'ils ne [vont] pas à l'intérieur, ils doivent saupoudrer à l'extérieur de l'*andarag* [c'est-à-dire, ils ne doivent pas aller à l'intérieur et ne doivent pas saupoudrer à l'intérieur].

---

103. F. M. Kotwal et Ph. G. Kreyenbroek, *The Hērbedestān and Nērangestān*, III, p. 277-278, ch. 65,2 : « *And let those subordinate priests go away. And let those who have the function of subordinate priests go* [to (perform) the ritual]. 65,3 : *(Leaving) three steps in between (the fire and themselves) ; it is not to be entered into, it is not to be burst into.* (Leaving) three steps [of entering] the *andarag*; they should [move] outside the *andarag*, and when not [going] inside, they should sprinkle outside the *andarag* [i.e. don't go inside and don't sprinkle inside]. 65,4 : *If he enters it or bursts into it, he shall merit three (lashes) or a day' length of agricultural labour.* If he goes in or sprinkles inside it, (he deserves) three beatings or he should perform agricultural labour for the length of a day [and his act of ritual is valid (...)] ». Voir aussi P. Lecoq, *Les livres de l'Avesta*, p. 1207-1208.

Le collège sacerdotal avestique et ses dieux

4) S'il entre ou saupoudre à l'intérieur, (il mérite) trois coups ou il doit effectuer des travaux agricoles pendant une journée [et son acte rituel est valable (…)].

Il ajoute[104] l'instruction suivante, qui fait partie de la description des tâches à exécuter par le *frabarətar-* dont la mission principale consistait à apporter offrandes et libations au feu, selon *Nērangestān* 50,7-8[105] :

7) *yō dim ⁺frahiṇcaite ⁺aṇtarə ātarəmca barəsmaca*
8) *anairiianąm tat daxiiunąm vərəθrāi uzjasāiti.*

7) Celui qui verse (la Libation) entre le feu et le *barəsman*,
8) cela conduit à la défense (ou l'avantage) des pays non iraniens.

7) *ān ī parāhōm zōhrag-iz ǰuttar nēst. *any bawēd ka pad nigērišn andarōn ī ātaxš ud barsom be ō zamīg rēzēd. dēwēzagīh ī tanāpuhlagān u-š wināh bawēd.*
8) *be xandišn; harw čiyōn rēzēd ud harw gyāk kū rēzēd dēwēzagīh, 3 srōščaranām.*

7) Le *parāhōm* n'est pas différent du *zōhr*. C'est différent s'il le fait tomber intentionnellement[106] sur le sol dans l'espace entre le feu et le *barsom*. Alors ce péché est (égal à celui de) l'adoration des démons par ceux qui ont commis un péché mortel.
8) [Ici] il faut rire! Quelle que soit la manière dont il le verse et où il le verse, c'est l'adoration des démons qui mérite trois coups de fouet *srōščarana-*.

À ce chapitre il faut ajouter le témoignage de *ŠnŠ* X,16[107], selon lequel dans la maison où il y a eu une naissance, l'espace entre le

---

104. Voir K. Rezania, *Raumkonzeptionen im früheren Zoroastrismus*, p. 281-285.
105. Voir F. M. Kotwal et Ph. G. Kreyenbroek, *The Hērbedestān and Nērangestān*, III, p. 230-231, ch. 50,7 : « *He who pours out (the zōhr) beteeen the fire and the barəsman. [The parāhōm is no different from the zōhr. It is different if he intentionally drops it on the floor in the space between the fire and the barsom. Then this sin is (equal to that of) demon-worship by those whose body is forfeit.]* », ch. 50,8 : « *That leads to the defence of the non-Iranian lands. [Here] one should laugh! Whatever way he pours it and where he pours it, it is demon-worship meriting three srōščaranām* ».
106. Il me semble intéressant de noter que l'interdit ait distingué, au moins dans une période plus récente, entre erreur involontaire et contamination délibérée.
107. Je remercie encore Samra Azarnouche d'avoir attiré mon attention sur ce passage. Voir aussi la traduction de E. W. West, *Pahlavi Texts*, 1ʳᵉ partie. *The Bundahišn, Bahman Yašt, and Shāyast Lā-Shāyast*, Oxford 1880, p. 322 ; voir aussi

nouveau-né et le feu ne doit pas être traversé durant trois jours et trois nuits (*3 rōz ud 3 šab mayān ī ātaxš ud abornāyag kas nē widaštan* […] « durant trois jours et trois nuits personne ne doit passer entre le feu et l'enfant »). Malgré l'absence de référence explicite à l'*andarag*, l'idée est la même. L'origine de cette interdiction me semble être due à diverses raisons. Certaines visent à protéger la pureté du feu, tandis que d'autres semblent avoir une dimension cosmologico-symbolique. L'espace intermédiaire n'a évidemment pas pour seule fonction de protéger le feu de toute contamination extérieure, à l'instar de l'aire intermédiaire séparant le royaume d'Ohrmazd de celui d'Ahreman, elle représente également une sorte d'axe cosmique pris dans sa verticalité[108]. En effet, il faut se rappeler qu'une fois le cérémonial commencé, le feu consacré et les prêtres installés, le lieu n'est plus de nature profane, il est devenu le centre du monde[109]; les dieux se sont

---

J. C. Tavadia, *Šāyast nē Šayas: A Pahlavi Text on Religious Customs*, Hambourg 1930, p. 133.
108. Voir les hypothèses formulées par J. Duchesne-Guillemin, *Symbols and Values in Zoroastrianism. Their Survival and Renewal*, New York 1966, p. 85-87.
109. G. Windfuhr (« The Ties that Bind: Sacred Geometry in the Zoroastrian Yasna Ritual [*Nērangestān* 60–61] ») a amplement soutenu la thèse d'une valeur cosmologique de l'espace liturgique mazdéen, en le mettant en relation non seulement avec les points cardinaux, mais aussi avec les niveaux verticaux de la création, les douze constellations zodiacales, le mouvement solaire, les phases saisonnières, la triplicité des éléments astrologiques, etc. Tout en partageant l'idée de base à propos de la valeur symbolique de l'espace sacrificiel, que j'ai à mon tour développée dans cette étude, j'ai quelques doutes méthodologiques sur l'interprétation fortement astrologique proposée par mon collègue, qui, d'ailleurs, imagine la pleine connaissance d'un univers sphérique dans la conception liturgique de l'âge achéménide comme bien d'autres compétences astronomiques dont la diffusion dans le monde iranien est bien plus moderne. Ces hypothèses me semblent anachroniques et trop aventureuses, ou invraisemblables, par exemple à propos des conjonctions de Jupiter et Saturne, dont l'origine est sassanide. En revanche, je trouve tout à fait convaincante l'association entre les trépieds pour le *barsom* et le croissant de lune (G. Windfuhr, « The Ties that Bind: Sacred Geometry in the Zoroastrian Yasna Ritual [*Nērangestān* 60–61] », p. 5-11, 29-38, *passim*), mais je ne peux pas la dater avec certitude dans une époque trop archaïque. Un soupçon similaire pèse également sur l'association entre les douze outils utilisés dans la liturgie mazdéenne et les douze constellations du zodiaque, car on ne peut pas postuler a priori que la table liturgique ait été dressée à l'époque achéménide comme à une période plus récente. M. Stausberg (*Die Religion Zarathushtras. Geschichte – Gegenwart – Rituale*, III, p.40-45) énumère vingt ustensiles selon les traditions plus modernes.

joints à la cérémonie et participent au banquet sacré préparé pour eux ; ce microcosme est devenu macrocosme. L'*andarag* est alors semblable à une colonne, une sorte d'*axis mundi*, qui unit le ciel à la terre. Samra Azarnouche m'a fait remarquer à ce propos que l'axe central et cosmique de la liturgie pouvait être encore visible dans les vestiges du mobilier de culte des temples du feu sassanides[110] sous forme de plates-formes en stuc.

Certaines données liturgiques mises en évidence par Cantera[111] posent cependant quelques difficultés dans la mesure où le cérémonial avestique semble mentionner des circumambulations autour du feu, incompatibles avec l'interdiction de traverser l'espace intermédiaire ou *andarag*. En réalité, selon les remarques avancées par Cantera, deux circumambulations sont explicitement mentionnées dans le *Yasna* : la première concerne le feu, mais cela arrive en *Y.* 0,4, avant le début de la liturgie longue et ce témoignage peut être considéré comme moins déterminant ; la deuxième concerne le *barsom* dans *Y.* 64,5. Une circumambulation[112] est également mentionnée dans *Y.* 28,2 (*pairi.jasāi*)[113], *Y.* 36,1(*pairi.jasamaide*) où elle concerne clairement le feu, *VrS.* 65,26 et 80,1 (*pairi.jasamaide* ; encore une fois

---

110. Voir S. Azarnouche, « A Zoroastrian Cult Scene on Sasanian Stucco Reliefs at Bandiyān (Daregaz, Khorāsān-e Razavī) ».
111. Communication personnelle. Je remercie Alberto Cantera pour avoir partagé avec moi ses réflexions sur le sujet et certaines données philologiques qu'il a récemment étudiées.
112. La pratique de la circumambulation est universellement attestée, mais elle trouve également divers aspects comparables dans le contexte indien. On se souvient de la *pradakṣiṇā-*, dans le monde hindou et bouddhiste, mais aussi dans les cérémonies de la Rome ancienne, notamment dans le cadre des Lupercales. Pour une discussion générale avec une bibliographie supplémentaire, voir D. L. Eck, « Circumambulation », dans M. Eliade (éd.), *The Encyclopedia of Religion*, III, New York 1987.
113. Dans le cas de la tradition avestique cependant, il faut noter que la valeur exacte de *pairi +* °*gam-* pose quelques problèmes. A. Hintze (*A Zoroastrian Liturgy: The Worship in Seven Chapters [Yasna 35–41]*, p. 34) rappelle que le verbe *gam-* avec *pairī* signifie « to approach » (plus accusatif), alors qu'avec l'accusatif et l'instrumental, le sens serait celui de « to attend to ». Une discussion détaillée sur ce sujet avait déjà été proposée par J. Narten (*Der Yasna Haptaŋhāiti*, p. 139-142), qui a bien montré que la sémantique de l'usage des verbes védique *pári + i-* et *pári + gam-* présentait aussi la particularité de ne pas nécessairement renvoyer à quelque forme liturgique d'adoration même là où les divinités sont l'objet de vénération.

pour le feu), et *Y.* 70,1 (*pairi.jasāi*; faisant probablement référence au *barsom*). Ces circumambulations (*pairi °gam-*) impliquent-elles nécessairement une incursion dans l'*andarag*? Celle-ci ne serait évitable que dans l'hypothèse où l'*andarag* n'occupait pas tout l'espace entre l'*ādišt* et l'*urwēs*. Or comme on peut le voir dans les schémas attestés, cela ne correspond pas à la représentation du *yazišngāh* figurant dans tous les manuscrits. Cependant, l'hypothèse n'est pas invalidée car, comme on l'a dit plus haut, les descriptions attestées donnent une représentation de l'espace rituel où le nombre de prêtres avait été déjà réduit à deux officiants même pour les cérémonies solennelles.

On peut également supposer qu'avec la simplification inévitable du rituel (dictée par la réduction du collège sacerdotal), les circumambulations ont également été réduites et simplifiées, avant d'être totalement abolies, au point que le clergé mazdéen ne semble pas prévoir leur mise en œuvre. Dans une note au passage susmentionné de *Nērangestān* (65,3), Kotwal[114] fait remarquer que même dans la pratique moderne (il le souligne), les prêtres ne traversent pas l'espace pendant l'accomplissement du rite. De son point de vue, cette pratique est sans doute très ancienne. Indéniablement, ce scénario éclaire un problème intéressant et il est utile d'avoir attiré l'attention des savants sur ce point; je voudrais pour ma part avancer l'idée que l'espace intermédiaire doit avoir eu une configuration qui rendait possible des cérémonies d'hommage au feu sans nécessairement avoir à traverser la zone intermédiaire interdite. En revanche, si l'on considère certains schémas liturgiques, comme celui qu'a publié Rezania[115], les trois espaces liturgiques (l'*ādišt*, l'*andarag* et l'*urwēs*) sont nettement séparés, ménageant un espace vide (voir planche n° 3), en sorte que l'*ātrauuaxša-* aurait pu facilement circuler autour du feu avec plusieurs de ses compagnons sans franchir les limites de l'*andarag*. Il faut donc supposer que l'*andarag* était marqué par des sillons tracés dans la terre selon une tradition déjà connue, par exemple dans le cas du *baršnumgāh*, lieu par excellence des purifications mazdéennes les plus solennelles.

---

114. Voir F. M. Kotwal et Ph. G. Kreyenbroek, *The Hērbedestān and Nērangestān*, III, p. 277, n. 1124.
115. Voir K. Rezania, *Raumkonzeptionen im früheren Zoroastrismus*, p. 278, qui mentionne le ms. RSPA230, fol. 48, mais je n'ai pas trouvé cette page dans le manuscrit cité. On peut mentionner le cas du schéma du ms. 4040_Ave1001, fol. 27r.

CHAPITRE IV

LES PRÊTRES AVESTIQUES : TRADITIONS RÉCENTES

LE DIALOGUE entre les deux prêtres a été interprété[1] comme la représentation d'une conversation entre Ahura Mazdā (*zōt*) et Zaraθuštra (*rāspīg*), mais cette explication, tout à fait raisonnable et plausible, n'est vraisemblablement pas la seule ni la plus ancienne[2]. Par exemple, en *Dēnkard* IX,33,5, c'est Zardušt qui interprète le rôle de *zōt*[3]. Nous porterons notre attention ici sur une adaptation plus moderne. Nous verrons en particulier dans les pages suivantes que le nombre de prêtres peut être associé à un processus mimétique entre humanité et divinité. On peut raisonnablement imaginer que cette simplification s'est définitivement imposée au cours de la période post-sassanide, où il était devenu impossible d'assurer le maintien d'un nombre suffisant de prêtres professionnels bien formés, en raison de conditions économiques et sociales dégradées. On trouve ainsi dans le *Wahman Yasn* IV,31[4] une description dramatique de la décadence de la religion mazdéenne à travers la déclaration suivante :

ēwāz pad ān ī nidom āwām yazišn ī pad dō mard pādixšāy bawēd kardan, tā ēn dēn pad nēstīh ud nizārīh nē rasēd[5].

C'est seulement pendant ces époques les plus basses, qu'il sera autorisé d'accomplir les rites religieux à l'aide de deux hommes, de sorte que cette religion ne tombe pas dans l'oubli et ne soit pas affaiblie.

---

1. Voir F. M. Kotwal et J. W. Boyd, *A Persian Offering: The Yasna*, p. 10.
2. Les prêtres avestiques étaient encore connus dans les *Rivāyat* persanes, bien que leurs fonctions ne fussent pas distinguées pendant les rituels ; voir B. N. Dhabhar, *The Persian Rivayats of Hormazyar Framarz and others. Their Version with Introduction and Notes*, Bombay 1932, p. 349, 353, 424 (*ātrauuaxša-*) ; 354, 424 (*āsnātar-* ; *ābərət-*) ; 424 (*frabərətar-* ; *raēϑβiškara-*) ; 368, 424 (*sraōšāuuarəza-*) ; 242, 424 (*hāuuanān-*).
3. Voir E. W. West, *Pahlavi Texts*, 4ᵉ partie. *Contents of the Nasks*, Oxford 1892, p. 261-262, dans la note 6.
4. Voir J. Darmesteter, *Le Zend-Avesta*, I, p. LXXI.
5. Texte et traduction aussi dans C. G. Cereti, *The Zand ī Wahman Yasn: a Zoroastrian Apocalypse*, Rome 1995, p. 94, 137, 155.

Le collège sacerdotal avestique et ses dieux

Comme le souligne Darmesteter[6], le *Dādestān ī Dēnīg* XLVIII,23[7] distingue encore le prêtre en chef (*zōt*), qui doit nettoyer et préparer l'espace sacrificiel, des autres assistants, décrits en fonction de leurs propres activités d'une manière qui rappelle directement leur dénomination technique :

> ud ōy zōt ī weh pēšōbāyīh ud abārīg hamkārīhā ast kē pad *hāwanānīh ast kē pad ātaxš ān *zēnēnīdārīh[8] ud ast kē frāz-burdārīhā ast kē bē āburdārīhā ud ast kē āsnadārīhā ud ast kē gumēzaggarīhā ud ast kē kār-framūdārīhā ud xwēš niyābag [ī andar yazadān rāyēnēd] andar yazišn rāyēnēd[9].

Et celui-ci est le *zōt* (qui possède) la bonne autorité et ses autres collaborateurs : il y en a un qui est (là) pour le pressurage du *hōm* (*hāwanān*?), il y en a un autre qui est pour la protection du feu, un qui est pour apporter, il y en a un qui est pour porter l'eau, il y en a un pour laver (pour la fonction de *āsnadār*), il y en a un pour faire le mélange, et il en y a un pour ordonner (tous les) actes (nécessaires) (et qui) détermine ce qui est approprié dans le rituel [il dirige dans le rituel de dieux].

Selon le *Dēnkard* IX,33,5, quand Zardušt, pendant la Restauration finale, sacrifiera pour le *frašgird*, il prendra la place du *zōt* (*zōd-gāh*), tandis que Wahwast, le fils de Snōy, prendra la place du *hāwanān* (ou *pad hāwanānīh* ; le prêtre-*hāuuanān*-), Iswand, le fils de Warāz, la place de l'*ātarwaxš* (ou *pad ātarwaxšīh* ; le prêtre-*ātrauuaxša*-), Sēn, le fils de Hōmstawan, la place du *frabardār* (ou *pad frabardārīh* ; le prêtre-*frabərətar*-), Wīštāsp, de la famille de Nōdār, la place du *srōšāwarz* (ou *pad srōšāwarzīh* ; le prêtre-*sraōšauuārəza*-).

> ud čāštan ī ohrmazd ō zarduxšt pōryōtkēš ud ahū ud rad ud zōt ī gēhān estād ī pad frašgird hangām zarduxšt ī az sē zamanān pad zōt-gāh ī hamāg gētīgān ud wahwast ī snōy az snōān dehān pad

---

6. J. Darmesteter, *Le Zend-Avesta*, I, p. LXXI-LXXII. Voir aussi J. J. Modi, *The Religious Ceremonies and the Customs of the Parsees*, p. 318.
7. Ou chapitre XLVII selon la numérotation d'Anklesaria.
8. J'accepte la correction proposée dans l'édition de M. Mirfakhraye, *Dēnkard Book 6*, Téhéran 2013, p. 47.
9. J'ai eu l'opportunité d'utiliser (en apportant quelques changements) la transcription du texte que P. O. Skjærvø m'a fait l'amitié de mettre à ma disposition. Je le remercie profondément pour sa gentillesse.

Les prêtres avestiques : traditions récentes

<u>hāwanānīh</u> ud iswand ī warāzān ī az tūrān dehān pad <u>ātarwaxšīh</u> ud sēn ī hōmstawanān ī az sēnān dehān pad <u>fraburdārīh</u> ud wištāsp ī az nōdarān pad <u>srōšāwarzīh</u>[10].

Et l'enseignement a été (donné) à Zarduš̌t par Ohrmazd, (qui) est le premier enseignant, le *ahū*, le *rad* et le *zōt* du monde vivant. Zarduš̌t, qui descend de trois fils de Zaman, pendant le temps de la Restauration viendra se placer à la place du *zōt* de l'ensemble du monde vivant, et Wahwast, le fils de Snōy, des contrées de Snōān, à la place du *hāwanān*, et Iswand, le fils de Warāz, des contrées du Turān, à la place de l'*ātarwaxš*, et Sēn, le fils de Hōmstawan, des contrées de Sēnān, à la place du *fraburdār*, et Wištāsp, fils de Nodar, (des contrées ou de fils) de Nōdār, à la place du *srōšāwarz*[11].

Dans ce passage, seuls cinq des huit prêtres sont mentionnés. Dans le *Bundahišn* (iranien) XXXIV,29[12] en revanche, à la fin des « temps finis », quand Ohrmazd aura fini par vaincre Ahreman et Āz et sera prêt à célébrer le dernier sacrifice, il agira en tant que *zōt* tandis que Srōš sera son *rāspīg* :

ohrmazd ō gētīg āyēd xwad zōt ud srōšahlā(y) rāspīg ud ēbyānghan pad dast dārēd[13].

Ohrmazd descendra dans le monde vivant, lui-même comme *zōt* et Srōš comme *rāspīg*, et il tiendra la ceinture sacrée dans ses mains.

Il est utile de se rappeler que la fonction sacerdotale suprême endossée par Ohrmazd est bien documentée dans l'iconographie royale sassanide, où le dieu peut être représenté tenant le *barsom*[14] à la main,

---

10. Voir Dh. M. Madan, *The Complete Text of the Pahlavi Dinkard*, II, p. 812 ; M. J. Dresden, *Dēnkarvol. A Pahlavi Text*, Wiesbaden 1966, p. 177 [649] ; dans la transcription du texte que j'ai utilisée et qui a été mise à ma disposition par P. O. Skjærvø.
11. Voir E. W. West, *Pahlavi Texts*, 4ᵉ partie, p. 261-262.
12. *Bundahišn* indien XXX,30 ; cf. E. W. West, *Pahlavi Texts*, 1ʳᵉ partie, p. 128-129 ; c'est le chapitre XXX selon l'édition de F. Justi, *Der Bundehesh zum ersten Male herausgegeben, transcribiert, übersetzt und mit Glossar versehen*, Leipzig 1868, p. 43.
13. F. Pakzad, *Bundahišn. Zoroastrische Kosmogonie und Kosmologie*, I, Téhéran 2005, p. 386. Voir B. T. Anklesaria, *Zand-Ākāsīh, Iranian or Greater Bundahišn. Transliteration and Translation in English*, Bombay 1956, p. 190-291 ; D. Agostini et S. Thrope, *The Bundahišn. The Zoroastrian Book of Creation*, Oxford – New York 2020, p. 182.
14. Zoroastre déclare qu'il abattra Ahreman avec *hōm* et *barsom*, selon le chapitre LVI du *Dādestān ī mēnōg ī xrad*. Voir A. Bausani, *Testi religiosi zoroastriani. Traduzione dall'originale pahlavi con introduzione e note*, Catane 1963, p. 167.

Le collège sacerdotal avestique et ses dieux

comme dans les reliefs de Naqš-e Rostam ou Tāq-e Bostān représentant une investiture. Mais le rôle sacerdotal d'Ohrmazd est aussi souligné dans la tradition zurvanite, dans le cadre d'un mythe bien attesté selon lequel Ohrmazd aurait reçu de son père, Zurwān, le *barsom* (*būrsemē* dans la version de Yoḥannan bar Penkaye [VIIe siècle])[15], comme symbole du sacerdoce[16]. Zaehner[17] relève que *Dēnkard* III,192[18] introduit une distinction très marquée entre, d'une part, « la robe du sacerdoce » (*āsrōnīh brahm*), comme « arme du Spēnag Mēnōg » (*spēnag mēnōg zay*), laquelle est aussi présentée comme l'essence véritable d'Ohrmazd, « son vêtement (*paymōg*) » et « sa brillance (*u-š spīg*) » et, d'autre part, « la robe de la tyrannie (*sāstārīh brahm*) (comme un faux sacerdoce) », l'« arme du Gannāg Mēnōg (*gannāg mēnōg zay*), laquelle était aussi son essence »[19]. Le texte non seulement établit une opposition entre les deux vêtements, mais aussi introduit le thème du choix antagoniste entre les deux, comme si ces vêtements avaient fait l'objet d'un choix symbolique de la part d'Ohrmazd et d'Ahreman. Ainsi, le vêtement appartenant à Ohrmazd est « brillant et blanc » (*rōšn ud spēd*), évidemment en opposition au vêtement d'Ahreman, « qui a la couleur de la cendre » (*hēraggōn*)[20].

Le caractère sacerdotal d'Ohrmazd en lien avec sa robe blanche est aussi mentionné dans le *Bundahišn* (iranien) III,3-4 :

> 3) *u-š xwad paymōzan ī spēd paymōxt ud brāh ī āsrōnīh dāšt čē hamē dānāgīh abāg āsrōnān kē ō kasān nimūdār, har(w) kas az-iš hammōxtār hēnd.* 4) *ohrmazd-iz xwēškārīh dām-dahišnīh būd. dām pad dānāgīh šāyēd dādan. ēd ray brahmag ī dānāgān paymōxt ī ast āsrōnīh*[21].
>
> 3) [Ohrmazd] lui-même a revêtu un vêtement blanc et il avait la marque du sacerdoce, parce que la sagesse est toujours avec les prêtres qui sont des guides pour les hommes, et tous les hommes sont leurs

---

15. R. C. Zaehner, *Zurvan: a Zoroastrian Dilemma*, New York 1972, p. 66, 423.
16. *Ibid.*, p. 66-67, *passim*.
17. *Ibid.*, p. 119-121, 132.
18. *Ibid.*, p. 374-375 ; voir J. de Menasce, *Le troisième livre du Dēnkart*, Paris 1973, p. 198-199 ; Dh. M. Madan, *The Complete Text of the Pahlavi Dinkard*, I, p. 204 ; M. J. Dresden, *Dēnkarvol. A Pahlavi Text*, p. 159 [674].
19. R. C. Zaehner, *Zurvan: a Zoroastrian Dilemma*, p. 376-377.
20. Voir J. de Menasce, *Le troisième livre du Dēnkart*, p. 199.
21. F. Pakzad, *Bundahišn. Zoroastrische Kosmogonie und Kosmologie*, I, p. 44 ; voir R. C. Zaehner, *Zurvan: a Zoroastrian Dilemma*, p. 322 ; D. Agostini et S. Thrope, *The Bundahišn. The Zoroastrian Book of Creation*, p. 23.

élèves. 4) Et la fonction propre d'Ohrmazd a été l'acte de création, et c'est par la sagesse que la création doit être créée. Pour cette raison, il avait enfilé la robe des sages (qui est celle de) la prêtrise [22].

Cette robe blanche [23] et brillante évoque, en réalité, le pouvoir céleste et cosmologique propre à Ohrmazd qui, en tant que prêtre universel, porte le ciel et descend sur terre en tant que *zōt*, accompagné de son *rāspīg* Srōš, à la fin des temps finis dans le but de célébrer le sacrifice final de la transformation du monde. Il est évident que ce vêtement (ou manteau) est le reflet de celui que porte le Mainiiu Spəništa selon *Y.* 30,5 [24], et qui est taillé dans les pierres les plus dures (*yā̊ xraoždištə̄ṇg asə̄nō vastē*). Le sujet du choix, déjà attesté dans le *Dēnkard*, est ici confirmé comme modèle commun dans l'exégèse mazdéenne. Le lien entre le vêtement de pierres et l'image d'un manteau brodé d'étoiles est confirmé dans l'*Avesta* récent, en particulier en *Yt.* 13,2-3 ; dans ce passage, Ahura Mazdā soutient le ciel, lumineux comme un métal brillant (c'est-à-dire comme du cristal ?), qu'il porte comme un manteau constellé d'étoiles (*asmanəm* […] *yim mazdā̊ vaste vaŋhanəm stəhrpaēsaŋhəm* [25] […]).

Le caractère sacerdotal d'Ohrmazd est encore souligné dans le *Bundahišn* (iranien) XXVI,6-7 [26], comme le montre Bailey [27] dans le

---

22. Voir R. C. Zaehner, *Zurvan: a Zoroastrian Dilemma*, p. 333 ; B. T. Anklesaria, *Zand-Ākāsīh, Iranian or Greater Bundahišn*, p. 36-37.
23. Il faut rappeler que la couleur habituelle des vêtements des prêtres zoroastriens est le blanc ; voir Plutarque (*Questions Romanes* 26, 270, D-E). Fr. Grenet (« Where Are the Sogdian Magi? », p. 164) souligne la présence de représentations de prêtres habillés en blanc sur une colonne du temple sogdien d'Erkugan, dans l'Oasis de Qarshi.
24. A. Panaino, *Rite, parole et pensée dans l'Avesta ancien et récent*, p. 118-120 ; id., « The Liturgical Daēnā. Speculative Aspects of the Next-of-Kin Unions », dans A. Hintze, D. Durkin-Meisterernst et Cl. Naumann (éd.), *A Thousand Judgements. Festschrift for Maria Macuch*, Wiesbaden 2019, *passim*.
25. Voir W. W. Malandra, *The Fravaši Yašt: Introduction, Text and Commentary*, thèse de doctorat, University of Pennsylvania, Ann Arbor (MI) – Londres 1971, p. 67, 111, 156-159. Voir A. Panaino, *A Walk through the Iranian Heavens. Spherical and Non-Spherical Models in the Imagination of Ancient Iran and Its Neighbors*, Irvine 2019, *passim*.
26. F. Pakzad, *Bundahišn. Zoroastrische Kosmogonie und Kosmologie*, I, p. 294 ; voir B. T. Anklesaria, *Zand-Ākāsīh, Iranian or Greater Bundahišn*, p. 210-213 ; D. Agostini et S. Thrope, *The Bundahišn. The Zoroastrian Book of Creation*, p. 132.
27. H. W. Bailey, *Zoroastrian Problems in the Ninth-Century Books*, Oxford 1971, p. 26-27.

cadre d'une discussion plus large à propos de la nature du *ax^{v}arəta-x^{v}arənah-* (pehlevi *agrift xwarrah*). Dans ce texte, il est clairement établi que « le *xwarrah* insaisissable est celui des prêtres » (*agrift xwarrah ān ī āsrōnān*), parce que la connaissance est toujours avec eux, et « Ohrmazd lui-même est un prêtre » (*ohrmazd xwad āsrōn*)[28]. Ce concept est par ailleurs développé dans le commentaire pehlevi du *Yasna* 3,16[29], où le scribe note que cet *agrift xwarrah*, créé par Ohrmazd et connoté comme celui qui représente « la fonction propre des prêtres » (*xwēškārīh asrōnān*), peut être acquis grâce à la seule instruction (*pad frahang*), c'est-à-dire grâce aux prérogatives principales des prêtres. Cette petite remarque est très intéressante parce qu'elle confirme l'idée qu'un prêtre peut obtenir l'*agrift xwarrah* à travers sa discipline et sa formation.

---

28. *Ibid.*, p. 26.
29. *Ibid.*

CHAPITRE V

COMPOSITION DU COLLÈGE SACERDOTAL GĀΘIQUE ET AVESTIQUE RÉCENT À LA LUMIÈRE DE LA COMPARAISON INDO-IRANIENNE : DIEUX ET PRÊTRES

Nous ne disposons malheureusement pas de données suffisantes pour savoir si le nombre de huit prêtres (un *zaōtar-* et sept assistants) était déjà commun dans le rituel vieil-avestique, c'est-à-dire dans les *Gāθā*s, et si le *Yasna Haptaŋhāiti* et les autres textes anciens connus et inconnus étaient les seuls *mąθra*s récités. J'évoque un temps où les textes rédigés dans le dialecte ancien et dans le dialecte récent n'avaient pas encore fusionné[1]. Et surtout, on ne saurait postuler que les rituels en vieil-avestique étaient fondés sur les seules sources ayant survécu dans la rédaction finale des cérémonies mazdéennes qui ont été préservées.

Si nous admettons que la liturgie zoroastrienne est le produit d'une synthèse entre au moins deux traditions (nous ignorons si elles étaient bien distinctes à l'origine ou simplement différentes pour des raisons géographiques, dialectales et/ou chronologiques[2]), dans laquelle furent insérés certains passages de jonction en moyen-avestique (c'est-à-dire un troisième niveau linguistique) et qui fut par la suite transportée vers l'Occident, en Perse, et adaptée selon la prononciation persane au prix de changements non repérables, la perspective qui en découle est très complexe. Il est aussi probable que certains rituels ont été modifiés au

---

1. Voir A. Panaino, « The Age of the Avestan Canon and the Origins of the Ritual Written Texts », dans A. Cantera (éd.), *Poets, Priests, Scribes and (e-)Librarians. The Transmission of Holy Wisdom in Zoroastrianism*, Wiesbaden 2012.
2. Voir encore *ibid.*

Le collège sacerdotal avestique et ses dieux

cours du temps[3] et que quelques changements sont apparus durant la période post-sassanide, en particulier à l'égard du sacrifice sanglant, qui devint plus rare dans la période moderne[4].

J'anticipe ici sur la thèse que je propose dans le présent travail : du point de vue de la dimension synchronique, le chiffre huit, sept plus un, représente et incarne un ordre spéculatif avestique récent, se référant au schéma dans lequel Ahura Mazdā correspond au *zaōtar-*, accompagné par les six Aməṣ̌a Spəṇtas (les assistants au sacrifice), avec la présence additionnelle de Sraōša, auquel le *sraōšāuuarəza-* correspond[5] exactement par son rôle et sa position (comme le prêtre *Gr̥hapati-* dans le *R̥gveda*)[6]. Le passage de *Vd.* 18,14-15, où le prêtre *sraōšāuuarəza-* est associé non seulement au dieu Sraōša mais aussi à l'oiseau *Parō.darš*, est particulièrement révélateur :

Vd. 18,14-15[7] :

14) *pərəsaṯ zaraθuštrō ahurəm mazdąm ahura mazda mainiiō spəništa dātarə gaēθanąm astuuaitinąm aṣ̌āum kō asti sraōšahe aṣ̌iiehe taxmahe tanu.mąθrahe darši.draōš āhūiriiehe sraōšāuuarəzō*
(15) *āaṯ mraōṯ ahurō mazdå mərəγō yō parō.darš nąma spitama zaraθuštra yim maṣ̌iiāka auui dužuuacaŋhō kahrkatās nąma aōjaite. āaṯ hō mərəγō vācim baraiti upa ušåŋhəm yąm sūrąm.*

14) Zaraθuštra demanda à Ahura Mazdā : « Ô Ahura Mazdā, le *mainiiu-* le plus bénéfique[8], créateur du monde vivant, toi qui es le possesseur d'*aṣ̌a-*, qui est le *sraōšāuuarəza-* de Sraōša, le fort, doué

---

3. Voir M. Boyce, « Haoma, Priest of the Sacrifice », dans M. Boyce et I. Gershevitch (éd.), *W. B. Henning Memorial Volume*, Bredford – Londres 1970, p. 68 ; J. Kellens, *L'acmé du sacrifice*, p. 113.
4. Voir J. Kellens, *L'acmé du sacrifice*, p. 107-113, et A. Cantera, « How Many Chapters Does the 'Yasna of the Seven Chapters' Have ? ». Voir aussi J. Kellens, « Langue et religions indo-iraniennes. Sortir du sacrifice », *Annuaire du Collège de France : résumés des cours et travaux* 110 [résumés 2009-2010] (2010), p. 577, 579.
5. Comme on peut le déduire de *Vd.* 18,14. Voir M. Haug, *Essays on the Sacred Language, Writings, and Religion of the Parsis*, p. 245, 369. Voir aussi A. Hintze, „*Lohn*" *im Indoiranischen*, p. 326.
6. Voir ci-dessous.
7. Voir Ph. G. Kreyenbroek, *Sraoša in the Zoroastrian Tradition*, p. 160 ; 172 ; 175, n. 63. Cf. aussi A. Hintze, „*Lohn*" *im Indoiranischen*, p. 326.
8. Voir A. Panaino, « Av. *mainiiu.tāšta-* and other *mainiiu*-compounds », dans V. Sadovski et D. Stifter (éd.), *Iranistische und indogermanistische Beiträge in Memoriam Jochem Schindler (1944-1994)*, Vienne 2012.

Composition du collège sacerdotal gāθique et avestique récent

de récompense, le *mąθra*-incarné, qui (tient) la redoutable arme de bois, qui appartient à Ahura ? » (15) Alors, Ahura Mazdā répondit : « (C'est) l'oiseau qui s'appelle *Parō.darš*[9], Ô Spitama Zaraθuštra, celui que les hommes qui parlent avec une langue inversée appellent avec le nom de *Kahrkatāt* (« cocorico »). Alors, c'est cet oiseau qui élève la voix dès (l'apparition) de la puissante aurore ».

L'association entre ce prêtre et l'oiseau mythique (identifié comme un coq)[10] qui chante au lever du soleil pour inviter les hommes à s'acquitter de leurs obligations religieuses contient vraisemblablement d'autres implications significatives concernant le rôle de *sraōšāuuarəza-*, sa relation avec Sraoša demeurant quoi qu'il en soit indiscutable. Dans le cadre rituel du *yasna-* et selon le commentaire pehlevi au ch. 4,4 du *Nērangestān*[11], il faut, comme le souligne Kreyenbroek[12], que le prêtre se tienne debout lorsque le *zōt* commence à réciter l'hymne à Srōš, mais « s'il y a un *Ātaš Bahrām* présent là-bas, alors il ne devrait pas abandonner la position debout. Dans ce cas le *zōt* est devenu le *srōšāwarz* ».

En outre, il existe une correspondance étroite entre sa position face au *zaōtar-* et celle qui est attribuée à Srōš dans le chapitre XXVI,8 du *Bundahišn* (iranien)[13], où cette divinité est placée face à Ohrmazd tandis que les six Amahraspandān flanquent la divinité suprême. Mais ce qui est encore plus remarquable dans ce passage très important concerne le fait que la disposition des six Amahraspandān est encadrée dans la présentation des six divisions de l'année, nommées par Ohrmazd *ratwōbarzat* (c'est-à-dire, *raθβō bərəzatō*[14] [ltwpkblzt']), tandis que les six prêtres célestes correspondent implicitement à chacune des

---

9. Pour une discussion à propos de ces noms, voir A. Panaino, *Tištrya*, I, p. 139-141.
10. I. Gershevitch, *The Avestan Hymn to Mithra*, p. 44-45, 62. Il existe un lien étroit entre le coq et le feu *farnbag*, dont il était la personnification. Voir A. Pagliaro, « Notes on the History of the Sacred Fires of Zoroastrianism », dans J. D. Cursetjy Pavry (éd.), *Oriental Studies in honour of Cursetji Erachji Pavry*, Londres 1933, p. 380. Voir aussi M. N. Dhalla, *History of Zoroastrianism*, p. 182.
11. Ph. G. Kreyenbroek, *Sraoša in the Zoroastrian Tradition*, p. 160.
12. Kotwal – Kreyenbroek 1995, p. 44-45 : *Ka zōt srōš srūd, srōšāwarz ul ō pāy estēd; ka ātaxš ī wahrān hān gyāg pad (*gyāg), pas abāz nē hilišn; pad ēn tis zōt srōšāwarz.*
13. Cf. Kreyenbroek 1985, p. 114; cf. Pakzad 2005, p. 294; Anklesaria 1956, p. 212-213; D. Agostini et S. Thrope, *The Bundahišn. The Zoroastrian Book of Creation*, p. 132 (*radwōbarzad*).
14. Voir Pakzad 2005, p. 294, n. 18; cf. encore Anklesaria 1956, p. 212-213.

Le collège sacerdotal avestique et ses dieux

créations matérielles et des divisions de l'année ; Ohrmazd, pour sa part, ayant fixé parmi les trente jours du mois les trois jours désignés (en pehlevi comme *Day*) pour lui être consacrés en sa qualité de « créateur » (= *Day*), se trouve en position de premier plan au centre. De cette façon, bien que son nom soit mentionné explicitement comme le premier de la liste, la présence d'Ohrmazd est représentée encore une fois par son triple emploi, en sorte que nous avons une séquence qui correspond à 1 + 3 tandis que les six Amahraspandān correspondent aux *raθβō bərəzatō* et Srōš est placé face à Ohrmazd. Mais, alors que Ohrmazd protège les deux créations, celle *gētīg* et celle *mēnōg*, Srōš semble être son avant-garde dans la dimension matérielle. En tout cas, la relation entre la division du temps et les Amahraspandān rappelle celle qui existe entre le temps et l'action, le temps et la fonction sacerdotale, dont nous avons parlé plus haut à propos du contexte indo-iranien. Par exemple, dans le cadre védique, le rituel de l'*agnicayana-* comporte deux séries de six offrandes au moment de la consécration du sacrificateur. Elles correspondent aux six (ou cinq) divisions ou saisons (*r̥tú-*) de l'année, en sorte que le sacrificateur consacré se trouve symboliquement placé au milieu de l'année[15].

Selon *Nērangestān* 59,1[16], le *sraōšāuuarəza-* est chargé de la supervision du rituel, il s'assure de la conformité du déroulement de la liturgie, et punit les personnes qui commettent des erreurs dans le processus de la cérémonie. Comme Sraōša[17], il tient dans ses mains une arme symbolisant son autorité, arme en forme de chaîne-fouet, tenue par le *ātašband* selon la tradition liturgique très altérée des Zoroastriens d'Iran[18].

---

15. Cf. Malamoud 1977, p. 171.
16. F. M. Kotwal et Ph. G. Kreyenbroek, *The Hērbedestān and Nērangestān*, III, p. 266-267. Voir Ph. G. Kreyenbroek, *Sraoša in the Zoroastrian Tradition*, p. 160-161.
17. Voir Y. 57,31 ; voir Ph. G. Kreyenbroek, *Sraoša in the Zoroastrian Tradition*, p. 56-57, 161. K. Dehghan, *Der Awesta-Text Srōš (Yasna 57) mit Pahlavi- und Sanskritübersetzung*, Munich 1982, p. 51, 98.
18. Voir M. Boyce, *A Persian Stronghold of Zoroastrianism, based on the Ratanbai Katrak Lectures, 1975*, Oxford 1977, p. 43 ; Voir Ph. G. Kreyenbroek, « The Zoroastrian Priesthood after the Fall of the Sasanian Empire », p. 161, n. 125. Sur les fonctions de l'*ātašband* chez les Zoroastriens d'Iran, voir encore M. Boyce, *A Persian Stronghold of Zoroastrianism, passim*.

Composition du collège sacerdotal gāθique et avestique récent

Le *sraōšāuuarəza-* joue un rôle spécial par rapport au *ratu-*, « maître » (peut-être assume-t-il la fonction de chef des prêtres au moins dans ce cas). Selon *Vd.* 5,26 (*aōxtō ratuš aōxtō sraōšāuuarəzō uzgərəptāt̰ paiti draonāt̰ nauua uzgərəptāt̰* […] *xšaiieite hē pascaēta aēša yō ratuš θrišum aētahe* […] « le *ratu-*, quand appelé, le *sraōšāuuarəza-*, quand appelé, qu'il offre l'obole ou qu'il ne l'offre pas […] alors il peut, celui qui est le *ratu-*, lui remettre un tiers de cette peine […] »). Kreyenbroek[19] avait déjà remarqué l'importance de ce passage, où le *ratu-* et le *sraōšāuuarəza-* sont invoqués ensemble (*aōxtō*) afin de juger un péché, le *ratu-* ayant le pouvoir de remettre un tiers de la punition (*θrišum aētahe*)[20]. Non seulement la présence du *sraōšāuuarəza-* exalte son autorité, mais elle montre aussi que le péché (en l'occurrence l'omission d'un *draōna-*, c'est-à-dire le pehlevi *drōn*[21], au sens d'obole) touche le rituel, raison pour laquelle précisément ce prêtre est directement concerné. Les deux autorités sont également présentes dans *Vd.* 7,71 ([…] *aōxtō ratuš aōxtō sraōšāuuarəzō ciθąm frāθβərəsaiti* « […] le *ratu-*, quand appelé, le *sraōšāuuarəza-*, quand appelé, fixe la peine »)[22], pour établir une punition dans un cas relevant de la loi, où une femme malade aurait consommé de l'eau pour sauver sa vie en la puisant à la main bien qu'elle fût dans un état d'impureté. Il est vraisemblable que ce cas serve avant tout à apporter une nouvelle confirmation de l'autorité de ces prêtres, notamment dans une situation où des femmes sont considérées coupables. Ces exemples mettent en évidence le pouvoir du Sraōša sur le monde

---

19. Ph. G. Kreyenbroek, *Sraoša in the Zoroastrian Tradition*, p. 161. Pour le texte pehlevi, voir aussi D. N. MacKenzie, « A Zoroastrian Master of Ceremonies », p. 269.
20. Ph. G. Kreyenbroek (*Sraoša in the Zoroastrian Tradition*, p. 175) traite à très bon escient du composé avestique *sraōšō.carana-*, neutre, « instrument sacerdotal pour des châtiments corporels » (Chr. Bartholomae, *Altiranisches Wörterbuch*, col. 1636-1637), et l'interprétation donnée par É. Benveniste (« Deux noms divins dans l'*Avesta* », *Revue de l'histoire des religions* 130 [1945]) des mots *sraōšiiā-* « punition » et *sraōša-*, expliqué comme « discipline ».
21. Sur le rituel du *Drōn*, voir les travaux très importants de R. P. Karanja, « The Bāj-dharnā (Drōn Yašt) and its Place in Zoroastrian Rituals », dans M. Stausberg (éd.), *Zoroastrian Rituals in Context*, Leyde – Boston 2004 ; R. P. Karanja, *The Bāj-dharnā (Drōn Yašt). A Zoroastrian Ritual for Consecration and Commemoration. History, Performance, Text and Translation*, Bombay 2010. Voir aussi M. Boyce et F. Kotwal, « Zoroastrian 'bāj' and 'drōn' (I) » ; eid., « Zoroastrian 'bāj' and 'drōn' (II) ».
22. Ph. G. Kreyenbroek, *Sraoša in the Zoroastrian Tradition*, p. 161, n. 125.

Le collège sacerdotal avestique et ses dieux

féminin, et faut-il rappeler les fonctions du *Néṣṭṛ-*, ce prêtre qui dans le rituel védique représente le dieu Tvaṣṭṛ- et guide au sacrifice la femme du *yájamāna-* ?

Par sa relation directe avec le feu, l'*ātrauuaxša-* correspond sans doute à Ardwahišt[23].

Dans un autre ouvrage fondamental, Hertha Krick[24] fait observer que le groupe sacerdotal r̥gvédique (sept prêtres plus un) trouve dans le collège des Ādityas (sept officiants plus Vivasvant/Mr̥tāṇḍa) un parallèle évident. À ce propos, elle écrit :

> Beide Opfersysteme zeigen eine Struktur, nach der jeweils ein Paar enger zusammenarbeitet (vgl. die paarweise Geburt der Ādityas, die Paare *abhigaraḥ*[25] und *apagaraḥ*[26] ; in den Gāθās den guten und bösen Geist usw.), d. h. sie weisen auf einen erstarrten Opfer-Agon.

Nous reprendrons cette enquête plus tard sur la base d'autres sources. De nombreux chercheurs, en particulier Johanna Narten[27] et Jean Kellens[28], ont montré que la liste des Aməṣa Spəṇtas n'était pas du tout fermée dans le cadre du vieil-avestique, et qu'elle ne s'est figée que par la suite, dans le cadre du syncrétisme avestique récent, quand

---

23. Pour les relations entre les Aməṣa Spəṇtas et les éléments naturels, voir H. Lommel, *Die Religion Zarathustras nach dem Awesta dargestellt*, Tübingen 1930, p. 30-73 ; id., « Symbolik der Elemente in der zoroastrischen Religion », *Symbolon. Jahrbuch für Symbolforschung* 2 (1961) ; id., « Die Elemente im Verhältnis zu den Ameša Spenta's », dans E. Haberland, M. Schuster et H. Straube (éd.), *Festschrift für Ad. E. Jensen*, I, Munich 1964.
24. H. Krick (*Das Ritual der Feuergründung [Agnyādheya]*, p. 417, n. 1126) présente la liste comparative suivante des sept prêtres r̥gvédiques : Hotar, Potar, Neṣṭar, Agnīdh, Praśāstar ou Upavaktar, Adhvaryu, Brahman et le Gr̥hapati comme directeur. La liste des prêtres dans le rituel classique est : Hotar, Maitrāvaruṇa (= Praśāstar), Brahmaṇācchaṃsin, Potar, Neṣṭar, Acchāvāka, Āgnīdhra. Voir la discussion par Sadovski, « Ritual formulae », p. 117-122.
25. Celui-ci est un assistant du prêtre *sadasya-* (L. Renou, « Études védiques », *Journal asiatique* 241 [1953], p. 16). Voir A. Weber, *Indische Studien. Beiträge für die Kunde des Indisches Alterthums*, X, Leipzig 1868, p. 142.
26. A. A. Macdonell et A. B. Keith, *Vedic Index of Names and Subjects*, I, Londres 1912, p. 89. A. Weber, *Indische Studien. Beiträge für die Kunde des Indisches Alterthums*, X, p. 142.
27. J. Narten, *Die Aməṣa Spəṇtas im Avesta*, Wiesbaden 1982, *passim*.
28. J. Kellens, *Zoroastre et l'Avesta ancien, quatre leçons au Collège de France*, Paris 1991, p. 27-40 ; id., *La quatrième naissance de Zarathushtra*, Paris 2006, p. 132-139.

Composition du collège sacerdotal gāθique et avestique récent

le nombre des entités fut fixé à six. Ainsi, si un modèle symbolique s'est constitué à l'image du panthéon divin (ou mieux, d'un groupe particulier de divinités au sein du panthéon)[29], on pourrait en déduire que l'ensemble du collège a été déterminé et fixé dans le cadre de l'école qui avait produit la synthèse du rituel et partagé la théologie de l'*Avesta* récent, bien que les parallèles avec la situation védique nous suggèrent l'existence d'un modèle archétypal antérieur[30]. Il est possible qu'un schéma plus archaïque ait été reconstitué symboliquement selon l'ordre des six Aməşa Spəṇtas.

---

29. H. Oldenberg (*Die Religion des Veda*, 2ᵉ éd., p. 384) proposait une comparaison avec les sept Ṛṣis, mais cette association ne peut pas avoir joué une influence véritable sur la composition du collège sacerdotal. Voir aussi A. Bergaigne, *La religion védique d'après les hymnes du Rig-Veda*, II, Paris 1883, p. 132-134 ; A. A. Macdonell et A. B. Keith, *Vedic Index of Names and Subjects*, I, p. 112 ; A. Hillebrandt, *Vedische Mythologie*, I, Breslau 1927, p. 495-496. Dans l'*Agniṣṭoma*, les prêtres sont directement associés à des êtres (W. Caland et V. Henry, *L'Agniṣṭoma*, I, p. 6-7). À ce sujet, il faut voir l'analyse proposée par Th. Oberlies (*Die Religion des Ṛgveda*, 1ʳᵉ partie. *Das religiöse System des Ṛgveda*, Vienne 1998, p. 274-276, et en particulier n. 603) qui notait que les sept prêtres ont une relation particulière aux divinités principales : Hótṛ-/Indra, Pótṛ-/Marut, Néṣṭṛ-/Tvaṣṭṛ-Femmes divines, Agnīdh-/Agni, Praśāstṛ-Upavaktṛ-/Mitra-Varuṇa, Adhvaryú-/Aśvin, plus Brahman-/Indra. Voir encore Chr. Z. Minkowski, *Priesthood in Ancient India*, p. 82.
30. Les traditions rituelles des écoles et des familles védiques, surtout en relation avec la plus ancienne formation non seulement de *Ṛgveda Saṃhitā*, mais aussi des cérémonies du type *śrauta-*, donnent lieu à d'importants débats ; voir J. Gonda « Differences in the Rituals of the Ṛgvedic Families » ; Th. N. Proferes, « Poetics and Pragmatics in Vedic Liturgy for the Installation of the sacrificial Post », *Journal of the American Oriental Society* 123/2 (2003) ; id., « Remarks on the Transition from Ṛgvedic Composition to Śrauta Compilation », *Indo-Iranian Journal* 46 (2003) ; pour l'origine de ce débat académique, voir A. Hillebrandt, « Spuren einer älteren Rigvedarecension », *Beiträge zur Kunde der indogermanischen Sprachen* 8 (1884) ; A. Bergaigne, *La religion védique d'après les hymnes du Rig-Veda*, II, p. 195-203 ; id., « Recherches sur l'histoire de la liturgie védique » *Journal asiatique* 13 (1889), p. 13-22, 122-196 ; H. Oldenberg, « Über die Liederverfasser des Rigveda: Nebst Bemerkungen über die vedische Chronologie und über die Geschichte des Rituals », *Zeitschrift der Deutschen Morgenländischen Gesellschaft* 42 (1888), p. 199-427 (repris dans Oldenberg 1967, p. 568-616) ; L. Renou, « Recherches sur le rituel védique : la place du Rig-Veda dans l'ordonnance du culte », *Journal asiatique* 250 (1962), p. 162 ; J. Gonda, *Vedic Literature: Saṃhitās and Brāhmaṇas*, Wiesbaden 1975, p. 84 ; id., *The Mantras of the Agnyupasthāna and the Sautrāmaṇī*, Amsterdam – Oxford – New York 1980, p. 69. Sur l'histoire de la question, voir encore Th. N. Proferes,

Le collège sacerdotal avestique et ses dieux

Pourtant, il n'est pas exclu que ce nombre fixe dérive d'un modèle indo-iranien ancestral, fondé dans le *Ṛgveda* sur la série des Ādityas (7 + 1), et qu'il fut connu dans le monde iranien aussi (mais pas nécessairement préservé dans le rituel gāθique). Ce modèle, réactualisé dans le cadre de l'*Avesta* récent, a contribué au resserrement du cercle des Aməṣa Spəṇtas dans un processus dialectique d'influence mutuelle. En réalité, il n'est pas rare ni impossible que le rite lui-même puisse déterminer certains aspects du mythe, ou qu'une tradition mythique, transformée en un rite, assume une fonction performative autonome qui influe à son tour sur la dimension « mythique ». Il faut donc au moins envisager la possibilité que la tradition iranienne ait gardé la mémoire de certaines cérémonies beaucoup plus anciennes que la tradition védique (ou du moins de pratiques plus archaïques).

Sur ce point, Martin Haug propose une hypothèse intéressante[31] : le collège sacerdotal indo-iranien pourrait avoir été originairement restreint à deux prêtres seulement, lesquels étaient « sufficient for the performance of a simple animal or Soma sacrifice ». Oldenberg[32] parvient à une conclusion similaire à propos de la situation védique. Il fonde son argumentation sur une donnée évidente : les prêtres d'importance absolue et essentielle étaient au nombre de deux : le *hótṛ-*,

---

« Poetics and Pragmatics in Vedic Liturgy for the Installation of the sacrificial Post », p. 317-322, *passim*.

31. M. Haug, *The Aitareya Brahmanam of the Rigveda containing the earliest Speculations of the Brahmans on the Meaning of the Sacrificial Prayers and on the Origin, Performance and Sense of the Rites of the Vedic Religion*, Londres 1922, p. XVI, *passim*. J. Kellens a certainement raison de faire remarquer que la réduction du nombre des prêtres participant au sacrifice de huit personnes à deux est avérée, mais cette information ne vaut pas pour le rituel ancestral du cercle gāθique dans la période la plus ancienne, avant qu'il fût englobé dans le Proto-*Yasna* A, et de là dans le Proto-*Yasna* B. Au cours de cette phase, le nombre des prêtres pouvait être plus grand ou plus petit, mais nous n'avons pas de données certaines sur ce sujet. Dans tous les cas, si J. Kellens (*Le Hōm Stōm et la zone des déclarations*, p. 40) suppose – à juste titre, je crois – que « les Gâthâs n'ont pas été composés pour être insérés dans le Yasna », cette conclusion n'exclut pas qu'une fois techniquement englobés au cœur de la liturgie avestique récente, ils aient été considérés comme les *maθras* les plus sacrés. Il est clair aussi que leur récitation était réalisée comme une performance plus que suffisante dans le cadre de la liturgie nouvelle, comme je l'ai proposé dans A. Panaino, *Rite, parole et pensée dans l'Avesta ancien et récent*.

32. H. Oldenberg, *Die Religion des Veda*, 2ᵉ éd., p. 386-389.

Composition du collège sacerdotal gāθique et avestique récent

qui récite, et l'*adhvaryú*-[33], chargé des aspects matériels, mais qui en principe, conformément à sa dénomination, était « celui qui verse en bas (dans le feu) »[34]. L'origine de ces fonctions remonte à l'époque où un seul et unique prêtre s'occupait des rituels, comme c'est le cas dans les cérémonies mineures ou privées[35].

---

33. Le nom du prêtre *adhvaryú*- a un lien avec *adhvará*-, masc., « sacrifice », à son tour dérivé d'un thème hétéroclite comme **ádhvar-/ádhvan-*, masc., « voie ». M. Mayrhofer, *Kurzgefaßtes etymologisches Wörterbuch des Altindischen*, I, p. 32; id., *Etymologisches Wörterbuch des Altindoarischen*, I, p. 68, 69; L. Renou, *Vocabulaire du rituel védique*, p. 9; J. Gonda, « *Adhvará*- and *Adhvaryu*- »,*Vishveshvaranand Indological Journal* 3 (1965); Chr. Z. Minkowski, *Priesthood in Ancient India*, p. 21, *passim*; K. Mylius, *Wörterbuch des altindischen Rituals*, p. 28; voir aussi W. Caland, *Altindische Zauberei*, p. XIII. Dans le *Mahābhārata*, durant le « sacrifice des armes » (*śastrayajña*-), Karṇa dit que Kṛṣṇa le présidera en sa qualité de *vettṛ*- « témoin » et aussi comme *adhvaryú*-. Un commentateur plus moderne, Nīlakaṇṭha, avait glosé *vettṛ*- avec *upadrastṛ*- « spectateur, témoin », *adhvaryú*- avec *netṛ*- « leader, guide, chef d'orchestre », mais aussi « conducteur de char », comme le souligne A. Hiltebeitel, *The Ritual of Battle. Krishna in the Mahābhārata*, Ithaca – Londres 1976, p. 15, n. 5. Voir Ch. Sen, *A Dictionary of the Vedic Rituals*, p. 36-37. Il faut noter que l'appellation *adhvaryú*- se trouve dix-sept fois au singulier dans tous les *maṇḍala*s du Ṛgveda Saṃhitā à l'exception du VII, tandis que cette désignation est attestée trente-cinq fois au pluriel dans tous les *maṇḍala*s sauf le VI, et seulement une fois (2,16,5) au duel. J. Gonda (« Differences in the Rituals of the Ṛgvedic Families ») a cherché à reconstruire la différence rituelle entre les principales familles védiques de poètes et de compositeurs. Sur les *Saṃhitā*s plus anciennes et plus courtes des *Adhvaryú*-s, voir M. Witzel, « Tracing the Vedic Dialects », dans C. Caillat (éd.), *Dialectes dans les littératures indo-aryennes*, Paris 1989, p. 118-119.
34. M. Mayrhofer, *Kurzgefaßtes etymologisches Wörterbuch des Altindischen*, III, p. 612; id., *Etymologisches Wörterbuch des Altindoarischen*, II, Heidelberg 1996, p. 808-809 (sub *HAV*), 821. H. Oldenberg, *Die Religion des Veda*, 2ᵉ éd., p. 386, n. 1. A. Weber (*Indische Studien. Beiträge für die Kunde des Indisches Alterthums*, X, p. 139) avait des doutes sur l'étymologie et proposait deux solutions : *hu* « opfern » contre *hū* « herbeirufen ». Voir aussi L. Renou, « Recherches sur le rituel védique : la place du Rig-Veda dans l'ordonnance du culte », p. 178, n. 7 (repris dans Renou 1997, p. 866); Th. Oberlies, *Die Religion des Ṛgveda*, 2ᵉ partie. *Kompositionsanalyse der Soma-Hymnen des Ṛgveda*, Vienne 1999, p. 439, n. 190.
35. Dans le cadre de cette discussion, il faudrait considérer avec prudence la reconstitution « historique » des phases plus anciennes du canon védique sous les royaumes de Bharata et de Kuru, en particulier au niveau dialectal, surtout au regard des textes récités par les *hótṛ*-s relativement au matériel préparé pour les *adhvaryu*-s, comme le suggère M. Witzel, « The development of the Vedic Canon

Le collège sacerdotal avestique et ses dieux

L'antiquité de ces deux modèles liturgiques (l'un simple, l'autre plus complexe) ne comporte pas de contradiction car ces structures rituelles répondaient à des exigences différentes, qui à partir du cadre plus simple (deux prêtres) pouvaient progressivement se développer en cérémonies plus complexes à l'époque protohistorique déjà.

Comme le rappelle à juste titre Brereton[36], Krick[37] et Heesterman[38] avaient avancé l'idée que la fonction de « sacrificateur » était

---

and its Schools: The Social and Political Milieu », dans M. Witzel (éd.), *Inside the Texts. Beyond the Texts. New Approaches to the Study of the Vedas*, Cambridge (MA) 1997, p. 290-293.

36. J. Brereton, « Bráhman, Brahmán and Sacrificer », dans A. Griffith et J. E. M. Houben (éd.), *The Vedas. Texts, Language and Ritual*, Groningen 2004, p. 332-333. Cf. H. Oldenberg, « Zur Geschichte des Worts *bráhman-* », *Nachrichte der Göttinger Gesellschaft der Wissenschaften* (1916), p. 715-744 (repris dans Oldenberg 1967, p. 1127-1156). Les arguments proposés par J. Brereton seront discutés en détail dans l'Appendice 7 du chapitre VI à propos du problème de l'origine sémantique (et de son développement) du védique *kaví-* par rapport à son cognat avestique *kauui-*.
37. H. Krick, *Das Ritual der Feuergründung (Agnyādheya)*, p. 56.
38. J. C. Heesterman, *The Broken World of Sacrifice. An Essay in Ancient Indian Ritual*, Chicago – Londres 1993, p. 144-146 ; J. C. Heesterman (*The Inner Conflict of Tradition. Essays in Indian Ritual, Kingship, and Society*, Chicago – Londres 1985, p. 26-44, *passim*) propose une hypothèse générale à propos d'une forme plus ancienne de rituel pré-*śrauta-* qui aurait en substance prévu une sorte de conflit entre deux groupes antagonistes d'acteurs sacrifiants (voir aussi M. Sparreboom, et J. C. Heesterman, *The ritual of setting up the sacrificial fires according to the Vādhūla school [Vādhūlaśrautasūtra 1.1–1.4]*, Vienne 1989, p. 116-123). Il est intéressant de noter que le mythe révèle certains indices d'un caractère conflictuel du rituel, conflit présent non seulement dans l'opposition bien connue (mais en partie plus récente) entre Devas et Asuras, mais aussi entre Devas mêmes. J. C. Heesterman (*The Inner Conflict of Tradition. Essays in Indian Ritual, Kingship, and Society*, p. 34) met l'accent sur l'importance d'un sacrifice comme le *saṃjñaneṣṭi* « the concord », célébré par des groupes rivaux afin de les placer tous sous la domination d'un chef commun : « The gods, unable to agree among themselves on the leadership (*anyonyasa śraiṣṭye 'tiṣṭamānāḥ*), divided into four groups – Agni with the Vasus, Soma with the Rudras, Indra with the Maruts, Varuṇa with the Ādityas – Bṛhaspati made them perform the *saṃjñaneṣṭi*; they turned to Indra. They agreed on Indra as their leader ». Selon J. C. Heesterman, la situation archaïque attestée dans ce mythe fut adaptée dans les périodes plus récentes car tenue pour inacceptable pour des raisons morales, et transformée « into a standard type vegetal offering (*iṣṭi*) to be performed by a single *yajamāna*, who wishes that the others will agree on his leadership ». Voir aussi W. Caland, *Altindische Zauberei*, p. 81-82, n. 117. Pour une évaluation critique de cette théorie, voir G. Falk, « The Purpose of Ṛgvedic Ritual », dans

originairement donnée au *hótr̥-*. Ainsi, les distinctions entre « sacrificateur » et « prêtre » n'étaient pas vraiment soulignées à l'origine[39], contrairement à ce qui s'est fait par la suite. En tout cas, le dieu Agni a conservé sa position supérieure de *hótr̥-*, *viśpáti-* et *gr̥hápati-*[40]. Selon toute vraisemblance, cette situation démontre, comme le suggère encore Brereton[41], que « Agni alone performs what normally requires several mortals to do ». De plus, Agni est *suyajñá-*, épithète qui signifie « excellent sacrificateur » ou « qui établit un bon sacrifice », s'il est invité en sa qualité de prêtre pour officier un sacrifice, et non comme celui « qui va recevoir d'excellents sacrifices », comme l'a clairement souligné Elizarenkova[42]. Mais, si l'hypothèse d'Oldenberg sur l'origine des fonctions et des distinctions sacerdotales est convaincante, ce n'est que par la suite, sans doute en raison de nécessités nées de la création des cérémonies solennelles et surtout dans le cadre de la liturgie du *soma-*, qu'un deuxième prêtre fut introduit[43]. Ainsi, l'un récitait[44] tandis que l'autre opérait, bien qu'il fût à l'origine « opérateur » et non « récitateur », comme ce fut le cas par la suite[45]. Les autres prêtres auraient été introduits en fonction du contenu et de

---

M. Witzel (éd.), *Inside the Texts. Beyond the Texts. New Approaches to the Study of the Vedas*, Cambridge (MA) 1997, p. 69-71.
39. J. Brereton, « Bráhman, Brahmán and Sacrificer », p. 332, n. 23, avec référence à J. C. Heesterman, *The Broken World of Sacrifice*, p. 268, n. 15.
40. Sur la possibilité que seules deux familles védiques aient adopté la doctrine selon laquelle Agni pouvait aussi jouer la fonction de *adhvaryú-*, en plus de celle de *hótr̥-*, voir J. Gonda, « Differences in the Rituals of the R̥gvedic Families », p. 258.
41. *Ibid.*
42. T. J. Elizarenkova, *Language and Style of the Vedic R̥ṣis*, éd. W. Doniger, Albany 1993, p. 56-57. Voir H. Graßmann, *Wörterbuch zum Rig-Veda*, col. 1548.
43. Voir H. Krick, *Das Ritual der Feuergründung (Agnyādheya)*, p. 64.
44. Voir A. Bergaigne « Recherches sur l'histoire de la liturgie védique », p. 134-140, *passim*.
45. Par contre, selon A. Minard (*Trois énigmes sur les Cent Chemins*, I, p. 167-168), l'*adhvaryú-* était à l'origine un assistant mineur, par la suite assimilé aux autres. Dans la triade sacerdotale ancienne, que J. Haudry (*La triade pensée, parole, action dans la tradition indo-européenne*, p. 66-67) associe à la triade « bonnes pensées, bonnes paroles et bonnes actions », l'*adhvaryú-* représentait l'action, l'*udgātr̥-* la parole et le *brahmán-* la pensée, tandis que le *hótr̥-* était exclu. Voir aussi J. Haudry, *Le feu de Naciketas*, Milan 2010, p. 9 ; id., « Magie et sacrifice dans l'Inde védique par la pensée, la parole et l'action », p. 249-250 ; voir aussi H. W. Bodewitz, *The Daily Evening and Morning Offering (Agnihotra) according to the Brāhmaṇas*, Delhi 2003 (1re éd., Leyde 1976, p. 119, n. 1).

Le collège sacerdotal avestique et ses dieux

la forme des différents rituels[46] dans leur très grande diversité, laquelle donna lieu dès l'Antiquité à de sérieuses controverses entre écoles brāhmaṇiques. Du point de vue moderne, on constate par exemple que l'origine même du *brahmán-*[47] pose problème, parce que, très curieusement, ce prêtre n'était pas mentionné dans la série des listes anciennes du clergé[48]. L'hypothèse d'Oldenberg est sans aucun doute

---

46. Concernant le contexte avestique il faut mentionner le « purificateur », ou *yaōždaθriia-* (Chr. Bartholomae, *Altiranisches Wörterbuch*, col. 1236 ; voir pehlevi *yōjdāhrgar*, persan *yozhdāsragar*, gujarati parsi *yaōzhdāthreya* ; voir J. K. Choksy, *Purity and Pollution in Zoroastrianism: Triumph over Evil*, Austin 1989, p. 19-22). Voir É. Benveniste, *Le vocabulaire des institutions indo-européennes*, II. *Pouvoir, droit, religion*, Paris 1969, p. 113-114, 216.
47. Pour l'histoire du problème et des relations entre *bráhman-* et *brahmán-*, voir J. Brereton, « Bráhman, Brahmán and Sacrificer » ; H. Oldenberg, « Zur Geschichte des Worts *bráhman-* », p. 717 ; voir aussi J. Gonda, *Notes on Brahman*, Utrecht 1950 ; id., *The Triads in the Veda*, Amsterdam – Oxford – New York 1976, p. 144-150 ; L. Renou, « Sur la notion de *bráhman* », *Journal asiatique* 237 (1949) ; P. Thieme, « Bráhman », *Zeitschrift der Deutschen Morgenländischen Gesellschaft* 102 [N.F. 27] (1952) ; H.-P. Schmidt, *Bṛhaspati und Indra. Untersuchungen zur vedischen Mythologie und Kulturgeschichte*, Wiesbaden 1968 ; H. W. Bodewitz, « The Fourth Priest (the *Brahmán*) in Vedic Ritual » ; Chr. Z. Minkowski, *Priesthood in Ancient India*, p. 120-123, *passim* ; P. Moisson, *Les dieux magiciens dans le* Rig-Véda. *Approche comparative de structures mythiques indo-européennes*, Milan 1993, p. 65-67 ; M. Fuji, « The Brahman Priest in the History of Vedic Texts », dans K. Karttunen et P. Koskikallio (éd.), *Vīdyārṇavavandanam. Essays in Honour of Asko Parpola*, Helsinki 2001. Voir aussi le travail très important de J. Charpentier, *Brahman. Eine sprachwissenschaftlich-exegetisch-religionsgeschichtliche Untersuchung I-II*, Uppsala 1932. Pour les relations potentielles entre le mot *bráhman-* et le *brahmodya-* « énoncé, déclaration du *bráhman-* », voir G. Thompson, « The *brahmodya* and Vedic Discourse », *Journal of the American Oriental Society* 117/1 (1997), p. 13. Voir l'analyse de É. Benveniste, *Le vocabulaire des institutions indo-européennes*, I, Paris 1969, p. 282-285, et *passim*.
48. Sur ce sujet, voir encore H. Oldenberg (*Die Religion des Veda*, 2ᵉ éd., p. 392-396), qui critique très fortement (à la p. 382, n. 3) l'approche de K. F. Geldner (« Ṛgveda 7,33 », dans R. Pischel et K. F. Geldner [éd.], *Vedische Studien*, II, Stuttgart 1897, p. 143-147) sur cette question ; voir A. A. Macdonell et A. B. Keith, *Vedic Index of Names and Subjects*, I, p. 113-114. Voir plus récemment J. C. Heesterman, *The Broken World of Sacrifice*, p. 151-152 et *passim*. Voir encore H. Krick, *Das Ritual der Feuergründung (Agnyādheya)*, p. 52-57 et Chr. Z. Minkowski, *Priesthood in Ancient India*, p. 124-127, *passim*. L'article de L. Renou (« Sur la notion de *bráhman* ») reste important. Ce problème concerne aussi le rôle du *purohita-*, qui, selon H. Oldenberg, était à l'origine le *hótṛ-* même (voir Ch. Malamoud dans M. Biardeau et Ch. Malamoud, *Le sacrifice*

Composition du collège sacerdotal gāθique et avestique récent

corroborée par le fait que la littérature védique mentionne déjà deux prêtres divins (*daivyau hotārau*) représentant un couple de dieux ou une divinité duelle. Minkowski[49], auquel nous devons une très sérieuse étude sur ce sujet, dit ceci[50] :

> [...] I would like to suggest that the two divine Hotṛs reflect the two priestly functions of the Hotṛ and his prompter, the Maitrāvaruṇa. In the Ṛgveda, where the reference to the *daivyau hotārau* first appear, the pair was probably at first the Hotṛ and the Upavaktṛ/Praśāstṛ. If one considers the priestly lists in the Ṛgveda, there is a bifurcation suggested in the ordering of the priests, Hotṛ, Potṛ, and Nestṛ as one set and Praśāstṛ (or Upavaktṛ) and Brahman as another.

Bien qu'une analyse systématique de cette question n'entre pas dans le cadre de ma recherche[51], cette idée que dans un passé plus lointain

---

dans l'Inde ancienne, Louvain – Paris 1996, p. 199-200). Voir St. W. Jamison, *The Rig Veda between two Worlds. Le Ṛgveda entre deux mondes*, Paris 2007, p. 127-129 ; J. Gonda « Differences in the Rituals of the Ṛgvedic Families », p. 259. Il faut noter que quand Agni est présenté dans sa fonction de *purohita*- des hommes, comme le signalent A. A. Macdonell et A. B. Keith (*Vedic Index of Names and Subjects*, I, p. 114), il est le *hótṛ*-, mais dans les hymnes-*Āprī*- du Ṛgveda (voir K. R. Potdar, « Āprī Hymns in the Ṛgveda », *Journal of the University of Bombay* 14 [1945] et 15 [1946] ; voir St. W. Jamison, *The Rig Veda between two Worlds. Le Ṛgveda entre deux mondes*, p. 71), les *hótṛ*-s divins sont deux et ils sont appelés *purohita*s. Voir aussi J. Gonda, « Purohita », dans O. Spies (éd.), *Studia Indologica. Festschrift für Willibald Kirfel zur Vollendung seines 70. Lebensjahres*, Bonn 1955 ; id., *The Dual Deities in the Religion of the Veda*, Amsterdam – Londres 1974, p. 56-59 ; id., *The Ritual Functions and Significance of Grasses in the Religion of the Veda*, Amsterdam – Oxford – New York 1985, p. 142-143 (avec référence au *barhis*) ; Ch. Malamoud dans M. Biardeau et Chr. Malamoud, *Le sacrifice dans l'Inde ancienne*, p. 199-201 ; H. Scharfe, *The State in Indian Tradition*, Leyde 1989, p. 112-118 ; W. K. Mahony, *The Artful Universe. An Introduction to the Vedic Imagination*, Albany 1998, p. 121-123.

49. Chr. Z. Minkowski, *Priesthood in Ancient India*, p. 129-139. Voir T. J. Elizarenkova, *Language and Style of the Vedic Ṛṣis*, p. 64-65.
50. Chr. Z. Minkowski, *Priesthood in Ancient India*, p. 129.
51. Il faut souligner que dans *RV.* 3,4,7, « les deux premiers (ou fondamentaux) prêtres divins » (*daívyā hótārā prathamā́ ny ṛñje*) correspondent vraisemblablement, selon J. Gonda (*Hymns of the Ṛgveda not employed in the Solemn Ritual*, Amsterdam – Oxford – New York 1978, p. 77 ; voir aussi *The Dual Deities in the Religion of the Veda*, p. 57-58), à Agni comme premier *hótṛ*- humain. Voir K. F. Geldner, *Der Rig-Veda*, I, Cambridge 1951, p. 339-340. Dans ce passage, le même verset continue ainsi : *saptá pṛkṣásaḥ svadháyā madanti*, traduit par K. F. Geldner (*ibid.*) par « Die sieben Lebenskräftigen ergötzen sich nach

Le collège sacerdotal avestique et ses dieux

le sacrifice indo-iranien était accompli par un sacrifiant-chantre (qui vraisemblablement représentait déjà une contrepartie[52] divine), et/ou, selon les cérémonies, par deux prêtres distingués[53], et seulement à la fin d'un long procès protohistorique, par un nombre variable de prêtres en fonction des nécessités liturgiques de chaque cérémonie[54],

---

eigenem Ermessen » et par L. Renou (*Études védiques et pāṇinéennes*, XIV, Paris 1965, p. 44-45) par « Les sept (êtres) forts [les sacrificateurs primitifs] s'enivrent selon leur vocation propre ». K. F. Geldner propose une comparaison entre les sept *pṛkṣásaḥ* et les sept *Ṛṣi*-s, les sept *víprāḥ*, les sept *kārávaḥ* (poètes), les sept amis de 4,1,12, les sept *hótṛ*-s, mais aussi suggère une identification avec les sept prêtres du sacrifice solennel védique : « Und so setzen sich auch hier die Priester jenen sieben Priestern der Vorzeit gleich ». Dans le même hymne, au paragraphe 5, les sept fonctions du *hótṛ*- (*saptá hotrā́ṇi*) sont mentionnées en relation avec les dieux, qui retournent selon l'ordre (*ṛténa*) établi sur l'espace sacrificiel. Ce passage suggère une relation très forte entre dieux et prêtres. Voir encore J. Gonda, *Hymns of the Ṛgveda not employed in the Solemn Ritual*, p. 206, et *The Mantras of the Agnyupasthāna and the Sautrāmaṇī*, p. 151 (avec des remarques très pertinentes sur les hymnes *Āprī*-).

52. Cette idée est bien attestée dans le contexte védique, surtout dans les hymnes *Āprī*- ; voir L. P. van den Bosch, « The Āprī Hymns of the Ṛgveda and their Interpretation », *Indo-Iranian Journal* 28 (1985), p. 176-178.

53. Ici nous trouvons le modèle des deux sacrificateurs divins (*daivyā̀ hotárā*; *ṚV.* 10,65,10 ; 10,66,13, etc. ; voir L. Renou, *Études védiques et pāṇinéennes*, V, Paris 1959, p. 57-60 ; K. F. Geldner, *Der Rig-Veda*, III, Cambridge 1951, p. 237-241), ou l'image du sacrificateur inférieur et de celui supérieur (*ṚV.* 10,88,17 ; L. Renou, *Études védiques et pāṇinéennes*, XIV, p. 24 ; K. F. Geldner, *Der Rig-Veda*, III, p. 282-283). Voir A. Bergaigne, *La religion védique d'après les hymnes du Rig-Veda*, I, Paris 1878, p. 233-235 et II, p. 149-150) ; voir aussi J. Gonda, *The Mantras of the Agnyupasthāna and the Sautrāmaṇī*, p. 151.

54. De nombreuses études portent sur l'origine des *Khilas* (I. Scheftelowitz, *Die Apokryphen des Ṛgveda*, Breslau 1906 et id., « Die Nividas und Praiṣas, die ältesten vedischen Prosatexte », *Zeitschrift der Deutschen Morgenländischen Gesellschaft* 73 [1916]) du *Ṛgveda*, c'est-à-dire les quatre textes rituels connus sous le titre de *Nividas*, *Purorucas*, *Praiṣas* et *Kuntāpas*, respectivement récités par le *hótṛ*- (*Nividas*, *Purorucas*), le *maitrāvaruṇa*- (*Praiṣas*), et le *brāhmaṇācchaṃsín*- (*Kuntāpas*) ; voir Chr. Z. Minkowski, « School Variation in the Text of the Nivids », dans M. Witzel (éd.), *Inside the Texts. Beyond the Texts. New Approaches to the Study of the Vedas*, Cambridge (MA) 1997. En particulier, il faut rappeler le cas des *Nividas*, un type d'invitation des dieux aux sacrifices connu aussi dans la liturgie avestique (voir à ce propos l'usage du verbe *nīuuaēδaiieimi*, comme du mot sogdien *nwyδm'* « invitation » ; J. Kellens, « Commentaire sur les premiers chapitres du Yasna », *Journal Asiatique* 286 [1996], p. 38-39 ; A. Panaino, *Rite, parole et pensée dans l'Avesta ancien et*

Composition du collège sacerdotal gāθique et avestique récent

constitue à mes yeux l'hypothèse de travail la plus vraisemblable. Les dieux étaient évidemment des modèles pour les prêtres[55], les poussant à vouloir établir, parfois de manière explicite, un lien plus direct et intime avec eux[56].

Au regard du monde iranien, nous ne pouvons pas écarter la possibilité que le collège gāθique ait pu être engagé dans des rituels différents, que nous ne connaissons plus, et dans lesquels on avait besoin d'un nombre variable de prêtres : deux ou plus dans certaines

---

récent, p. 45-46). Le rôle et la différentiation de ces invocations préliminaires, surtout selon le choix des divinités différentes que l'on voulait inviter aux sacrifices, étaient très importants. Leur origine doit être évidemment très ancienne, comme le souligne Chr. Z. Minkowski, « School Variation in the Text of the Nivids », p. 166, n. 2, en suivant des observations fondamentales avancées par I. Scheftelowitz, *Die Apokryphen des Ṛgveda*, et « Die Nividas und Praiṣas, die ältesten vedischen Prosatexte ». Mais J. Kellens (« Reflets du début du Yasna », *Estudios Iranios y Turanios* 3 [2017]) pense que les *nivida*s ne sont pas vraiment une liturgie ancienne, en référence aux études de Th. N. Proferes, « The Relative Chronology of the *nivid*s and *praiṣa*s and the Standardisation of Vedic Ritual », *Indo-Iranian Journal* 57/3 (2014), et de Ph. Swennen, « Indo-iranien **niu̯aidai̯a-* : le mécanisme de l'annonce liturgique », *Estudios Iranios y Turanios* 2 (2015). Cette observation est objective, mais il faut noter qu'il s'agit néanmoins d'une liturgie archaïque dont la systématisation a été réalisée à une période plus récente par rapport à la chronologie établie selon la reconstitution précédemment proposée par I. Scheftelowitz. D'autre part, la comparaison entre les fonctions performatives attestées dans le cadre avestique (et sogdien) comme dans le monde védique nous confirme l'existence d'une doctrine commune et originaire du choix et de l'invitation des divinités au sacrifice, reposant sur des instruments conceptuels et linguistiques parallèles, vraisemblablement hérités, mais certainement comparables et dérivés d'une base ethnolinguistique indo-iranienne.

55. J. C. Heesterman, *The Broken World of Sacrifice*, p. 270, n. 39 ; voir J. Schwab, *Das altindische Thieropfer. Mit Benützung handschriftlicher Quellen*, Erlangen 1886, p. 57.
56. Je suis d'accord avec l'interprétation de G. Thompson (« The *brahmodya* and Vedic Discourse », p. 25) à propos d'un passage controversé de *ṚV.* 7,86,2b, où Vasiṣṭha demande : *kadā́ nv àntár váruṇe bhuvāni* « Quand serai-je dans Varuṇa ? ». G. Thompson pense qu'il faut entendre l'expression « être dans Varuṇa » au sens de « to impersonate him, i.e. to get inside the role of Varuṇa, to be the god on earth, as the Vedic poet is, for example, whenever he performs the *ātmastuti*. When he is within the persona of Varuṇa, the poet and the god are, functionally, one, just as the *adhvaryu* priest is in the *śrauta* ritual, when he performs, as it is frequently said, 'with the arms of Indra' ». Sur la comparaison entre prêtres védiques et avestiques, voir Sadovski, « Ritual formulae », p. 117-121, *passim*.

cérémonies. S'il existait déjà dans ce contexte un collège de sept assistants collaborant avec le *zaōtar-*, nous ne disposons pas des instruments herméneutiques qui nous permettraient de déterminer l'identité des divinités correspondantes. On peut toutefois clairement établir une comparaison entre le collège sacerdotal avestique récent et celui de la tradition r̥gvédique :

Hótr̥- « le prêtre récitant » ;
Pótr̥-[57] « le purificateur, clarificateur » ;
Néṣṭr̥-[58] « celui qui mène en avant (la femme du sacrificateur) [?] » ;
Agnī́dh-[59] « le prêtre qui allume le feu sacré » (*agni-* + *edh-* « brûler ») » ;

---

57. M. Mayrhofer, *Kurzgefaßtes etymologisches Wörterbuch des Altindischen. A Concise Etymological Sanskrit Dictionary*, II, Heidelberg 1963, p. 347 ; id., *Etymologisches Wörterbuch des Altindoarischen*, II, p. 171 : « purifier priest ». Voir Ch. Sen, *A Dictionary of the Vedic Rituals*, p. 88. On trouve aussi *potŕ̥-* ; voir E. Tichy, *Die Nomina agentis auf* -tar- *im Vedischen*, p. 35, n. 25. Le nom a un lien avec la racine verbale *pav-* « devenir pur, se purifier » ; voir M. Mayrhofer, *Etymologisches Wörterbuch des Altindoarischen*, II, p. 171. L. Renou, *Vocabulaire du rituel védique*, p. 105.
58. M. Mayrhofer, *Kurzgefaßtes etymologisches Wörterbuch des Altindischen*, II, p. 180 ; id., *Etymologisches Wörterbuch des Altindoarischen*, II, p. 57. Ce prêtre, qui, selon la tradition plus récente, avait la charge de conduire la femme du *yajamāna-*, se trouve en connexion directe avec le dieu Tvaṣṭr̥-, lequel est pratiquement associé aux femmes des dieux durant le sacrifice ; Chr. Z. Minkowski, *Priesthood in Ancient India*, p. 82-83 et *passim*. Voir aussi L. P. van den Bosch, « The Āprī Hymns of the R̥gveda and their Interpretation », p. 109-114. Il faut noter que A. Debrunner (dans J. Wackernagel [et A. Debrunner], *Altindische Grammatik*, II, 2, p. 672, 679) proposait la dérivation de *néṣṭr̥-* du thème aoriste du verbe *nī* (*nayati*) ; voir encore Chr. Z. Minkowski, *Priesthood in Ancient India*, p. 83-84 et E. Tichy *Die Nomina agentis auf* -tar- *im Vedischen*, p. 40, 49 plus la n. 77, 286. Voir Ch. Sen, *A Dictionary of the Vedic Rituals*, p. 79. L. Renou, *Vocabulaire du rituel védique*, p. 87 ; L. Renou (*Études védiques et pāṇinéennes*, XVI, Paris 1967, p. 77) suppose implicitement une dérivation de l'aoriste (*nes-*) de la racine verbale *nay-* « mener » ; voir la discussion dans M. Mayrhofer, *Etymologisches Wörterbuch des Altindoarischen*, II, p. 57.
59. Voir H. Krick, « Der Vaniṣṭhusava und Indras Offenbarung », *Wiener Zeitschrift für die Kunde Süd-Asiens* 19 (1975), p. 29, n. 14 ; 44, n. 68. Voir Ch. Sen, *A Dictionary of the Vedic Rituals*, p. 33. Sur la persistance de prêtres du feu comme l'*agnihotrin-* dans l'Inde moderne, voir Fr. Staal, *Jouer avec le feu. Pratique et théorie du rituel védique*, Paris 1990, p. 40-43. Voir aussi *agnim-indha-* « Feueranzünder » ou « allume-feu » comme fonction sacerdotale (M. Mayrhofer, *Etymologisches Wörterbuch des Altindoarischen*, I, p. 267).

Praśāstŗ-[60] « gouverneur, souverain, maître (du rituel) » ou *Upavaktŗ-*[61] « celui qui réveille, anime, pousse » ;
Adhvaryú- « celui qui s'occupe des *adhvarás*[62] "les sacrifices du soma" » ;
Brahmán-[63] « le surintendant de la cérémonie » ;
plus le *Gŗhapati-* « le maître de la maison » (= *Yájamāna-* « le maître du sacrifice, celui qui sacrifie pour soi-même »)[64] comme le chef[65] des participants.

Mais il existe aussi une version à sept[66] *hótŗ*s, c'est-à-dire :

---

60. Voir E. Tichy, *Die Nomina agentis auf* -tar- *im Vedischen*, p. 285 ; J. Brereton, « Bráhman, Brahmán and Sacrificer », p. 330. Voir K. Mylius, *Wörterbuch des altindischen Rituals*, p. 98 ; Ch. Sen, *A Dictionary of the Vedic Rituals*, p. 91. Voir le verbe *śā́s-* « punir » et le latin *ca-stigāre* ; voir aussi av. *sāstar-* « maître ».
61. Voir E. Tichy, *Die Nomina agentis auf* -tar- *im Vedischen*, p. 285 ; J. Brereton (« Bráhman, Brahmán and Sacrificer », p. 329-330) note : « the *upavaktár-* performed at least two ritual actions, he gave prompts to the *hótar* and he raised his arms in a gesture of command ». Voir K. Mylius, *Wörterbuch des altindischen Rituals*, p. 50 ; Ch. Sen, *A Dictionary of the Vedic Rituals*, p. 54.
62. Il faut noter que *adhvará-* est étymologiquement lié à *ádhvan-*, masc., « voie rituelle » (M. Mayrhofer, *Etymologisches Wörterbuch des Altindoarischen*, I, p. 68 ; L. Renou, *Vocabulaire du rituel védique*, p. 9). Ce prêtre doit mesurer le terrain, construire l'autel, préparer les vases sacrificiels, aller chercher du bois et de l'eau, allumer le feu, amener l'animal et l'immoler.
63. K. Mylius, *Wörterbuch des altindischen Rituals*, p. 102.
64. Voir Chr. Z. Minkowski, *Priesthood in Ancient India*, p. 19-20, 113 ; Th. Oberlies, *Die Religion des Ŗgveda*, 2ᵉ partie, p. 275, n. 603. Voir aussi K. Mylius, « *Acchāvākīya* und *Potra*. Vergleich zweier vedischer Opferpriesteramter », *Altorientalische Forschungen* 9 (1982) ; id., « *Acchāvāka, acchāvākīya*. Skizze eines vedischen Opferpriesteramtes », dans T. N. Dharmadhikar (éd.), *Golden Jubilee Volume*, Poona 1982 ; id., « *Acchāvākīya* und *Potra* – ein Vergleich », dans W. Morgenroth (éd.), *Sanskrit and World Culture. Proceedings of the Fourth World Sanskrit Conference*, Berlin 1986 ; id., *Wörterbuch des altindischen Rituals*, p. 63-64 ; Ch. Sen, *A Dictionary of the Vedic Rituals*, p. 95. Sur les prêtres comme la voix et les mains du *yájamāna-*, voir J. Brereton, « Bráhman, Brahmán and Sacrificer », p. 331.
65. A. Weber, *Indische Studien. Beiträge für die Kunde des Indisches Alterthums*, X, p. 144. L. Renou, *Vocabulaire du rituel védique*, p. 62.
66. A. Weber, *Indische Studien. Beiträge für die Kunde des Indisches Alterthums*, X, p. 139-144, 376 ; H. Oldenberg, *Die Religion des Veda*, 2ᵉ éd., p. 385-386, *passim* ; voir aussi id., *Die Religion des Veda*, 3ᵉ éd., Stuttgart – Berlin 1923, p. 384-396 ; L. Renou, *Vocabulaire du rituel védique*, p. 176. Voir W. Caland et V. Henry, *L'Agniṣṭoma*, II, p. 479 ; A. A. Macdonell et A. B. Keith, *Vedic Index of Names and Subjects*, I, p. 112-113. En *ŖV.* 1,164,1, les sept prêtres sont présentés

Le collège sacerdotal avestique et ses dieux

le *hótṛ*- principal, « le prêtre récitant » ;
le *maitrāvaruṇa*-[67] « celui qui appartient à Mitra et Varuṇa » ;
l'*acchāvāka*-[68] « l'invocateur » ;
le *brahmán*- et ses trois assistants[69], aussi nommés *ṛtvíj*-[70], « celui qui sacrifie selon sa fonction (et le bon moment) » ;
plus le *grāvastut*-[71], « celui qui loue la pierre utilisée pour écraser les tiges de soma », parfois considéré comme le huitième prêtre.

---

    comme les sept fils du seigneur du clan; voir J. Brereton, « Bráhman, Brahmán and Sacrificer », p. 336.

67. L. Renou, *Vocabulaire du rituel védique*, p. 127 : il est aussi nommé *ājyasastra*- (à l'occasion du premier pressurage du beurre [*ājya*-]; *ibid.*, p. 26-27) ou *upavaktṛ*- et *praśāstṛ*-, parce qu'il donne les instructions aux autres prêtres (*ibid.*, p. 112). Chr. Z. Minkowski (*Priesthood in Ancient India*) a consacré une importante étude monographique sur le développement et la fonction de ce prêtre ; l'*upavaktṛ*- et le *praśāstṛ*- font l'objet d'une discussion détaillée aux pages 111-127, 159-160. Voir K. Mylius, *Wörterbuch des altindischen Rituals*, p. 107-108 ; Ch. Sen, *A Dictionary of the Vedic Rituals*, p. 99 ; très intéressant, J. Gonda, « Differences in the Rituals of the Ṛgvedic Families », p. 259.
68. Comme le souligne L. Renou (*Vocabulaire du rituel védique*, p. 6), il est « l'invocateur » par excellence, qui a pour fonction de faire une récitation au cours du rituel du Soma. Il arrive en dernier et participe à la libation séparément des autres prêtres. H. Oldenberg (*Die Religion des Veda*, 2ᵉ éd., p. 385, n. 2 ; 398-399, n. 3) souligne l'absence de ce prêtre dans les listes sacerdotales les plus anciennes. Voir K. Mylius, « *Potṛ, potra*. Charakteristik eines vedischen Opferpriesteramtes », p. 219-232 et « *Acchāvākīya* und *Potra*. Vergleich zweier vedischer Opferpriesteramter », p. 115-131 ; id., *Wörterbuch des altindischen Rituals*, p. 26. Chr. Z. Minkowski (*Priesthood in Ancient India*, p. 43, n. 67 ; 125, n. 318, et *passim*) discute de manière critique différentes hypothèses sur son origine. Voir Ch. Sen, *A Dictionary of the Vedic Rituals*, p. 35 ; Fr. Staal, *Jouer avec le feu. Pratique et théorie du rituel védique*, p. 57. Il faut rappeler que *acchā* est un adverbe signifiant « jusqu'à ».
69. Ces quatre prêtres sont le *brahmán*-, le *brāhmaṇācchaṃsín*- (également assistant du *hótṛ*- ; voir K. Mylius, *Wörterbuch des altindischen Rituals*, p. 103), le *agnīdhra*-, et le *pótṛ*-. Voir W. Caland, *Altindische Zauberei*, p. XIV ; L. Renou, *Vocabulaire du rituel védique*, p. 119-120, 105 ; Chr. Z. Minkowski, *Priesthood in Ancient India*, p. 21, *passim*. À propos des relations controversées entre les fonctions du *brahmán*- et celles du *brāhmaṇācchaṃsín*-, voir H.-P. Schmidt, *Bṛhaspati und Indra*, *passim*, et J. Brereton, « Bráhman, Brahmán and Sacrificer », p. 330, en particulier la note 17.
70. L. Renou, *Vocabulaire du rituel védique*, p. 51.
71. *Ibid.*, p. 63 ; L. Renou, « Recherches sur le rituel védique : la place du Rig-Veda dans l'ordonnance du culte », p. 178, n. 7 (republié dans Renou 1997, p. 866) : « louangeur des pierres presseuses ». Voir K. Mylius, *Wörterbuch des altindischen Rituals*, p. 67 ; Ch. Sen, *A Dictionary of the Vedic Rituals*, p. 65.

Composition du collège sacerdotal gāθique et avestique récent

La comparaison des séries indiennes et iraniennes mériterait plus ample enquête[72] car, comme le fait remarquer Oldenberg[73], les fonctions de ces prêtres sont apparemment les mêmes et seraient strictement liées à la manipulation[74] du *soma-/haōma-*, quoiqu'une identification directe de tous les membres des deux collèges nous paraisse impossible. Dans le monde indien la situation a dû être bien plus complexe, parce qu'on trouve d'autres compositions sacerdotales, par exemple dans les rituels où la présence d'un ensemble de seize[75] *r̥tvíjaḥ* (dix-sept avec le *sadasya*)[76]

---

72. Ce problème a été traité avec circonspection par H. Krick, *Das Ritual der Feuergründung (Agnyādheya)*, p. 417, n. 1126; J. C. Heesterman, *The Broken World of Sacrifice*, p. 143-144; et précédemment par H. Oldenberg, *Die Religion des Veda*, 3ᵉ éd., p. 384-396.
73. H. Oldenberg, *Die Religion des Veda*, 2ᵉ éd., p. 385-386.
74. Voir Th. Oberlies, *Die Religion des R̥gveda*, 2ᵉ partie, p. 134-154, avec référence à la tradition avestique.
75. C'est le nombre de prêtres prévus pour la cérémonie d'un *agniṣṭoma-* normal (W. Caland et V. Henry, *L'Agniṣṭoma*, I, p. 2-4; voir K. Mylius, *Wörterbuch des altindischen Rituals*, p. 54), dont quatre sont considérés comme des officiants supérieurs : 1) le *brahmán-*, qui dirige; 2) le *hótr̥-*, qui récite; 3) le *udgātr̥-*, qui est le chef de chœur (voir Ch. Sen, *A Dictionary of the Vedic Rituals*, p. 52-53); 4) l'*adhvaryú-*, qui est le prêtre serviteur. Chacun de ces prêtres principaux a, à son tour, trois assistants. Sous le *brahmán-* nous trouvons : 1) le *brahmaṇācchaṃsim-*; 2) l'*āghnīdra-* ou *agnīdh-*; 3) le *pótr̥-*. Sous le *hótr̥-* : 1) le *maitrāvaruṇa-* ou *praśāstr̥-*; 2) l'*acchāvaka-*; 3) le *grāvastut-*. Sous l'*udgātr̥-* : 1) le *prastotr̥-*; 2) le *pratihatr̥-*; 3) le *subrahmaṇya-*. Sous l'*adhvaryú-* : 1) le *pratiprasthātr̥-*; 2) le *neṣṭr̥-*; 3) l'*unnetr̥-*. D'autre part, W. Caland et V. Henry (*ibid.*) observaient que dans la distribution de ces fonctions sacerdotales ces seize prêtres sont disposés selon un ordre propre : le *brahmán-* est seul; l'*udgātr̥-* commande ses trois assistants (*prastotr̥-*, *pratihatr̥-* et *subrahmaṇya-*), tandis que l'*adhvaryú-* est responsable de ses seuls assistants (*pratiprasthātr̥-* et *unnetr̥-*); le *hótr̥-*, pour sa part, commande sept prêtres, qui sont ses trois assistants directs (*maitrāvaruṇa-*, *acchāvaka-*, *grāvastut-*), ceux du *brahmán-* (*brahmaṇācchaṃsim-*, *āghnīdra-*, *pótr̥-*), plus l'un de ceux qui sont subordonnés à l'*adhvaryú-*, c'est-à-dire le *neṣṭr̥-*. Voir aussi K. Mylius, *Wörterbuch des altindischen Rituals*, p. 11. Voir J. Gonda, « Differences in the Rituals of the R̥gvedic Families », p. 259.
76. A. Weber, *Indische Studien. Beiträge für die Kunde des Indisches Alterthums*, X, p. 144-145; A. Hillebrandt, *Ritual-Litteratur. Vedische Opfer und Zauber*, p. 98; L. Renou, *Vocabulaire du rituel védique*, p. 157. Cf. encore Henry dans W. Caland et V. Henry, *L'Agniṣṭoma*, II, p. 477 et p. 478, n. 1; A. B. Keith, *The Veda of the Black Yajus School entitled Taittiriya Sanhita*, 1ʳᵉ partie. Kāṇḍas I-III, Cambridge 1914, p. CXIX. Ce prêtre a un assistant additionnel, nommé *dhruvagopa-* (W. Caland et V. Henry, *L'Agniṣṭoma*, I, p. 3). Voir K. Mylius, *Wörterbuch des altindischen Rituals*, p. 82, 129.

Le collège sacerdotal avestique et ses dieux

était requise[77]. Nous connaissons par ailleurs d'autres liturgies où les prêtres pouvaient être[78] au nombre de quatre, cinq, six, sept, dix[79] ou vingt[80].

Si le rituel gāθique reflète, comme on peut le supposer, une restriction du nombre des êtres divins auxquels le sacrifice était offert après l'exclusion des *daēuuas*, il n'est pas exagéré de penser que son collège sacerdotal pouvait lui aussi avoir été limité, mais ce n'est là qu'une inférence fondée sur une hypothèse de travail, prise dans un scénario plus vaste, et non le résultat d'une déduction argumentée sur la base de preuves irréfutables. Actuellement, nous ne sommes pas sûrs que le cercle gāθique ait adopté des solutions novatrices ou conservatrices. En d'autres termes, nous ne sommes pas en mesure d'affirmer avec certitude que l'ancienne liturgie avestique avait conservé, grâce à son antiquité relative du point de vue linguistique, une tradition rituelle plus ancienne, ou si elle aussi avait été soumise à des changements radicaux venus se mêler à des archaïsmes. Le mélange entre la liturgie vieil-avestique et une liturgie plus récente a donné naissance à une nouvelle synthèse, générée par un compromis entre différentes traditions, parmi lesquelles ce qui semble être « plus tardif » peut parfois présenter un élément conservateur, et ce qui semble « plus ancien » peut être, à son tour, le fruit d'une innovation.

Par exemple, le fait que le nom de l'*aθauruuan-/āθrauuan-* (pehl. *āsrō* [ʾslwkʾ] / *āsrōn* [ʾslwnʾ], pl. *āsrōnān*[81] [ʾslwnʾnʾ]) ne soit pas

---

77. Voir encore L. Renou, *Vocabulaire du rituel védique*, p. 51 ; Chr. Z. Minkowski, *Priesthood in Ancient India*, p. 43, n. 67.
78. Par exemple, comme le fait remarquer J. Gonda (*The Haviryajñāḥ Somāḥ. The interrelations of the Vedic solemn sacrifices Śāṅkhāyana Śrautasūtra 14,1-13*, Amsterdam – Oxford – New York 1982, p. 9) : « the performance of an *iṣṭi-* requires four priests, viz. the *hotar*, *adhvaryu*, *āgnīdhra*, and *brahman* (for example, *ĀpŚ.* 1,15,2), the animal sacrifice calls for the service of two more officiants – the *maitrāvaruṇa* and the *pratiprasthātar* (*ĀpŚ.* 7,14,4) – and a *soma* ceremony demands the cooperation of no less than sixteen priests ».
79. A. Weber, *Indische Studien. Beiträge für die Kunde des Indisches Alterthums*, X, p. 140 ; A. A. Macdonell et A. B. Keith, *Vedic Index of Names and Subjects*, I, p. 89.
80. Ce nombre se trouve surtout dans un *sattra-* particulier ; voir K. Mylius, *Wörterbuch des altindischen Rituals*, p. 11.
81. D. N. MacKenzie, *A Concise Pahlavi Dictionary*, p. 12 ; H. S. Nyberg, *A Manual of Pahlavi*, 2ᵉ partie, p. 32 ; A. Cantera, « *mānsarspand/māraspand* und die Entwicklung der Gruppe *-θr-* im Pahlavi », *Indo-Iranian Journal* 41 (1998), p. 352-353 ; id., *Studien zur Pahlavi-Übersetzung des Avesta*, Wiesbaden 2004,

attesté dans la littérature vieil-avestique, bien que ce terme puisse correspondre à une désignation d'origine indo-iranienne (véd. *átharvan-*), montre qu'une simple distinction entre données avestiques anciennes et données plus tardives ne peut pas être considérée comme facteur déterminant en soi, en particulier si l'on cherche une origine première bien identifiable. Malheureusement, la nature de ce type de sacerdoce, comme le souligne Heesterman[82], n'est pas claire[83] du tout et par ailleurs, il ne peut être exclu que le védique *átharvan-*, dont l'étymologie est encore discutée[84], soit un emprunt ancien d'origine iranienne[85].

Dans l'*Avesta* récent (*Yt.* 13,88), Zoroastre est le premier prêtre (*paōiriiāi aθaurune*)[86], tandis que dans les *Gāθā*s il est simplement présenté comme *zaōtar-*[87]. Le terme *aθauruuan-/āθrauuan-* est

---

p. 140. Voir A. de Jong, *Traditions of the Magi. Zoroastrianism in Greek and Latin Literature*, p. 395, n. 35, avec référence au gr. Ὀστᾶναι, attesté dans la *Suda*, mais dont le lien avec le mot pehlevi désignant le prêtre est improbable.

82. J. C. Heesterman, *The Broken World of Sacrifice*, p. 142-144.
83. Voir S. Wikander, *Feuerpriester in Kleinasien und Iran*, p. 9-27.
84. M. Mayrhofer, *Kurzgefaßtes etymologisches Wörterbuch des Altindischen*, I, p. 28; id., *Etymologisches Wörterbuch des Altindoarischen*, I, p. 62.
85. Voir la discussion chez É. Benveniste, *Le vocabulaire des institutions indo-européennes*, I, p. 279-282, qui, en fait, n'exclut pas une dérivation iranienne du mot indien. Il faut remarquer que le terme avestique pour « prêtre érudit » et « enseignant », *aēθrapati-*, pehlevi *hērbed*, n'a aucun parallèle en sanskrit. Les étudiants de ce prêtre étaient appelés : *hāuuišta-* ou *aēθriia-*. Voir M. Boyce, « Āθravan », dans E. Yarshater (éd.), *Encyclopædia Iranica*, IV, Londres – New York 1989. À une époque plus récente, on a eu une forte rivalité entre les *hērbed*s « prêtres-étudiants » et les *hāwišt*s « prêtres ritualistes », voir Ph. G. Kreyenbroek, « Hērbed », dans E. Yarshater (éd.), *Encyclopædia Iranica*, XII, New York 2004.
86. W. W. Malandra, *The Fravaši Yašt: Introduction, Text and Commentary*, p. 85, 129-130; Fr. Wolff, *Avesta, die heiligen Bücher der Parsen übersetzt auf der Grundlage von Chr. Bartholomae's altiranischem Wörterbuch*, Strasbourg 1910, p. 242; H. Lommel, *Die Yäšt's des Awesta übersetzt und eingeleitet*, Göttingen – Leipzig 1927, p. 122; voir M. Boyce, « Āθravan ».
87. J. Hertel (*Beiträge zur Erklärung des Awestas und des Vedas*, Leipzig 1929, p. 144-145, n. 1) essaie de démontrer qu'il n'y a aucune raison de présumer que Zoroastre, toutes les fois qu'il est présenté comme un *zaōtar-*, soit un prêtre. Il pense que « das Wort *zaotar-* bezeichnet niemals Priesterstand, sondern heißt ‚Rufer' », et qu'un « Rufer » ne devait pas a priori être un prêtre. Seulement, une fois le « Opfer » proféré, il faut considérer le *zaōtar-* comme un prêtre véritable. Bien que cette solution extrême nous semble invraisemblable, J. Hertel avance la théorie selon laquelle Zoroastre aurait désigné les membres de la classe sacerdotale comme *karapan-*, et « Hauspriester der Häuptlinge (*kavi*) mit *tkaēša-* ». Pour

Le collège sacerdotal avestique et ses dieux

utilisé tantôt pour désigner[88] les prêtres en tant que groupe social (pehl. *āsrōnīh* « office sacerdotal »[89]), tantôt en tant que membres de la classe sacerdotale »[90]. Notons que dans la tradition zoroastrienne plus récente, par exemple dans le *Supplément au Šāyest nē-Šāyest*, XIII,9[91], on trouve une variante de la même forme, *āsrawaxšān*, pour désigner collectivement les sept prêtres[92] officiants.

En revanche, le véd. *hótr̥-* et l'av. *zaōtar-* continuent une tradition commune (bien que leurs fonctions se soient spécialisées[93]

---

une discussion plus détaillée sur le mot *kauui-* en avestique ancien et récent, voir ci-dessous.

88. Pour la possible, mais très controversée, attestation de ce composé dans le *Sprachgut* des tablettes élamites de Persépolis, voir encore M. Boyce, « Mithra Xsathrapati and his brother Ahura », *Bulletin of the Asia Institute* 4 (1990), avec une bibliographie sur le sujet.

89. Une présentation importante concernant la préparation technique des prêtres (*āsrōg*) se trouve dans le manuel du *Hērbedestān*, pour lequel nous avons l'édition de H. Humbach et J. Elfenbein, *Ērbedestān. An Avesta-Pahlavi Text*, et surtout celle de F. M. Kotwal et Ph. G. Kreyenbroek (*The Hērbedestān and Nērangestān*, I, Paris 1992) qui nous donne une excellente description de cette tradition avec un choix remarquable de sources pehlevies choisies.

90. J. Gonda (*The Triads in the Veda*, p. 164) souligne : « in a number of cases *āθravan-* denotes a priest, but we are in the dark about the exact functions of the men to whom the term or title applied. [...] As far as I am able to see, the texts do not admit of the conclusion that those who bore the title were organized into a priesthood or constituted a close order or exclusive social group. A few places may rather lead us to the supposition that they mediated between the human and the spirit worlds, first and foremost because they were believed to possess some form of (supernormal) power (*Y.* 9,24; *Vd.* 8,19); perhaps some form of superiority (*Yt.* 5, 89); they possessed the holy word (*Yt.* 5, 91). From *Vr.* 3,7 'Thou, O *āθravan-*, shalt be our *zaotar*', it may be inferred that they could fulfil specialized priestly functions ». Voir aussi le résumé de la leçon de J. Kellens (13 janvier 2012), disponible sur le site internet du Collège de France.

91. F. M. Kotwal, *The Supplementary Texts to the Šāyest nē-Šāyest*, p. 42-45.

92. Selon la même source, *ŠnŠ*, XI,4, la poitrine du *gōspand* sacrificiel appartient à la *frawahr* des prêtres (*āsrōnān*). F. M. Kotwal, *The Supplementary Texts to the Šāyest nē-Šāyest*, p. 22-23.

93. Voir en particulier le rôle du second *hótr̥-*, qui « is involved in a contest or battle against his rivals », comme le fait remarquer J. C. Heesterman, *The Broken World of Sacrifice*, p. 145; sa fonction peut être interprétée « as the rival sacrificer challenging his lordly sacrificial opponent at the latter's altar ». La situation avestique montre que le rôle du prêtre antagoniste avait été réduit. La connexion potentielle de ce changement en comparaison avec la situation védique, si les choses se sont vraiment passées ainsi, doit être étudiée dans le cadre de la nouvelle réorientation du rituel mazdéen selon un schéma théologique différent.

de manières différentes), par exemple le védique *mantrín-*, masc., « Ratgeber »[94] et l'avestique *mąθrān-*, masc.[95], « Spruchkenner ». De même, les tablettes élamites mentionnent, sous diverses orthographes, un composé que l'on peut lire *ā*θ*ravapatiš « grand prêtre »[96], alors que les individus ayant reçu ce titre ne jouaient pas le rôle de prêtre, du moins en apparence.

Cette dialectique historique représente l'une des principales difficultés dans ce domaine de recherche. Le problème du sacrifice du *haōma-* dans le cadre religieux de l'*Avesta* ancien en est un autre exemple. Si l'on considère l'histoire des études avestiques, nous verrons que beaucoup d'hypothèses opposées ont été avancées sur ce sujet en termes parfois très péremptoires. On a parlé d'« excommunication »[97], de « suppression » ou encore d'« adaptation », au regard de certaines variétés violentes et orgiaques du sacrifice du *haōma-*. Or il n'y a aucune occurrence de ce mot dans l'*Avesta* ancien et ces conclusions sont fondées sur des théories a priori. Cela peut signifier, au risque d'une tautologie, que l'ancienne partie de la liturgie, qui avait été préservée et intégrée dans le cérémoniel du *Yasna* plus récent (c'est-à-dire, lorsque la fusion des deux traditions avait déjà

---

94. M. Mayrhofer, *Kurzgefaßtes etymologisches Wörterbuch des Altindischen*, II, p. 578 ; id., *Etymologisches Wörterbuch des Altindoarischen*, I, p. 311.
95. K. Hoffmann, « Ein grundsprachliches Possessivsuffix », p. 35 (repris dans Hoffmann 1976, p. 378) ; J. Kellens et É. Pirart, *Les textes vieil-avestiques*, II, p. 287. Voir R. Beekes, *A Grammar of Gatha-Avestan*, Leyde – New York – Copenhague – Cologne 1988, p. 91.
96. W. Hinz, « Die elamische Buchungstäfelchen der Darius-Zeit », p. 429 ; H. Koch, *Die religiöse Verhältnisse der Darioszeit*, p. 165-170 ; J. Tavernier, *Iranica in the Achaemenid period (ca. 550-330 B.C.)*, p. 417. Par contre, I. Gershevitch (« Iranian Nouns and Names in Elamite Garb », p. 170, 186-187) suggère *aθarvapatiš « chef des prêtres *aθarvan-* », en référence à **magu-pati-* (arm. *mogpet*, parth. *mgbyd*, sogd. *myδβ-*). Malheureusement ce mot n'est pas discuté dans le traitement récent de ces sources par W. F. M. Henkelman, *The Other Gods who are. Studies in Elamite-Iranian Acculturation based on the Persepolis Fortification Texts*, Leyde 2008. M. Boyce (*A History of Zoroastrianism*, II, p. 135-137) souligne que ce titre n'est pas attesté dans les sources iraniennes originales. À propos de *moγ/mow*, etc., voir A. Panaino, « Parthian *moγ* and Middle Persian *moγ/mow* in Light of Earlier Eastern and Western Iranian Sources », *Iran and the Caucasus* 25/3 (2021).
97. Voir, par exemple, J. Duchesne-Guillemin, « Haoma proscrit et réadmis », dans M.-M. Mactoux et E. Geny (éd.), *Mélanges P. Léveque*, I. *Religion*, Besançon 1988.

Le collège sacerdotal avestique et ses dieux

été réalisée) ne faisait paradoxalement aucune référence explicite au *haōma-*, alors que celui-ci était fondamental dans le cadre indo-iranien et surtout dans le *Yasna* récent.

Mais on peut aussi interpréter cette preuve de manière différente : par exemple, tandis que Humbach déclare que Zoroastre s'est contenté de condamner une certaine version du rituel du *haōma-*, Martin Schwartz[98] transpose les arguments traditionnels contre la présence du culte du *haōma-* dans le cadre de l'*Avesta* ancien, et émet l'hypothèse que *Y.* 48,10 ne contient aucune référence à l'intoxication, une donnée normalement utilisée pour démontrer que Zoroastre avait condamné cette forme de liturgie et que la plante du *haōma-*, sous la désignation allusive de *dūraōša-*, dans *Y.* 32,14, aurait été brûlée rituellement (*saōciiaṯ*) par un prêtre hostile. Kellens[99] pour sa part souligne que la version récente du sacrifice du *haōma-* présente un mélange de *haōma-* et de lait (*haōma yō gauua*)[100], une tradition qui ne peut pas être considérée comme une innovation iranienne, mais qui trouve une comparaison directe dans le contexte védique, où on faisait la distinction entre deux types de *soma-*, le « pur » et « limpide » (*śúci-*) et celui que l'on mélangeait avec du lait caillé (*dádhi + āśír*). Il a aussi découvert la trace d'un usage de *haōma-* dans le *Yasna* 33,4, quand, selon une tradition sacerdotale moderne rapportée par le Dasturji Kotwal, la (troisième) offrande de *haōma-* commence avec la récitation du dernier vers. Kellens, à ce propos, fait remarquer qu'on trouve une série de similarités avec le contenu du *Y.* 29,27-29, où le pouvoir du *haōma-* sur les classes sociales est rituellement amplifié. La reconstitution de Kellens[101] présuppose que la première partie du drame rituel était fondée sur les trois différentes offrandes de *haōma-*,

---

98. M. Schwartz dans D. St. Flattery et M. Schwartz, *Haoma and Harmaline: The Botanical Identity of the Indo-Iranian Sacred Hallucinogen "Soma" and its Legacy in Middle Eastern folklore, language and in Zoroastrianism*, Berkeley 1988, p. 105-106 ; cf. aussi M. Schwartz, « Scatology and Eschatology in Zoroaster: on the paronomasia of Yasna 48:10, and on Indo-European *H_2eg 'to make taboo', and on the Reciprocity Verbs *$Ksen(w)$ and *$Megh$ », dans *Papers in Honor of Professor Mary Boyce*, Leyde 1985.
99. Voir le *résumé* de la leçon de J. Kellens du 13 janvier 2012, disponible sur le site internet du Collège de France.
100. Voir K. Hoffmann, « Avestisch *haoma yō gauua* », *Münchener Studien zur Sprachwissenschaft* 21 (1967), p. 11-20.
101. Voir encore le *résumé* de la leçon de J. Kellens du 13 janvier 2012, mais aussi celle du 3 février 2012, disponibles sur le site internet du Collège de France.

suivies par le sacrifice animal (qui commence avec *Y.* 34). Cette solution est très vraisemblable, mais nous demeurons face à une difficulté en ce qui concerne la reconstitution d'une cérémonie originelle placée dans le cadre du monde gāθique, dont notre connaissance est très limitée. Partant, si Kellens[102] a raison de supposer que le rituel plus ancien était strictement lié à un *ratu-* du jour (comme « norme temporelle ») particulier, et d'en déduire que les trois premières *Gāθā*s au moins correspondent à trois moments différents de la journée, cela signifie que l'architecture complète de la liturgie telle qu'elle est attestée dans l'*Avesta* récent avait été fortement réorganisée, et que la version originale célébrée par la communauté gāθique était différente. Mais, si nous voulons suivre cette proposition très intéressante de Kellens, il faudrait admettre comme très vraisemblable l'idée que, dans le cadre spécifique du rituel gāθique (c'est-à-dire avant la fusion avec la tradition plus récente), la liturgie suivait une organisation tout à fait différente. Par exemple, dans le cas très pertinent du *Yasna* 33, nous pouvons faire la supposition que la tradition récente suivait un modèle incluant la présence d'une certaine forme de liturgie haōmique, laquelle pouvait par ailleurs être très différente du troisième pressurage de *haōma-* tel qu'on le réalisait dans l'*Avesta* récent. Ainsi, si chaque *Gāθā* avait pris une sorte d'autonomie et une relation directe avec les *ratu*s du jour, la présence active d'un grand nombre de prêtres n'était pas nécessaire dans ces phases plus anciennes.

À partir de ce que nous pouvons déduire de la version attestée du *Yasna*, les trois pressurages du *haōma-* sont célébrés selon l'ordre suivant : deux très certainement avant la récitation des *Gāθā*s (*Y.* 9-11 ; 10 ; *Hōmāst Y.* 22-27) et le troisième juste au début (*Y.* 33,4) ; cet ordre était sans doute le même aux périodes plus anciennes, du moins après la fusion de l'ancienne liturgie avec celle de l'*Avesta* récent.

Je pense avec Kellens que les auteurs du *Yasna* dans sa version finale avaient une idée très claire du rapport entre « écoute des divinités, offrande du *haōma* et accroissement du pouvoir ahurique ». Pourtant, on peut conclure qu'en *Y.* 27,8-11 on trouve une allusion à *Y.* 33,11-14, sans pour autant pouvoir déterminer la composition du collège sacerdotal dans le rituel gāθique le plus ancien, tel qu'il avait été pratiqué avant la fusion des liturgies.

---

102. Voir le *résumé* de la leçon de J. Kellens du 3 février 2012, disponible sur le site internet du Collège de France.

Le collège sacerdotal avestique et ses dieux

La récitation attribuée au *zaōtar-* et à ses assistants pour les antiphonies obligatoires était vraisemblablement suffisante pour le pressurage du *haōma-*, en particulier si l'action liturgique était suspendue en certaines occasions, comme je l'ai montré dans des travaux précédents (avec la réserve que certaines de mes hypothèses d'alors me paraissent aujourd'hui erronées[103]).

En réalité, il est clair qu'à l'origine, on pouvait sacrifier un animal pour offrir au feu un morceau de sa chair (en *Y.* 36) pendant la récitation du *Yasna Haptaŋhāiti* (à partir de la célébration de l'offrande en *Y.* 34). Le rôtissage de la viande sacrificielle continuait probablement jusqu'à *Y.* 58, comme l'avance Kellens[104]. Il est fort probable que le sacrifice sanglant n'avait pas lieu à proximité du feu, mais aux confins de l'aire sacrificielle, en tout cas loin des regards des sacrificateurs principaux, selon une procédure bien connue, également attestée dans l'Inde védique, où les prêtres tournent le dos au moment du sacrifice sanglant[105]. On peut aussi se demander si cette viande était réellement

---

103. A. Panaino, *I Magi evangelici. Storia e simbologia tra Oriente e Occidente*, p. 51-53, *passim*. J. Kellens (« Langue et religions indo-iraniennes. L'éloge mazdéen de l'ivresse », *Annuaire du Collège de France : résumés des cours et travaux* [résumés 2002-2003] (2004), p. 841) a cherché à réduire la pertinence de cette observation, en affirmant que : « les Gathas n'ont pas été composés pour être insérés dans le Yasna ». Je remarque très simplement que nous ne connaissons pas le rituel gāθique *per se*, et par conséquent nous sommes obligés de faire des hypothèses, avec la prudence nécessaire, à la recherche d'une solution plausible. On peut imaginer – comme je le fais ici – que ce qui se passe pendant la récitation traditionnelle des parties en vieil-avestique, dans sa simplicité apparente, c'est-à-dire avec la présence de deux prêtres seulement, mais avec le rôle prééminent du *zaōtar-*, est le prolongement d'un état archaïque, bien qu'on ait pu avoir des variations, par exemple dans le cas du sacrifice animal et des cérémonies solennelles. Mais nous n'avons aucun témoignage de cette forme rituelle plus ancienne.
104. J. Kellens, *L'acmé du sacrifice*, p. 113. Voir A. Cantera, « How Many Chapters Does the 'Yasna of the Seven Chapters' Have? » ; A. Panaino, « The Age of the Avestan Canon and the Origins of the Ritual Written Texts ».
105. Voir Fr. Staal, *Agni. The Vedic Ritual of the Fire Altar*, I, Berkeley 1983, p. 49 : « In the Passband, the animal that is sacrificed, called *paš*, is generally a goat. It is tied to a sacrificial post (*Yepa*), which is erected immediately to the east of the uttered, on the eastern boundary of the mahāvedi. The animal is killed by choking it to death. This task is performed by the *śamitā* or 'pacifier', generally a non-brahmin, and it takes place outside the enclosure and without being observed by the priests ». Voir encore Fr. Staal, *Agni. The Vedic Ritual of the Fire Altar*, I, p. 48-49. Sur les risques dans l'abattage de l'animal sacrificiel,

Composition du collège sacerdotal gāθique et avestique récent

touchée par le groupe de prêtres ou si une telle procédure, quelque peu dangereuse du point de vue de l'état de pureté rituelle, était prudemment menée par l'un des assistants, en particulier le *pasuuāzah-* qui avait la responsabilité de l'abattage de la bête conduite au sacrifice. Il faut par ailleurs prendre en considération le fait que dans tous les cas où on ne sacrifiait pas d'animal, le rituel, exécuté par les deux principaux sacrificateurs, était essentiellement oral (parfois avec l'offrande animale issue d'un sacrifice précédent). Sans doute était-il impossible de sacrifier un animal pour chaque cérémonie ordinaire, et pourtant la nécessité de disposer de chair provenant d'un sacrifice (théoriquement dans le mazdéisme il faudrait sacrifier chaque animal que l'on va manger) laisse la voie ouverte à de multiples possibilités.

En tout cas, bien que je doute de son absence, on ne peut rien dire de la présence et de l'ingestion du *haōma-* pendant la récitation de la liturgie vieil-avestique, au moins avant la conclusion du processus de fusion réalisé dans le rituel récent.

Nous ne connaissons rien du véritable corpus rituel vieil-avestique, et l'on peut supposer que les parties liées au culte du *haōma-* ont été en partie remplacées par celles de l'*Avesta* plus récent et réadaptées selon un nouveau schéma rituel.

Nous ne connaissons pas le corpus vieil-avestique dans son intégralité, mais nous pouvons légitimement nous interroger sur l'existence de cérémonies plus anciennes concernant le culte du *haōma-*, par la suite remplacées ou adaptées dans le cadre du rituel récent. Il serait imprudent d'avancer des hypothèses sur la manière et les raisons de cette évolution, mais on peut tout de même supposer l'existence d'une dialectique entre la mise à mort rituelle de l'animal offert et le sacrifice du *haōma*, comme dans le contexte védique (voir l'exemple du *somavidha-*[106]), même s'il nous est impossible de reconstruire l'histoire de son développement. D'autres communautés iraniennes, notamment celles qui utilisaient le dialecte avestique récent dans leurs

---

voir J. C. Heesterman, *The Broken World of Sacrifice*, p. 32. Sur les spéculations plus récentes au regard du fait que tuer dans le sacrifice n'est pas vraiment un acte meurtrier, voir M. Biardeau, dans M. Biardeau et Ch. Malamoud, *Le sacrifice dans l'Inde ancienne*, p. 52-55. Pour les origines plus anciennes du rituel, voir Th. N. Proferes, « Remarks on the Transition from Ṛgvedic Composition to Śrauta Compilation ».

106. Voir J. C. Heesterman, *The Broken World of Sacrifice*, p. 206 ; 287, n. 92. Voir aussi J. Schwab, *Das altindische Thieropfer*.

rituels, avaient conservé une version très élaborée du culte du *haōma-*. Ainsi, dans la mesure où il présente simultanément des caractéristiques anciennes et modernes, il paraît bien difficile de se prononcer avec certitude sur le caractère conservateur ou au contraire novateur du collège avestique récent.

En effet, ce collège paraît conservateur par son rapport étroit avec une certaine phase de l'évolution liturgique du monde védique, mais il est très novateur du point de vue du cercle gāθique, lorsque sa liturgie a été incluse dans l'*Avesta* récent, bien que la réduction gāθique à un nombre limité de prêtres (le cas ayant échu) représentât non seulement un retour à un modèle archaïque, mais aussi une innovation par comparaison avec d'autres coutumes contemporaines dans lesquelles, au moins lors des cérémonies solennelles, le grand collège sacerdotal de huit prêtres était devenu plus important et plus prestigieux. Quelques traces d'un ancien rituel ont été partiellement détectées, comme le souligne le regretté Xavier Tremblay[107], qui fait la remarque suivante à propos de la fonction rituelle du *Y.* 58 et en particulier de la prière *Fšušə̄ Mq̨θra haδaōxta* :

> Le Y. 58 glose un sacrement proféré concomitamment aux poèmes gāthiques et à la litanie haptaŋhāitique, mais par un prêtre différent : seulement l'ordre rituel, linéaire, transpose la polyphonie du rite en acte en une succession de récitations. Magnifier deux formules interjetées est la raison d'être de la section Y. 56-59 apparemment hors œuvre. Par là, elle ressemble au Yajurveda, qui dès le début inclut des passages de type *brāhmaṇa* étoffant les mantras lapidaires de l'adhvaryu.

L'hypothèse fondamentale de Tremblay est que la partie la plus importante du *Y.* 58 correspond à la formule *nəmasə̄.tōi ātarə̄ ahurahē mazdā̊* (*Y.* 58,7 : « Hommage à Toi, ô Feu d'Ahura Mazdā ! »)[108], laquelle a une fonction spécifique dans la liturgie et devait avoir une origine plus ancienne que le reste du chapitre. Tremblay relève à juste titre que cette formule présente des correspondances remarquables avec la prière védique *námas te agne* « Hommage à Toi, ô Agni »),

---

107. X. Tremblay, « Le Yasna 58 *Fšušə̄ Mq̨θra haδaoxta* » (quatre séminaires au Collège de France, janvier 2007), *Annuaire du Collège de France : résumés des cours et travaux* 107 [résumés 2006-2007] (2008), p. 693.

108. *Ibid.*, p. 689-691.

plusieurs fois dite à voix basse par l'*adhvaryú-*[109]. Il en déduit que nous avons affaire à un modèle liturgique d'origine indo-iranienne, qui, dans ce cas spécifique, constitue une sorte de *yajuṣ-* indo-iranien. Aussi, dans sa version du *Y.* 59, le *Srōš Yašt* ne serait-il qu'une exégèse de la formule *sraōšō astū* de *Y.* 56,1 (voir 27,6), lui-même une sorte de *yajuṣ-* inspiré par un modèle semblable. Les remarques de cet auteur nous invitent à supposer que la liturgie plus ancienne était différente ; en particulier, on peut imaginer que les formules du *yajuṣ-* étaient récitées par un autre prêtre (plus ou moins correspondant au védique *adhvaryú-*), et que dans l'ancien rituel proto-avestique, le pressurage et la consommation du *haōma-* avaient lieu au cours de la cérémonie et non en dehors, dans le cadre de la récitation des parties en avestique récent, comme cela se passe aujourd'hui.

La dimension polyphonique évoquée par Tremblay correspond probablement à la réalité, mais ce nouveau scénario soulève un certain nombre de problèmes. En premier lieu, il est probable que le *Yasna* que nous possédons soit une simplification d'un rituel précédent lui-même issu d'une fusion entre la liturgie de l'école gāθique et celle de l'*Avesta* récent. Deuxièmement, nous ne sommes pas en état d'établir le moment exact où commençait la récitation du *Fšušə̄ Mąθra haδaōxta* et en particulier celle du *nəmasō.tōi ātarə ahurahē mazdā̊*.

Ces textes montrent une variété linguistique considérable car, le moyen-avestique étant le dialecte dans lequel ils sont rédigés, ce *yajuṣ-* n'est pas composé dans un dialecte contemporain de celui qui était utilisé dans la liturgie avestique plus ancienne. C'est la preuve indubitable que le rituel avait déjà été modifié, au moins une fois, au fil du temps, vraisemblablement bien avant la fusion avec les textes plus récents. Si l'on part du postulat qu'il existe un décalage chronologique entre dialectes avestiques, il est inconcevable que les parties du rituel en vieil-avestique aient été englobées dans les chapitres en langue plus moderne par des prêtres utilisant le dialecte moyen. Il se peut que les cérémonies conduites dans le dialecte ancien aient déjà subi des remaniements rédigés en dialecte moyen, et que la fusion avec les textes plus récents n'ait pas eu lieu à trop de distance dans le temps, en sorte qu'il se trouvait encore des prêtres maîtrisant plusieurs dialectes. Tous ces éléments concourent à montrer que l'évolution du

---

109. *Ibid.*, p. 693. Voir maintenant la discussion par Cantera, « The *sraōšāuuarəza*-priest », p. 495-503.

rituel a été continue pendant la période protohistorique, et vraisemblablement aussi à l'époque achéménide, et que les spéculations liturgiques à propos du rituel avaient contribué à produire une sensibilité qui a favorisé les distinctions techniques au sein du collège sacerdotal ainsi que la reproduction d'un schéma indo-iranien, avec une théologie différente. Il est évident qu'à l'origine, selon la qualité et le prestige des cérémonies religieuses (publiques, privées, solennelles, quotidiennes, funèbres, avec sacrifice sanglant ou pas, etc.), le nombre de prêtres était variable, mais on peut imaginer qu'à l'origine les possibilités n'étaient pas les mêmes : un ou deux prêtres dans le schéma ordinaire, ou trois (comme dans les liturgies du type *yajuṣ-*, quand deux prêtres s'occupaient du feu et récitaient la liturgie tandis que le troisième psalmodiait la prière du *yajuṣ-*).

De toute évidence, l'ancienneté de la modalité liturgique où seuls deux prêtres officiaient a dû jouer un rôle très important dans le processus de simplification du rituel. Cela a notamment permis, lorsque la réduction du collège sacerdotal s'est révélée nécessaire (et donc non plus facultative ou optionnelle) et inéluctable, d'adopter la solution non seulement la plus pratique en termes de réalité, mais aussi la plus conforme à l'esprit de la tradition.

CHAPITRE VI

LE COLLÈGE SACERDOTAL ET LES AMƎŠA SPƎNTAS

LES DONNÉES présentées plus haut, et que nous allons développer, mettent en évidence une symétrie patente entre les niveaux divins et la dimension humaine des prêtres dans les littératures avestique récente et pehlevie. Cette doctrine est largement corroborée par un *conspectus* de sources anciennes, qui à cet égard sont pratiquement explicites. Le collège sacerdotal invite Ahura Mazdā et son cortège divin à descendre dans l'espace sacrificiel, de même les sept *ratu*s sont des hôtes que l'on attend. Cette correspondance, bien sûr, n'exclut pas que, dans certaines circonstances solennelles ou pour des raisons pratiques, on pouvait aussi utiliser d'autres sous-assistants prêts à coopérer à la liturgie, comme cela s'est passé dans un bon nombre des rites védiques particulièrement prestigieux[1].

La symétrie dont nous parlons[2] est explicitement présente dans l'*Anthologie* de Zādspram XXXV,16-17[3] par exemple où s'exprime cette doctrine mimétique :

16) *sōšans pad xwanīrah nišīnēd pad zōtān gāh ān-iz saš frašgird-*
   ⁺kardār ī pad saš kišwar pad handāzag hāwanān ātarwaxš fraburdār
   āburd āsnadār <ud> rehwiškar.

17) *ud haftān amahraspandān pad wārom ī haftān frašgird-kardārān*
   gāh gīrēnd
   ohrmazd zōt abāg sōšans
   wahman hāwanān abāg rōšn-čašm
   ardwahišt ātarwaxš kē-š daxšag ātaxš abāg xwar-čašm

---

1. Voir W. Caland et V. Henry, *L'Agniṣṭoma*, I, p. 3.
2. M. Molé, *Culte, mythe et cosmologie dans l'Iran ancien. Le problème zoroastrien et la tradition mazdéenne*, Paris 1963, p. 92-95, *passim*, souligne cette correspondance symbolique.
3. Ph. Gignoux et A. Tafazzoli, *Anthologie de Zādspram*, p. 130-131 ; voir Sh. Raei, *Die Endzeitvorstellungen der Zoroastrismus in iranischen Quellen*, Wiesbaden 2010, p. 215.

Le collège sacerdotal avestique et ses dieux

> ⁺šahrewar ⁺fraburdār abāg frādat-xwarrah
> spandarmad ⁺āburd abāg ⁺wīdat-xwarrah
> hordad āsnadār abāg wōrunēm
> amurdad rehwiškar abāg wōrusūd
> harw ēk pad kišwar ī xwēš ud ham-kāmagīh ī haftān amahraspandān
> rāy ān čē ēk ⁺handēšēd ēg hamāgān dānēnd
> ān ī ēk gōwēd ⁺hamāgān ⁺xwānēnd[4]
> ān ī ēk kunēd hamāgān wēnēnd.

16) Sōšans s'établira dans le Xwanirah sur le siège du *zōt*, de même les six agents de la Rénovation dans les six régions, comme le *hāwanān*, l'*ātarwaxš*, le *fraburdār*, l'*āburd*, l'*āsnadār* et le *rehwiškar*.

17) Et les sept Amahraspandān prendront place dans l'esprit des sept agents de la Rénovation,
Ohrmazd le *zōt* avec Sōšans,
Wahman, le *hāwanān*, avec Rōšn-čašm,
Ardwahišt, l'*ātarwaxš*, dont le signe est le feu avec Xwar-čašm,
Šahrewar, le *fraburdār*, avec Frādat-xwarrah,
Spandarmad, l'*āburd*, avec Wīdat-xwarrah,
Hordād, l'*āsnadār*, avec Worunēm,
Amurdad, le *rehwiškar*, avec Worusūd,
chacun dans sa région, à cause de la volonté commune des sept Amahraspandān,
ce que l'un pense, alors tous le sauront,
ce que l'un dit, tous le réciteront,
ce que l'un fait, tous le verront.

On a indéniablement affaire ici à une sorte de miroir rituel. Aux prêtres acteurs de la rénovation correspondent les six Amahraspandān, situés chacun dans l'un des six continents, Ohrmazd étant dans le *kišwar* central (Xwanirah) avec Sōšans. Le rôle prééminent du *zaōtar*- renforce symboliquement non seulement la position éminente d'Ohrmazd, mais aussi le rôle eschatologique des Saōšiiaṇts/Sōšans-, montrant un autre aspect du caractère spéculatif du rituel comme instrument de prévision de la dernière Rénovation, qui peut être obtenu au moyen de la *cišti*- et du *mēnōg-wēnišnīh* « la vue mentale ». Ce texte est apparemment défectif uniquement dans le cas de l'omission du septième prêtre, le *srōšāwarz* (av. *sraōšāuuarəza*-), qui devrait

---

4. S. Damanins (communication personnelle) note que dans certains manuscrits liturgiques iraniens (en particulier vingt), *xwāndan* est utilisé comme synonyme de *guftan*.

correspondre à Sraōša ; cette absence s'explique par le désir d'obtenir un parallélisme direct entre les lieux sacerdotaux au sein de l'aire sacrificielle et la répartition divine sur les sept climats du monde, sans exclure Ohrmazd (qui est le *zōt* suprême).

La présence d'un compagnon humain, qui accompagne chaque prêtre divin, confirme l'hypothèse que d'autres assistants pouvaient également être impliqués dans le rituel, en relation avec d'autres divinités, comme on le voit aussi pour les *upa-sraōtar*-s. Ainsi, le microcosme rituel correspond à un macrocosme céleste, tandis que le monde divin et le monde humain coexistent, voire deviennent une seule et même réalité. Dans le cadre de la liturgie, les humains et les dieux non seulement correspondent les uns aux autres, mais jouent les mêmes fonctions, comme si les deux dimensions avaient été unifiées. C'est la métaphysique de la mimêsis liturgique.

Il faut observer que Ohrmazd et Sōšans sont placés dans le *kišwar* central, X^{v}aniraθa (pehlevi *Xwanirah*) et que leur disposition, vraisemblablement sur un axe nord-sud, inclut la participation objective du *zaōtar*- et du *sraōšāuuarəza*-. Cette équivalence implique que Srōš et le Sōšans puissent se trouver assimilés dans la dynamique de la mimêsis rituelle. Implicitement le collège sacerdotal de huit prêtres est au complet. Si nous voulons traduire cette image métaphysique sur le plan d'une géographie cosmique, il faudrait utiliser le schéma de subdivision de *kišwar*s évoqué, par exemple, dans le *Rašn Yašt*, 9-15[5], où les sept *karšuuar*-s avestiques sont mentionnés. Chapitre après chapitre, le dieu Rašnu, dans son ascension vers le paradis, passe d'un continent à l'autre, selon l'ordre suivant :

arəzahi-	(*arzah*)	[Ouest]
sauuahi-	(*sawah*)	[Est]
fradaδafšu-	(*fradadafš*)	[Sud-Est]
vīdaδafšu-	(*widadafš*)	[Sud-Ouest]
vouru.barəšti-	(*wōrūbaršt*)	[Nord-Ouest]
vouru.jarəšti-	(*wōrūjaršt*)	[Nord-Est]
x^{v}aniraθa-	(*xwanirah*)	[Centre]

---

5. Voir L. Goldman, *Rašn Yašt. The Avestan Hymn to "Justice"*, Wiesbaden 2015, p. 140-156.

Le collège sacerdotal avestique et ses dieux

Ce système géographique est mentionné ailleurs, surtout dans les sources pehlevies (voir, par exemple, *Bundahišn* indien 6,8-9[6]) à partir desquelles nous pouvons déduire certaines coordonnées astronomiques (concernant les solstices et les équinoxes)[7].

Mais on ne peut analyser ce passage sans tenir compte du chapitre XXXV,14[8] des *Wizīdagīhā* de Zādspram :

14) *ān-iz ī wuzurg hamīh ī frašgird-kardārān ham pad haft mard, kē-šān xwarrah az haftān amahraspandān pēšōbāy zardušt sōšāns andar xwanirah, rōšn-čašm ud xwar-čašm pad arzah ud sawah kē-šān xwaršēd čašm ī gēhān pad-iš āyēd ud šawēd frādat-xwarrah <ud wīdat-xwarrah> pad fradadafš <ud> wīdadafš, worunem <ud> ⁺worusūd pad worūbaršt <ud> worūjaršt.*

14) Voici la grande assemblée des agents de la Rénovation (qui se fera) par sept hommes, dont le *xwarrah* (vient) des sept Amahraspandān, d'abord Sōšāns, fils de Zardušt dans le Xwanirah, Rōšn-čašm et Xwar-čašm dans Arzah et Sawah, (les continents) par lesquels le soleil, l'œil du monde, va et vient. Frādat-xwarrah <et Wīdat-xwarrah> dans Fradadafš et Wīdadafš, Worumen et Worusūd dans Worubaršt et Worūjaršt.

---

6. Voir *ibid.*, p. 37-38 et la note 213. Le texte du *Bundahišn* iranien est très différent ; voir F. Pakzad, *Bundahišn. Zoroastrische Kosmogonie und Kosmologie*, I, p. 122-123.
7. W. B. Henning, *Sogdica*, Londres 1940, p. 28-29 (repris dans Henning 1977, II, p. 29-30).
8. Ph. Gignoux et A. Tafazzoli, *Anthologie de Zādspram*, p. 130-131 ; Sh. Raei, *Die Endzeitvorstellungen der Zoroastrismus in iranischen Quellen*, p. 214.

Le collège sacerdotal et les Aməşa Spəntas

Si nous combinons les informations contenues dans ces trois paragraphes, il est donc possible de placer les prêtres[9] (et les Amarhaspandān correspondants) dans l'espace géo-symbolique de la résurrection mazdéenne, selon le schéma suivant qui combine les données sur la disposition des prêtres avec la répartition des continents :

Ohrmazd le *zōt* avec Sōšāns	Xwanirah (Centre, axe Nord-Sud)
Wahman le *hāwanān* avec Rōšn-čašm	Arzah (Ouest)
Ardwahišt l'*ātarwaxš* avec Xwar-čašm	Sawah (Est)
Šahrewar le *fraburdār* avec Frādat-xwarrah	Fradadafš (Sud-Est)
Spandarmad l'*āburd* avec Wīdat-xwarrah	Wīdadafš (Sud-Ouest)
Hordād l'*āsnadār* avec Worunēm	Woṙubaršt (Nord-Est)
Amurdad le *rehwiškar* avec Worusūd	Woṙujaršt (Nord-Est)

Selon les *Wizīdagīhā* de Zādspram, XXXV,39, l'ordre d'association (auquel nous avons ajouté la référence au prêtre correspondant) entre les Amahraspandān et les éléments de la nature est le suivant :

Ohrmazd et Sōšāns à tous les hommes	=	*zōt*
Wahman est mêlé ou lié au bétail	=	*hāwanān*
Ardwahišt aux feux	=	*ātarwaxš*
Šahrewar aux métaux	=	*fraburdār*
Spandarmad aux terres	=	*āburd*
Hordād aux eaux	=	*āsnadār*
Amurdad aux plantes	=	*rehwiškar*

Malgré quelque points discutables, les correspondances suivent une logique ordonnée selon des critères précis. La plus grande difficulté tient surtout au couplage avec le continent de référence, à propos duquel le principe ordonnateur nous échappe.

Quoi qu'il en soit, on peut présenter les listes précédentes comme suit :

---

9. On ne peut que spéculer sur l'étiologie des noms choisis pour les assistants spéciaux requis pour cette cérémonie. Rōšn-čašm et Xwar-čašm, le premier comme « œil lumineux » ou plutôt « œil de lumière », le deuxième comme « œil du soleil », renvoient au coucher et au lever du soleil. On retrouve un jeu de mots transparent de nature étymologique entre les noms des deux personnages appelés Frādat-xwarrah et Wīdat-xwarrah ; dans ce dernier cas avec la désignation technique du prêtre *fraburdār*, dans le second avec celui de son *kišwar* : Wīdadafš. Les deux derniers, Worunēm et Worusūd, rappellent également les noms pehlevis des *kišwarān*, Wōrūbaršt et Wōrūjaršvol.

Le collège sacerdotal avestique et ses dieux

Est

Ardwahišt
Sawah
Xwar-čašm comme
ātarwaxš

Amurdad
WŌRŪJARŠT (Nord-Est)
Worusūd comme
rehwiškar

Šahrewar
Fradadafš (Sud-Est)
Frādat-xwarrah comme
fraburdar

ohrmazd zōt abāg sōšāns
zōt et *srōšāwarz*
Nord   Zardušt et son fils   Sud
[Centre]
Xwanirah

Hordād
WŌRŪBARŠT (Nord-Ouest)
Worunēm comme
āsnadār-

Spandarmad
WĪDADAFŠ (Sud-Ouest)
Wīdat-xwarrah comme
āburd

Wahman
Arzah
Rōšn-čašm comme
hāwanān

Ouest

Ou, selon l'ordre plus traditionnel avec le sud en haut :

Sud

Šahrewar
Fradadafš (Sud-Est)
fraburdar

Spandarmad
Wīdadafš (Sud-Ouest)
āburd

Ardwahišt   *sōšāns srōšāwarz*   Wahman
Est   Sawah   [Centre]   Arzah   Ouest
ātarwaxš   *ohrmazd zōt*   *hāwanān*

Amurdad
WŌRŪJARŠT (Nord-Est)
rehwiškar

Hordād
WŌRŪBARŠT (Nord-Ouest)
āsnadār

Nord

Le collège sacerdotal et les Aməṣ̌a Spəṇtas

Mais, en réalité, cette disposition ne correspond pas à la répartition traditionnelle des prêtres dans les schémas liturgiques :

SUD

SE   *sraōšāuuarəza-*   SO

ābərət- Spandarmad   **Vase du feu**   Ardwahišt *ātrauuaxša-*

EST   *raēϑβiškara-* Amurdad   andarag   Hordād *āsnātar-*   OUEST

frabərətar- Šahrewar   urwēs   Wahman *hāuuanān-*

NE   *zaōtar*   NO

NORD

L'arrangement des prêtres et des Anahraspandān par rapport à la répartition géographique suit un critère qui échappe à toute explication simple. Contentons-nous pour le moment d'observer que la centralité de Xwanirah ne crée aucune difficulté par rapport à l'axe nord-sud sur lequel se trouvent les deux principaux prêtres, et que la mention des deux *kišwarān* Arzah et Sawah, Ouest et Est, est attestée ailleurs[10] et fait référence (dans l'ordre) au coucher et au lever du soleil, selon un possible synchronisme avec la liturgie qui commence l'après-midi (*uzaiieirina- gāh*). En réalité, les *Sélections* de Zādspram (XXXV,1)[11] nous confirment que ce rituel extraordinaire est célébré par le double collège, humain et divin, à partir de Uzērin (*pād uzērin gāh*) et que le collège sacerdotal continuera d'officier lors de ce *yasna* dans les cinq occasions liturgiques prévues pour chaque journée jusqu'à la résurrection de tous les morts. De cette manière, l'humanité sera progressivement ressuscitée puis transfigurée grâce à la puissance de la liturgie. À ce stade, Ohrmazd en compagnie de Srōš rejoindra l'assemblée du côté sud et s'assiéra sur son trône avant le jugement final, complété par l'apocatastase et le pardon universel. Comme il est expliqué au

---

10. Voir L. Goldman, *Rašn Yašt. The Avestan Hymn to "Justice"*, p. 38-39.
11. Ph. Gignoux et A. Tafazzoli, *Anthologie de Zādspram*, p. 132-133 ; Sh. Raei, *Die Endzeitvorstellungen der Zoroastrismus in iranischen Quellen*, p. 215.

Le collège sacerdotal avestique et ses dieux

ch. XXXV,15, les ingrédients mêmes de ces sacrifices seront particuliers ; le lait sera celui du bœuf Hadayōš, le feu sera de qualité supérieure, et le rite (*yašt*) sera celui du *frašgird-kardārīh*[12]. En somme, nous sommes confrontés à un acte liturgique qui transforme l'existence de l'humanité et de l'univers, dont la séquence se déroule à travers une chaîne ininterrompue de célébrations officiées par le même collège de prêtres.

En tous cas, cette approche théologique, combinée à l'idée d'une relation mimétique entre les Amahraspandān et les prêtres de la liturgie longue est confirmée aussi par la version pehlevie de *Vištāsp Yašt* 15[13] :

> [...] *tō abardar wardišn ī bē xwān harwisp gyāg ī hāwan<ān> ud harwisp ātarwaxšān [pad wardišn ī bē gōw] ud harwisp gyāg ī frāburdarān harwisp āburdarān ud harwisp āsnadār ud harwisp rehwiškar ud harwisp srōšāwarz [pad wardišnīh bē gōw kū ēn haft gyāg ī pad urwēsgāh haft amahraspandān ray kard ī ēstēd ān har haft amahraspand nām to bē gōw kā bē xwān].*

Appelle le tournant supérieur : toutes les places des *hāwanān*, toutes celles des *ātarwaxšān* [dis en tournant] et toutes les places des *frāburdarān* et toutes celles des *āburtarān* et toutes celles des *āsnadār* et toutes celles des *rehwiškar* et toutes celles des *srōšāwarz* [dis-les en tournant (le regard vers) ces sept places qui ont été établies comme des *urwēsgā*s pour les sept Amahraspandān : dis les noms de tous les sept Amahraspandān, quand tu les appelleras[14] !].

Dans cette source, la relation directe entre les sept places prises par les assistants et celles des Amahraspandān (y compris Srōš) est

---

12. Ph. Gignoux et A. Tafazzoli, *Anthologie de Zādspram*, p. 130-131 ; Sh. Raei, *Die Endzeitvorstellungen der Zoroastrismus in iranischen Quellen*, p. 214-215.
13. Voir M. Molé, *Culte, mythe et cosmologie dans l'Iran ancien*, p. 357.
14. Je suis la traduction de M. Molé, *Culte, mythe et cosmologie dans l'Iran ancien*, p. 358. B. N. Dhabhar (*Translation of the Zand-I Khūrtak Avistāk*, Bombay 1963, p. 361-362) donne une interprétation différente : « By turning (your eyes or hand) higher up, thou shouldst call the *hāwanān* for (taking up) his proper place [and thou shouldst call by turning (your eyes or hand)] the *ātarwaxš* (to take) his proper (place), the *frāburdar*, (to take) his proper place, the *āburdar* (to take) his proper (place), the *āsnadār* (to take) his proper (place), the *rehwiškar* (to take) his proper (place), the *srōšāwarz* (to take) his proper (place) : [call them up by turning (your eyes, or hand)]. That is, these seven places in the *urwēsgāh* are fixed for the seven Amahraspandān, and thou shouldst name every one of these seven Amahraspandān, i.e., invoke them ».

Le collège sacerdotal et les Aməṣa Spəṇtas

évidente[15], en particulier parce que nous trouvons l'indication directe des places que les prêtres vont occuper pendant la liturgie sur la table rituelle[16] ou l'enceinte (*urwēsgāh*). Le *zōt*, qui correspond normalement à Ohrmazd, n'est pas mentionné ici comme Ohrmazd. Il est absent, mais son absence ne diminue pas la pertinence de ces associations symboliques car Ohrmazd et Srōš sont implicitement placés au centre, sur l'axe nord-sud. Par ailleurs, chaque place attribuée aux prêtres-dieux est considérée comme un *urwēsgāh*. Dans la mesure où ce mot évoque une mouvement circulaire (av. *uruuaēsa-*), le centre de la liturgie cosmique correspond au X^{v}aniraθa, qui est à l'origine l'espace où « résonne le bruit des chars »[17]. Cette référence est peut-être un peu risquée, mais elle s'inscrit dans une vision du sacrifice comme compétition.

De toute évidence, la doctrine rapportée par Zādspram fut préservée au fil des siècles, en effet Kāmdin Šāpur[18] (928 A.Y./1558) la connaît encore puisqu'il la mentionne avec précision dans une *Rivāyat*[19] (424 ; planche n° 5) consacrée au thème de la « Résurrection » :

---

15. En dehors du contexte indo-iranien nous trouvons un phénomène similaire dans le monde hittite, où les rois et le prince, par exemple, célébraient les rituels habillés comme des dieux, sans pour autant être considérés comme déifiés. Le roi et la reine, respectivement tenus pour le prêtre le plus important du Dieu de la Tempête de Ḫatti et la plus grande prêtresse de la Déesse-Soleil d'Arinna, assumaient le rôle mimétique de leurs contreparties sur la terre, sans aucun procès de divinisation ici non plus. En revanche, on imaginait manifestement que le monde divin participait aux rituels humains accomplis en faveur et en l'honneur des dieux. Voir A. Taggar-Cohen, *Hittite Priesthood*, Heidelberg 2006, p. 423-446 ; voir aussi St. de Martino, « Symbols of Power in the Late Hittite Kingdom », dans Y. Cohen, A. Gilan et J. L. Miller (éd.), *Pax Hethitica. Studies on the Hittites and their Neighbours in Honour of Itamar Singer*, Wiesbaden 2010.
16. F. M. Kotwal et Ph. G. Kreyenbroek, *The Hērbedestān and Nērangestān*, III, p. 316 et *passim*.
17. Voir l'analyse de L. Goldman, *Rašn Yašt. The Avestan Hymn to "Justice"*, p. 155-156 avec bibliographie.
18. M. Vitalone, *The Persian* Revāyats*: A Bibliographic Reconnaissance*, Naples 1987, p. 10-11.
19. B. N. Dhabhar, *Translation of the Zand-I Khūrtak Avistāk*, p. 424. Le texte persan (M. R. Unvala, *Dârâb Hormazyâr's Rivâyat*, II, Bombay 1922, p. 48-49 [à la page 48, on trouve seulement le titre]) (voir planche 5) a été vérifié, avec de petites corrections (surtout à propos des noms de prêtres, dont la notation en alphabet avestique a été restaurée). Les variantes textuelles ont été insérées entre parenthèses. Je remercie Dr. Daniele Guizzo et le Prof. Stefano Pellò, qui m'ont fait l'amitié de m'aider à vérifier cette source.

Le collège sacerdotal avestique et ses dieux

1) *ān ki ahr<man> kay nīst x^wāhad šudan*
   pāsux ān ki rastāxēz
   pursiš ān ki rastāxēz dar kudām šahr x^wāhad šudan
   pāsux dar har jānib
2) *mēšawad ammā čūn rast x^wāhand *VYRAMDN* sōšānš ba x^waniras ba ērānšahr wa ān šaš faraškar<d>gardān ba šaš kišwar ba andāza*
3) **hāuuanā. v. āθriiaxša. frabərətāra. ābərət**
4) **a. āsnatāra. raṯ.tuuiškar**... *ūrmazd awā šaš amšasfandān*
5) *ba ān haft faraškard-kirdārān kāh (= gāh) kīrand (= gīrand). ūrmazd x^wad zōd sōšānš*
   (SWSYŠ) *wa bahman ba* **hāuuanānqn.**
6) *āwā rošn-čašm ūrdibihišt ba* **āθriiaxš**. *xura-čašm wa šahrīwar ba* **frabərətāra.**
7) *ābā āfarīd xura asfandār ba* **ābərəta**. *ābā dast-xura xurdād ba* **āsnatāra**. *ābā warnīm wa amurdād ba*
8) **raēθuiškara**. *ābā waran-sūd wa har yak ba kišwar-i x^wīš ba hamkāma-yi ūrmazd yazišn x^wāhand kardan wa har kas-ē bad ānjāy*
9) *ki wilādat yāfta bāšand wa yā bad ānjāy ki wafāt yāfta bāšand rast x^vāhand *VYRĀYDN* ānči bad īn niwišta baʿd* (lire : *bad*) *īn*
10) *nawʿ niwišta ba ūrmazd kām.*

Question : « Quand Ahriman sera-t-il anéanti ? »
Réponse : « À la résurrection ».
Question : « Dans quel pays aura lieu la résurrection ? »
Réponse : « Elle aura lieu en tous lieux, mais quand les morts seront ressuscités par le Syōšānš (*sywšānš*) (la résurrection) aura lieu dans l'Ērān-šahr de Xwaniras (texte : *Hwnyrs*) et ses six agents de la Rénovation (*faraškar<d>-kard<ar>ān*) seront (respectivement) dans les six autres Kišwars, comme les *hāuuanā, āθriiaxša, frabərətāra, ābərəta, āsnatāra*, et *raṯ.tuuiškar*.
Ohrmazd choisira le moment (pour le travail de la résurrection) avec les six Amšasfandān et avec ces six agents de la Rénovation (*faraškard-kardarān*).
Ohrmazd sera lui-même le *zōd* (le prêtre célébrant) avec Sošyoš (texte : *sywš*) (comme son prêtre assistant),
et Bahman (l'Amašaspand) comme *hāuuanānqn* avec Rošn-čašm,
Ardibehešt comme *āθriiaxš* avec Khored-čašm (texte : *xrh-čašm*),
Šahrivar comme *frabərətāra* avec Āfrid-Xoreš (texte : *āfrid-xrh*),
Asfandār comme *ābərəta* avec Dast-Xoreh,
Xordād comme *āsnatāra* avec Varnīm
et Amerdād comme *raēθuiškara* avec Varan-Sud,
chacun de ces (assistants) célébrera le *Yasna* (*yazišn*) dans sa propre région selon la volonté d'Ohrmazd, et chaque personne sera ressuscité

là où elle est née ou là où elle est morte. Tout ce qui était écrit comme ici (dans les livres pehlevis) a été ensuite transcrit (ici, pour votre information) de la même manière selon la volonté d'Ohrmazd[20].

La symétrie délibérée entre, d'une part, Ohrmazd et les Amahraspandān (tandis que Srōš n'est pas mentionné pour garder la connexion directe avec les sept continents) et, d'autre part, les six *kišwar* (plus la région centrale) a par ailleurs été mise en rapport avec les six assistants d'Ohrmazd (en qualité de *zaōtar-*, mais en l'absence du *sraōšāuuarəza-* et du dieu Srōš en même temps). Quand le collège divin célébrera le *yasna-* de la résurrection, les prêtres terrestres, mentionnés par leur nom (bien que leur orthographe en persan ait été fortement altérée)[21], feront leur devoir et chacun de ces prêtres extraordinaires sacrifiera, une fois revenu à la vie, à l'endroit même où il est né ou bien où il est mort. Il faut aussi souligner que, selon les *Wizīdagīhā ī Zādspram* XXXV,20[22], ce sacrifice (*yašt*) « serait célébré à la ressemblance de ce (que fit) Ǧam, quand il fit tourner (les gens) avec l'instrument en or, la trompette » (*kard yašt pad homānāgīh ī jam ka-š pad sūrāgōmand ī* ⁺*zarrēn ān gādumb be wardēnīd*). L'idée que le sacrifice final correspond à celui où officiait Yima alors qu'il était sur le point de tripler la taille de la terre (comme le raconte le deuxième chapitre du *Vidēvdād*)[23] crée un lien entre l'extension terrestre maximale et les sept continents habités par le monde humain. De plus, ce rite établit une continuité directe entre l'humanité primitive et celle de la fin du monde, même si Yima figure comme un pécheur dans certaines traditions. On se souvient cependant que selon la version du *Vidēvdād*[24], Yima ne commet aucun péché, mais refuse de rejoindre immédiatement

---

20. Texte persan dans M. R. Unvala, *Dârâb Hormazyâr's Rivâyat*, II, p. 48-49. J'ai normalisé la traduction dans une certaine mesure.
21. Voir *Yt.* 13, p. 128-129. Cf. B. N. Dhabhar, *The Persian Rivayats of Hormazyar Framarz and others*, p. 424, n. 7.
22. Ph. Gignoux et A. Tafazzoli, *Anthologie de Zādspram*, p. 132-133 ; Sh. Raei, *Die Endzeitvorstellungen der Zoroastrismus in iranischen Quellen*, p. 215.
23. A. Panaino, « Considerations on the 'mixed fractions' in Avestan », dans É. Pirart (éd.), *Syntaxe des langues indo-iraniennes anciennes*, Sabadell 1997 ; id., « The Triadic Symbolism of Yima's *vara-* and Related Structures and Patterns », dans S. Azarnouche et C. Redard (éd.), *Yama/Yima. Variations indo-iraniennes sur le geste mythique / Variations on the Indo-Iranian Myth of Yama/Yima*, Paris 2012, p. 111-130.
24. Voir A. Panaino, « Mortality and Immortality: Yama's/Yima's Choice and the Primordial Incest (Mythologica Indo-Iranica I) », dans V. Sadovski et

Le collège sacerdotal avestique et ses dieux

sa *daēnā-*, comme l'indique un passage à l'interprétation controversée[25]. Le lien entre le rite de Yima et celui de Srōš jette peut-être aussi un éclairage nouveau sur ce problème et renforce l'image d'une chaîne sacrificielle ininterrompue.

Les passages étudiés comportent une doctrine qui se réfère à la descente, d'abord en esprit, puis physique, des Amahraspandān sur terre au cours des phases finales de la résurrection. Il me semble très probable que cet événement extraordinaire soit directement évoqué au plan iconographique, par exemple dans la représentation sogdienne des Amahraspandān dans l'ossuaire de Biyanajman[26].

Certains des prêtres avestiques présentent des caractéristiques qui trouvent des parallèles significatifs dans la tradition védique : par exemple l'*ātra-uuaxša-* correspond au védique *āgnīdhra-* ou *aghnīdh-*, qui est en fait responsable de l'allumage du feu. Victor Henry[27] a comparé l'office du *frabərətar-* (ainsi que celui de l'*ābərət-*) à celui du *néṣṭr̥-* védique et Hermann Oldenberg[28] les fonctions du cinquième assistant, l'*āsnātar-*, à celles du *pótr̥-* védique, « le purificateur ». Martin Haug[29] a pour sa part comparé le *sraōšāuuarəza-* au *pratiprasthātar-* védique, un collaborateur de l'*adhvaryú-* : le vieux *pratiprasthātar-* indien tenait à la main une épée en bois, arme principalement attribuée au dieu avestique de l'obéissance, Sraōša.

Les comparaisons indo-iraniennes sont importantes et nombreuses. Ce qui semble particulièrement intéressant, cependant, c'est l'idée d'une corrélation directe entre le collège sacerdotal et le panthéon. Cette

---

A. Panaino (éd.), *Disputationes Iranologicae Vindobonenses*, II, Vienne 2013, p. 107-131, *passim*.

25. A. Panaino, « Yima ed il rifiuto della daēnā-. Ovvero dell'incestualità, della beatitudine e della morte tra ambigui ostacoli e seducenti trasparenze » ; id., « Mortality and Immortality: Yama's/Yima's Choice and the Primordial Incest (Mythologica Indo-Iranica I) », *passim*.
26. Je remercie Frantz Grenet qui a confirmé cette interprétation lors de la troisième conférence de mon cours à l'EPHE (19 novembre 2020), ce qui me semble très plausible. Pour les images, voir M. Shenkar, *Intangible Spirits and Graven Images: The Iconography of Deities in the Pre-Islamic Iranian World*, Leyde – Boston 2014, p. 353-359, pl. 169-180.
27. V. Henry dans W. Caland et V. Henry, *L'Agniṣṭoma*, II, p. 479.
28. H. Oldenberg, *Die Religion des Veda*, 2ᵉ éd., p. 386 ; voir aussi K. Mylius, « *Potr̥, potra*. Charakteristik eines vedischen Opferpriesteramtes », p. 222 ; id., *Wörterbuch des altindischen Rituals*, p. 94.
29. M. Haug, *Essays on the Sacred Language, Writings, and Religion of the Parsis*, p. 280.

corrélation est également présente dans le *Ṛgveda*. Rappelons que dans le rituel de l'*Agniṣṭoma*, les prêtres sont individuellement et directement liés à un être divin, comme le montre Thomas Oberlies[30] en soulignant que les sept prêtres védiques entretiennent une relation très spécifique avec les divinités les plus importantes :

Hótṛ-	Indra,
Pótṛ-	Marut,
Néṣṭṛ-	Tvaṣṭṛ- (et les femmes divines),
Agnīdh-	Agni,
Praśāstṛ- / Upavaktṛ-	Mitra et Varuṇa,
Adhvaryú-	Aśvin,
+ Brahman-	Indra (et/ou Bṛhaspati)[31].

L'analyse de l'installation sacerdotale mazdéenne ouvre sur la dimension méta-temporelle et spéculative de la mimêsis liturgique grâce à laquelle le collège non seulement assume un rôle technique mais acquiert un statut sacral et spirituel dont la structure profonde se retrouve dans le rituel védique. Dans des travaux de toute première importance, Hertha Krick[32] observe à juste titre que les prêtres ṛgvédiques (sept plus un) trouvent un parallèle direct dans les Ādityas avec l'inclusion de Vivasvant-/Mṛtāṇḍa au niveau cosmologique.

Nous pouvons donc conclure cette partie de notre enquête en insistant sur le fait que la cérémonie sacrificielle crée temporairement une nouvelle réalité, dans laquelle prêtres et divinités se reflètent et se fondent dans une synthèse imaginaire qui trouve son explication dans la théologie zoroastrienne, en particulier dans l'anticipation de la *frašō.kərəti-*, à travers une transposition temporaire dans le temps à venir de la résurrection, laquelle s'achèvera par un double rituel solennel, célébré à la fois par les hommes et les dieux dans les cieux et sur terre. Les données que nous avons collectées jusqu'à présent semblent indiquer que nous sommes face à une tradition enracinée dans un passé indo-iranien commun.

---

30. Th. Oberlies, *Die Religion des Ṛgveda*, 1ʳᵉ partie, p. 275, n. 603 ; Chr. Z. Minkowski, *Priesthood in Ancient India*, p. 82.
31. Chr. Z. Minkowski, *Priesthood in Ancient India*, p. 123-124, *passim*.
32. H. Krick, *Das Ritual der Feuergründung (Agnyādheya)*, p. 417, n. 1126.

Le collège sacerdotal avestique et ses dieux

Appendice 6 : les autres listes de prêtres

Si la liste de sept prêtres installés avec le rituel du *Visprad* est la plus importante et celle qui a certainement reçu le développement le plus cohérent dans la tradition avestique, nous disposons d'au moins deux autres listes (avec de petites variantes), où nous trouvons la mention d'un collège sacerdotal en partie différent.

La première liste, la seule apparemment ancienne, est attestée dans le *Yašt* 3, ou *Ardwahišt Yašt*, dans les chapitres 1 et 2 :

Yt. 3,1-2 :

1) *mraōṯ ahurō mazdā̊ spitamāi zaraθuštrāi*
   āaṯ yaṯ aṣ̌a vahišta fradaiθiša,
   spitama zaraθuštra,
   staōtarəca zaōtarəca zbātarəca mąθranaca
   yaštarəca āfrītarəca aibijarətarəca
   vaŋhąn xšaēta raōcā̊ xᵛanuuaitīšca varəzō
   ahmākəm yasnāica vahmāica
   yaṯ aməṣ̌anąm spəṇtanąm.

2) *āaṯ aōxta zaraθuštrō*
   mruiδi bā vacō arš.vacō
   ahura mazda, yaθa tē aŋhən
   yaṯ aṣ̌a vahišta fradahīš,
   spitama zaraθuštra,
   staōtarəca zaōtarəca zbātarəca mąθranaca
   yaštarəca āfrītarəca aibijarətarəca
   vaŋhąn xšaēta raōcā̊ xᵛanuuaitīšca varəzō
   yūšmākəm yasnāica vahmāica
   yaṯ aməṣ̌anąm spəṇtanąm.

1) Ahura Mazdā dit à Spitama Zaraθuštra
   « Alors, puisses-tu favoriser Aṣ̌a Vahišta,
   ô Spitama Zaraθuštra,
   ô *staōtar-*, ô *zaōtar-*, ô *zbātar-*, ô *mąθran-*,
   ô *yaštar-*, ô *āfrītar-*, ô *aibijarətar-*,
   revêtu des brillantes lumières et des demeures solaires,
   pour nous vénérer et nous prier, nous les Aməṣ̌a Spəṇtas ».

2) Alors, Zaraθuštra dit :
   « Énonce donc les paroles,
   ô Ahura Mazdā aux paroles véridiques,
   comme elles étaient tiennes
   quand tu as favorisé Aṣ̌a Vahišta,
   ô Spitama Zaraθuštra,

Le collège sacerdotal et les Aməṣa Spəṇtas

ô *staōtar-*, ô *zaōtar-*, ô *zbātar-*, ô *mąθran-*,
ô *yaštar*, ô *āfrītar-*, ô *aibijarətar-*,
revêtu des brillantes lumières et des demeures solaires,
pour nous vénérer et nous prier, nous les Aməṣa Spəṇtas ».

Cette liste présente sept prêtres, invoqués sans aucune référence particulière à la liturgie, mais individuellement liés à des fonctions orales : *staōtar-*[33], *zaōtar-*, *zbātar-*, *mąθran-*, *yaštar-*, *āfrītar-*, *aibijarətar-*. Ces prêtres sont des spécialistes des prières, louanges, invocations, mantras, etc., et à l'exception du *zaōtar-*, aucun d'eux n'est chargé d'accomplir les actes propres au déroulement des cérémonies avestiques. Pourtant, je ne crois pas qu'il s'agisse d'un collège sacerdotal véritable, mais d'une sorte de « chorale » liturgique, invoquée pour l'exaltation de la prière et de la louange divine. Ils sont évoqués tous ensemble en correspondance avec les Aməṣa Spəṇtas qui, avec Ahura Mazdā, protègent l'humanité et méritent le sacrifice, mais il ne faut pas exagérer l'importance de ces passages, qui en réalité, vu la datation tardive du *Yašt* 3, n'ont aucune autorité particulière. Les variantes apportées à cette liste (l'absence du *mąθran-* et du *āfrītar-*, l'insertion du *framarətar-*) en *Y.* 14,1 et *Vr.* 5,1 [= *VrS.* 14,1], dûment relevées par Lecoq[34], indiquent que ces séries de prêtres ne renvoient pas à un collège sacerdotal distinct ; peut-être servaient-ils de renfort pour chanter les louanges aux divinités. On peut imaginer qu'il existait des cérémonies où l'éloge d'Ahura Mazdā et du panthéon était renforcé grâce à la participation d'une série de prêtres additionnels. Le fait que cette série de prêtres invocateurs soit introduite au début du *Stōt Yašt*, c'est-à-dire au chapitre 14,1 du *Yasna*, n'est pas fortuit. Le *zaōtar*, qui récite, se met à la disposition des Aməṣa Spəṇtas, dans ses fonctions multiples de *staōtar-*, *zaōtar-*, *zbātar-*, *yaštar-*, *framarətar-*, et *aibijarətar*. Ces fonctions sont au nombre de six comme le sont aussi les Aməṣa Spəṇtas. Nous reviendrons plus loin sur cette correspondance.

---

33. É. Pirart (*Le Sentiment du Savoir*, p. 35) remarque à juste titre que les titres sacerdotaux sont rares ou très souvent absents dans les *Gāθā*s ; par exemple, *zaōtar-* est attesté seulement dans *Y.* 33,6 et *staōtar-* dans *Y.* 41,5 et 50,11. Par contre, des titres originaux comme *mąθran-*, *səraōšān-*, ou *saōšiiant-*, etc., sont attestés.
34. Voir P. Lecoq, *Les livres de l'Avesta*, p. 190.

Le collège sacerdotal avestique et ses dieux

Appendice 7 : avestique *kauui-*

Il serait impossible d'analyser à nouveau de manière systématique le problème soulevé par l'utilisation différenciée et contrastive du mot avestique, ancien et récent, *kauui-*[35] et du védique *kaví-*[36]. Le thème avestique présente une connotation négative, notamment dans le contexte gāθique, avec une remarquable exception pour le cas de Vīštāspa[37], le protecteur de Zoroastre et son premier partisan, et quelques autres personnes, alors que les pires ennemis de Zaraθuštra et de ses rituels étaient aussi appelés *kauuis*. Ainsi, nous pouvons affirmer que le champ sémantique dénotant l'av. *kauui-* semble, du moins dans l'est de l'Iran ancien, fortement lié à la sphère du pouvoir et de l'autorité – j'évite toutefois d'utiliser des expressions comme « royauté », parce que nous n'avons pas connaissance d'institutions politiques semblables à celles que nous trouverons en Perse ou qui existaient dans le monde mésopotamien.

La sémantique du mot védique possède au contraire des implications liturgiques apparemment plus claires. Le *kaví-* est sans doute un « sage », un « expert », qui sait comment traiter et manier des sujets secrets et complexes ; il peut être prêtre, chef[38], et même dieu (par exemple Varuṇa, Agni, les Maruts, Indra ou Bṛhaspati)[39].

Le débat académique, surtout dans ces derniers temps, et en particulier dans le contexte de l'indo-iranologie, a suivi deux pistes distinctes pour résoudre l'amphibolie existante :

La première nous invite à postuler l'antiquité du sens religieux et intellectuel du mot, avec l'hypothèse que *kauui-* signifiait « poète » et « prêtre » ; la deuxième insiste sur la dimension politique, autoritaire de *kauui-* au sens de « prince, roi, chef »[40] (a priori avec ou sans

---

35. Voir Chr. Bartholomae, *Altiranisches Wörterbuch*, col. 442-443 ; J. Kellens et É. Pirart, *Les textes vieil-avestiques*, II, p. 230.
36. Voir H. Graßmann, *Wörterbuch zum Rig-Veda*, col. 318-320.
37. Voir *Y.* 46,14-15 ; 51,16 ; 53,2.
38. Sur le rôle des prêtres comme autorités sociales, voir H. Scharfe, *The State in Indian Tradition*, p. 103-104, *passim*.
39. Voir St. W. Jamison *The Rig Veda between two Worlds. Le Ṛgveda entre deux mondes*, p. 119-147.
40. Ce fut l'interprétation courante à l'époque de Chr. Bartholomae ; voir aussi K. Barr, *Avesta, Zarathushtriernes Hellige Skrifter i Udtog*, Copenhague 1923, p. 123 ; voir plus récemment H. Humbach, *The Gāthās of Zarathushtra and the Other Old Avestan Texts*, avec J. Elfenbein et P. O. Skjærvø, I, Heidelberg

Le collège sacerdotal et les Aməṣa Spəṇtas

accepter l'identification du Vištāspa avestique avec le père de Darius ; hypothèse à mon avis invraisemblable, voire impossible) ; une troisième voie intermédiaire, cherchant à réunir les deux aspects dans une sorte d'hendiadys logique a parfois été proposée, non sans raison[41].

Dans une étude récente, Stephanie Jamison[42] apporte des propositions nouvelles sur l'origine du mot indo-iranien **kavi-*, qui méritent d'être citées *in extenso* :

> On the basis of the Rigvedic evidence and keeping in mind the later developments, I would suggest that the earlier kavi of the Rig Veda, and indeed of Indo-Iranian, *was the word-master associated with royal power*. He was, in a slangy expression the king's "go-to guy" for words, and since, as I have already discussed, words were considered

---

1991, p. 11 ; H.-P. Schmidt, « Zaraθuštra and His Patrons », dans M. Soroushian, C. G. Cereti et F. Vajifdar (éd.), *Ātaš-e Dorun. The Fire Within : featuring 45 papers on various aspects of the culture, history, and religion of ancient Iran*, Bloomington (IN) 2003, p. 367-370 ; I. Colditz, « Altorientalische und Avesta-Traditionen in der Herrschertitolatur der vorislamischen Iran », dans C. G. Cereti, M. Maggi et E. Provasi (éd.), *Religious Themes and Texts of Pre-Islamic Iran and Central Asia: Studies in Honour of Professor Gherardo Gnoli on the Occasion of His 65th Birthday on the 6th December 2002*, Wiesbaden 2003, p. 67-76 ; M. Schwartz, « Avestan *kauui* and the Vocabulary of Indo-Iranian Institutions », dans J. Choksy et J. Dubeansky (éd.), *Gifts to a Magus: Papers in Honor of Dastur Dr. Firoze Kotwal*, New York 2012.

41. Voir par exemple Th. Oberlies (*Die Religion des R̥gveda*, 1ʳᵉ partie, p. 410, n. 74), qui traduit *kauui-* par « Dichter-Krieger ». H. Lommel (*Die Yäšt's des Awesta übersetzt und eingeleitet*, p. 171-172, en particulier dans la n. 2) accepte l'interprétation de l'av. *kauui-* comme « verstockte Fürsten », il souligne néanmoins le fait que les *kauui*-s iraniens étaient trop fréquemment mentionnés aux côtés des *usij*-s et des *karapan*-s, et pourtant on ne saurait nier l'existence de certains liens avec la fonction sacerdotale. De plus, H. Lommel précise qu'il faudrait comparer la dénomination de souverains plus anciens comme *paraδāta-* avec le védique *purohita-* « vorangestellt, der Vorgesetzte », pour conclure : « Der Gedanke an ein Staatspriestertum der alten iranischen Stammeskönige, den ich auf Grund dieser Betrachtungen immerhin für erwägenswert halt, bleibt also unerweislich ». À propos d'av. *karapan-* et de ses correspondants védiques, voir St. W. Jamison, « An Indo-Iranian Priestly Title Lurking in the Rig Veda? An Indic Equivalent to Avestan karapan », *Bulletin of the Asia Institute*, N.S. 23 (2009), p. 111-119, où il montre toute la complexité de cette famille lexicale et de ses attestations. Pour la distinction orthographique entre *kay* [kd] (pour désigner les Kayanides) et *kayak* [kdk¹] (pour les prêtres hostiles à Zoroastre ; voir D. N. MacKenzie, *A Concise Pahlavi Dictionary*, p. 50), voir les remarques d'Éric Pirart (*Le Sentiment du Savoir*, p. 33-34).

42. St. W. Jamison, *The Rig Veda between two Worlds. Le R̥gveda entre deux mondes*, p. 137.

to have special inherent power in Indo-Iranian culture, this would make the kavi a powerful figure at the court – not an entertainer or marginal dispenser of cultural harness verbal power for good or ill. He was the king's right-hand man, his advisor in things spiritual and temporal. In the first instance, positing such a function gives us means of explaining the semantic development that occurred in Iranian. If the Indo-Iranian *kavi was originally a prominent member of the royal entourage (whatever "royal" meant in Indo-Iranian times), then it is not hard to see how this designation could be at some point interpreted as a royal title. Whether this happened in the pre-Iranian or the post-Avestan period I will not attempt to say, but it has been shown above that the word kauui in the Gāthās already inhabits the sphere of power, in its association with the words xšaθrā and maga.

Dans une note à ces conclusions, Jamison[43] signale que sa présentation des données pourrait entrer en conflit avec celle qui a été adoptée par Brereton (2004)[44]. L'article de Brereton, en partie inspiré par une recherche présentée oralement par Jamison[45], propose une nouvelle clé d'interprétation qui, bien qu'elle ne puisse résoudre toutes les difficultés, ouvre sans aucun doute une nouvelle voie nous permettant d'aborder le problème à nouveaux frais et de manière plus plausible.

Brereton fait remarquer à juste titre que, si l'avestique *kauui*- désigne un expert et un sage pouvant être à la fois prêtre et chef (ces deux catégories impliquant la possession de la sagesse), les sources védiques montrent que le mot *kaví*- est très fréquemment attesté avec *vedhás*- « expert du rituel », désignation habituelle aussi pour le *viśpáti*- « chef du clan »[46] et pour le *gṛhápati*- « seigneur de la

---

43. *Ibid.*, p. 137, n. 31.
44. J. Brereton, « Bráhman, Brahmán and Sacrificer », p. 332-342.
45. *Ibid.*, p. 337, n. 32, avec référence à une communication de Jamison (mentionnée dans l'article de J. Brereton comme « St. W. Jamison, 2003 ») en avril 2003 pendant le « Annual Meeting of the American Oriental Society, Nashville ». Cette communication sera publiée sous le titre « Vedic Uśanā Kāvya, Avestan Kauui Usan: On the Morphology of their Names », dans A. Nussbaum (éd.), *Verba Docenti. Studies in historical and Indo-European linguistics presented to Jay H. Jasanoff by students, colleagues, and friends*, Ann Arbor 2007. Jamison reprendra la question en 2004 dans le cadre de ses conférences au Collège de France (*The Rig Veda between two Worlds. Le Ṛgveda entre deux mondes*, chap. 4 : « Poetry: kauui, kavi, kāvya », p. 119-150, étude citée ici).
46. H. Graßmann, *Wörterbuch zum Rig-Veda*, col. 1297.

maison »[47]. Mais ce qui est frappant dans l'approche de Brereton, c'est qu'il suppose que le terme *kaví-* désignait à l'origine le sacrificateur, le *yájamāna-*[48]. Dans ṚV. 2,2,2, Agni joue non seulement le rôle des sept prêtres, mais aussi celui du *gŗhápati-*[49].

Ainsi, si l'on admet l'hypothèse que, dans les temps anciens, le sacrificateur védique (mais on peut aussi parler de l'officiant « proto-iranien ») a un certain nombre de fonctions spécifiques et qu'il « was not simply the ritual patron and spectator that he largely became »[50], le scénario s'inscrit alors dans une perspective différente[51]. En fait, cette position polyvalente de protecteur, seigneur et prêtre est aussi celle du dieu Indra, qui, dans son rôle de *bŕhaspati-*, « functions as a priest »[52] et non simplement comme un *yájamāna-*. Le passage de ṚV. 1,164,1d est très utile :

J'ai vu dans ce lieu [des trois feux] le chef du clan qui a sept fils [...]
átrāpaśyaṃ viśpatiṃ saptápatram [...][53].

Il est fort probable que les « sept fils » soient les sept sacrificateurs du rituel. De plus, comme le soulignent Krick[54] et Heesterman[55], si à l'origine le *hótṛ-* est lui-même le « sacrifiant », tandis que bien d'autres occurrences confirment par exemple[56] qu'Agni est à la fois *hótṛ-, viśpáti-* et *gŗhápati-* (mais aussi *kaví-*), on peut déduire que cette situation était archaïque. Et Brereton souligne l'importance de ṚV. 5,4,3abcd[57] :

*viśā́ṃ kavíṃ viśpátim mā́nuṣīṇāṃ,
śúcim pāvakáṃ ghṛtápṛṣṭham agním
ní hótāraṃ viśvavídaṃ dadhidhve
sá devéṣu vanate vā́ryāṇi.*

---

47. *Ibid.*, col. 407.
48. *Ibid.*, col. 1073.
49. J. Brereton, « Bráhman, Brahmán and Sacrificer », p. 327-328.
50. *Ibid.*, p. 330.
51. Voir aussi H. Zimmer, *Altindisches Leben. Die Cultur der vedischen Arier nach den Saṃhitā dargestellt*, Berlin 1879, p. 195.
52. J. Brereton, « Bráhman, Brahmán and Sacrificer », p. 330.
53. *Ibid.*, p. 331-332.
54. H. Krick, *Das Ritual der Feuergründung (Agnyādheya)*, p. 56.
55. J. C. Heesterman, *The Broken World of Sacrifice*, p. 144-146.
56. J. Brereton, « Bráhman, Brahmán and Sacrificer », p. 332.
57. *Ibid.*, p. 333.

Le collège sacerdotal avestique et ses dieux

> Le *kaví-* des clans, le seigneur du clan (ou des clans) des fils de Manu,
> Agni, l'ardent, pur, préservé avec du beurre,
> vous tous l'aviez installé comme le *hótar-* omniscient :
> qu'il puisse obtenir des dieux les dons souhaités !

Et il souligne que « *kaví-* and clanlord on the one hand and *hótar* on the other » assument « complementary roles both fulfilled by Agni »[58]. Il fait par conséquent l'observation suivante :

> Elsewhere, *kaví* appears in other contexts and with terms other than clan or houselord that nonetheless mark the *kaví* as the sacrificer. An example is 4. 15. 3 *pári vājapatiḥ kavír, agnír havyāny akramīt / dádhad rátnāni dāśúṣe* "Agni, as *kaví* and lord of victory's prize, strode around the oblations, granting riches to him that serves". The *vājapati* "lord of victory's prize" is Agni as a sacrificer who received the reward of the sacrifice and distributes rewards to the ritual participants[59].

Dans notre tentative de reconstitution d'une situation socioreligieuse indo-iranienne à partir de laquelle nous pourrions expliquer les deux directions sémantiques assumées par le thème **kavi-*, la piste proposée par Brereton semble très fructueuse.

En effet, le **kavi-*, en tant qu'expert et connaisseur des choses secrètes, des normes rituelles (et sociales), comme des formules magiques, devait être investi d'une certaine autorité puisqu'il assumait à la fois le rôle de « prêtre-sage » et de « souverain-sage », en particulier dans une période où le « sacrificateur », en sa qualité de seigneur de la maison et/ou du clan, était également chargé des fonctions de *hótṛ-/zaōtar-*.

À partir de son pouvoir rituel et de son autorité sociale fondés sur sa compétence et son expertise de longue date dans les choses sacrées et profanes, nous pouvons expliquer non seulement les deux directions opposées assumées par le védique *kaví-* et l'avestique *kauui-*, mais aussi les références contradictoires concernant la situation avestique. Une personne de grand prestige, une sorte de noble, y est souvent mentionnée à côté de prêtres disqualifiés ou, en tout cas, de personnages aux activités ambiguës comme les *karapan*-s et les *usij*-s, bien que

---

58. J. Brereton, « Bráhman, Brahmán and Sacrificer », p. 332-333.
59. *Ibid.*

ce titre fût attribué non seulement aux autorités considérées comme négatives (par Zaraθuštra), mais surtout à Vīštāspa, le grand protecteur de Zaraθuštra.

Partir de l'hypothèse que *kavi-* désigne une qualité fondamentale du « sacrificateur » – figure d'autorité guerrière ou sacerdotale, dotée dans la plupart des cas d'une autorité très prestigieuse au sein de la hiérarchie sociale, conformément au modèle exemplaire d'Indra ou d'Agni – nous permet de retrouver le contexte originel et un arrière-plan plausible pour les résultats attestés dans nos sources.

Ainsi, lorsque le pouvoir profane de l'autorité politique acquiert un statut plus élevé tandis qu'au même moment, le « clan-lord » perd une partie de ses fonctions religieuses en faveur de son propre aumônier et de ses prêtres assistants, le *kavi-* se transforme en poète de cour, comme cela s'est passé en Inde, où il est devenu titre honorifique pour le « chef de tribu » toujours en mesure de protéger le sacrifice et de soutenir ses prêtres. Dans le cas de Vīštāspa[60], ce *kauui-* a participé au nouveau rituel fondé par Zaraθuštra en tant que *yazəmna-* et adepte.

Bien que le *Vištāsp Yašt* ou *Yt.* 24,15 soit un texte tardif, Vīštāspa y est invoqué comme protecteur de tous les membres de la fonction sacerdotale. Cette invocation ne peut pas représenter la situation initiale, mais ce qu'elle confirme clairement, c'est que le protecteur de Zoroastre était encore considéré comme le protecteur de tous les prêtres, ou *kauui-* du collège sacerdotal dans son ensemble. Ainsi, en particulier en Iran, je ne vois pas de difficultés particulières dans la reconstitution d'un cadre dans lequel un chef de tribu, seigneur d'un territoire et chef d'un clan, pouvait prendre part aux cérémonies liturgiques les plus importantes en tant que protecteur – le *yazəmna-* principal[61]. Ce personnage était sans doute formé selon une tradition séculaire, il devait plus probablement encore recevoir une sorte d'initiation particulière qui, comme dans le cas de la *dīkṣā-* indienne, lui conférait une qualification (sacerdotale) supérieure. Cette situation pourrait expliquer pourquoi ces seigneurs temporels pouvaient être désignés comme *kauui-* et pourquoi un titre aussi prestigieux leur était attribué, bien qu'il soit improbable que ces autorités fussent encore

---

60. Voir aussi St. W. Jamison, « An Anagram in the Gāthās: *Yasna* 51.4-5 », *Journal of the American Oriental Society* 122/2 (2002).
61. Sur le rôle du *yazəmna-*, voir É. Pirart, *Le Sentiment du Savoir*, p. 35 et *passim*.

en mesure de composer des poèmes liturgiques. La reconstruction de Jamison à propos de l'histoire sémantique de *kaví-* dans le contexte indien est en partie différente, en particulier, elle suppose que[62] :

> [T]he king and his kavi of Rigvedic times were, in my view, separate individuals, but the eloquence and intellectual skill of the kavi were only in service of the king and the kavi could be subsumed in the larger royal aura.

Cette hypothèse est déconcertante : l'échange des personnes et des fonctions entre le « roi » et le **kavi-* (en sa qualité de poète et orateur de cour) présuppose nécessairement que, au moins en Iran, l'aura du *kauui-* devait avoir surpassé celle de la personne royale – cela me paraît tout à fait invraisemblable, et rien dans les données historiques (ni dans la mythologie) ne permet de l'affirmer. Une variante de ce scénario pourrait postuler l'existence d'un lent déclin du pouvoir « royal » en faveur d'une montée progressive d'une catégorie de professionnels de la formule sacrée, en d'autres termes (très anachroniques) des intellectuels, en sorte que les *kauui-*s, occupant d'abord une fonction liturgique grâce à leur maîtrise de la parole et de l'usage de formules liturgiques, auraient progressivement acquis un rang plus élevé et par conséquent une très grande autorité publique. Le titre de *kauui-* serait alors devenu la dénomination commune réservée à un homme politiquement puissant, une sorte de prince, grâce à l'ascension d'une catégorie sociale plus ancienne, qui à l'origine avait eu un rôle mineur, comme celui d'aumônier royal.

On pourrait proposer bien d'autres hypothèses semblables à celle-ci, mais elle ne s'appuieraient sur aucune preuve historique positive. Dans l'obscurité de ce paysage protohistorique, la solution de Brereton a le mérite évident de cantonner le jeu sémantique aux rôles endossés par le *yájamāna-/yazəmna-*, pour une période dans laquelle le « sacrificateur » et le *hótr̥-/zaōtar-* n'avaient probablement pas encore été distingués si nettement comme cela fut le cas plus tard. C'est à l'époque archaïque, où le chef de tribu et le prêtre partageaient encore bon nombre de leurs fonctions rituelles (plus tard divisées et séparées), que je préférerais situer le début de l'usage amphibologique du mot **kavi-* – dénomination acceptable pour désigner les personnes

---

62. St. W. Jamison, *The Rig Veda between two Worlds. Le R̥gveda entre deux mondes*, p. 137, n. 31.

Le collège sacerdotal et les Aməṣa Spəṇtas

expertes et respectables chargées d'accomplir les rituels incombant aux classes sociales les plus élevées –, sans postuler immédiatement la présence d'une forte distinction fonctionnelle ou relative aux classes. Par la suite, les conditions historiques propres au monde indo-iranien auraient déterminé la radicalisation de ces deux grandes polarités sémantiques, clairement impliquées par ce titre, l'une vers une dimension plus politique, l'autre vers la poésie de cour et sa fonction religieuse. Une reconstruction de ce genre est plus pertinente et plus appropriée, au moins pour la situation iranienne, où le rôle du *yazəmna-* n'est pas aussi clairement défini[63] que dans le contexte védique[64]. En effet, particulièrement en Iran il n'est pas toujours facile de séparer et de distinguer les cas dans lesquels le *yazəmna-* est le « sacrificateur » à proprement parler et correspond exactement au *yájamāna-* védique, c'est-à-dire une personne n'appartenant pas nécessairement au monde sacerdotal, offrant le sacrifice pour servir ses intérêts propres ou ceux de sa famille, et ceux dans lesquels il est simplement le prêtre qui accomplit le rituel[65].

Cette indétermination justifie une explication simple de l'évolution sémantique du mot *kauui-* en avestique. En fait, dans un contexte où

---

63. Voir A. Panaino, *Rite, parole et pensée dans l'Avesta ancien et récent*, p. 101.
64. Bien que la situation soit différente, je voudrais rappeler encore que les *kavís* sont *suyajñá-* « (ceux) qui établissent un bon sacrifice », par exemple selon R̥V. 3,51,7 : *táva práṇītī táva śūra śármann / ā́ vivāsanti kaváyaḥ suyajñā́ḥ*. Quand un dieu, comme Agni, agit en tant que prêtre, il est alors *suyajñá-*, mais au sens de celui qui « recevait des sacrifices excellents », comme en R̥V. 3,17,1 […] *suyajñó agnír yajáthāya devā́n* « Ô Agni, le sacrifiant excellent, – afin de célébrer un sacrifice pour les dieux ». Voir T. J. Elizarenkova, *Language and Style of the Vedic R̥ṣis*, p. 64.
65. Comme J. Kellens l'a démontré (« Langue et religions indo-iraniennes. Sortir du sacrifice », p. 578), dans le *Y.* 59,30, le « prix de la victoire » (*mižda-*) a été clairement transféré par le *zaōtar-* officiant au « commanditaire » (*vaŋhu tū tē vaŋhaōṯ vaŋhō buiiāṯ huuāuuōiia yaṯ zaōθre hanaēša tū tūm taṯ miždəm yaṯ zaōta hanaiiamnō ā̊ŋha*. « Puissent bien et mieux que bien advenir à toi-même le zaotar, et toi, puisses-tu gagner le prix que le zaotar a gagné pour lui-même »); dans ce cas, la distinction entre les deux figures est bien déterminée, et l'avantage rituel du sacrifiant fortement mis en valeur. Dans le *résumé* de sa leçon du 16 décembre 2011, disponible sur le site internet du Collège de France, J. Kellens considère le *zaōtar-* comme le « patron du sacrifice », et le *magauuan-* comme son « commanditaire », ce qui complique un peu les choses car on ne sait plus très bien si par « commanditaire » il faut ici entendre un autre prêtre, appelé *magauuan-*, comme on le suppose généralement (sans jamais vraiment l'affirmer), ou un sacrifiant d'origine non sacerdotale.

Le collège sacerdotal avestique et ses dieux

les prérogatives du *yazəmna-* n'étaient pas (encore ?) fortement distinguées de celles du « prêtre » et de celles du « sacrificateur », il existe un autre archaïsme, où le monde avestique témoigne d'une attitude très conservatrice : dans le milieu iranien, les qualités attribuées au *kauui-* peuvent être partagées par le chef, qui dans certaines occasions a le devoir de patronner les rituels sacrés ainsi que ses prêtres et reçoit en vertu de la *dākṣiṇā-* l'expression de la gratitude du clergé à travers la récitation d'une *dānastuti-*[66].

Ainsi, il est évident que, dans le cadre gāθique, le rôle joué par Vīštāspa envers Zaraθuštra était celui d'un protecteur ayant accueilli et protégé sa liturgie et reçu l'éloge de la part du « prophète » iranien. Celui-ci, en revanche, avait écarté non seulement les démons mais aussi les clans hostiles et leurs seigneurs (ainsi que d'autres sujets, comme les *usij-*s et les *karapan-*s, êtres ambivalents qui opéraient vraisemblablement dans le contexte social de Zoroastre et devaient être des ennemis du même Vīštāspa). Dans ce jeu fascinant entre ces trois sujets : Zaraθuštra, Vīštāspa, et, bien sûr, Ahura Mazdā, analysé par Molé[67], l'échange de services et de cadeaux est essentiel et se déroule selon les règles archaïques de la tradition liturgique indo-iranienne sacrificielle.

---

66. Sur la *dākṣiṇā-* et la *dānastuti-* dans le contexte vieil-avestique, voir A. Panaino, *Rite, parole et pensée dans l'Avesta ancien et récent*, p. 101-105. Voir J. E. M. Houben, « Vedic Ritual as Medium, in Ancient and Pre-Colonial South Asia: its Expulsion and Survival between Orality and Writing », p. 162.
67. Voir M. Molé, *Culte, mythe et cosmologie dans l'Iran ancien*, p. 156-163. Voir aussi A. Hintze, *„Lohn" im Indoiranischen*, p. 138-139, et encore A. Panaino, *Rite, parole et pensée dans l'Avesta ancien et récent*, p. 102-103.

PARTIE III

TEMPS RITUEL ET INTÉGRITÉ DE L'ORDRE COSMIQUE

CHAPITRE VII

LA CHAÎNE ININTERROMPUE
DE LA LITURGIE DU SACRIFICE

Dans cette troisième partie nous allons discuter de la relation entre temps et rituel. À cette fin, on prendra une fois de plus en considération la question de la complexité sémantique du mot *ratu-* et de ses différents emplois. Il faudra aussi analyser les procédures de clôture (partielle) du rituel et surtout la cérémonie de *Yasna* 58, où une sorte de désengagement sacerdotal s'opère au sein du théâtre liturgique. Enfin on discutera de la question du prêtre *pasuuāzah-*, auquel nous avons fait une brève allusion dans la première section, mais qui mérite plus ample réflexion. La présente étude ne prétend pas reprendre la question du « temps » dans toute sa complexité philosophique et théologique, question qui a donné lieu à l'une des innovations les plus importantes de la pensée iranienne dans l'Antiquité. Je me contenterai de rappeler l'existence d'analyses très fines sur le sujet, qui nous montrent non seulement l'originalité mazdéenne, mais surtout la cohérence d'un système dans lequel le temps est un instrument divin strictement encadré dans le plan divin de la bataille. L'ordre du temps avec sa limite, dans le cadre du temps limité, constitue l'une des prémisses fondamentales de la victoire finale d'Ohrmazd, tandis que l'harmonie de sa structure et de son architecture représente le témoignage de la force du dieu et sa victoire triomphante sur le mal. Les forces des ténèbres ont tout intérêt à détruire l'ordre du temps et sa marche inexorable vers la fin, pour retarder ou éventuellement interdire leur défaite finale. La complexité de cette doctrine est bien visible dans l'innovation de l'*Avesta* récent, où l'on trouve l'idée des millénaires (dont celle du cycle de 12 000 années) et la doctrine selon laquelle les dieux ont le pouvoir d'entrer et de sortir du temps fini. À l'inverse, Ahreman et ses démons seront emprisonnés dans la création et son temps fini jusqu'au terme de la guerre cosmique. Cette asymétrie ontologique souligne l'importance de la doctrine du temps et avec elle le signifié plus profond du rituel, qui n'est pas seulement pris dans le temps, mais en constitue la structure, le squelette, et dont la protection est nécessaire.

Le collège sacerdotal avestique et ses dieux

C'est la raison pour laquelle tous les moments de l'année, les mois, les jours, etc. sont vénérés comme *ratu*s et considérés dignes de vénération et de protection. Dans sa progression ininterrompue, le sacrifice soutient l'ordre du monde et l'empêche de sombrer dans les ténèbres.

Réflexions sur le signifié de l'avestique *ratu-*

Si l'usage de la désignation apparemment générique de ²*ratu-* pour tous les prêtres n'est pas attesté dans le passage de *Vr.* 3, l'identification du *zaōtar-* et de ses sept assistants avec les *ratu*s est en revanche confirmée dans *Gāh* 3,5 (textes avestique et pehlevi) :

uzaiieirinəm ašauuanəm ašahe ratūm yazamaide	*uzērin ahlaw ahlāyīh rad yazam*
zaōtārəm ašauuanəm ašahe ratūm yazamaide	*zōdīh ahlaw ahlāyīh rad yazam*
hāuuanānəm ašauuanəm ašahe ratūm yazamaide	*hāwanān ahlaw ahlāyīh rad yazam*
ātrauuaxšəm ašauuanəm ašahe ratūm yazamaide	*ātarwaxš ahlaw ahlāyīh rad yazam*
frabərətārəm ašauuanəm ašahe ratūm yazamaide	*fraburdār ahlaw ahlāyīh rad yazam*
ābərətəm ašauuanəm ašahe ratūm yazamaide	*āburdār ahlaw ahlāyīh rad yazam*
āsnatārəm ašauuanəm ašahe ratūm yazamaide	*āsnadār ahlaw ahlāyīh rad yazam*
raēθβiškarəm ašauuanəm ašahe ratūm yazamaide	*rehwiškar ahlaw ahlāyīh rad yazam*
sraōšāuuarəzəm ašauuanəm ašahe ratūm yazamaide.	*srōšāwarz ahlaw ahlāyīh rad yazam.*

Nous sacrifions à *uzaiieirina-* (le *gāh* de l'après-midi), pieux *ratu-* d'Aša.
Nous sacrifions au prêtre-*zaōtar-*, pieux *ratu-* d'Aša.
Nous sacrifions au prêtre-*hāuuanān-*, pieux *ratu-* d'Aša.
Nous sacrifions au prêtre-*ātrauuaxša-*, pieux *ratu-* d'Aša.
Nous sacrifions au prêtre-*frabərətar-*, pieux *ratu-* d'Aša.
Nous sacrifions au prêtre-*ābərət-*, pieux *ratu-* d'Aša.
Nous sacrifions au prêtre-*āsnātar-*, pieux *ratu-* d'Aša.
Nous sacrifions au prêtre-*raēθβiškara-*, pieux *ratu-* d'Aša.
Nous sacrifions au prêtre-*sraōšāuuarəza-*, pieux *ratu-* d'Aša.

Dans ce contexte, l'occurrence de *ratu-* (pehlevi *rad*) pourrait paraître ambiguë car le même thème nominal est utilisé exactement de la même manière pour désigner l'un des *gāh*, c'est-à-dire l'un des cinq (ou quatre) moments du jour (mais ce terme est aussi attesté avec les « saisons »[1] ; voir le véd. *ṛtú-*, masc.; i.-e. *$h_2 ṛtu$-), représenté par

---

1. Voir L. Renou, « Védique *ṛtu* »; id., *L'Inde fondamentale*, Paris 1978, p. 74. Voir aussi H. Humbach, « Das Ahuna-Vairya-Gebet »; M. Mayrhofer, *Kurzgefaßtes etymologisches Wörterbuch des Altindischen*, I, p. 123; id., *Etymologisches Wörterbuch des Altindoarischen*, I, p. 257; É. Benveniste, *Le vocabulaire des institutions indo-européennes*, II, p. 100.

La chaîne ininterrompue de la liturgie du sacrifice

l'*uzaiieirina- gāh*, mentionné avec chacun des huit prêtres des liturgies solennelles. De toute évidence, les prêtres, comme les *gāh*, sont des « *ratu*s d'Aṣa », c'est-à-dire des « modèles »[2] (de l'ordre cosmique) dans la mesure où ils résultent d'une mise en ordre du réel[3]. En revanche, il est difficile de nier que cet usage particulier du syntagme *aṣahe ratūm* (*ahlāyīh rad*), qui malheureusement n'a pas de correspondance exacte en védique (on attendrait une séquence comme **r̥tásya r̥túḥ*, bien que Louis Renou[4] signale l'attestation fréquente de *r̥tá-* et *r̥tú-* en proximité mutuelle[5]), puisse porter une multiplicité de sens. En réalité, la relation profonde entre *ratu-* « prêtre » et *ratu-* « moment de la journée, saison » constitue indubitablement un problème pour la reconstitution de la doctrine du sacrifice[6]. Du point de vue formel, on pourrait postuler que le dernier signifié (c'est-à-dire celui de « moment du jour, saison », *ratu-*) avait également le sens de « modèle », avec l'idée d'une personnification ou d'une association plus étroite entre sphères divine et humaine. Les prêtres apparaissent dans ce cadre comme une expression vivante du rituel. Cependant, l'exploration de ce champ sémantique et de son développement nous amène inéluctablement à la comparaison avec le nom védique fréquemment utilisé pour les membres du collège sacerdotal, c'est-à-dire *r̥tvíj-*, qui, à son tour, est habituellement interprété comme « aus rechten Zeit (*r̥tú-*) opfernd (*yaj*[7]) ». Si cette comparaison, établie par

---

2. Voir J. Haudry, *La religion cosmique des Indo-Européens*, p. 176-177.
3. A. Hintze (*A Zoroastrian Liturgy: The Worship in Seven Chapters [Yasna 35–41]*, p. 352) donne les signifiés suivants sous l'entrée « *ratu-*, subst., m. 1. the time when the action of 'ordering' is performed: 'the appropriate ritual time' 2. what is produced by the action of 'ordering': 'the order, rule, judgment' 3. the one who performs the action of 'ordering': 'the organizer, judge, authority'; OAv. Yav. [...] ».
4. Voir encore L. Renou,, « Védique *r̥tu* ».
5. Par contre, *r̥tásya r̥tá-* est bien attesté ; voir H. Oertel, *Zum altindischen Ausdrucksverstärkungstypus satyasya satyam „ das Wahre des Wahren" = „ die Quintessenz des Wahren"*, Munich 1937, p. 18-19.
6. A. Cantera a récemment publié une étude (« Myth and Ritual: Zaraθuštra's taking of the *Wāz* », dans A. Shayeste Doust [éd.], *Dādestān ī Dēnīg. Festschrift For Mahmoud Jaafari-Dehaghip*, Téhéran 2022, p. 63-94) concernant le couple *ahu-* et *ratu-* et la condition de *ahumaṇt-* et *ratumaṇt-* en rapport avec les rôles sacerdotaux d'Ahura Mazdā et Zaraθuštra.
7. M. Mayrhofer, *Kurzgefaßtes Etymologisches Wörterbuch des Altindischen*, I, p. 123 ; id., *Etymologisches Wörterbuch des Altindoarischen*, I, p. 257, 258. Voir aussi A. A. Macdonell et A. B. Keith, *Vedic Index of Names and Subjects*, I,

155

Le collège sacerdotal avestique et ses dieux

Burnouf[8], souligne clairement le rapport très étroit entre la fonction sacerdotale et la nécessité pratique (et théorique) de contrôler et d'assurer le déroulement des rituels au fil de la journée, elle ne semble pas suffire à tout expliquer, surtout quand l'analyse des sources nous permet de prolonger notre enquête. En effet, certains indices montrent que l'association usuelle entre activité sacerdotale et moment approprié, bien que patente, pourrait se fonder sur un développement sémantique plus récent. Au début, les *ṛtvijas* sont « ceux qui sacrifient selon leur fonction », comme le montre Louis Renou[9], et Minkowski[10] à sa suite avec un grand nombre d'arguments nouveaux. Ainsi, dans les *ṛtuyāja*-s[11] védiques (traditionnellement interprétées comme la cérémonie « des offrandes aux saisons »)[12], les dieux sont invités à boire *ṛtúnā*, or *ṛtúnā* (ou *ṛtúbhis*) ne signifie pas seulement « (chacun) selon son moment », mais, d'après Louis Renou, « selon la répartition », ou « selon la fonction (rituelle) assignée ». Pourtant, le védique *ṛtú-* renvoie en principe à une sorte de « réflexion active du *ṛtá-* », ou mieux sert à indiquer « une fonction correcte, exacte, appropriée », et ce n'est que par la suite que cette désignation a pris le signifié de « bon moment, bonne saison ». Du point de vue morphologique, un *nomen actionis* comme *ṛtú-*, vraisemblablement dérivé de la racine *ṛ-[13], devrait renvoyer à un type d'« énonciation correcte » (voir latin

---

    p. 112-114 ; Ch. Malamoud dans M. Biardeau et Ch. Malamoud, *Le sacrifice dans l'Inde ancienne*, p. 158-201.

8. E. Burnouf, *Commentaire sur le Yaçna*, p. 20. Voir aussi J. Hertel, « Die awestischen Jahreszeitenfeste », p. 43 ; id., « Die awestischen Jahreszeitenfeste II », p. 207.
9. L. Renou, « Védique *ṛtu* ».
10. Chr. Z. Minkowski, *Priesthood in Ancient India*, p. 85-89, 109, *passim*.
11. Voir *ṚV.* 1,15 et 2,36-37 (*Götterturnus* dans K. F. Geldner, *Der Rig-Veda*, I, p. 15-16, 323-325), passages dans lesquels les *ṛtuyāja*-s jouent la fonction d'un rite distinct (Chr. Z. Minkowski, *Priesthood in Ancient India*, p. 85-86) ; l'importance de ces sources avait déjà été remarquée par G. Dumézil (*Tarpeia. Essais de philologie comparative indo-européenne*, Paris 1947, p. 49) d'après Hillebrandt (*Vedische Mythologie*, I, p. 496-498).
12. Voir M. Monier-Williams, *A Sanskrit-English Dictionary Etymologically and Philologically Arranged with Special Reference to Cognate Indo-European Languages*, Oxford 1899, p. 224.
13. D'autre part, É. Pirart (*L'éloge mazdéen de l'ivresse*, Paris 2004, p. 336) considère la morphologie de *ratu-* comme incertaine, mais il a analysé en détail ce sujet, à propos duquel il déclare (*L'Aphrodite iranienne*, p. 110-111, n. 27) : « Il n'y a pas des moments du jour qui se chevauchent, qui empiètent l'un sur l'autre,

armus[14] et *artus*[15]) ayant également conservé une « nuance distributive »[16]. Le terme peut par ailleurs avoir acquis la nuance propre d'un nom à valeur d'agentif, comme *yātú-*[17], etc.

Cette évolution spécifique n'a pas été repérée en védique dans le cas de *r̥tú-*, elle est en revanche bien visible pour la même racine avec le mot *aratí-*[18], attribué à Agni comme « répartiteur des fonctions »[19].

---

ni d'intervalles entre eux. Le parfait ajustement qui les caractérise ou le parfait agencement qu'ils configurent leur donnent le nom de ratu de r̥ta « pièces parfaites du bon agencement, exemples de l'harmonie ». Les divisions du temps qui s'articulent entre elles de forme impeccable reçoivent ce même nom de ratu (< proto-indo-européen *H_2r-étu-) dont le correspondant védique approximatif, *r̥tú* (< proto-indo-européen *H_2r-tú-), n'a plus conservé que les sens de « temps opportun, saison », tandis que le mot grec *artús*, recueilli par Hesychius qui le rend par *súntaxis*, conserve le sens fondamental proto-indo-européen. En cas d'un rituel non dûment et correctement accompli, le temps même, pouvons-nous penser, perdrait sa structure et son rythme : ce sont les fêtes des saisons qui fondent le changement ordonné des saisons, non l'inverse ». Voir aussi É. Pirart, « Les parties étiologiques de l'Ardvīsūr Bānūg Yašt et les noms de la grande déesse iranienne », *Indo-Iranian Journal* 46/3 (2003), p. 214 et *Guerriers d'Iran*, p. 75, n. 23.

14. M. de Vaan, *Etymological Dictionary of Latin and the other Italic Languages*, Leyde – Boston 2008, p. 55. Voir A. Ernout et A. Meillet, *Dictionnaire étymologique de la langue latine. Histoire des mots*, Paris 1985, p. 47-48.
15. Voir M. de Vaan, *Etymological Dictionary of Latin and the other Italic Languages*, p. 55 et 56, *artus* « joint, limbs » < *h_2r-tú-; *ars, artis* « skill, art, trick » < *h_2r-ti- (cf. av. *aši-*). Voir aussi gr. ἀρτύς « arrangement ». Voir H. Frisk, *Griechisches etymologisches Wörterbuch*, I, Heidelberg 1960, p. 156-157 ; A. Ernout et A. Meillet, *Dictionnaire étymologique de la langue latine. Histoire des mots*, p. 49-50, 574.
16. L. Renou, « Védique *r̥tu* », p. 437 (= 1978, p. 124).
17. V. Sadovski m'a généreusement envoyé la note suivante : « *nomen actionis/ abstractum* 'magic (power)' > *nomen agentis* 'magician'; cf. Engl. *witness* 'Zeug-nis' → 'Zeuge'; *justice* (*nomen abstractum*) 'iustitia' → 'judge' (*nomen agentis*); *beauty*; *death* etc. Gr. στρόφις 'Wende; Versiertheit' → 'gewandte/ versierte Person', idg. *(s)teh$_2$-ti- 'theft' → aksl. татъ, air. *taid* 'thief' etc.; on Germanic *-u-* abstracts personified to agentivals, cf. Krahe – Meid, *Germ. Sprw.* 3, chpt. « *-u-*Stämme ». (Alternative: internal derivation from a *nomen actionis/ abstractum* 'magic', orig. with another accent [± and Ablaut] to a possessive/ factitive 'having/applying magic', with accent [± and Ablaut] change), adding the following « Lexical links, *yātár-. yā́man-. –yātú-* as *'revenge/punishment' > 'revenger/punisher (demon)'. [Perhaps also *rákṣas-* as 'revenge/sore/*ulcus* (?)' → *rakṣás-* 'revenger/*ultor*', with internal derivation] ».
18. Voir W. Neisser, *Zum Wörterbuch des R̥gveda*, I, Leipzig 1924, p. 190.
19. *Ibid.*

Le collège sacerdotal avestique et ses dieux

Ainsi, *r̥tvíj-* est « celui qui sacrifie (ou : prononce les *yājyā*) selon la norme répartitive »[20]. Par ailleurs, le rapport entre « temps » et « fonction » pourrait s'être accordé différemment, en préservant des implications plus ésotériques. En particulier, si nous considérons que les mots *templum* et *tempus* sont très étroitement liés sur le plan étymologique[21], et que l'action de délimiter (en coupant) l'espace sacré est elle aussi intrinsèquement liée à celle de la démarcation des frontières ou des limites temporelles, on peut en déduire que la/les fonction(s) et le/les temps du rituel, fusionnés ensemble dans le même concept, nous révèlent une origine identique et forment une unité intrinsèque dans laquelle on observe la fusion des moments et de l'action. Ainsi, l'avestique *ratu-*, pour lequel nous n'avons pas de correspondances védiques formellement exactes (**ratu-*, ou mieux, **artu-*, n'est pas attesté[22]), pourrait être, comme Benveniste le suggérait[23], un *nomen agentis* de dérivation secondaire, avec un signifié de base du verbe « ordonner », bien que sa valeur de *nomen actionis* fût celle de « séquence rituelle »[24]. Les deux possibilités sémantiques, temporelle et opérative, seraient donc conservées. Cette double sémantique est présente dans un passage attesté dans *Pursišnīhā* 27 (28)[25] :

> [...] *manaŋhasca <h>umaiti hizuuasca hūxt<i> zastaii<å̄>sca <huu>aršti <r>aθβiiō.varšti* [...] « par la bonne pensée de l'esprit, par la bonne parole de la langue, par la bonne action des mains, par la bonne action opportune » ou « par la bonne action des mains, faite au moment opportun [...] »[26].

La pertinence du composé *raθβiiō.varšti* (traduit en pehlevi *frārōn kunišn(īh)* « upright deed »)[27] au plan du rituel est extrêmement

---

20. *Ibid.* Voir Ch. Sen, *A Dictionary of the Vedic Rituals*, p. 57-58.
21. M. de Vaan, *Etymological Dictionary of Latin and the other Italic Languages*, p. 610-611 ; voir A. Ernout et A. Meillet, *Dictionnaire étymologique de la langue latine. Histoire des mots*, p. 680-682 ; P. Cipriano, *Templum*, Rome 1983.
22. L. Renou, « Védique *r̥tu* », p. 438 (= 1978, p. 124).
23. É. Benveniste, *Noms d'agent et noms d'action en indo-européen*, p. 89.
24. J. Kellens, « Commentaire sur les premiers chapitres du Yasna », p. 62-63 ; É. Pirart, *L'éloge mazdéen de l'ivresse*, p. 336.
25. Voir Kh. M. Jamaspasa et H. Humbach, *Pursišnīhā. A Zoroastrian Catechism*, I, Wiesbaden 1971, p. 44, 45 ; II, p. 25.
26. Voir P. Lecoq, *Les livres de l'Avesta*, p. 1220.
27. Voir Kh. M. Jamaspasa et H. Humbach, *Pursišnīhā. A Zoroastrian Catechism*, I, p. 91, 98.

La chaîne ininterrompue de la liturgie du sacrifice

claire[28], et se trouve corroborée par sa connexion avec *zastaii<å̇>sca <huu>aršti*[29]. Cet exemple peut expliquer l'origine de l'amphibologie

---

28. Voir J. Haudry, *La triade pensée, parole, action dans la tradition indo-européenne*, p. 37-38, 170. La référence aux mains présente des implications fortement rituelles, comme dans le cas de la formule de *Y.* 62,1 (voir *Vd.* 3,1), déjà bien étudiée par É. Benveniste (« Phraséologie poétique de l'indo-iranien », Paris 1968, p. 74) dans le cadre de la comparaison indo-iranienne : *ušta buiiāt̰ ahmāt̰ naire yasə.θβā bāδa fraiiazāite aēsmō.zastō barəsmō.zastō gao.zastō hāuuanō. zastō* « bonheur à l'homme qui t'offre le sacrifice entier le bois en main, le *barəsman* en main, le lait en main, le mortier en main ».

29. Il faut souligner que dans un important passage vieil-avestique concernant le rituel en face du feu, i.e. *Y.* 34,4, nous trouvons un usage très remarquable du composé *zastāišta-* « mis en mouvement par les mains » (J. Kellens et É. Pirart, *Les textes vieil-avestiques*, I. *Introduction, texte et traduction*, Wiesbaden 1988, p. 126 et II, p. 321 ; voir H. Humbach, *Die Gathas des Zarathustra*, I, Heidelberg 1959, p. 106) qu'il faudrait comparer avec le védique *hasta-cyutá-* « mit der Hand in Bewegung gesetzt », de *ṚV.* 9,11,5 = 723,5 : *hástácyutebhir ádribhiḥ sutáṃ sómam punītana* […] « Le *soma* pressé à l'aide des pierres mues par la main (de l'officiant), clarifiez-le […] » (L. Renou, *Études védiques et pāṇinéennes*, VIII, Paris 1961, p. 10), mais voir aussi *hasta-cyuti-*, fém., « rasche Bewegung der Hände », *ṚV.* 7,1,1 = 517,1, *agníṃ náro dī́dhitibhir arāṇyor hástacyuti janayanta praśastám* […] (avec *agním*) : « Les seigneurs ont engendré Agni dans les deux bois-de-friction, à l'aide des intuitions-poétiques, par un mouvement des mains […] » (L. Renou, *Études védiques et pāṇinéennes*, XIII, Paris 1964, p. 51-52 ; voir H. Graßmann, *Wörterbuch zum Rig-Veda*, col. 1658 ; H. Humbach, « Der Fugenvocal *ā* in gathisch-awestischen Komposita », *Münchener Studien zur Sprachwissenschaft* 4 [1954], p. 54-55). Selon H. Humbach (*The Gāthās of Zarathushtra and the Other Old Avestan Texts*, II, p. 106), « In the present passage *zastāišta-* refers to the flames and sparks of the fire, in 30, 5, more generally to any missiles of Ahura Mazdā » (voir aussi H. Humbach et Kl. Faiss, *Zarathushtra and His Antagonists. A Sociolinguistic Study with English and German Translations of His Gāthās*, Wiesbaden 2010, p. 176 : « *zastāišta* [arrows] sent by one's hands with instr.sg. instead of the instr.du of the first member in contrast with just the stem in Ved.Skt. *hastá-cyuta* 'moved with one's hand' »). Je doute qu'il soit possible de limiter certaines attestations de ce composé au seul Ahura Mazdā. Par contre, on peut penser que la référence aux mains concerne l'action rituelle du prêtre qui s'occupe du feu et qui, grâce à ses mains, fait croître les flammes du feu pour l'avantage du secourable, mais aussi pour le châtiment des ennemis des mazdéens, comme il est dit dans ce passage. Nous pouvons aussi penser que ce paragraphe contient une sorte d'anticipation des passages suivants, surtout dans les trois sections de *Y.* 36,1-3, où nous trouvons l'eulogie la plus importante du feu attesté dans la liturgie du *Yasna* (J. Narten, *Der Yasna Haptaŋhāiti* ; A. Hintze, *A Zoroastrian Liturgy: The Worship in Seven Chapters [Yasna 35–41]*). La référence aux doigts des prêtres est bien documentée dans le *Ṛgveda*. Voir J. Haudry, *Le feu de Naciketas*, p. 60.

Le collège sacerdotal avestique et ses dieux

sémantique de ce mot qui désignait à la fois les différents moments du temps liturgique dans leur *statut* divinisé et les prêtres qui procédaient à leur vénération selon un ordre chronologique. Pourtant, la dimension temporelle, rapportée aux saisons (*ratu-/r̥tú-*) et aux différents moments de la journée, évoque directement l'ordre cosmique (*aša-/r̥tá-*) sous le pouvoir et la direction duquel ces divisions sont « ordonnées » et organisées harmonieusement[30]. Dans cette perspective spéculative, le rituel reproduit un ordre à la fois cosmique et moral, en sorte que ces « modèles » du monde réel, bien que prototypiques, correspondent à des divisions temporelles car temps et espace, ainsi que temps et action correcte ne sont pas dissociables : ils sont de fait enfermés dans une même dimension.

Louis Renou avait repéré une comparaison très intéressante entre les *ratu*s (*ratauuō*) « de la maison, de la tribu, du village [...] », mentionnés en *Y.* 19,18 (av. *kaiia ratauuō nmāniiō visiiō zaṇtumō* [...]) et les véd. *pārthīvānām r̥tūn*, « les *r̥tú-* des humains »[31] (*R̥V.* 1,95,3). Mais ici comme dans beaucoup d'autres passages avestiques[32], les *ratu*s sont devenus des autorités séculaires sur Terre (à l'instar de celles de la Raγay zaraθuštrienne)[33], alors que l'indianiste français supposait que ces *r̥tú*-s étaient des « temps-rituels »[34] pensés par Agni[35] pour aider les hommes selon une répartition correcte des fonctions rituelles. En tout cas, l'idée que les êtres vivants ont un modèle dans le monde divin, bien attestée dans le contexte iranien (où nous trouvons des *ratu*s divins, pour les humains et les animaux), l'est également dans le *R̥gveda*. Le *ratu-* des femmes de *Y.* 13,1[36] (*ā ynąnąm ratūm āmruiiē*), trouve sa propre correspondance dans *r̥túr jánīnām*[37] de *R̥V.* 5,46,8, etc.

---

30. Sur la catégorie du « pouvoir divin » dans le monde védique et indo-iranien au regard du champ sémantique du mot *dhāman-*, en lien avec *r̥tá-*, voir J. Gonda, *The Meaning of the Sanskrit Term dhāman-*, Amsterdam 1967, p. 11-22, 30-59, *passim*.
31. L. Renou, « Védique *r̥tu* », p. 437 (= 1978, p. 124).
32. Chr. Bartholomae, *Altiranisches Wörterbuch*, col. 1470.
33. *Ibid.*, col. 1497. Voir Fr. Wolff, *Avesta, die heiligen Bücher der Parsen*, p. 52.
34. L. Renou, *Études védiques et pāṇinéennes*, XII, Paris 1964, p. 25.
35. Sur la cérémonie du *r̥tapeya-* « boisson de vérité », voir A. Minard, *Trois énigmes sur les Cent Chemins*, II, p. 126, § 306a, ou « boisson de protection » (L. Renou, *Vocabulaire du rituel védique*, p. 50) en lien avec Agni, voir J. Haudry, *Le feu de Naciketas*, p. 59-61.
36. Fr. Wolff, *Avesta, die heiligen Bücher der Parsen*, p. 42.
37. L. Renou, « Védique *r̥tu* », p. 437-438 (= 1978, p. 125) ; id., *Études védiques et*

La chaîne ininterrompue de la liturgie du sacrifice

Le mot *raθβiia-*, qui signifie essentiellement « ce qui suit le même ordre, le même modèle, la même règle, la même forme », et pas nécessairement « selon le moment ou la saison correcte, juste », permet de faire une comparaison directe avec le védique *r̥tvíya-*, où, comme le souligne encore Louis Renou[38], la *nuance* n'est pas nécessairement exclusivement temporelle ; voir les exemples de *raθβiia vaca* « avec un mot (ou parole, discours) approprié [c'est-à-dire approprié dans le temps et l'usage rituel] » (*Yt.* 10,30-31 et 10,56)[39], ou encore *raθβiia vacaŋha* (*Āfrīnagān* 1,11)[40], qui couvre le même champ sémantique de *r̥tvíya vācah* (*R̥V.* 1,190,2)[41].

Analysons pour finir un passage avestique récent (*Vr.* 4,1 [= *VrS.* 11,34] ; voir ci-dessous) dans lequel *raθβiia-* a vraisemblablement eu pour signifié additionnel celui de « prêtre assistant »[42], en sorte que *raθβiia-* est devenu celui qui suit et soutient la fonction du *ratu-* principal. À l'exception de *ratu-* « prêtre », survivant dans le pehlevi *rad*[43], *radīg*, et de l'avestique *raθβiia-*, il faut nécessairement postuler l'existence d'un dérivé comme **raθβiia-ka-*, duquel dérive

---

pāṇinéennes, V, p. 28 (« les parangons des femmes ») ; voir aussi *R̥V.* 2,13,1 : *r̥túr jánitrī*, discuté encore par L. Renou, « Védique *r̥tu* » et *Études védiques et pāṇinéennes*, XVII, Paris 1969, p. 58 ; voir K. F. Geldner, *Der Rig-Veda*, I, p. 291. Voir J. Hertel, « Die awestischen Jahreszeitenfeste », p. 43 ; id., « Die awestischen Jahreszeitenfeste II », p. 207. Encore en référence à *R̥V.* 5,46,8 : *r̥túr jánīnām* « le modèle (idéal) de femmes », voir J. Haudry, *La religion cosmique des Indo-Européens*, p. 176-177 ; K. F. Geldner a une opinion différente (*Der Rig-Veda*, II, p. 52), il traduit : « zu der Zeit der Frauen ».

38. L. Renou, « Védique *r̥tu* », p. 438 (= 1978, p. 125-126).
39. Fr. Wolff, *Avesta, die heiligen Bücher der Parsen*, p. 203, 207 : « mit dem zeitentsprechenden Spruch » ; H. Lommel, *Die Yäšt's des Awesta übersetzt und eingeleitet*, p. 70, 73 : « mit pünktlichem Ruf » ; I. Gershevitch, *The Avestan Hymn to Mithra*, p. 88-89, 100-101, traduit « regularly », mais avec une solution très libre.
40. Fr. Wolff, *Avesta, die heiligen Bücher der Parsen*, p. 307 : « durch […] zeitentsprechendes Reden ». Sur les *Āfrīnagān*, voir maintenant C. Redard, « Entre tradition et changement : le cas de la désinstallation des prêtres dans la tradition indienne (Y58) ».
41. L. Renou, *Études védiques et pāṇinéennes*, XV, Paris 1966, p. 49 : « les paroles (sacrées) conformes-aux-temps-rituels ».
42. Pas simplement « de ce qui appartient au *ratu-* en tant que "prêtre" » ; voir Fr. Wolff, *Avesta, die heiligen Bücher der Parsen*, p. 113, qui donne une interprétation peu claire.
43. Pour l'usage administratif et sacerdotal du titre de *rad* dans le cadre de l'église sassanide, voir Ph. Gignoux « Titres et fonctions religieuses sassanides d'après

Le collège sacerdotal avestique et ses dieux

soit le mot pehlevi bien connu *rāspīg*, soit son antécédent plus rare, le moyen-perse épigraphique *rehīg*, dont l'origine est controversée. Je reviendrai sur ce point au chapitre IX.

Nous pouvons déduire de cette présentation des données l'existence d'une conception indo-iranienne commune au regard de la fonction sacerdotale qui, malgré quelques différences mineures, était encore visible dans le cas de la dénomination des prêtres : en Inde comme *r̥tvijas* et en Iran comme *ratus* (et autres dérivés de la même racine).

Dans le cadre de cette discussion le passage de *N*. 62,1-4, nous semble particulièrement instructif et pertinent[44] :

1) *yezica *aēte ratauuō anahaxta para.iiaṇti.*
2) *zaōtā vīspe ratu.θβāiš *raθβaiiēiti*
3) *aēuuaδa āsnāθrāṯ hāuuanāne raēθβaiieiti.*
4) *zaōtā anahaxtō paraiiāṯ dąhištāi aršuuacastəmāi zaōθrəm raēxšaiti.*

1) Et si ces prêtres subordonnés (*ratus*) s'en vont sans autorité (ou qualification),
2) il faut que le *zaōtar-* s'occupe de toutes les fonctions des *ratus* (*ratuθβa-*)[45].
3) Alors, sauf celles de l'*āsnātar-*, il faut qu'il le remette au *hāuuanān-* (?)
4) (lorsque), le *zaōtar-* s'en va sans autorité (ou qualification), il faut qu'il remette les offrandes (avec sa fonction) au (prêtre) qui connaît le mieux des formules les plus justes[46].

Version pehlevie[47] :

---

les sources syriaques hagiographiques » ; id., « Die religiöse Administration in sasanidischer Zeit: ein Überblick », p. 263-254.
44. F. M. Kotwal et Ph. G. Kreyenbroek, *The Hērbedestān and Nērangestān*, III, p. 268-271. Voir maintenant Cantera, « The *sraōšāuuarəza*-priest », p. 484-485.
45. Voir Chr. Bartholomae, *Altiranisches Wörterbuch*, col. 1502, mais sans référence à ce passage.
46. Traduit par F. M. Kotwal et Ph. G. Kreyenbroek, *The Hērbedestān and Nērangestān*, III, p. 269, 271 en ces termes : « (1) And if those subordinate priests should depart without authority, (2) the *zaotar-* shall involve himself with the functions (*ratuθβa-*) (of the subordinate priests). (3) Thus, except for the *āsnātar-*, he shall involve himself with (the work) of the *hāuuanān-* (?) (4) (If), the *zaotar-* should depart without authority, then, he shall leave the offerings to the wisest (priest), who knows the right utterances best ».
47. Le texte pehlevi a été édité selon F. M. Kotwal et Ph. G. Kreyenbroek (*ibid.*), avec des petits changements dans la transcription. Pour la traduction, voir ici : « (1) And if those subordinate priests go away without instruction [without

La chaîne ininterrompue de la liturgie du sacrifice

1) *ka-z awēšān (*radān) anāfrāh be rawēnd [*ābē *dastwarīh]*
2) *zōt harwisp radīhā gumēzēd [hamē kār *pālāyišn].*
3) *be az ēk *āsnadār hāwanānīh ō hān gumēzēd [hān bawēd ka hān gyāg].*
4) *zōt anāfrāh be rawēd [*abē dastwarīhā] *ōh ōy ī *dānāgtar rāstgōwišntar [az awēšān *axwān] (*zōhr *pad) zōtīh gumēzēd.*

1) Et si ces prêtres subordonnés s'en vont sans instruction [sans autorité]
2) il faut que le *zōt* combine tout (le travail) comme prêtre subordonné [il faut qu'il purifie les actions (rituelles)].
3) Sauf pour l'*āsnadār* seulement, on peut combiner la fonction du *hāwanān* avec la (fonction) [Il faut faire ainsi, lorsqu'il (est) là].
4) Si le *zōt* s'en va sans instruction [d'une manière non autorisée], il faut que celui qui est le plus savant et le plus éloquent pour réciter les mots les plus justes [entre ces seigneurs] mélange le *zōhr* en tant que *zōt*.

Dans *N*. 63,1-9[48], il est clairement expliqué que le *zaōtar-* peut célébrer seul, à sa propre place rituelle, mais qu'il doit aussi s'approcher, selon les nécessités liturgiques, de la place du *hāuuanān-* avec le mortier et le pilon, à la place de l'*ātrauuaxša-* pour attiser le feu, et à la place du *frabərətar-* pour réciter le *Yasna Haptaŋhāiti*.

Un autre passage significatif se trouve dans *N*. 64,1-3 :

1) *yasca aētaēšąm *raϑβąm*[49] *paōiriiō paiti.ā.jasāt̰
  hāuuanānəm aētəm āstaiieiti*
2) *bitīm ātrauuaxšəm
  ϑritīm frabərətārəm
  tūirīm *dānazuuāzəm*
3) *puxδəm āsnatārəm
  xštūm raēϑβiškarəm
  haptaϑəm sraōšauuarəzəm.*

---

authority] (2) the *zōt* should combine all (the work) like a subordinate priest [he should purify the ritual actions]. (3) Except only for the *āsnadār*, one combines the function of the *hāwanān* with the (function) [that is so (if he is) there]. (4) Should the *zōt* go away without instruction [unauthorisedly], he who is the wisest and the best speaker of true words [among those lords] shall mix the *zōhr* as *zōt* ».
48. *Ibid.*, p. 270-275. Voir P. Lecoq, *Les livres de l'Avesta*, p. 1207, chap. 81.
49. Les éditeurs lisent *raϑβą*. Voir A. Waag (*Nirangistan*, p. 87), qui apporte une correction juste *raϑβąm* [*raϑwqm*]. Voir aussi D. P. Sanjana, *Nirangistan*, Bombay 1894, p. 318, lignes 3-4. F. M. Kotwal et Ph. G. Kreyenbroek, *The Hērbedestān and Nērangestān*, III, p. 270-275 traduisent, « (1) And of those subordinate priests he who arrives first, him he appoints as *hāuuanān-*. (2) The second, as the *ātrauuaxša-*, the third as the *frabərətār-*, the fourth as *dānazuuaza-*. (3) The fifth as *āsnātar-*, the sixth as *raēϑβiškara-*, the seventh as *sraošauuarəza-* ».

Le collège sacerdotal avestique et ses dieux

1) Et celui de ces *ratus* qui revient le premier,
   il l'installe comme *hāuuanān-*
2) le deuxième comme *ātrauuaxša-*,
   le troisième comme *frabərətār-*,
   le quatrième comme *dānazuuaza-*.
3) le cinquième comme *āsnātar-*,
   le sixième comme *raēϑβiškara-*
   le septième comme *sraōšāuuarəza-*.

Version pehlevie[50] :

1) *ka-z az awēšān [anya] radīgān (*fradom) abāz rasād pad hāwanānīh hān *ē estēnd. [hād ōh paydāgēnēnd kū be ka ēk pad gāh-ē hamē be yazēnd gōwēd pad hamāg kār šāyēd]* ;
2) *dudīgar pad ātarwaxš ud sidīgar pad fraburdār tasum pad rōdwizīnīdarīh [pad āburdīh]* ;
3) *panjom pad āsnadārīh. šašom pad rehwiškarīh pad srōšāwarzīh.*

1) Et un de ces [autres] prêtres qui reviendra le premier, qu'on lui donne la fonction de *hāwanān*. [Ainsi, ils concluent que c'est permissible dans tous les services, si un (prêtre) célèbre et récite à sa (propre) place] ;
2) le deuxième comme *ātarwaxš*, le troisième comme *fraburdār*, le quatrième comme *rōdwizīnīdar* (répartiteur des flots [d'eau]) [dans la fonction de l'*āburd*] ;
3) le cinquième comme *āsnadār*, le sixième comme *rehwiškar*, le septième comme *srōšāwarz*.

Cette description, qui est cohérente avec celle de *Vr.* 3,1 à la fois pour l'ordre et le nombre de prêtres, montre que les sept prêtres avaient la possibilité d'arriver dans l'espace sacrificiel l'un après l'autre. Il incombait alors au *zaōtar-* de déterminer la répartition des rôles liturgiques[51], qui était apparemment fondée sur l'ordre d'arrivée de chacun

---

50. Voir encore F. M. Kotwal et Ph. G. Kreyenbroek, The Hērbedestān and Nērangestān, III, p. 270-275, qui traduisent : « (1) And the one of those [other] priestly men who shall return first, let him function as *hāwanān*. [Thus, they conclude that it is permissible in all services if one (priest) celebrates and recites in one place]. (2) The second as *ātarwaxš*, the third as *fraburdār*, the fourth as *rōdwizīnīdar* (discriminator of streams) [as *āburd*]. (3) The fifth as *āsnadār*, the sixth as *rētwiškar*, the seventh as *srōšāwarz* ». La transcription et la traduction pehlevie n'ont été modifiées que sur quelques points mineurs.
51. Clairement, il faut que le prêtre soit rituellement qualifié, pas seulement du point de vue de sa compétence technique et textuelle, mais pour son état de pureté, libre

La chaîne ininterrompue de la liturgie du sacrifice

des assistants. Mais le principe n'est pas entièrement clair. En réalité, si la répartition était simplement fondée sur l'ordre d'arrivée des assistants, cela signifie que tous avaient les mêmes compétences. Or il est peu probable que les prêtres aient ainsi exercé plusieurs fonctions à l'origine, et peu probable encore cette présentation de la procédure si tous ces assistants qualifiés avaient leurs spécialisations propres, apprises par cœur. La procédure présentée ici semble correspondre à une phase où, si chaque prêtre avait la capacité de prendre sans difficulté la place rituelle des autres, la différenciation des compétences s'était atténuée (du moins dans les textes). Cela implique-t-il que le rituel sassanide avait déjà été abrégé par rapport à une tradition plus ancienne ? C'est là une question bien intéressante.

L'ordre classique des prêtres est présenté aussi en *Vd.* 5,57-58[52] :

57) *dātarə [...] aṣ̌āum.*
   kat̰ tā vastra hąm.yūta
   pasca yaōždāiti frasnāiti zaōθre
   vā hāuuanāne
   vā ātrəuuaxše
   vā frabarəθre
   vā ābərəte
   vā āsnāθre
   vā raēϑβiškare
   vā sraōšāuuarəze
   vā aθaurune
   vā mašiiāi raθaēštāi
   vā vāstriiāi vā fšuiiaṇte.
58) *āat̰ mraōt̰ ahurō mazdā̊*
   nōit̰ tā vastra hąm.yūta
   pasca yaōždāiti frasnāiti zaōθre
   nōit̰ hāuuanāne
   nōit̰ ātrəuuaxše
   nōit̰ frabarəθre
   nōit̰ ābərəte
   nōit̰ āsnāθre

---

de toute pollution : voir J. J. Modi, *The Religious Ceremonies and the Customs of the Parsees*, p. 251, et *passim*.

52. K. F. Geldner, *Avesta: die heiligen Bücher der Parsen*, III. *Vendidad*, p. 40-41 ; id., *Avesta: die heiligen Bücher der Parsen*, I. *Prolegomena*, p. 40-41. Le même passage est répété en *Vd.* 7,17-18 (conclusion dans le paragraphe 22). Voir P. Lecoq, *Les livres de l'Avesta*, p. 915-916.

Le collège sacerdotal avestique et ses dieux

*nōiṯ raēϑβiškare
nōiṯ sraōšāuuarəze
nōiṯ aϑaurune
nōiṯ mašiiāi raϑaēštāi
nōiṯ vāstriiāi fšuiiaṇte.*

57) Ô Créateur, [...] toi qui es pieux !
« Après la purification et le lavage,
(est-ce que) les vêtements peuvent (encore) être utilisés
par le *zaōtar-*,
ou le *hāuuanān-*,
ou le *ātrauuaxša-*,
ou le *frabərətar-*,
ou l'*ābərət-*,
ou l'*āsnatar-*,
ou le *raēϑβiškara-*,
ou le *sraōšāuuarəza-*,
ou l'homme *aϑaruuan-*,
ou le guerrier
ou le pâtre-éleveur ? »

58) Alors, Ahura Mazdā dit :
« Après la purification et le lavage,
ces vêtements ne peuvent être utilisés ni par le *zaōtar-*,
ni par le *hāuuanān-*,
ni par l'*ātrauuaxša-*,
ni par le *frabərətar-*,
ni par l'*ābərət-*,
ni par l'*āsnātar-*,
ni par le *raēϑβiškara-*,
ni par le *sraōšāuuarəza-*,
ni par l'homme *aϑaruuan-*,
ni par le guerrier,
ni par le pâtre-éleveur ».

Notons que les trois dernières autorités mentionnées sont les trois premières de la deuxième série à être installés par le *zōt*[53] et le *rāspīg* en *Vr.* 3,2 (*āϑrauuanəm āstāiia, raϑaēštārəm āstāiia, vāstrīm fšuiiaṇtəm āstāiia*). Viennent ensuite le chef de famille, le chef du clan, le chef

---

53. Il faut rappeler que dans la tradition indienne, selon la prononciation gujaratie, le *zōt* est nommé *jōti*, comme le remarque J. Darmesteter (*Le Zend-Avesta*, I, p. LXX, n. 2).

166

La chaîne ininterrompue de la liturgie du sacrifice

de la tribu, le chef de la nation (*nmānahe nmānō.paitīm āstāiia, vīsō vīspaitīm āstāiia, zaṇtə̄uš zaṇtupaitīm āstāiia, daŋ́hə̄uš daŋ́hupaitīm āstāiia*).

Cette séquence (au génitif) se répète dans le passage très corrompu de *Vištāsp Yašt* (ou *Yt.* 24,15-16)[54] :

15) [...] *vīspō hāuuanānō vīspō ātarəuuaxšahe vīspō frabarətaš vīspō ābərətō vīspō āsnāθrō vīspō raēθβiškarahe vīspō sraōšāuuarəzahe*
16) *vīspō aθaurunō vīspō raθaēštārahe vīspō vāstriiehe fšuiiaṇtō* [...].

15) [...] de chaque *hāuuanān-*, de chaque *ātarəuuaxša-*, de chaque *frabarətar-*, de chaque *ābərətar-*, de chaque *āsnātar-*, de chaque *raēθβiškara-*,
16) de chaque *sraōšāuuarəza-*, de chaque *aθaruuan-*, de chaque guerrier, de chaque pâtre-éleveur [...] [...][55].

À quelques différences mineures près, l'ordre sacerdotal attesté en *N.* 64,1-3 est le même que celui de *Vr.* 3,1, *Vd.* 5,57-58 (ainsi aussi en *Vd.* 7,17-18), *Vyt.* 15, et *N.* 54-57. Toutes ces listes confirment, avec l'exception du groupe (vraisemblablement superposable en partie) des *upa.sraōtar*-s (mais dont l'identité et le nombre définitif n'est pas clairement déterminé) que les prêtres assistants étaient au nombre de sept, dont le dernier, c'est-à-dire le *sraōšāuuarəza-*[56], pouvait se tenir sur le côté, sans nécessairement entrer dans la série des *upa.sraōtar*-s.

En conclusion, retenons que la signification de la désignation des prêtres comme *ratu-* n'est pas purement temporelle, elle a en effet à la fois une portée fonctionnelle et temporelle, les deux dimensions étant réunies sous ce même vocable.

---

54. N. L. Westergaard, *Zendavesta or the Religious Books of the Zoroastrians*, Copenhague 1852-1854, p. 304. Pour la version pehlevie, voir ci-dessous.
55. Voir P. Lecoq, *Les livres de l'Avesta*, p. 1237. Voir J. Darmesteter, *Le Zend-Avesta*, II, p. 670. J. Hertel (*Beiträge zur Erklärung des Awestas und des Vedas*, p. 165-166) propose une interprétation de ce passage avec *vīspō* comme nominatif singulier masculin, et tient pour erronée la séquence des génitifs. Par contre, d'autres listes de prêtres au génitif ne sont pas attestées ailleurs, et la présence de cette erreur est difficile à expliquer. La traduction pehlevie, dont nous discuterons plus tard, ne nous est malheureusement d'aucune aide pour arriver à une interprétation définitive de ce passage avestique.
56. L'importance de ce prêtre comme celle de sa position liturgique étaient encore rappelées par Hormazyar Framarz dans ses *Rivāyat*s ; B. N. Dhabhar, *The Persian Rivayats of Hormazyar Framarz and others*, p. 368. Voir ici la discussion dans la deuxième partie.

CHAPITRE VIII

**ENCORE *Y.* 58 :
DÉSINSTALLATION OU DÉSENGAGEMENT
DU COLLÈGE SACERDOTAL ?**

JE viens de consacrer une longue discussion à l'installation du collège sacerdotal[1], mais je n'ai pas parlé de la cérémonie de désinstallation, si ce n'est à travers l'évocation de certaines remarques avancées par Cantera et d'un article, que j'ai écrit sur le sujet et que je vais reprendre dans la présente partie. En réalité, la liturgie solennelle ne comporte pas de véritable désinstallation point par point symétrique à l'installation des prêtres, mais *Y.* 58,4-8 décrit une cérémonie marquant la fin du travail associé aux assistants qui n'abandonnent pas l'espace sacrificiel. En outre, comme nous pourrons le vérifier, cette liturgie est mentionnée dans le *Yasna* hors du cadre de toute liturgie ordinaire ou solennelle, ce qui est étrange. Par ailleurs, la récitation du *Fšūšō Mąθra*[2], qui a pourtant fait l'objet d'un bon nombre d'études[3], n'a pas suscité d'intérêt particulier pour sa fonction purement rituelle.

L'occurrence de cet événement de clôture, qui fait pendant à l'installation des prêtres dans les liturgies longues, n'a jamais été remarquée malgré son importance, avant que Cantera[4] en montre l'intérêt.

---

1. A. Panaino, « 'Multi-functional' Paternity and Millenarianism in *Wištasp Yašt* 1,3-5 », dans P. Cotticelli et V. Sadovski (éd.), *The Ritual Sphere in the Ancient and Early Mediaeval East: texts, practices and institutions in a comparative linguistic and historical perspective*, université de Vérone, 17 au 18 mars 2016 (sous presse) et id., « The 'Mysterious' Evaporation of the So-Called 'Avestan People' and Their Language », dans V. Sadovski (éd.), *Gedenkschrift Xavier Tremblay*, Vienne (sous presse). Voir aussi Cantera, « The sraōšāuuarəza-priest », p. 504-505, *passim*.
2. Cette désignation dérive des mots *Fšūšō carəkərəmahī* de *Y.* 58,4. Voir X. Tremblay, « Le Yasna 58 *Fšusō Mąθra haδaoxta* », p. 689.
3. Voir en particulier É. Pirart, « Les fragments vieil-avestiques du Y 58 », *Annali dell'Istituto Universitario Orientale di Napoli* 53/3 (1992); X. Tremblay, « Le pseudo-gâthique. Notes de lecture avestique II », p. 233-281; id., « Le Yasna 58 *Fšusō Mąθra haδaoxta* », p. 683-694; J. Kellens, *L'acmé du sacrifice*, p. 107-118.
4. A. Cantera, *Vers une édition de la liturgie longue zoroastrienne*, p. 249-255, *passim*.

Le collège sacerdotal avestique et ses dieux

En réalité, seuls les manuscrits rituels nous signalent que le *rāspīg* doit célébrer un rituel semblable à celui de l'« installation », dont le signifié est pratiquement inversé. Selon les directions liturgiques attestées dans beaucoup des manuscrits, il doit se diriger (*šudan*) vers les sept positions attribuées aux assistants et réciter (*guftan*) une formule à la place du prêtre auquel il s'est substitué. Cantera[5] relève à juste titre que certains manuscrits[6] comportent un schéma (planche 3) qui rappelle clairement celui qui est attesté dans le *Visprad* et renvoie à la cérémonie du chapitre 3,1, où figurent les positions individuelles des prêtres précédemment installés ; quelques-uns de ces schémas font par ailleurs directement référence aux parties de texte que le *rāspīg* doit réciter en tant que double de chaque assistant. Cantera[7] souligne par ailleurs avec prudence la pertinence d'un passage du *Nērangestān* 4,1-2[8], qui semble évoquer cette cérémonie de « désinstallation » :

4,1) *sraōθra *nā gāθanąm *ratufriš
4,2) *paiti.astica yasnahe aδa fšūšō mąθrahe.*

4,1) l'homme contente les *ratu*s avec la récitation des *Gāθā*s,
4,2) et par la participation silencieuse au sacrifice et ensuite au *Fšūšō Mąθra*.

---

5. *Ibid.*, p. 251.
6. Voir par exemple ms. MZK2 (Muze-ye Zardostyān-e Kermān), fol. 187v-188r ; voir aussi les dessins reproduits dans le ms. K7a (= ms. 2000, et dans le ms. 4050 ; ces deux déjà publiés comme fig. 11 et fig. 12 par A. Cantera, *Vers une édition de la liturgie longue zoroastrienne*, p. 374, 376 ; pour K7a, voir aussi K. Barr, *The Avesta Codex K5 containing the Yasna with its Pahlavi Translation and Commentary*, First Part, fol. 84r-84v. C. Redard m'a fait l'amitié de m'envoyer un pdf contenant des dessins similaires, dont le premier est attesté dans le ms. 4515_FIRES1, appartenant à FEZANA Information Research and Education System Zoroastrian Association Houston, de la fin du XVIIIe siècle – début du XIXe siècle. Ce manuscrit présente le schéma normal de l'installation dans le folio 26r, après *Yasna* 11,8, et celui de « désinstallation » au folio 279, après *Y.* 58,9 et avant le début de *Y.* 59,1. Je l'ai utilisé ici comme planche n° 6 pour donner un exemple de ces dessins. C. Redard a trouvé un autre schéma pertinent dans le manuscrit E4, de la Meherjirana Library à Nawsari, daté 1792. Ce manuscrit contient une représentation du *Yazišn gāh* à la fin du codex, après *Y.* 72,5, sur le dernier folio (284r) exactement avant le colophon.
7. A. Cantera, *Vers une édition de la liturgie longue zoroastrienne*, p. 250-252, n. 274.
8. F. M. Kotwal et Ph. G. Kreyenbroek, *The Hērbedestān and Nērangestān*, II, p. 43. Voir P. Lecoq, *Les livres de l'Avesta*, p. 1196.

Encore Y. 58

Version pehlevie :

4,1) *mard [ī rāspīg] gāhān srāyišn radīhā,*
4,2) *pad-eštišnīh ī ēsn [ka gōš dārēd] ēdōn fšūš-mānsar [<*taṯ *sōiδis> ka gōš dārēd].*

4,1) l'homme [le *rāspīg*] récite de manière autorisée les *Gāθā*s,
4,2) (mais aussi) durant (les périodes) de silence du *Yasna* [quand il doit prêter l'oreille], et également durant la (récitation du) *fšūš-mānsar* [(à l'intonation des mots) **taṯ *sōiδis* [« cette arme »], quand il doit prêter l'oreille].

La référence directe au *Fšūšō Mąθra* et aux mots *taṯ *sōiδis* qui se trouvent au début de *Y.* 48,1[9], est significative, ainsi que les passages suivants qui confirment l'importance rituelle de la cérémonie sur le point de se dérouler. En fait, le texte de *N.* 4,3 souligne le rôle liturgique de cette partie du rituel en insistant sur les risques d'erreurs possibles dans la récitation des différentes parties attribuées au *rāspīg* et au *zōt*, mais à l'origine de la pertinence du collège sacerdotal au complet :

4,3) *ahe zī nā *srauuaŋhō aframərənti āstriieite yaθa gāθanąmcīṯ.*

4,3) alors en réalité un homme commet une faute (rituelle) s'il oublie ce mot lorsqu'il faut (le réciter) dans le cas des *Gāθā*s.

Version pehlevie :

4,3) *če mard awēšān [abestāg pad tan-ē] a-fraz-ōšmurišnīh astarēd [ka manō.mąrətanamca nē kunēd], čiyōn gāhān-iz [ka vacō.mąrətanamca nē gōwēd.*
hād harw ān abestāg ī zōtān pad tan-ē gōwišn rāspīg gōš dārēd ud ān ī rāspīg pad tan-ē gōwišn zōtān gōš dārišn : ka nē dārēnd ā-šān nask-hilišnīh kard.
rāspīgān ēk andar did-ē *radag kard ested. ka zōt srōš srūd, srōšawarz ul ō pāy estēd : ka ātaxš ī wahrān ān gyāg pad (*gyāg), pas abāz nē hilišn; pad en tis zōt srōšāwarz].

4,3) l'homme commet une faute (rituelle) lorsque dans l'oubli de ces mots [les (sections de) l'*Avesta* (à réciter) seul] [c'est-à-dire lorsqu'il n'agit pas (en conformité avec) des pensées bien mémorisées (*manō.mąrətanamca*), comme dans le cas des *Gāθā*s, lorsqu'il ne prononce pas de mots bien mémorisés (*vacō.mąrətanamca*)].

---

9. Voir F. M. Kotwal et J. W. Boyd, *A Persian Offering: The Yasna*, p. 117-118.

Le collège sacerdotal avestique et ses dieux

> Alors, les *rāspīg*s doivent être attentifs aux parties de l'*Avesta* que le *zōt* doit réciter seul (*tan-ē*), et les *zōt*s doivent être attentifs aux parties de l'*Avesta* que les *rāspīg*s doivent réciter seuls; s'ils ne sont pas attentifs, alors ils ont commis (la faute) d'abandonner le *Nask*.
> Les *rāspig*s ont formé une ligne droite les uns par rapport aux autres (?). Quand le *zōt* récite l'hymne à Srōš, le *srōšāwarz* se lève sur ses pieds. Si un Ātaxš Wahrām est présent là, il ne doit pas abandonner (cette position debout) à nouveau. Dans ce cas, le *zōt* est le *srōšāwarz*.

Cette section du *Nērangestān* évoque une cérémonie apparemment secondaire mais certainement importante dans le cadre du schéma liturgique mazdéen.

La présence de deux rituels parallèles, un vers le début du *Yasna*, le second vers sa conclusion, ne répond que partiellement aux principes de récursivité qui distinguent normalement les liturgies anciennes, sujet étudié en détail par Staal[10] et Minkowski[11] avec une attention particulière portée aux mondes védique et hindou. Répétitions, circularité et sécularité forment un tissu complexe, caractérisant non seulement les structures textuelles, comme l'a bien montré Martin Schwartz à propos de la rhétorique de la composition des *Gāθa*s[12],

---

10. Fr. Staal, « Ritual Syntax », dans M. Nagatomi *et al.* (éd.), *Sanskrit and Indian Studies: Essays in Honour of Daniel H.H. Ingalls*, Dordrecht – Boston – Londres 1980.
11. Chr. Z. Minkowski, « Janameyaja's Sattra and Ritual Structure », *Journal of the American Oriental Society* 109/3 (1989).
12. Voir par exemple M. Schwartz, « Coded Sound Patterns, Acrostics, and Anagrams in Zoroaster's Oral Poetry », dans R. Schmitt et P. O. Skjærvø (éd.), *Studia Grammatica Iranica. Festschrift für Helmut Humbach*, Munich 1986; id., « The Ties that Bind: on the Form and Content of Zarathushtra's Mysticism », dans F. Vajifdar (éd.), *New Approaches to the Interpretation of the Gāthās*, Londres 1988; id., « How Zarathushtra Generated the Gathic Corpus: Inner-textual and Intertextual Composition », *Bulletin of the Asia Institute* 16 (2002); id., « Encryptions in the Gathas: Zarathushtra's Variations on the Theme of Bliss », dans C. G. Cereti, M. Maggi et E. Provasi (éd.), *Religious Themes and Texts of Pre-Islamic Iran and Central Asia: Studies in Honour of Professor Gherardo Gnoli on the Occasion of his 65th Birthday on 6th December 2002*, Wiesbaden 2003; id., « The Hymn To Haoma In Gathic Transformation: Traces Of Iranian Poetry Before Zarathushtra », dans A. Panaino (éd.), avec la collab. de S. Circassia, *The Scholarly Contribution of Ilya Gershevitch to the Development of Iranian Studies*, Milan 2006; id., « The Gathas and Other Old Avestan Poetry », dans G.-J. Pinault et D. Petit (éd.), *La langue poétique indo-européenne : actes*

mais aussi l'organisation générale de la cérémonie avestique longue. Si cette hypothèse théorique vaut aussi pour l'anthropologie du rituel mazdéen, nous pouvons par conséquent supposer que la complexification de la cérémonie à partir d'un rite de base plus simple devait suivre des modèles similaires très probablement fondés sur la récursivité et le parallélisme. La tradition avestique n'échappe sans doute pas à ce modèle, car en effet l'organisation interne des liturgies avestiques plus solennelles, avec la présence continue d'intercalations textuelles, suivait des schémas dont les critères et l'origine théologique ne sont pas encore tout à fait clairs (surtout parce que le sujet n'a pas encore été étudié de manière systématique). Nous savons aujourd'hui que certaines cérémonies mazdéennes prescrivaient l'inclusion d'autres textes liturgiques, qui, au moins dans une période plus ancienne, pouvaient faire l'objet d'un procès d'amplification en théorie sans limite. Comme nous l'avons dit plus haut, le rituel mazdéen dans sa réalisation symbolique et abstraite se présente comme une chaîne ininterrompue à laquelle toutes les cérémonies peuvent être reliées au fil de la ligne temporelle de la création, depuis ses origines jusqu'à sa fin avec l'avènement de la libération et de la transfiguration finales.

Or, comme nous l'avons signalé au début de cette partie, il y a dans la liturgie avestique une bizarrerie inexplicable : si « l'installation » du collège sacerdotal dans toute sa complexité n'apparaît que dans la tradition du *Visprad*, la « désinstallation » correspondante s'insère pour sa part dans le *Yasna* régulier. En d'autres termes, il faudrait trouver une correspondance entre une « installation » solennelle contenue dans le *Visprad* et sa « désinstallation » dans la même source, et surtout dans la même liturgie. L'absence d'une chorégraphie parallèle pour le cérémonial de clôture soulève beaucoup de questions. La partie du *Yasna* correspondant à la « désinstallation » appartenait-elle à un rituel différent qui à l'origine appartenait à une autre source, comme le *Visprad*? Comment expliquer cette évidente asymétrie? Pourquoi cette formule (adoptée par les sept prêtres et le *zaōtar-*), préservée dans le texte du *Yasna*, où la participation du collège sacerdotal au complet n'est ni prévue ni nécessaire? Cette asymétrie manifeste nous pousse à douter de l'antiquité de cette liturgie

---

du colloque de travail de la Société des études indo-européennes, Louvain 2006 ; id., « The Composition of the Gathas and Zarathustra's Authorship », dans F. Vahman et C. Pedersen (éd.), *Religious Texts in Iranian Languages, Symposium held in Copenhagen, May 2002*, Copenhague 2007.

(dans sa forme attestée). Il importe avant tout de prendre en considération, comme le propose Cantera[13], l'idée que la « désinstallation », telle qu'elle se présente, n'implique aucunement que les sept assistants quittent immédiatement le théâtre rituel, mais indique simplement qu'ils sont à partir de là relevés de leurs fonctions performatives individuelles, distinguées et séparées. Par ailleurs, tant le *Nērangestān* que certains manuscrits rituels donnent l'impression qu'avant leur « installation » officielle, les assistants sont en nombre réduit, seule la présence du prêtre *hāuuanān-* semble implicitement nécessaire[14]. On peut résoudre cette contradiction apparente en rappelant que nous sommes confrontés à un problème similaire relativement au début du rituel, car l'identité du prêtre installateur n'est pas certaine, malgré les hypothèses que nous avons émises[15] ; dans tous les cas, il est vraisemblable que les prêtres (au moins les deux restants) ayant la charge d'ouvrir la cérémonie étaient installés lors d'un rituel précédent, faute de quoi il faudrait imaginer l'existence d'une « installation » simple réalisée sans la présence qualifiée d'un « installateur ». Comme on l'a montré plus haut, cette solution, quoiqu'étrange en apparence, ne peut être complètement exclue car un prêtre qualifié devait avoir la faculté d'initier un sacrifice légitime sans autres formalités. Le problème se pose sans doute surtout à propos de l'installation des assistants dans leurs différentes fonctions, car cette cérémonie nécessitait davantage de préparation de la part des deux prêtres chargés d'ouvrir une liturgie solennelle.

C'est pourquoi je reprends ici la question de la chaîne rituelle, où l'installation du collège nouveau est célébrée par une équipe sacerdotale ayant accompli sa tâche. Du moins, théoriquement ! En effet, la présence de prêtres qualifiés, déjà installés et prêts à ouvrir une cérémonie nouvelle, est sans doute normale à la période sassanide où le nombre de prêtres est très important. Cela expliquerait que la « désinstallation » marque la fin du sacrifice et de la partie la plus complexe du rituel sans imposer la sortie des célébrants. En pratique,

---

13. A. Cantera, *Vers une édition de la liturgie longue zoroastrienne*, p. 252, n. 275.
14. Voir encore *ibid.*, p. 252, avec référence à *N.* 28,38 et à certains manuscrits rituels.
15. J. Kellens, *Le Hōm Stōm et la zone des déclarations* ; A. Panaino, « The Avestan Priestly College and its Installation », *Dabir* 6 (2018), et id., « On the Mazdean Animal and Symbolic Sacrifices: Their Problems, Timing and Restrictions », dans C. Redard, J. Ferrer-Losilla, H. Moein et Ph. Swennen (éd.), *Aux sources des liturgies indo-iraniennes, Liège, 9-10 juin 2016*, Liège 2020.

tous les assistants du collège dont la présence n'est plus nécessaire à la conclusion de la cérémonie sont « désactivés », sans être expressément privés de leurs qualifications liturgiques. Cette solution permet de disposer d'un collège capable de transmettre le pouvoir rituel au collège montant qu'il faudra installer à nouveau. C'est la raison pour laquelle j'ai utilisé l'expression « désactivation » et mis entre guillemets les termes « installation » et « désinstallation » : l'installation a une relation directe avec une autre installation sans interruption véritable, parce que le collège n'est jamais désinstallé au sens strict, et qu'il faut attendre l'installation d'un collège nouveau pour pouvoir considérer les effets de la cérémonie précédente comme complètement terminés. Cette règle pourrait expliquer pourquoi les sacrifices sont célébrés quatre ou cinq fois par jour sans rupture apparente de liens subtils entre les cérémonies successives.

Si nous analysons le déroulement de la cérémonie de *Y.* 58,4-8, on ne trouve aucune « désinstallation » véritable, au sens où chaque prêtre récite une formule qui n'a pas de rapport très strict avec sa fonction liturgique. Plus simplement, les actions attribuées à chaque prêtre ne sont pas le signe d'une sorte d'inversion ou de désengagement de la part du prêtre ayant accompli sa tâche. La cérémonie ne subit aucune déconstruction. De même, personne ne déclare qu'il s'en va et personne n'affirme qu'un assistant quitte la scène[16]. Par exemple, ce n'est pas l'*ātrauuaxša-* mais le *raēθuuiškara-* qui récite le verset de *Y.* 58,7cde, ainsi que les versets 58,8abc concernant uniquement le feu, ce qui serait absurde si ces passages textuels obéissaient à des considérations purement théologiques pour signaler leur sortie du rituel.

Si des liens existent, il faudrait les chercher à un niveau encore plus symbolique, sans être sûr de les trouver. Il est vrai par exemple que le rôle du feu change en ce point précis du rituel et que sa fonction est moindre à partir de la fin de *Y.* 58,8[17], comme le souligne Cantera.

---

16. Dans le ms. E4 (que nous avons déjà mentionné) la description graphique des places assignées aux sept assistants est disloquée à la fin du codex, avant le colophon. Il est possible que ce dessin se réfère à des positions individuelles que chaque prêtre tenait durant la performance du *Y.* 58, et qui ne pouvaient pas être changées jusqu'à la fin de la cérémonie, mais cette solution est invraisemblable à la lumière des manuscrits iraniens, surtout ceux du *Visprad* ou des cérémonies d'intercalation, qui, par exemple, notent les déplacements du *rāspīg* à la place du *frabardar*. Damanins remarque à juste titre que dans l'usage moderne des prêtres parsis le *rāspīg* et le *zōt* se déplacent durant la récitation de *Y.* 62-72 également.

17. Voir A. Cantera, *Vers une édition de la liturgie longue zoroastrienne*, p. 252.

Les actes conclusifs de l'*ātrauuaxša*- confirment cette modification liturgique sur le plan symbolique, mais son signifié n'est pas très clair, et dans tous les cas il est très difficile d'en déduire que ce rituel puisse être considéré comme le symétrique inverse de la cérémonie d'installation activée durant la récitation de *Vr.* 3,1-2. En d'autres termes, le processus de désengagement était certainement célébré selon une cérémonie dont les modalités étaient moins théâtrales. C'est pourquoi on peut supposer qu'il ne s'agit pas d'une véritable « désinstallation », même si cette expression impropre est couramment utilisée. En réalité, il faudrait parler de « désengagement ».

Sans m'engager imprudemment dans la quête désespérée d'une reconstitution du modèle original, je voudrais m'arrêter sur certains faits particulièrement intéressants afin de proposer une solution possible. Évidemment, la dislocation des deux rituels, dont la pertinence est bien différente, représente une sorte de *landmark* (repère); la liturgie d'introduction, incluant le *Hōm Stōm*, est marquée dans sa partie finale par « l'installation » du collège sacerdotal qui pénètre dans l'espace sacrificiel; cette action marque le début d'une cérémonie solennelle. Du point de vue pratique, il peut s'agir du début de la liturgie du *Visprad*, mais aussi de celui de la cérémonie du *Vidēvdād* ou du *Vištāsp Yašt*, car tous ces rituels requièrent l'intercalation obligatoire du *Visprad*, avec d'éventuels changements de détail qui signalent aux spécialistes du cérémonial mazdéen la direction à suivre pour célébrer le rituel dans les règles.

L'activation d'un rituel parallèle requérant apparemment la présence du même groupe sacerdotal qu'en *Vr.* 3 pour la récitation de *Y.* 58 signifie vraisemblablement que, comme le rituel solennel, le *Yasna* normal peut théoriquement être célébré avec la participation du collège au complet et que cette version du *Yasna* représente une solution acceptable dans les deux cas – pour les cérémonies ordinaires comme pour les solennelles. Un aspect technique anodin propre au déroulement de la cérémonie nous permet d'imaginer une solution encore plus simple. Dans la pratique, selon les descriptions données dans les sources, il faut réciter le texte de *Y.* 58,4-9 à deux reprises au cours des liturgies du *Visprad* et du *Vidēvdād*. Comprendre l'ensemble de ce qui se passait en réalité n'est pas simple car la description très succincte était destinée à des spécialistes rompus à cet exercice et non aux « profanes » que nous sommes. On peut penser que le *Fšūšō Mąθra* est récité une première fois pour marquer la conclusion du rituel sacrificiel (que le sacrifice soit authentiquement sanglant ou seulement symbolique) même si la « désinstallation » ou le « désengagement » des prêtres a lieu au cours de la seconde récitation. Les manuscrits rituels nous évoquent quant à eux une situation inverse. Les instructions liturgiques indiquent que la chorégraphie à laquelle participent l'ensemble des prêtres assistants se déroule au cours de la première récitation du *Fšūšō Mąθra*. Il faut attendre la récitation de *Y.* 58,8 pour que le *zōt* prenne à nouveau la parole pour réciter une nouvelle fois l'intégralité du texte de *Y.* 58,4 (pour être précis, à partir des mots *hə̄ ptā gə̄ušca* [...] jusqu'à 9)[18].

Rappelons que *Y.* 58 est un texte très particulier, et pas seulement du point de vue linguistique, car il se compose de morceaux très anciens en vieil et moyen-avestique[19]. Ce chapitre, explicitement vénéré dans le *Y.* 59,33, et présenté comme *haδaōxta-* « complémentaire »[20], même si l'origine directe (du *Hādōxt Nask*) que lui prête Geldner[21] n'est pas avérée, marque la conclusion du sacrifice (éventuellement animal, lorsqu'il était pratiqué), et correspondait à la consommation finale par le feu de l'offrande carnée[22]. La première récitation pratiquée par l'ensemble du collège sacerdotal signalait la conclusion de la phase la plus importante de la cérémonie ; le *zaōtar-* résumait alors à lui seul les fonctions générales de l'équipe rituelle. La double récitation de *Y.* 58,4-8 est absente de la cérémonie du *Yasna* ordinaire, comme le souligne Geldner[23], bien que certains manuscrits attestent

---

18. Voir par exemple ms. RSPA 230 (British Library), fol. 253r. Voir ms. 4161, fol. 243v (A. Cantera et K. Mazdāpour [éd.], *The Liturgical Widēwdād Manuscript ms. 4161 [Vandidad-e Jahānbaxši]*, Salamanque – Téhéran 2015) ; voir aussi le ms. 4000, fol. 269v.
19. Voir É. Pirart « Les fragments vieil-avestiques du Y 58 » ; X. Tremblay, « Le pseudo-gâthique. Notes de lecture avestique II », p. 257-26 ; id., « Le Yasna 58 *Fšusō Mąθra haδaoxta* », p. 685-693 ; J. Kellens, *L'acmé du sacrifice*, p. 107-118.
20. Voir Kellens, *L'acmé du sacrifice*, p. 107 ; voir Chr. Bartholomae *Altiranisches Wörterbuch*, col. 1030. Ce texte est mentionné en *Visprad* 1,4-8. Cf. X. Tremblay, « Le pseudo-gâthique. Notes de lecture avestique II », p. 257-258 ; id., « Le Yasna 58 *Fšusō Mąθra haδaoxta* », p. 688-689.
21. K. F. Geldner « Awestalitteratur », dans W. Geiger et E. Kuhn (éd.), *Grundriss der iranischen Philologie*, II, Strasbourg 1904, p. 28, mais voir J. Darmesteter *Le Zend-Avesta*, I, p. 369 ; voir F. M. Kotwal et J. W. Boyd, *A Persian Offering: The Yasna*, p. 117, n. 132.
22. J. Kellens, *L'acmé du sacrifice*, p. 112-113.
23. K. F. Geldner, *Avesta, The Sacred Books of the Parsis*, I, Stuttgart 1886 (édition avec les *Prolegomena* dans l'année 1896), p. 205-206, dans l'apparat critique du paragraphe 4.

Le collège sacerdotal avestique et ses dieux

cette répétition sous l'influence prestigieuse des liturgies plus longues et solennelles. En fait, si la liturgie, comme dans le cas du *Yasna* plus simple, n'imposait pas l'installation du collège[24], la récitation du *Vr.* 3 (comme sa cérémonie correspondante et parallèle, c'est-à-dire la répétition de *Y.* 58,4-8) n'était plus nécessaire. Soulignons par ailleurs que le choix de répéter[25] mot pour mot le texte à partir de *fšūmā̊*, en *Y.* 58,4, montre l'importance du *Fšūsō Mąθra*, et n'est pas anodin. En même temps, il est significatif que, quand le *zaōtar-* répète la formule complète (les chapitres 4-9), les premiers mots du chapitre 4, de *fšūmā̊* à *carəkərəmahī*, sont omis.

Intéressons-nous à présent à l'interprétation que l'on peut donner au rituel de « désengagement ». Le premier problème concerne le fait que *Y.* 58, dans sa complexité (textuelle et liturgique), semble présenter un texte déjà interpolé, fruit d'une intervention très ancienne, à une époque où s'opérait une fusion entre la tradition vieil-avestique et une liturgie nouvelle, en même temps qu'une synthèse avec l'usage de l'avestique récent. Les prêtres chargés de cet ouvrage utilisaient l'avestique récent et vraisemblablement aussi le moyen[26], ils avaient aussi une assez bonne maîtrise des niveaux plus anciens de l'avestique. Par conséquent, si nous considérons la position stratégique de ce chapitre, après la clôture textuelle des *Staōta Yesniia* qui se trouve dans *Y.* 55 et les deux hymnes à Sraōša (*Y.* 56 et 57), étudiée par Kellens[27], il nous faut bien reconnaître que l'adoption de la partie finale du *Fšūsō Mąθra* (*Y.* 58) comme texte faisant partie d'une cérémonie où tous les prêtres doivent prendre la parole chacun à leur tour est sans doute très importante. Bien que ce rituel ait été utilisé, avec sa double récitation

---

24. Récemment A. Cantera (*Vers une édition de la liturgie longue zoroastrienne*, p. 252-255) notait qu'il était possible, déjà selon le rédacteur du *Nērangestān*, de trouver diverses substitutions : par exemple, le *zaōtar-* avait la liberté de prendre les places de tous les autres prêtres et, dans ce cas, de diriger pratiquement seul le rituel. Mais, on pouvait s'assurer que le *zaōtar-* soit secondé par un nombre variable de *rāspīg* additionnels. Pratiquement, la configuration plus tardive à seulement deux prêtres, le *zōt* et le *rāspīg*, n'était pas encore devenue exclusive. Ces observations sont très importantes car nous pouvons en déduire que l'usage devenu standard était issu de la recherche d'une solution empirique à des problèmes pratiques, et qu'on avait à disposition de nombreuses variations liturgiques, sans l'obligation de suivre une norme fixe et obligatoire.
25. Voir J. Kellens et C. Redard, *Introduction à l'Avesta, le récitatif liturgique sacré des zoroastriens*, p. 41-42.
26. Voir X. Tremblay, « Le Yasna 58 *Fšūsō Mąθra haδaoxta* », *passim*.
27. J. Kellens, *L'acmé du sacrifice*, p. 55-106.

des paragraphes 4-8, pour marquer, avec sa première célébration, le désengagement du collège, comme une sorte de pendant *léger* à la liturgie plus imposante de l'installation rituelle, on peut douter que cette symétrie ait été très ancienne. En réalité, il nous est permis de penser que *Y.* 58,4-8 a pris une importance particulière suite à l'intercalation de *Vr.* 3, mais qu'à l'origine, c'est-à-dire bien avant l'introduction de l'intercalation du *Visprad*, quand ce texte était plus proche de la conclusion du service gāθique, il avait un rôle différent, réinterprété par la suite dans le cadre de la synthèse issue de la pratique des intercalations.

Bien évidemment, cette hypothèse demeure théorique et spéculative, mais elle n'est pas dénuée de fondement, surtout si l'on considère que cette liturgie concerne symboliquement la fin de la section la plus sacrée de la cérémonie avec sacrifice, sanglant ou symbolique, et la dé-divinisation du pouvoir attribué au feu rituel. De plus, le langage utilisé pour cette cérémonie est très ancien et contient des interférences entre niveaux ancien et moyen-avestique. La stratification de la liturgie avestique reflète ces différents niveaux qui nous sont accessibles seulement en partie. Il est évident qu'on a sous-estimé l'importance de ce point de jonction avec son signifié et sa position propres, et sa présence manifeste dans les rituels interpolés. En particulier, je voudrais souligner le fait que, si nous considérons le processus de l'effet de miroir produit par l'installation sacerdotale et sa correspondance avec le rôle des Aməṣa Spəṇtas, tandis que le *sraōšāuuarəza-* représente Sraōša et le *zaōtar-* Ahura Mazdā (ou éventuellement Spəṇta Mainiiu), la cérémonie pratiquée durant la répétition de *Y.* 58,4-8 nous permet de déceler la raison d'une association dissimulée dans l'architecture de cette liturgie[28].

Avant de présenter la chorégraphie liturgique de cette cérémonie et ses variantes, quelques points essentiels doivent être clarifiés. La symétrie apparente qui suggérerait la présence d'une « désinstallation » correspondant à une « installation » ayant eu lieu auparavant n'est pas de nature à justifier l'adoption de cette terminologie. Certaines fonctions sacerdotales sont apparemment désactivées à un moment donné et certains assistants peuvent quitter les lieux si nécessaire, mais nous ne sommes aucunement en présence d'un rituel de

---

28. J'accepte l'interprétation de J. Kellens à propos du chapitre 58 du *Yasna*, ainsi que présentée dans *L'acmé du sacrifice*, p. 113-118, avec seulement de petites différences ou préférences de style.

Le collège sacerdotal avestique et ses dieux

suppression du rôle ou du caractère sacré des fonctions sacerdotales, lesquelles peuvent être reprises en cas de nécessité. C'est pourquoi je préfère recourir à une terminologie que je crois plus précise, et parler de « désengagement ». Cette prudence semble justifiée par le fait qu'après *Y.* 58, on trouve plusieurs occurrences dans les manuscrits liturgiques où le *rāspīg* est invité par le *zōt* à prendre la place (*gāh*) d'un des assistants et à réciter une formule antiphonaire à sa place. Cette circonstance survient par exemple dans plusieurs passages suivant le cérémonial de *Y.* 58 :

VrS. 77,42 (= *GY.* 59,30 = 59,33) : *rāspīg pad gāh ī frabardārān gōwišn*. Mais aussi : *VrS.* 78,2· *hāwanān*; *VrS.* 78,3 : *srōšāwarzān*; *VrS.* 78,4 : *frabardārān*; *VrS.* 82,29 : *srōšāwarzān*; *VrS.* 82,33 : *ātrawaxšān*; *VrS.* 87,5 : *srōšāwarzān*[29]. Au moins quatre (*frabardār, hāwanān, srōšāwarzn, ātrawaxš*) des sept assistants sont encore explicitement présents. Selon les rites et les circonstances, la présence des assistants était requise avec plus ou moins de force, il demeurait possible de les remplacer par un *factotum*. Le codex 4000 (Tehran University Library 11265, 268v-269v), que Cantera[30] a analysé avec beaucoup d'attention[31], nous enseigne que[32] (1) le *zaōtar-* pratiquait la récitation des deux premières phrases de *Y.* 58,4 (de *fšūmā̊* à *carəkərəmahī*), lesquelles contiennent la mention solennelle d'une formule à travers laquelle ce texte était bien connu dans la tradition avestique. Ainsi, sa récitation dénote une position de prééminence. La phrase suivante (2), de *hə̄* à *stōiš*, était prononcée par le *hāuuanān-*; (3) était récitée par *frabərətar-* de *haiiθiō* à *carəkərəmahī*, tandis que pour (4) le *sraōšāuuarəza-* prononçait les mots de *hōcā*

---

29. Ces données sont obtenues à partir de la plateforme électronique ADA : je remercie Alberto Cantera d'avoir attiré mon attention sur ces précieux témoignages textuels.
30. A. Cantera, *Vers une édition de la liturgie longue zoroastrienne*, p. 251. Ce manuscrit est consultable dans ADA.
31. Mais voir par exemple le ms. 4161, fol. 242v-243r, édité par A. Cantera et K. Mazdāpour, *The Liturgical Widēwdād Manuscript ms. 4161 (Vandidad-e Jahānbaxši)*.
32. Pour une traduction du *Y.* 58,4-8, voir J. Kellens, *L'acmé du sacrifice*, p. 115-118. Les mots en gras dans les schémas donnés à la page suivante sont les mêmes que dans les dessins des manuscrits rituels avestiques. Voir par exemple la figure 13 dans l'étude de A. Cantera, *Vers une édition de la liturgie longue zoroastrienne*, p. 376. Je remercie aussi Céline Redard, qui a partagé avec moi ses études sur ce sujet.

à *mazdā*. La récitation du premier paragraphe était partagée entre le *zaōtar-* et trois autres prêtres assistants (*hāuuanān-, frabərətar-, sraōšāuuarəza-*)[33]. Le paragraphe suivant (*Y.* 58,5) était attribué entièrement (5) à l'*ābarətar*. La récitation de *Y.* 58,6 (6) était répartie entre le prêtre *āsnātar-* (de *pairi* à *dadəmahī*) et (7) le *raēθβiškara-* qui récitait à partir de *hauruua.fšauuō* et continuait non seulement sur la partie restante du paragraphe, mais aussi le paragraphe 7 en son entier, de *namasə* à *amərətātā̊*. L'*ātrauuaxša-* (8) avait le privilège de célébrer tout le paragraphe 8, de *hauruuąm* à *auuācī*. La séquence était donc la suivante : (1) le *zaōtar-* (nord) ; (2) *hāuuanān-* (nord-ouest) ; (3) *frabərətar-* (nord-est) ; (4) *sraōšāuuarəza-* (sud) ; (5) l'*ābarətar-* (sud-est) ; (6) *āsnātar-* (ouest) ; (7) *raēθβiškara-* (est) ; (8) *ātrauuaxša-* (sud-ouest).

---

33. Je suis absolument d'accord avec les conclusions de Cantera, « The *sraōšāuuarəza-* priest », p. 505-509, sur le rôle fondamental du *sraōšāuuarəza-* dans les liturgies solennelles, même s'il ne m'est pas possible de développer davantage de telles considérations ici.

Le collège sacerdotal avestique et ses dieux

DISPOSITION DU COLLÈGE PENDANT LA CÉRÉMONIE DE DÉSENGAGEMENT
(la disposition des prêtres suit l'ordre donné dans le codex 4000)

SUD

(4) *sraōšāuuarəza-*

Y. 58,4d : **həcā nā fšūmą̊** nišaŋharatū hō
aiβiiāxšaiiatū hadā ašācā vāstrācā frārāticā
vīdīšaiiācā ainiticā āuϑrācā ahurahē mazdā.

(5) *ābərət-*   (8) *ātrauuaxša-*

Y. 58,5 : yaϑā nō dātā aməšā   Y. 58,8 : **hauruuąm haṇdāitīm**
spəṇtā aϑā nå ϑrāzdūm. **ϑrāzdūm**   staōtanąm yesniianąm yazamaide
nō vaŋhauuō ϑrāzdūm nə vaŋuhīš   apanō.təmaiiā paitī vacastaštā
ϑrāzdūm nō aməšā spəṇtā   sraēštąm aṱ tōi kəhrpəm kəhrpąm
huxšaϑrā huδåŋhō naēcīm təm   āuuaēdaiiamahī mazdā ahurā imā
aniiəm yūšmaṱ vaēdā ašā aϑā nå.   raōcå barəzištəm barəzimanąm
ϑrāzdūm.   auuaṱ yāṱ huuarō auuācī.

EST   (7) *raēϑβiškara-*   (6) *āsnātar-*   OUEST

Y. 58,6b : **hauruua.fšauuō druuō.**   Y. 58,6a : **pairī manå̄ pairī vacå̄**
gaēϑå̄ druuafšauuō druuō.vīrā   pairī šiiaōϑanā pairī pasūš
druuā hauruuā ašiuuaṇtō daϑušō   pairī vīrə̄ŋg spəṇtāi maniiauuē
daδušō daδūžbīš raōcəbīš hąm.   dadəmahī
vaēnōimaidī yāiš ahurahē mazdā.
Y. 58,7 : nəmasə tōi ātarō ahurahē mazdå̄ mazištāi yåŋhąm
paitī.jamiiå̄ mazə auuaxíiāi mazō
rafənōxíiāi dāidi hauruuātå̄
amərətātå̄.

Y. 58,4c : **haiϑiiō vaŋhudå̄.** yeŋhē   Y. 58,4b : **hō ptā gəušcā** ašaŋhācā
vō masānascā vaŋhānascā   ašaonascā ašāuuairiiåscā stōiš
sraiianascā carəkərəmahī

(3) *frabərətar-*   (2) *hāuuanān-*

Y. 58,4a : **fšūmå̄ astī ašauuā vərəϑrajā vahištō fšūṣ̌ə̄**
carəkərəmahī

(1) *zaōtar-*

NORD

Encore Y. 58

La disposition des prêtres selon leur répartition textuelle semble différer en fonction du schéma de subdivision des passages attestés dans le ms. 4515_FIRES1, folio 279r, où nous trouvons une description très synthétique après *Y.* 59,9 et avant *Y.* 59,1 où l'*ātrauuaxša-* semble avoir pris la place du *sraōšāuuarəza-*, qui à son tour se trouve dans la position attribuée à l'*ābarətar-*, tandis que ce dernier prêtre occupe désormais la position originale de l'*ātrauuaxša*. D'après les instructions textuelles, le *sraōšāuuarəza-* ne change pas de place. On constate une apparente distorsion entre les instructions et le schéma. Je remercie Céline Redard d'avoir attiré mon attention sur cette page du manuscrit, au moment où indépendamment l'un de l'autre, nous remarquions la disposition particulière des prêtres dans cette tradition. Dans son enquête systématique, Céline Redard[34] relève que : « 1. l'ordre des prêtres n'est pas identique, puisqu'il y a inversion entre les prêtres *ābərət-* et *raeϑβiškara-* ; 2. la répartition du texte avestique est légèrement différente dans la tradition indienne où le prêtre *sraōšāuuarəza* récite également le début du Y58.5, récité par le prêtre *ābərət-* dans la tradition iranienne ».

Ces différences ne sont pas isolées, mais comme elle le démontre, il s'agit d'une variation bien attestée dans les manuscrits indiens[35] mais non uniforme, dans laquelle les positions de l'*ābərət-* et du *raeϑβiškara-* peuvent être inversées, ainsi que celles de l'*ātrauuaxša-* et de l'*āsnātar-*.

On pourrait expliquer cette configuration à partir de la considération objective que, selon *N.* 61,1-9 (voir ici le chapitre III, Appendice 3)[36], l'*ābarətar-* et le *sraōšāuuarəza-*, n'ayant pas de place fixe,

---

34. C. Redard m'a donné l'occasion d'avoir avec elle une série de discussions sur ces problèmes liturgiques et surtout de lire ses études sur le sujet (voir C. Redard, « Entre tradition et changement : le cas de la désinstallation des prêtres dans la tradition indienne [Y58] »).
35. Par exemple, C. Redard (*ibid.*) mentionne les mss 2220, 4360, 4410, 4420, 4500 et une notice donnée par B. T. Anklesaria.
36. Comme C. Redard me l'a fait remarquer (communication personnelle), « en effet, le schéma de 4515_FIRES1 (279r) ne comporte que les extraits avestiques mais aucune indication claire du nom du prêtre, sauf dans les indications rituelles fournies dans les pages précédentes. Il serait intéressant de voir si les indications corroborent le schéma ou non ». Elle relève également que « en effet, la manière d'indiquer le placement des prêtres se fait de manière différente en gujarati. Il n'est pas impossible qu'il y ait là une évolution dans le rituel indien, avec de légères variations par rapport au rituel iranien. [...] En tout cas, il convient

ont la liberté de se déplacer, mais il existe sans doute d'autres raisons, en sorte qu'il semble pour l'heure difficile de déterminer avec précision l'histoire de ces transformations liturgiques.

Voir, par exemple, le schéma qu'on peut déduire selon le ms. 4515_FIRES1, folio 279r, après *Y.* 59,9 et avant *Y.* 59,1.

Dans la présentation suivante, je me suis borné à reproduire les phrases en avestique selon les indications du schéma graphique en ajoutant le reste du texte et surtout, mais entre parenthèses, le nom du prêtre qui devrait les réciter selon les instructions rituelles traditionnelles, mais aussi celui d'un autre prêtre supplémentaire prévu par les normes traditionnelles. Ceci produit évidemment un désalignement par rapport au schéma d'installation de *Vr.* 3,1.

Dans ce contexte, la réflexion avancée par Rezania[37] à propos du déplacement du *sraōsāuuarəza-* sur le côté sud-ouest mérite encore plus d'attention, mais elle ne suffit pas à résoudre les difficultés et il est certain que quelque chose a perturbé la répartition entre les lieux ou le placement des phrases associées à la récitation de chaque prêtre assistant.

---

d'utiliser ces données pour l'instant avec précaution, et de faire remarquer que le manuscrit 4000 est iranien alors que le manuscrit 4515 est indien ». Sur ce schéma, voir encore C. Redard dans J. Kellens et C. Redard, *Introduction à l'Avesta, le récitatif liturgique sacré des zoroastriens*, chapitre 3.2.

37. Voir K. Rezania, *Raumkonzeptionen im früheren Zoroastrismus*, p. 283-285 et la planche 39 à la p. 284 de son livre.

Encore Y. 58

Disposition des prêtres selon leur répartition textuelle en conformité avec le schéma du ms. 4515_Fires1, folio 279r

Sud

(8) *ātrauuaxša-* (ou *sraōšāuuarəza-?*)
Y. 58,8 : **hauruuąm haṇdāitīm**
(…) *huuarə̄ auuācī.*

(4) *sraōšāuuarəza-*
(ou *ābərət-?*)
Y. 58,4d : **həcā nā fšūmā̊**
nišaŋharatū (…) *āϑrācā ahurahē mazdā.*

(5) *ābərət-*
(ou *ātrauuaxša-?*)
Y. 58,5 : *yaϑā nə̄ dātā* (…) **ϑrāzdūm nə̄ vaŋhauuō** (…) *aϑā nå.ϑrāzdūm.*

Est (7) *raēϑβiškara-*
Y. 58,6b : **hauruua.fšauuō druuō.gaēϑā̊** (…) *yāišahurahē mazdå. Y. 58,7 : nəmasə tōi ātarə̄* (…) *dāidī hauruuātā amərətātå.*

(6) *āsnātar-* Ouest
Y. 58,6a : **pairī manā̊ pairī vacā̊** (…) *maniiauuē dadəmahī*

Y. 58,4c : **haiϑiiō vaŋhudå.**
yeŋhē və̄ masānascā vaŋhānascā sraiianascā carəkərəmahī

Y. 58,4b : **hə̄ ptā gə̄ušcā** *ašaŋhācā ašaōnascā ašāuuairiiā̊scā stōiš*

(3) *frabərətar-*   (2) *hāuuanān-*

Y. 58,4a : *fšūmå astī ašauuā vərəϑrajā vahištō fšūšə̄ carəkərəmahī*

(1) *zaōtar-*

Nord

Le collège sacerdotal avestique et ses dieux

Malgré ces différences de détail, au demeurant fort intéressantes[38], cette répartition indique que l'*ābərət-* et le *raēθβiškara-* assument un rôle qui leur confère davantage d'espace, au moins le temps de leur récitation. L'*ābərət-* récite une formule de protection, au cours de laquelle il invoque les Aməša Spəṇtas et leur aide ; le *raēθβiškara-* chante un texte qui est certainement en relation très étroite avec le feu et le sacrifice (58,6), mais aussi avec la recherche de l'immortalité grâce à la puissance du feu d'Ahura Mazdā (58,7). Apparemment, si Tremblay[39] a raison, comme je le crois, ce prêtre joue le rôle attribué dans les rituels védiques à l'*adhvaryú*, qui normalement récite la formule *Námas te Agne*. L'*ātrauuaxša-*, enfin, conclut la répétition avec la déclaration que « le corps (du maître est) le plus beau des corps : ce ciel, parmi les hauteurs celle qui est aussi haute que le soleil vu par un d'ici-bas » (58,8).

Cette référence au ciel et au soleil concerne vraisemblablement l'image du feu céleste et résume la cérémonie dans sa totalité, déjà évoquée avec la mention de l'hommage à la collection complète des *Staōta Yesniia*. Cette interprétation se fonde sur l'observation qu'une association étroite entre le Soleil et le feu est très fréquente, pratiquement comme s'ils étaient deux manifestations de la même divinité, comme l'a récemment souligné Proferes en s'appuyant sur de nombreuses références dans les sources védiques[40]. La première partie de cette récitation, initiée par le *zaōtar-* avec 58,4, et répétée par lui avec la deuxième récitation, confirme, à mon avis, les liens entre le prêtre qui dirige la liturgie et Ahura Mazdā. Cette observation corrobore aussi l'hypothèse avancée par Tremblay[41] à propos de l'association directe entre le « maître des animaux » (*fšumā̊*) et le même Ahura Mazdā, représenté comme le possesseur victorieux du sacrifice animal, tandis que les lignes suivantes attribuées au prêtre *hāuuanān-* nous permettent de repérer la relation entre le prêtre assistant responsable

---

38. C. Redard (communication personnelle) note que « dans la tradition indienne, le *sraōšauuarəza-* récite une phrase plus longue que dans la tradition iranienne, tandis que dans la tradition indienne, la nomination des prêtres se fait par leur position et non par leur nom ».
39. X. Tremblay, « Le Yasna 58 *Fšusō Mąθra haδaoxta* », p. 693 ; cf. encore id., « Le pseudo-gâthique. Notes de lecture avestique II », p. 260.
40. Th. N. Proferes, *Vedic Ideals of Sovereignty and the Poetics of Power*, New Haven 2007, p. 47-49, et en particulier n. 127, *passim*.
41. X. Tremblay, « Le Yasna 58 *Fšusō Mąθra haδaoxta* », p. 691.

Encore Y. 58

du pressurage du *haōma-* et Ahura Mazdā comme le Père du bœuf ou de la Vache[42], de l'Ordre cosmique et de l'homme pieux. L'attribution de ces mots à ce prêtre nous invite à réfléchir sur la possibilité que ces passages se réfèrent au *haōma-*, qui doit être donné au Père de l'Ordre.

Immédiatement après, le *frabərətar-* rend encore hommage à Ahura Mazdā comme celui auquel les Aməša Spəntas sont subordonnés. Le *sraōšāuuarəza-* avait alors la charge d'initier son invocation (avec deux impératifs exhortatifs : *nišaŋharatū* « préserve »[43] et *aiβiiāxšaiiatū* « surveille »[44]) du pouvoir de préservation et de surveillance du même Ahura Mazdā dans sa qualité de possesseur des animaux sacrificiels, une fonction qui rentre dans les rôles de ce prêtre dédié à Sraōša. Si ce paragraphe, comme le suggère Tremblay, a un rapport avec le partage de l'offrande (par exemple l'odeur de la viande rôtie qui est destiné à l'humanité), nous pouvons identifier une nouvelle fonction de Sraōša et de son prêtre, celle de médiateur. À son tour, l'*āsnātar-* récite une formule (58,6) dans laquelle on fait une dédication de pensées, paroles, actions, troupeaux et gens à Spənta Mainiiu. Ici *pairī* (... *dadəmahī*) est répété cinq fois, et cette répétition nous semble avoir des effets sur la cérémonie. À ce propos, Pirart remarque[45], à la suite de Humbach[46] (surtout en ce qui concerne *pairi.gaēθa-* de *Y.* 34,2), qu'il pourrait s'agir d'une référence à l'action rituelle où la divinité est entourée par des victimes sacrificielles. Je pense que *Y.* 58,5 et 6 jouent un rôle tout à fait remarquable dans la cérémonie car ces passages mentionnent explicitement les Aməša Spəntas et Spənta Mainiiu à la suite de l'invocation formulée par le *sraōšāuuarəza-* dans la section conclusive de *Y.* 58,4. En 58,5, l'*āsnātar-* insiste sur le rôle de tous les Aməša Spəntas et sollicite un échange : « comme (les dons) ont été offerts par nous, ainsi protégez-nous, ô Aməša Spəntas » (*yaθā nō dātā aməša spəntā aθā nō θrāzdūm*[47]).

---

42. Considérations importantes par J. Kellens, « Les cosmogonies iraniennes entre héritage et innovation », dans Br. Huber, M. Volkart et P. Widmer (éd.), *Chomolangma, Demawend und Kasbek*, II, Halle 2008, p. 510-51 ; id., *L'acmé du sacrifice*, p. 111-112.
43. J. Kellens, *Liste du verbe avestique*, p. 72.
44. *Ibid.*, p. 11.
45. É. Pirart, « Les fragments vieil-avestiques du Y 58 », p. 238. Cf. X. Tremblay, « Le pseudo-gâthique. Notes de lecture avestique II », p. 259.
46. H. Humbach, « Avestan *pairigaēθa-* and *apairi.gaēθa-* », dans *Dr. J. M. Unvala Memorial Volume*, Bombay 1964, p. 271-272.
47. J. Kellens, *L'acmé du sacrifice*, p. 116 ; voir É. Pirart, « Les fragments vieil-

Le collège sacerdotal avestique et ses dieux

Comme les prêtres jouent la fonction de doubles mimétiques des Aməša Spəṇtas et leur ont donné le sacrifice grâce à la construction métaphysique d'une sorte de consubstantialité entre humains et divinités, les dieux doivent protéger adorateurs et sacrificateurs car « nous ne connaissons pas d'autre protecteur que vous, dès lors protégez-nous ! » (*naēcīm tə̄m aniiə̄m yūšmaṯ vaēdā ašā aθā nå θrāzdūm*)[48]. Cette requête devient explicite au moment où la séparation entre dimensions divine et humaine est rétablie, lorsque les dieux prendront possession de leur partie sacrificielle, tandis que les humains sont encore en état d'obtenir un avantage sacrificiel sous la forme de reconnaissance divine et de protection. Il est pourtant très intéressant de noter que cette formule est comme une sorte de *bismillāh* mazdéenne, et que la répétition (cinq fois) de *θrāzdūm* « protégez ! » avait sûrement une correspondance performative dans l'action liturgique, qui marquait et exaltait son signifié.

Je ne suis pas convaincu que ce texte cérémoniel démontre la présence d'un symbolisme de la *razzia* divine, réalisée par Ahura Mazdā et suivie par un procès inverse de préservation[49]. Ahura Mazdā est simultanément[50] celui qui donne et qui possède le taureau et les animaux, mais aussi le Père de l'Ordre, et par conséquent il n'a pas besoin de les capturer. En sa qualité de divinité la plus prestigieuse appelée au sacrifice, depuis l'invitation officielle (*niuuaēdaiieimi*)[51], il est aussi le protecteur de la liturgie et le premier possesseur de l'offrande sacrificielle. Je voudrais encore souligner que l'usage prégnant du causatif du verbe *vid-* + *ā°* (*āuuaēdaiiamaidē* « nous consacrons » en *Y.* 58,2, et 3 ; *āuuaēdaiiamahī* « nous attribuons [à toi] » en 58,8) est lié à la dynamique de l'invitation, dans laquelle on demande aux dieux de descendre pour voir et participer à la liturgie. Cette formule constitue une sorte de *pendant* aux *nividas-*. Pourtant, le texte confirme que la doctrine du sacrifice avait trouvé son développement précis dans le monde mazdéen, où animaux et êtres humains constituaient au même

---

avestiques du Y 58 », p. 237 ; X. Tremblay « Le Yasna 58 *Fšusō Mąθra haδaoxta* », p. 690.
48. Voir aussi X. Tremblay, « Le pseudo-gâthique. Notes de lecture avestique II », p. 259.
49. J. Kellens, *L'acmé du sacrifice*, p. 112 ; X. Tremblay « Le Yasna 58 *Fšusō Mąθra haδaoxta* ».
50. Voir X. Tremblay, « Le pseudo-gâthique. Notes de lecture avestique II », p. 258.
51. A. Panaino, *Rite, parole et pensée dans l'Avesta ancien et récent*, p. 46.

Encore Y. 58

degré des offrandes dignes d'Ahura Mazdā et de son panthéon. Je partage l'observation de Pirart[52] relativement à l'occurrence de *pasu-* et *vīra-* de *Y.* 58,6, présentés comme des « victimes sacrificielles animales et humaines », mais, à mon avis, il faut les mettre en rapport avec la triade *manah-*, *vacāh-* et *šiiaōθna-*, qui sont aussi offerts en sacrifice. En l'absence de témoignage pertinent concernant la pratique de sacrifices humains véritables, je préfère postuler une situation plus plausible, dans laquelle la tradition mazdéenne pouvait pratiquer des sacrifices sanglants et symboliques, c'est-à-dire avec une mise à mort ou son évocation. L'offrande de soi, pratiquée par les prêtres[53], était certainement un prérequis car le prêtre qui acceptait l'installation assumait le double rôle de dieu et d'être habité par lui. En même temps, le prêtre savait qu'il devait offrir son *uruuan-* à dieu afin de pouvoir rejoindre sa *daēnā-* et devenir un *saōšiiaṇt-* pendant la cérémonie. Dans ce cadre, le prêtre constituait aussi sa *frauuaṣ̌i-*, indispensable au déroulement de son action liturgique, comme le soulignent Kellens et Swennen[54], mais aussi Cantera[55]. Pour ces raisons, la liturgie spéciale dans laquelle s'inscrit la répétition de *Y.* 58,4-8 confirme que les prêtres ne sont pas vraiment « désinstallés », mais qu'ils acceptent de ne plus être objets de possession divine. Ainsi s'achève le procès d'association mutuelle et d'incarnation : les deux parties, divine et humaine, jouissent des avantages respectifs provenant du sacrifice. L'attention continue portée au concept de protection et d'hommage dans ce chapitre trouve son explication dans le désir de contrôler un moment très sensible dans la dynamique de la liturgie. Avant d'abandonner la consubstantialité mimétique avec les dieux pour reprendre leur condition humaine, les prêtres veulent vraisemblablement s'assurer que leurs offrandes ont été acceptées, mais aussi que l'*antídoron* qui leur appartient en rétribution du service rendu a été distribué. Dieux et prêtres se séparent en paix, c'est pourquoi le

---

52. É. Pirart, « Les fragments vieil-avestiques du Y 58 », p. 237 ; voir J. Kellens, *L'acmé du sacrifice*, p. 111.
53. Voir Panaino, *Rite, parole et pensée dans l'Avesta ancien et récent*, passim.
54. Voir J. Kellens et Ph. Swennen, « Le sacrifice et la nature humaine », *Bulletin of the Asia Institute*, N.S. 19 (1990) [= *Iranian and Zoroastrian Studies in Honor of Prods Oktor Skjærvø*], p. 71-77.
55. A. Cantera, « The Long Liturgy: its Structure and Position within the Avestan Ritual System », dans C. Redard, J. Ferrer-Losilla, H. Moein et Ph. Swennen (éd.), *Aux sources des liturgies indo-iraniennes, Liège, 9-10 juin 2016*, Liège 2020, *passim*.

texte insiste sur la protection garantie par Ahura Mazdā, Spəṇta Mainiiu et les Aməṣ̌a Spəṇtas. Avec une emphase finale sur la réalisation de la performance complète des *Staōta Yesniia* tous les prêtres récitent les prières et accomplissent les rites de la liturgie qui les amènent à la dernière partie où leur participation active n'est plus nécessaire. Ils demeurent à titre de témoins silencieux de la sortie du rite sans que sa chaîne ne soit interrompue.

L'union ésotérique entre le dieu et ses entités est pour le moment terminée, mais tous les assistants restent attentifs pour la conclusion de cette cérémonie, tout en étant prêts à installer le collège sacerdotal suivant. Pourtant, la séparation entre divin et humain est un phénomène intérieur, comme dans le cadre spéculatif de l'autosacrifice[56] puisque les qualités de ces prêtres restent à disposition dans la chaîne ininterrompue du rituel. Darmesteter[57] signale que le *zaōtar-*, une fois terminée la récitation de *Y.* 58,9, doit se laver la main et verser l'eau dans un vase de terre. Bien qu'il soit difficile de spéculer sur cette action particulière, il est important de se rappeler son existence à titre de signal marquant la conclusion de cette étape du rituel, même si la fin de chaque cérémonie ne signifie pas la fin de la liturgie cosmique, laquelle perdure à travers les millénaires jusqu'à la fin du combat contre les ténèbres.

Il reste une dernière remarque à faire, elle concerne un problème crucial, que je me contenterai d'annoncer ici, pour le reprendre dans mes conclusions finales. Le fait que les textes considérés comme rédigés en moyen-avestique aient été disposés entre *Y.*11,15 et 16, et dans le contexte de *Y.* 56 et 58, c'est-à-dire à proximité des cérémonies d'installation et de désinstallation du collège, dévoile l'origine artificielle de cette jonction. Le texte liturgique a-t-il été remanié pour s'adapter à la présence de ce collège ? Il est difficile de le savoir, mais ce n'est pas une raison pour ignorer l'existence du problème.

---

56. A. Panaino, *Rite, parole et pensée dans l'Avesta ancien et récent*, p. 74.
57. J. Darmesteter, *Le Zend-Avesta*, I, p. 372.

Appendice 8 : remarques sur le prêtre *pasuuāzah-*

Une ligne de recherche aussi vaste que cohérente dans le domaine iranologique a depuis quelque temps pu démontrer que la tradition religieuse mazdéenne n'a jamais refusé la pratique du sacrifice sanglant[58] et que la dimension spéculative de son cérémoniel n'a pas tout à fait dévié exclusivement vers des formes symboliques de rituel évitant la violence dans le cadre des relations avec la sphère divine. Encore aujourd'hui une mise en garde contre certaines idéalisations du zoroastrisme ancien est nécessaire : plusieurs générations de savants, comme la mienne par exemple, ont été formées dans l'absolue certitude que Zoroastre et sa communauté avaient refusé la violence sacrificielle en lui substituant des abstractions liturgiques; cette illusion n'est pas seulement intenable, elle est tout à fait néfaste[59]. Le préjugé anti-ritualiste, déjà dénoncé par Benveniste[60], fut ensuite remis en question relativement à la tradition ethnographique zoroastrienne par Mary Boyce[61], qui a repéré des survivances rituelles dans l'usage moderne, enfin Albert de Jong[62] et Jean Kellens[63] lui ont donné le coup de grâce en s'appuyant sur la source du *Nērangestān*. Cet ouvrage de

---

58. Pour raisons de précision terminologique, je m'abstiens dans ce travail d'utiliser le mot « immolation », bien que fréquemment utilisé, parce que le terme latin *immolātio* (dérivé nominal du verbe *immolāre*, qui, à son tour, est un dénominatif de *mola*) concerne techniquement l'action d'éparpiller de la *mola salsa*, c'est-à-dire de la « farine salée » et consacrée, sur la tête de l'animal qu'on allait sacrifier. Cette pratique, complètement inconnue dans le monde indo-iranien, suppose l'existence de doctrines sacrificielles qui seraient abusivement évoquées dans le contexte de la présente étude. De plus, l'immolation précède le sacrifice animal et ne renvoie pas à son abattage.
59. Les conclusions excessives à propos d'un prétendu anti-ritualisme zoroastrien, surtout dans sa phase plus ancienne, font l'objet d'une critique générale dans le travail de A. Panaino, *Rite, parole et pensée dans l'Avesta ancien et récent*, p. 31-49. On trouverait des remarques très prudentes dans la discussion proposée par M. Boyce, « Ātaš-zōhr and Āb-zōhr », *Journal of the Royal Asiatic Society* 98/2 (1966), p. 110, *passim*.
60. É. Benveniste, « Sur la terminologie iranienne du sacrifice », *Journal asiatique* 252/1 (1964), p. 45-58.
61. M. Boyce, « Ātaš-zōhr and Āb-zōhr », p. 100-118; ead., « Haoma, Priest of the Sacrifice », p. 67-70; ead., *A Persian Stronghold of Zoroastrianism*, p. 157.
62. A. de Jong, « Animal Sacrifice in Ancient Zoroastrianism », dans A. Baumgarten (éd.), *Sacrifice in Religious Experience*, Leyde – Boston – Cologne 2002, p. 127-148.
63. J. Kellens, *L'acmé du sacrifice*, p. 112-113.

Le collège sacerdotal avestique et ses dieux

nature technique démontre clairement au chapitre 47 que le sacrifice animal était pratiqué au milieu de la récitation du *Yasna*, plus précisément dans le cadre du *Yasna Haptaŋhāiti*, bien que cette pratique fût tombée en désuétude et son application non mentionnée dans les manuscrits rituels des cérémonies zoroastriennes. Dans le cadre d'un plus vaste travail préparatoire à la nouvelle édition de la liturgie longue, Cantera[64] a porté une attention nouvelle à cet archaïsme sacrificiel par comparaison avec la cérémonie plus moderne. Selon Cantera[65], le paragraphe 47,11[66] du *Nērangestān* présente une évidente contradiction entre le texte avestique et sa version en pehlevi; en effet, le passage en avestique donne l'impression d'interdire au sacrifiant non seulement l'extinction du feu, mais aussi la destruction de la viande sacrificielle au cours de la récitation du *Yasna Haptaŋhāiti*. D'autre part, cette conclusion radicale semble être contredite par une série de faits significatifs : les passages qui suivent immédiatement en pehlevi mentionnent l'animal sacrificiel et expliquent les modalités de traitement de l'offrande charnelle au feu en se référant au *gōnbēd*, c'est-à-dire « la viande portant des poils »[67]; puis ils présentent la pratique du sacrifice sanglant : au début l'étourdissement de l'animal avec un petit marteau, suivi de l'abattage avec un poignard; la victime est en règle générale une brebis. Au contraire, les passages en avestique ne donnent aucune autre indication technique à propos du sacrifice. On peut expliquer cette contradiction apparemment très étrange en supposant qu'en réalité seules la destruction inappropriée de la viande, sa consommation ou sa distribution non conforme faisaient l'objet d'une interdiction selon *N.* 47,11. Tous les passages en pehlevi montrent en effet que la conduite et la mise à mort rituelle de l'animal suivaient une liturgie rigoureuse et bien contrôlée, avec un collège accomplissant son devoir dans les règles. Le texte, qui témoigne d'une vive préoccupation à l'égard de l'exécution du rite, manifeste aussi une très

---

64. A. Cantera, *Vers une édition de la liturgie longue zoroastrienne*, p. 255-257.
65. *Ibid.*, p. 255-256.
66. F. M. Kotwal et Ph. G. Kreyenbroek, *The Hērbedestān and Nērangestān*, III, p. 202, 203; voir A. Waag, *Nirangistan*, p. 70-71.
67. Voir la discussion chez F. M. Kotwal et Ph. G. Kreyenbroek, *The Hērbedestān and Nērangestān*, III, p. 201, n. 785; voir A. Waag, *Nirangistan*, p. 70, n. 6. Très importante aussi, l'analyse proposée par P. O. Skjærvø, « Hairy Meat? On *Nērangestān*, Chapter 47.1–20 », dans Sh. Secunda et S. Fine (éd.), *Shoshannat Yaakov. Jewish and Iranian Studies in Honor of Yaakov Elman*, Leyde 2013, p. 415-440.

Encore Y. 58

grande attention au déroulement de la mise à mort selon une séquence temporelle bien précise rythmée par la récitation de trois *Yaθā ahū vairiiō*[68] et suivie par une série d'autres actions en correspondance exacte avec certains moments de la récitation du *Yasna Haptaŋhāiti*[69]. C'est pourquoi on ne peut pas parler de contradiction explicite; il serait préférable de considérer que cette différence est due au souci d'éviter des fautes graves dans le cadre d'un rituel sanglant. Il est vraisemblable que ces scrupules aient pesé davantage pendant la période plus tardive de l'âge sassanide et au début de la domination islamique, quand les procès d'intériorisation et de transformation symbolique du sacrifice eurent gagné en importance[70]. Rien ne prouve toutefois que la forme sanglante du rituel n'était pas largement répandue dans l'Antiquité et toujours pratiquée, pourvu que ce soit dans le respect des règles liturgiques.

J'ai insisté plus haut sur le fait que la partie du *Yasna* en vieil-avestique ne comportait pour sa plus grande part aucune mention d'actions rituelles[71], du moins dans les descriptions des prêtres zoroastriens modernes[72]. Je voudrais revenir sur ce point à la lumière des témoignages provenant de ces sources strictement rituelles. Par ailleurs, la question n'est pas fermée[73]! Bien qu'on puisse supposer qu'au cours du *Yasna Haptaŋhāiti* une variante particulière de la liturgie avestique avait prévu le sacrifice animal, nous ne disposons d'aucune donnée nous permettant d'affirmer sa présence inconditionnelle dans le contexte de

---

68. F. M. Kotwal et Ph. G. Kreyenbroek, *The Hērbedestān and Nērangestān*, III, p. 204, 205. Voir A. Cantera, *Vers une édition de la liturgie longue zoroastrienne*, p. 256.
69. F. M. Kotwal et Ph. G. Kreyenbroek, *The Hērbedestān and Nērangestān*, III, p. 204-209; cf. Waag, 1941, p. 71. Voir encore A. Cantera, *Vers une édition de la liturgie longue zoroastrienne*, p. 256.
70. Voir A. Panaino, *Rite, parole et pensée dans l'Avesta ancien et récent*, p. 51-75. Sur la complexité du symbolisme du sacrifice, voir l'étude originale de K. McClymond, *Beyond Sacred Violence. A Comparative Study of Sacrifice*, Baltimore 2008.
71. A. Panaino, *Rite, parole et pensée dans l'Avesta ancien et récent*, p. 51-53.
72. F. M. Kotwal et J. W. Boyd, *A Persian Offering: The Yasna*, p. 104-105.
73. Voir A. Panaino, « I Magi secondo G. Messina e H. Lommel nella riflessione critica di R. Pettazzoni. Nota in margine ad un'antica discussione », dans G. P. Basello, P. Ognibene et A. Panaino (éd.), *Il mistero che rivelato ci divide e sofferto ci unisce. Studi Pettazzoniani in onore di Mario Gandini*, Milan – Udine 2012, et id., « Le Feu dans la littérature vieil-avestique », *Annuaire du Collège de France : résumés des cours et travaux* 112 [résumés 2011-2012] (2013).

Le collège sacerdotal avestique et ses dieux

la liturgie vieil-avestique primitive[74]. De même, nous n'avons pas les moyens philologiques qui nous permettraient de reconstruire une tradition liturgique idéale qui, suite à sa fusion avec la cérémonie en avestique récent (synthèse vraisemblablement réalisée par une école sacerdotale différente du cercle gāθique)[75], s'est complètement fondue dans la structure archaïque. Si par exemple dans l'*Avesta* récent, et en particulier dans ses liturgies solennelles mieux connues, la présence d'un collège de sept prêtres dirigé[76] par le *zaōtar-* (véd. *hótr̥-*) est bien attestée, comme je l'ai montré aussi dans ce livre, le nombre de prêtres mobilisés dans le cadre des cérémonies plus anciennes en

---

74. Ces remarques n'ont pas pour but de nier l'existence de sacrifices sanglants dans le cadre du monde iranien ancien. Je voudrais simplement souligner que les archaïsmes rituels qui sont encore visibles dans les sources à caractère liturgique et procédural nous permettent de reconstituer une richesse liturgique certainement beaucoup plus large qui n'est plus facilement saisissable dans son intégralité. Mais c'est justement pour cette raison que ces données éparses ne sont pas suffisantes pour fournir une reconstitution raisonnable des différents niveaux de l'histoire de la liturgie mazdéenne. Par exemple, si les rites de l'âge sassanide, pour nous déjà très anciens par rapport aux variétés plus modernes préservées par le clergé mazdéen dans les communautés modernes et contemporaines, ne sont pas une « photocopie » des liturgies de l'ère achéménide même s'ils les prolongent, on ne peut pas douter de la possibilité d'une reconstitution en l'absence d'un très haut degré de flexibilité dans le *yasna-* qui devait être célébré par une communauté religieuse utilisant le vieil-ancien avestique comme langue performative. En fait, lorsque la liturgie vieil-avestique fut intégrée dans le cadre d'une nouvelle cérémonie, pratiquée avec un dialecte différent (l'avestique récent et l'avestique moyen), certainement dans un autre contexte et sous la direction d'un clergé différant peut-être par son dialecte, sa tradition et sa localité géographique, une partie des textes avestiques plus anciens avait sans doute déjà été perdue avec certaines caractéristiques de ses pratiques liturgiques. Il faut aussi se rappeler que nous ne savons rien des rituels mazdéens de l'Iran oriental pratiqués après la chute de l'Empire achéménide et qu'on ne peut pas établir a priori que les cérémonies sogdiennes, bactriennes ou chorasmiennes étaient célébrées comme dans la Perse sassanide. Pour ces raisons, la présence de rituels avestiques où l'activité liturgique, ayant cédé la place aux procédures d'intériorisation du sacrifice, était très limitée n'est pas nécessairement le résultat d'une décadence radicale ou d'une réduction d'autres cérémonies plus complexes, mais peut avoir constitué une variété existante déjà *ab antiquo*.
75. A. Panaino, « The Age of the Avestan Canon and the Origins of the Ritual Written Texts ».
76. A. Cantera, *Vers une édition de la liturgie longue zoroastrienne*, p. 196-199, 249-255 ; A. Panaino, « 'Multi-functional' Paternity and Millenarianism in *Wištasp Yašt* 1,3-5 » ; id., « The 'Mysterious' Evaporation of the So-Called 'Avestan People' and Their Language ».

vieil-avestique n'apparaît pas clairement. La survivance d'une partie très limitée de ce patrimoine religieux, dans les seuls *Gāθās* et dans le *Yasna Haptaŋhāiti*, n'implique pas la nécessité d'un collège très nombreux, et la présence ou non de formes de sacrifices sanglants n'imposent pas l'implication d'autres prêtres très spécialisés.

Les prêtres officiant lors de ces cérémonies n'étaient peut-être que deux, comme dans les liturgies védiques plus anciennes, même si cette éventuelle spécificité, plus qu'un archaïsme, reflète une simple variante d'école liturgique, surtout si l'on tient compte du fait que la réutilisation d'un collège sacerdotal correspondant aux Aməṣa Spəṇtas, plus Ahura Mazdā et Sraōša (huit prêtres), se trouve aussi dans ce contexte védique, dans lequel les prêtres reflètent, à leur tour, l'ordre divin des Ādityas et, vraisemblablement, quelque modèle plus ancien, qui, au moins en partie, pourrait avoir son origine dans une tradition commune très éloignée. Dans ce cadre, très dynamique et malheureusement très incertain, il faut envisager que dans la période sassanide, on pratiquait une liturgie dans laquelle la récitation du *Yasna Haptaŋhāiti* prévoyait le sacrifice d'un animal, mais nous ne savons si cette pratique constituait la seule solution possible ni si par ailleurs le collège zaraθuštrien primitif appliquait les mêmes règles. Dans un autre travail non encore paru, j'ai tenté de démontrer qu'il serait absurde de postuler que toutes les cérémonies rituelles requéraient la mise à mort d'un animal et que par exemple cette solution serait inapplicable dans le cas des liturgies mentionnées dans la grande inscription de Šābuhr I à propos de cultes *pad ruwān*[77]. Pour le dire un peu brutalement, il n'y avait pas assez d'animaux pour accomplir quatre ou cinq sacrifices sanglants s'ils étaient pratiqués tous les jours de l'année. Par ailleurs, dans les petits villages, la mise à mort régulière d'animaux n'était pas requise. Enfin, la consommation de viande n'était pas la même que celle du monde moderne. Si l'anti-ritualisme et la doctrine mazdéenne du refus du sacrifice sanglant n'ont aucun fondement dans les sources, l'idée d'une diffusion systématique de cette pratique va à l'encontre de la réalité des choses.

Mais revenons au texte du *Nērangestān*. Il apporte des informations textuelles d'un grand intérêt pour cette étude dans la mesure où

---

77. A. Panaino, « On the Mazdean Animal and Symbolic Sacrifices: Their Problems, Timing and Restrictions ». Voir aussi les remarques avancées par A. Maricq (*Classica et Orientalia, extraits de Syria 1955-1962*, Paris 1965, p. 62, n. 4) à propos des mille agneaux sacrificiels donnés aux feux selon le texte de ŠKZ.

cette source contient des fragments avestiques dont la trame textuelle plus large s'est malheureusement perdue ou a cessé d'être transmise dans les manuscrits liturgiques. *N.* 47,19, en particulier, a gardé la formule cérémonielle :

pasuuāzaŋhəm āstāiia[78]

que nous pouvons traduire comme « j'installe (rituellement) le prêtre qui conduit l'animal (au sacrifice) ». On a vu plus haut que, loin d'être banale, cette phrase possédait le pouvoir performatif de transformer un homme initié, mais inactif, en un prêtre consacré et « activé » pour la cérémonie dont il a la charge. Or cette même phrase se retrouve dans le passage concernant l'installation des sept prêtres de *Visprad* 3,1, dont voici le début :

hāuuanānəm āstāiia « J'installe (rituellement) le prêtre *hāuuanān-* [« celui qui presse le *haōma-* »].

La tradition attribue cette phrase au *zaōtar-* ou *zōt*, mais la question du prêtre installateur est plus complexe. La réponse à la phrase d'installation est donnée par chaque prêtre (dans ce cas le *hāuuanān-*, mais par la suite, avec la réduction du nombre du collège, simplement par le seul *rāspīg*) :

azəm vīsāi Je suis prêt!

Comme on l'a dit plus haut, cette phrase est répétée six fois par tous les autres assistants. Il faut donc supposer qu'en *N.* 47,19, le prêtre installé répondait : *azəm vīsāi* « Je suis prêt! ». La présence de cette formule liturgique d'installation nous oblige à soulever quelques questions de nature générale. Premièrement, il nous faut imaginer que le prêtre responsable de l'abattage était l'un des sept assistants installés en *V.*3,1, ou bien était-il une personne différente? Analysons en détail ces deux possibilités : la première hypothèse est corroborée par le fait que l'un des sept prêtres subalternes, le *frabərətar-*, est responsable non seulement d'apporter l'offrande du *zōhr* (av. *zaōθra-*, neutre) au feu[79] (*ātaš-zōhr*) mais aussi du sacrifice de l'animal choisi avant le rite (selon une procédure bien connue dans la cérémonie du

---

78. F. M. Kotwal et Ph. G. Kreyenbroek, *The Hērbedestān and Nērangestān*, III, p. 206-207 ; J. Darmesteter, *Le Zend-Avesta*, III, p.122.
79. M. Boyce, « Ātaš-zōhr and Āb-zōhr », *passim*.

Yašt pad zōhr et, en accord avec la norme pratiquée aujourd'hui, mais seulement en des occasions très solennelles)[80]. Dans le rite de *Yašt pad gōspand*, qui incluait un sacrifice animal véritable pratiqué pendant la liturgie, le *frabərətar-* entrait dans l'espace liturgique (*pāvī*) et avant la première récitation du chapitre 8 du *Yasna* prenait place à droite du *zaōtar-*. Ensuite, selon Mary Boyce, qui a soigneusement étudié ces cérémonies[81], il tuait lui-même l'animal sacrificiel. Il n'est donc pas invraisemblable ni impossible que la fonction du *frabərətar-*[82] incluait aussi l'abattage de l'animal attribué au prêtre *pasuuāzah-*. Il faut se rappeler que le *frabərətar-* était normalement chargé de purifier l'un des quatre coins du feu (les trois autres étant sous la surveillance de l'*ātrauuaxša-*), de tenir dans sa main le *parāhōm* pour réciter *Y.* 11,10, comme expliqué en *N.* 28,43[83], ou encore de transporter le *barəsman-* vers le feu selon les règles de cette cérémonie (*N.* 56,1-2)[84]; enfin, il s'occupait des libations au feu et à l'eau[85]. Cantera[86] suppose à juste titre que le *frabərətar-* était lui-même chargé de la récitation d'une autre formule, préservée seulement en *N.* 47,16[87], laquelle déclarait :

aētåsə tē ātarə zaōθrå   Ces offrandes sont pour toi, ô Feu !

La présence de cette formule spécifique n'aurait pas beaucoup de sens, si ce prêtre avait été installé dans les règles. De plus, l'installation des prêtres ne semble pas avoir été exigée autrefois par la liturgie ou imposée à certains des assistants au cas où ils devaient exécuter des fonctions supplémentaires : une fois installés, ils étaient qualifiés pour toutes les activités prévues dans le cadre d'une cérémonie solennelle. Si l'un des huit membres du collège pris dans son intégralité (situation qui n'empêche pas de prévoir la présence d'autres assistants mineurs)[88]

---

80. Voir M. Boyce, « Haoma, Priest of the Sacrifice », p. 67-69.
81. *Ibid.*, p. 68.
82. À propos du composé *frabərətar-*, voir ici la discussion à la p. 68, n. 5.
83. F. M. Kotwal et Ph. G. Kreyenbroek, *The Hērbedestān and Nērangestān*, III, p. 100-101. Voir aussi Cantera, « The *sraōšāuuarəza*-priest », p. 487-488.
84. F. M. Kotwal et Ph. G. Kreyenbroek, *The Hērbedestān and Nērangestān*, III, p. 264-265; voir A. Waag, *Nirangistan*, p. 83-84.
85. Voir M. Boyce, « Haoma, Priest of the Sacrifice », p. 68-69, n. 56, 58.
86. A. Cantera, *Vers une édition de la liturgie longue zoroastrienne*, p. 257.
87. F. M. Kotwal et Ph. G. Kreyenbroek, *The Hērbedestān and Nērangestān*, III, p. 205-206; voir cf. J. Darmesteter, *Le Zend-Avesta*, II, p. 122.
88. Par exemple, selon le chapitre 47,12 du *Nērangestān*, deux personnes doivent conduire l'animal sacrificiel dans un enclos sacré au début de la cérémonie du

Le collège sacerdotal avestique et ses dieux

avait reçu la mission de tuer la victime sacrificielle[89], cette référence (presque miraculeuse), appartenant à une situation liturgique presque perdue dans son intégralité, nécessiterait une justification bien plus détaillée. En fait, le rituel d'installation du *pasuuāzah-* semble présenter des différences par rapport à l'installation du *Visprad* 3,1, ce qui mérite d'être expliqué.

Face à cette contradiction, il serait plus prudent de faire l'hypothèse que, au moins à une certaine époque, vraisemblablement proche de la période sassanide, un prêtre en particulier, probablement l'un des assistants mineurs, comme les *upa.sraōtar*-s ou « célébrants-assistants »[90] (souvent responsables de la récitation), ou encore et plus simplement un prêtre subordonné, désigné comme ²*ratu-* (pehlevi *rad* ou *radīg*, pl. *radīgān, radīhā*), ou encore l'un des ²*raθβiia-*[91] (très rarement mentionnés dans l'*Avesta*), ait été chargé de cette action sanglante. Cette fonction devait nécessairement être assumée par un acteur sacerdotal, comme le montre Boyce[92] en soulignant les implications symboliques et sacerdotales du rite sacrificiel pratiqué par le Saōšiiaṇt et par Ohrmazd lui-même à la fin des temps.

Si l'on considère la crise très profonde que traverse le clergé sassanide, surtout après l'invasion arabe, et les conséquences de la réorganisation intérieure des collèges sacerdotaux mazdéens, on comprend qu'une certaine décadence était inévitable. Maintenir le nombre, la qualité, la formation, l'éducation, l'entraînement systématique de générations entières de prêtres était devenu impossible en raison de la chute démographique que connut la communauté mazdéenne, mais aussi du profond déclin économique qui avait entraîné une perte de prestige de la classe sacerdotale, qui d'une position d'élite dominante s'est retrouvée en quelques décennies dans celle d'une minorité tout juste tolérée.

Au XXe siècle, comme le montre encore Mary Boyce[93], en présence d'un sacrifice sanglant le sacrificateur était *obtorto collo* un laïc, même si cette personne devait être un homme de grande moralité.

Yasna, comme le souligne A. Cantera (*Vers une édition de la liturgie longue zoroastrienne*, p. 256).
89. *Ibid.*, p. 257.
90. Voir ici p. 12-13, n. 22.
91. Chr. Bartholomae, *Altiranisches Wörterbuch*, col. 1507.
92. M. Boyce, « Haoma, Priest of the Sacrifice », p. 69-70.
93. *Ibid.*, p. 72-73.

Parfois, les manuscrits liturgiques nous donnent encore des informations précieuses sur la présence théorique des sept prêtres-assistants du passé, mais nous savons qu'habituellement leurs fonctions étaient (et sont) accomplies par le seul *rāspīg*. Dans ce contexte, on ne peut pas exclure que la référence à l'action de conduire l'animal à sa mort, à l'origine indiquée avec le verbe *az-* « conduire, *agere* »[94], bien préservée dans *pasuuāzah-* (*pasu-* + *āzah-*, dérivé [clairement oxyton] en *–ah-*[95] avec la valeur d'un *nomen agentis* de la racine verbale *az-* [vraisemblablement avec un préverbe *ā°*], « der das Opfertier zu treiben hat »)[96], ait été absorbée dans les fonctions du *frabərətar-* avestique, en pehlevi le *frabardār*. Cette association possible (à dater d'une époque à laquelle la réduction du nombre des prêtres assistants n'était pas encore devenue définitive) n'est pas forcément ancienne; il faut rester prudent et se méfier d'une telle solution.

De même, on peut douter qu'une formule unique pour l'installation du *pasuuāzah-* concernait les deux assistants chargés de transporter la bête sacrificielle près de l'espace désigné; mais si tel était le cas – et sans envisager la possibilité de la présence d'un autre prêtre –, il faut imaginer une double récitation, une fois pour chacun des deux prêtres, solution qui de toute façon exclurait l'association exclusive avec le *frabardār*. En outre, si Mary Boyce[97] met l'accent sur l'importance du prêtre sacrificiel en insistant sur son rôle de personne chargée de tuer la vache sacrée, rôle attribuable au même *zaōtar-*, il me semble que sur ce sujet une grande prudence s'impose. Dans la tradition védique nous trouvons une série de confirmations à propos de l'embarras soulevé à partir de la suppression de l'animal. Évidemment une telle action sanglante était considérée particulièrement critique, au point d'exiger une série d'opérations d'auto-protection de la part des

---

94. Voir Chr. Bartholomae, *Altiranisches Wörterbuch*, col. 223-224; J. Kellens, *Liste du verbe avestique*, p. 10; J. Cheung, *Etymological Dictionary of the Iranian Verb*, p. 171-172.
95. A. Debrunner, dans J. Wackernagel [et A. Debrunner], *Altindische Grammatik*, II, 2, p. 224-225, § 124; cf. G. Manessy, *Les substantifs en -as- dans la Ṛk-Saṃhitā. Contribution à l'étude de la morphologie védique*, Dakar 1961, p. 1, *passim*.
96. Il s'agit d'un *hapax*. Voir Chr. Bartholomae, *Altiranisches Wörterbuch*, col. 884; J. Duchesne-Guillemin, *Les composés de l'Avesta*, p. 102, § 136 (« qui pousse la bête »).
97. M. Boyce, « Haoma, Priest of the Sacrifice », p. 69, n. 64, avec référence à K. F. Geldner, « Zaota », *Indo-Iranian Studies... D. P. Sanjana*, Londres – Leipzig 1925, p. 277-280.

Le collège sacerdotal avestique et ses dieux

principaux prêtres célébrants : il fallait en outre suivre des précautions très strictes pour ordonner l'exécution de la victime. Il n'est donc pas exclu que le *pasuuāzah-*, auquel était attribuée une responsabilité très importante sur le plan liturgique, appartenait à une lignée sacerdotale en réalité inférieure et que, du point de vue social, il était vraisemblablement un homme moins qualifié, sans compétences intellectuelles particulières, mais doué d'une dextérité manuelle et des capacités nécessaires pour tuer la victime sacrificielle sans commettre d'erreurs provoquant des souffrances inutiles. Rappelons que pour éviter la douleur chez l'animal à sacrifier, on devait posséder une certaine capacité technique; cette simple nécessité pratique nous permet de mieux comprendre pourquoi, dans la même tradition rituelle védique, le responsable de l'abattage pouvait être un simple « coupeur de viande » (*Āp*. VII,14,14), normalement appelé *śamitṛ-*, « celui qui conduit à la paix, le pacificateur » (racine *śām* « se calmer »[98]). Cet homme avait la fonction d'étrangler et d'étouffer la victime, et normalement n'appartenait pas au collège sacerdotal propre (*Mī.* III,7,25); surtout, et c'est chose bien plus remarquable, il pouvait ne pas appartenir à la même caste brāhmaṇique (*Āśv.* XII,9,11), comme le signalent clairement Louis Renou[99] et Klaus Mylius[100]. Cette possibilité est bien connue aussi dans le cadre des liturgies plus récentes qui sont parvenues jusqu'à nous, par exemple celles des Nambudiri du Kerala, bien décrites par Staal[101] avec la collaboration d'une vaste équipe de chercheurs pendant les années 1970, quand ces prêtres célébraient la liturgie solennelle de l'*Agnicayana*.

On peut ainsi supposer que celui qui conduisait l'animal au sacrifice n'était pas nécessairement celui qui était chargé de le tuer et qu'un autre personnage intervenait pour effectuer le meurtre. À ce propos, Frantz Grenet me suggère que dans le cycle pictural d'Afrasyab (Samarkand)[102], sur le mur sud, où figure une procession dans laquelle

---

98. Voir en particulier E. Tichy *Die Nomina agentis auf* -tar- *im Vedischen*, p. 38 et n. 39, qui exclut le signifié « Schlächter ». Voir M. Mayrhofer, *Kurzgefaßtes etymologisches Wörterbuch des Altindischen*, III, p. 325-326. Voir aussi Fr. Voegeli, « À la recherche du Śamitṛ », *Bulletin de l'École française d'Extrême-Orient* 92 (2005).
99. L. Renou, *Vocabulaire du rituel védique*, p. 147.
100. K. Mylius, *Wörterbuch des altindischen Rituals*, p. 123.
101. Fr. Staal, *Agni. The Vedic Ritual of the Fire Altar*, I, p. 40-58, 312, 608; II, p. 608-611, 659, *passim*.
102. Voir Fr. Grenet, « À l'occasion de la restauration de la "Peinture des Ambassadeurs"

apparaissent des animaux sacrificiels conduits par des prêtres, les figures des deux nobles armés de masses (arme certainement rituelle et archaïque), pourraient en réalité être les personnes chargées du sacrifice réel. Dans ce cas, on ferait alors une distinction entre les prêtres accompagnateurs et les exécuteurs de la mise à mort rituelle des animaux.

D'autre part, nous observons que cet acteur, bien qu'ambigu en raison de sa fonction sanguinaire, n'est en aucune façon privé de dignité ni d'importance, étant donné que *śāmitra-* désignait[103] aussi le feu dont il était responsable et où étaient cuits les morceaux de l'animal sacrifié. Il faut aussi souligner que dans le rituel védique connu sous le nom de *Nirūḍhapaśubandha*, c'est-à-dire le sacrifice indépendant de la victime sacrificielle, on célèbre bien onze *prayājá-*[104], ou « offrandes préliminaires », célébrées par le Maitrāvaruṇa immédiatement après son installation par le *hótṛ-*[105].

Dans le cadre de la récitation des onze *prayājapraiṣa-*, les exigences ou les instructions sacrificielles qui, comme l'explique Minkowski, constituent l'une des fonctions rituelles les plus importantes du Maitrāvaruṇa en collaboration avec le *hótṛ-*[106], un rôle particulier est attribué au dieu Vánaspáti, dont le profil est étroitement et presque exclusivement lié aux hymnes nommés *Āprī-*[107] et donc au sacrifice animal. Cette divinité est, dans ce contexte, clairement désignée comme *śamitṛ-*, et son nom (*vánas-páti-*, « seigneur du bois »)[108] doit aussi être mis en rapport avec le *yūpa-*, c'est-à-dire le poteau de bois auquel l'animal est attaché avant d'être tué[109]. Il n'est donc pas surprenant d'observer qu'après la dixième récitation du *prayājapraiṣa-*, se terminant avec l'offrande préliminaire à Vánaspáti, l'animal était

---

(Samarkand, c. 660). Retour sur une œuvre majeure de la peinture sogdienne », *Comptes rendus de l'Académie des inscriptions et belles-lettres* 2018/4 (2020), p. 1857-1860.

103. K. Mylius, *Wörterbuch des altindischen Rituals*, p. 123. Voir aussi Ch. Sen, *A Dictionary of the Vedic Rituals*, 1978 (= 2001), p. 110, 111.
104. J. Schwab, *Das altindische Thieropfer*, p. 90-96.
105. Chr. Minkowski, *Priesthood in Ancient India*, p. 44-46.
106. *Ibid.*, p. 45. Voir J. Schwab, *Das altindische Thieropfer*, p. 90.
107. Voir encore Chr. Minkowski, *Priesthood in Ancient India*, p. 47-48, 129-132, *passim*.
108. Voir M. Mayrhofer, *Kurzgefaßtes etymologisches Wörterbuch des Altindischen*, III, p. 138-140, sub *vánam*, neutre, « forêt, arbre, bois ».
109. Chr. Minkowski, *Priesthood in Ancient India*, p. 153.

Le collège sacerdotal avestique et ses dieux

préparé pour être ensuite conduit (après d'autres passages rituels) au feu *śāmitra-* et, enfin, sacrifié. Fait plus intéressant encore, le Maitrāvaruṇa assumait une telle autorité sacerdotale qu'il pouvait attribuer à l'*hótṛ-* la fonction consistant à rendre hommage à Vánaspáti, avant de reprendre ses propres responsabilités[110], comme s'il devenait une sorte de bouclier protecteur du *hótṛ-* même, ordonnant à la divinité de continuer l'exécution de ses tâches, *ṛtuthā́* « selon le devoir (le) concernant »[111] : libérer (*sṛj-*) l'animal, l'apaiser (*śām-*) et le préparer (*sūd-*) au sacrifice final. On libérait ensuite vraiment l'animal du *yūpa-* et, donc, de l'action du dieu Vánaspáti; et un autre prêtre, l'*āgnīdhra-*, qui à cette occasion transportait un tisonnier ardent, le conduisait au feu *śāmitra-*. À ce moment, le *hótṛ-* invitait par la récitation d'un texte en prose (*adhrigu-praiṣa-*)[112] les *śamitāras* divins à l'action. Cet ordre, qui contient une série d'indications très précises sur le traitement de l'animal et de ses chairs était transmis au *hótṛ-* par le *maitrāvaruṇa*. À la fin de la récitation, les deux prêtres devaient tourner le dos au feu *śāmitra-*[113] afin d'introduire une rupture radicale avec le moment du sacrifice sanglant et surtout avec l'irruption de la mort qui, très prudemment, était donnée en dehors de l'enceinte sacrée, de la main d'un *śamitṛ-* humain[114]. La force de cette rupture était explicitement marquée par une formule que les deux prêtres ensemble devaient réciter avant de se tourner à nouveau (*ĀŚS.* 3,3,4) :

śamitāro yad atra sukṛtam kṛṇavathāsmāsu tad yad duṣkṛtam anyatra tat[115].

Ô *śamitāras*, « tout le bien que vous puissiez faire ici, [qu'il vienne] chez nous, tout le mal, [qu'il aille] ailleurs ! »

---

110. *Ibid.*, p. 153-154.
111. Voir surtout L. Renou (« Védique ṛtu »); voir Chr. Minkowski, *Priesthood in Ancient India*, p. 49, 81-89.
112. L. Renou, *Vocabulaire du rituel védique*, p. 9.
113. J. Schwab, *Das altindische Thieropfer*, p. 106-107.
114. *Ibid.*, p. 106. Il faut aussi tenir compte de toutes les précautions nécessaires pour aborder le sujet de la « faute », *énas-*, en rapport avec d'éventuelles erreurs procédurales dans la cuisson de l'animal, qui seraient imputées aux prêtres responsables du sacrifice sanglant; voir U. M. Vesci, *Heat and Sacrifice in the Vedas*, p. 144-145.
115. Voir encore Chr. Minkowski, *Priesthood in Ancient India*, p. 163, n. 453; 165. Voir J. Schwab, *Das altindische Thieropfer*, p. 106.

Encore Y. 58

La comparaison entre les traditions mazdéenne et védique, bien que difficile en raison de la distance qui les sépare, montre que la fonction du prêtre qui assumait la charge de tuer avait à l'origine une dignité sacerdotale propre, au point que tant dans le monde védique que dans la tradition zoroastrienne, il avait une correspondance claire dans la sphère divine. Le fait que le *Nērangestān* ait aussi conservé un fragment du rituel d'installation du prêtre sacrificateur, désigné comme « celui qui conduit l'animal (sacrificiel) », montre que la solution védique consistant elle aussi à attribuer cette fonction à un technicien qui n'appartenait pas à la caste brāhmaṇique fut sans doute le résultat d'un arrangement tardif. En fait, on perçoit la volonté d'éviter de mettre *hótṛ-* ou *zaōtar-* face à la mort et à l'action matérielle de tuer, à travers l'introduction d'assistants mineurs (ou parfois extra-sacerdotaux comme dans le monde indien), bien que le sacrifice sanglant soit fondé sur un modèle divin et que ce modèle se retrouve dans le contexte mazdéen avec le sacrifice final du taureau blanc Hadayōs, tué par Ohrmazd lui-même ! Certes, les données nous montrent plusieurs phénomènes contradictoires et ambigus, en partie en raison de la complexité et de la fragmentation des sources. Les résultats des études liturgiques comparées nous invitent à poursuivre ces investigations en élargissant notre point de vue. Il faut en outre tenir compte de la difficulté psychologique liée au stress produit par le sacrifice sanglant et des diverses solutions mises en œuvre pour pallier ce problème[116]. Sinon, comment comprendre la raison du baiser de contrition, déposé sur la joue gauche de la victime par le sacrificateur quelques secondes avant le moment le plus dramatique de la cérémonie[117] ? Cette précaution liturgique, toujours respectée dans les villages des Zoroastriens d'Iran, nous rappelle une longue série d'exemples indo-iraniens d'où émerge la demande d'un consensus[118], la nécessité d'une domestication de la violence et de la mort[119], de sorte que le souffle vital de l'animal

---

116. Pour ces questions, voir les travaux du regretté Walter Burkert.
117. M. Boyce, « Haoma, Priest of the Sacrifice », p. 72-73, *passim*. M. Boyce, « Ātaš-zōhr and Āb-zōhr », p. 108-109, montre comment les Zoroastriens d'Iran avaient abandonné la plupart de leurs scrupules concernant les procédures d'abattage des animaux sacrificiels, vraisemblablement sous l'influence islamique.
118. M. Boyce, « Zoroaster the Priest », *Bulletin of the School of Oriental and African Studies* 33/1 (1970), p. 31-32.
119. Dans le cadre ethno-culturel indien, les Parsis ont largement subi l'influence hindoue à propos du refus du sacrifice sanglant, dont la fréquence a été réduite, mais jamais abolie complètement. Dans le monde iranien en revanche, l'attitude

Le collège sacerdotal avestique et ses dieux

sacrifié puisse marcher longtemps sur la voie du sacrifice[120] sans trop de douleur (et donc de la manière la plus rapide possible et sans souffrances inutiles), mais surtout sans ressentiment contre les humains. C'est la raison pour laquelle l'éthique mazdéenne a fini par considérer comme mauvaise la consommation de viande elle-même si l'animal n'a pas été préalablement sacrifié, puisque chaque acte de tuer, s'il est désacralisé – c'est-à-dire pratiqué dans sa brutalité laïque et quotidienne –, est considéré comme un véritable « péché » contre l'existence et la vie[121]. En d'autres termes, tuer dans le cadre d'un sacrifice n'est pas vraiment tuer dans la mesure où la cérémonie n'inflige pas une mort réelle aux animaux.

---

différente de la culture islamique n'a pas produit de résistances ou de tabous à l'égard de cette pratique. Voir M. Boyce, « Ātaš-zōhr and Āb-zōhr », p. 105-106.
120. Notons que dans les liturgies védiques et mazdéennes, l'animal sacrificiel doit regarder le feu; voir M. Boyce, « Zoroaster the Priest », p. 31-32; U. M. Vesci, *Heat and Sacrifice in the Vedas*, p. 115, *passim*.
121. M. Boyce, « Zoroaster the Priest », p. 31, n. 55; ead., *A Persian Stronghold of Zoroastrianism*, p. 244.

# PARTIE IV

KERDĪR ET SA LITURGIE
OU DE LA MIMÊSIS RITUELLE

CHAPITRE IX

À PROPOS DE L'AVESTIQUE *RATU-*, *RAΘBIIA-*, DU PEHLEVI *RAD*, *RADĪG*, *RĀSPĪG* ET DU MOYEN-PERSE ÉPIGRAPHIQUE *REHĪG* [LYSYK]

Il est évident que la dérivation directe du pehlevi *rad* ou *radīg* (pl. *radīgān, radīhā*) provient de ²*ratu-*. Mais il convient de reconnaître l'ambiguïté du mot *ratu-*, lequel renvoie à la fois au « moment du jour » et aux sept prêtres. Dans le cas de *N.* 84,1[1] :

hapta həṇti *hāuuanaiiō ratauuō barəsma *stərənaēiti
Sept sont les *Ratu*s du matin (pour lesquels) on étend le *barəsman-*.

haft hēnd kū pad hāwān radīhā barsom wistarišnīh [kū-š pad haft gyāg abar ōh barišn. u-š kār nēst *any bawēd ka ēdōn rasēd].
Il y a sept *Ratu*s pour lesquels il est approprié de déployer le *barsom* dans le *hāwān gāh* [c'est-à-dire que l'on doit effectuer (le rite) à sept endroits. Il n'est pas nécessaire de le faire à un autre endroit s'il est observé ainsi].

Il y a ici un jeu de références symboliques : il y a sept assistants (et le texte pehlevi mentionne clairement sept [*gyāg*] endroits différents), mais ce qui est évoqué ici, ce sont les libations offertes au *barsom* qui doivent être présentées concomitamment à la récitation de certains passages du *Yasna*. Ainsi, dans ce contexte spécifique, le *ratu-* désigne tout à la fois le moment de la libation (ou de l'offrande), mais aussi l'offrande elle-même et le texte correspondant, ainsi que (implicitement) la personne qui fait l'offrande ou la libation. Mais si cette référence ne présente pas de problèmes insurmontables dans la mesure où il s'agit clairement des différents moments de la liturgie matinale, pendant lesquels offrandes, prières et actions sont accomplies en même temps, une certaine ambiguïté demeure quant à la sphère sémantique du mot *ratu-*[2].

---

1. F. M. Kotwal et Ph. G. Kreyenbroek, *The Hērbedestān and Nērangestān*, IV, p. 76-77.
2. Notons que le même chapitre 84 du *Nērangestān*, à partir du paragraphe 12, traite de la cérémonie du *Visprad* du *Dō-Hōmāst* (< **haōma-āuuisti-* « consécration de *haōma-* »), officiée par les prêtres parsis pendant les six *Gāhānbār*s et à

Le collège sacerdotal avestique et ses dieux

Bartholomae souligne que ce mot[3], surtout dans le *Nērangestān* (*N*. 62,1 [*ratauuō*]; 64,1 [*raθβā*]; 65,2 [*raθβąm, ratauuō*]) peut être interprété en référence aux sept assistants :

> II) im JAw. Bezeichnung der beim Gottesdienst neben dem *Zaotar* (Oberpriester) und unter dessen Leitung beschäftigen sieben Unterpriester (Helfer). (Dans l'*Avesta* récent la désignation des sept prêtres inférieurs (les assistants) employés au service de dieu au côté du *Zaotar* (le prêtre principal) et sous sa direction.

Indubitablement, dans la tradition post-sassanide, le prêtre *rāspīg* a pris le rôle des sept *ratu*s, bien que, comme le suggère James Darmesteter[4], sa fonction essentielle soit étroitement liée au rôle antérieurement joué par l'*ātrauuaxša-*[5]. Darmesteter[6] fait l'hypothèse

---

quelques autres occasions). Le terme *dō* se réfère à la double récitation de la section connue comme *Hōmāst* dans le rituel du *Visprad* (= *Y.* 22-27). À cet égard, voir la longue note 273 dans F. M. Kotwal et Ph. G. Kreyenbroek, *The Hērbedestān and Nērangestān*, IV, p. 81, 82-83). Au cours de cette cérémonie, il y a un échange de *wāz*, auquel participe certainement le prêtre *ātrauuaxša-*, mais il faut se demander si d'autres assistants étaient impliqués. Cf. aussi Cantera (« Myth and Ritual: Zaraθuštra's taking of the *Wāz* », *passim*).

3. Chr. Bartholomae, *Altiranisches Wörterbuch*, col. 1501.
4. J. Darmesteter, *Le Zend-Avesta*, I, p. LXXI, n. 4.
5. Selon l'interprétation proposée par A. Perikhanian (Farrax^vmart ī Vahrāmān, *The Book of a Thousand Judgements [A Sasanian Law-Book]*, Costa Mesa (CA) – New York 1997, p. 320-321 ; 329, n. 92), dans le texte de *MHD* A 40,3 (Anklesaria Ms.), l'*ātarwaxšīh* [ˈtrwḫšyh], c'est-à-dire la fonction consistant à s'occuper du feu sacré et à le surveiller dans le temple, n'était pas limitée exclusivement aux prêtres. En effet, dans ce cas, un homme nommé Mihr-Narsēh, sa femme et un esclave s'occupaient du feu. Mais cette situation peut vraisemblablement être interprétée comme se référant à l'activité d'un prêtre jeune, lequel était soutenu par sa femme et par un assistant de sa famille. D'autre part, le texte n'explique pas quelles étaient les activités auxquelles se livraient la femme et l'esclave, et on ne peut pas exclure qu'il s'agissait simplement de travaux plus simples et humbles dans la manutention du feu et de son support. Il est plus difficile d'envisager que ces personnes étaient responsables de quelque service liturgique à l'égard du feu ou de son alimentation. Voir M. Macuch, *Das sasanidische Rechtsbuch „Mātakdan i hazār dātistān"* (2ᵉ partie), Wiesbaden 1981, p. 67, 223, 233, dont l'interprétation de ce passage est complètement différente. Voir aussi de J. de Menasce (*Feux et fondations pieuses dans le droit sassanide*, p. 28, 52-53) pour qui cet homme n'est autre qu'un des sept prêtres originellement mentionnés dans cette source juridique. J. de Menasce souligne que l'interprétation de ce passage est très difficile, mais avance l'idée que les fonctions de l'*ātrawaxš* et du *bandag* étaient unifiées.
6. J. Darmesteter, *Le Zend-Avesta*, I, p. LXXI, n. 4.

que le terme pehlevi *rāspīg* dérive du nom du prêtre *raēϑβiškara-*, cependant cette solution présente quelque problème du point de vue de la lexicographie (mais aussi de la phonétique) dans la mesure où la traduction pehlevie de cette dénomination sacerdotale est clairement devenue *rehwiškar* [l(y)tpškl, lytpyškl], avec *-e-* (ou éventuellement *-ē-*)[7].

En revanche, l'hypothèse de Modi[8] pour lequel le nom du prêtre *rāthwi-* (c'est-à-dire *rāϑβi-* ou *rāspī-*) dériverait d'un thème avestique inconnu comme **raϑβiškara-* est une solution *ad hoc*. À partir de *raēϑβiškara-* il faudrait attendre un mot comme **rēspīg*, dont la partie finale *–īg* dériverait d'une thématisation en *-i-ka-*; il ne peut pas provenir directement d'un composé originaire se terminant en *-kara-* parce que cet élément (d'origine verbale) placé en fin de composition est normalement bien préservé en moyen-perse. D'autre part, comme forme alternative à *rehwiškar* on attendrait plutôt **rēspīškar* ou **rēsbīškar* < *raēϑβiškara-*. Nous n'avons en revanche aucune raison de postuler l'existence d'une forme ancienne comme **raēϑβika-*, laquelle constituerait une corruption inexplicable de *raēϑβiškara-*. Cette objection vaut aussi pour un thème corrompu comme **raϑβiškara-*.

Williams[9] propose pour sa part une dérivation de *rāspīg* à partir de **răϑβika-*, cependant le thème **răϑβi-* n'est pas attesté et l'existence d'un composé comme **răϑβ-ika-* (avec le suffixe secondaire *-ika-*) pose problème dans la mesure où ce type de forme est rare en avestique. En revanche, si le pehlevi *rāspīg* [l'spyk', *l'tpyk'*, parfois écrit 'ltpyk[10] (vraisemblablement dérivé d'une orthographe plus ancienne comme **l'tpyk'*]) ne peut pas être le dérivé direct de l'avestique *ratu-* (ou **ratuka-*) ou, comme nous l'avons vu plus haut, de **raēϑβika-*, il faut envisager d'autres possibilités. En réalité, *via *răϑβīg* (dans une phase plus ancienne **răϑβīk*), *rāspīg* pourrait dériver d'un thème

---

7. L'orthographe présente sans aucun doute quelques difficultés, manifestes par exemple à travers l'hésitation plus que compréhensible d'Alberto Cantera (*Vers une édition de la liturgie longue zoroastrienne*, p. 250 et 251), qui lit soit *rēhwiškar*, soit *rehbiškar*.
8. J. J. Modi, *The Religious Ceremonies and the Customs of the Parsees*, p. 191-192.
9. A. W. Williams, *The Pahlavi Rivāyat accompanying the Dādestān ī Dēnīg*, I, Copenhague 1990, p. 330.
10. *Ibid*. Cette inversion est attestée dans le cas du pehlevi *rapihwin* (voir D. N. MacKenzie, *A Concise Pahlavi Dictionary*, p. 71).

Le collège sacerdotal avestique et ses dieux

comme *rā̆θβiiaka-, c'est-à-dire d'un simple dérivatif en -ka- de l'avestique ²raθβiia-[11] (mais avec vṛddhi emphatique dans la première syllabe), attesté au moins une fois[12] en *Vr.* 4,1 [= *VrS.* 11,34].

Ce passage se trouve après *Vr.* 3, un texte fondamental comme nous l'avons montré au début de cette analyse dans le cadre de l'installation des prêtres, et en particulier du rôle du *zaōtar-*. Je rejoins Kellens sur l'hypothèse que ce passage renvoie à la pensée et à la disposition du prêtre principal (*zaōtar-*), qui a accepté d'être installé « comme le libateur en charge de la récitation » des *Staōta Yesniia* (*azəm aēta zaōta vīsāi staōtanąm yesniianąm* [...])[13] selon *Vr.* 3,6-7 :

Vr. 4,1 [= *VrS.* 11,34] :
  āca manō mata āca yazamaide
  vaŋʰhīmca ādąm vaŋʰhīmca aṣ̌īm
  vaŋʰhīmca cistīm vaŋʰhīmca druuatātəm
  auui ratūš auui raθβiia gərəṇte[14].

Nous sacrifions à la pensée (du *zaōtar-*) par (tout) ce qu'il a déjà pensé, et à la bonne Disposition (des offrandes) et à la bonne récompense, à la bonne perception et à la bonne santé (du corps),

---

11. Chr. Bartholomae, *Altiranisches Wörterbuch*, col. 1507.
12. Plus précisément, cette attestation est la seule à être claire, tandis que l'interprétation du passage fortement corrompu de *Fr.W.* 2,2 demeure douteuse (N. L. Westergaard, *Zendavesta or the Religious Books of the Zoroastrians*, p. 331), *gaδβa kurō kurō tarəβaca karapanō raθβiiasnąm buxtā mahe*. Voir Fr. Spiegel, *Avesta, die heiligen Schriften des Parsen*, III, Leipzig 1863, p. 253, n. 1. Voir aussi J. Darmesteter, *Le Zend-Avesta*, III, p. 2, n. 2.
13. J. Kellens, *Le Hōm Stōm et la zone des déclarations*, p. 128-129 : « Toi le prêtre, tu es là pour être notre libateur [citation de Y11.16b] » (à quoi il répond :) « J'accepte, au risque du châtiment, d'être le libateur en charge de la récitation à voix haute, de la récitation à voix basse, de la récitation chantée et de la récitation solennelle des *Éloges sacrificiels* ». Sur le *zaōtar-* comme chantre, voir É. Pirart, *Le Sentiment du Savoir*, p. 36.
14. Voir J. Kellens, *Le Hōm Stōm et la zone des déclarations*, p. 129 : « Nous sacrifions à la pensée (du libateur) par (tout) ce qu'il a déjà pensé (jusqu'ici) et nous sacrifions à la bonne (Disposition) des offrandes, à la bonne Mise-en-route, à la bonne Intuition et à la bonne Solidité (du corps) (pendant qu')il accueille les normes et ce (*ou* ceux) qui a (ont) trait aux normes ». Voir P. Lecoq, *Les livres de l'Avesta* : « [...] ils célèbrent les *ratus*, ils célèbrent ce qui touche les *ratus* ». Mais il faut remarquer que le verbe *gərəṇte* est singulier, troisième personne du moyen (J. Kellens, *Liste du verbe avestique*, p. 19), comme l'a expliqué J. Kellens, *Le verbe avestique*, p. 64 et 177, à partir de la racine ²*gar- aiβi/auui°* « saluer » avec un infixe nasal *-n-* au degré zéro.

ratu-, raθβiia- ; rad, radīg, rāspīg ; rehīg

(pendant qu')il accueille les normes (*ratu*s) et (leurs) dérivations normatives
(ou mieux : les prêtres-modèles = *ratūš*) et leurs assistants (= *raθβiia-*) [i.e. ceux qui sont liés aux normes][15].

Il faut analyser ce passage à la lumière du suivant, *Vr.* 4,2 où le *zaōtar-* est invité à endosser le rôle sacrificiel de Zaraθuštra :

Vr. 4,2 [= *VrS.* 11,34] :

*frā gauue vərəṇdiiāi mazdaiiasna zaraϑuštraiiō
ā.hīm vaēδaiiamahī raϑβaēca miiazdaēca raϑβaēca ratufritaiiaēca.
xvīspaiiā̊sə.ciṯca*[16] *ašaōnō stōiš yasnāica vahmāica xšnaōϑrāica
frasastaiiaēca sraōšō astu.
sraōšəm ašīm yazamaide.
ratūm bərəzaṇtəm yazamaide
yim ahurəm mazdąm
yō ašahe apanōtəmō
yō ašahe jaymūštəmō.
vīspa srauuā̊ zaraϑuštri yazamaide
vīspaca huuaršta šiiaōϑna yazamaide
varštaca varəθiiamnaca yeŋhē hātąm
āaṯ yesnē paitī vaŋhō mazdā̊ ahurō
vaēϑā ašāṯ hacā yā̊ŋhąmcā
tąscā tā̊scā yazamaide.*

Afin qu'il dise à la Vache *mazdaiiasna zaraϑuštraiiō* (c'est-à-dire : notre choix d'offrir le sacrifice à (Ahura) Mazdā comme l'avait fait Zaraθuštra),
Nous le (le *zaōtar-*) consacrons au temps rituel (*raϑβaēca*)[17] et à l'offrande solide, au temps rituel (*raϑβaēca*) et à la satisfaction des temps rituels (*ratufritaiiaēca*).
Que Sraōša soit présent au sacrifice (ou qu'il [c.-à-d. le *zaōtar-*]) soit prêt à écouter (et obéir)[18], à la vénération, à la prière, à la satisfaction et à l'énoncé-qualifiant pour toute la création pieuse.
Nous sacrifions à Sraōša qui possède la récompense.

---

15. J. Kellens, *Le verbe avestique*, p. 129.
16. Correction selon Chr. Bartholomae, *Altiranisches Wörterbuch*, col. 580 sub *caṯ* ; mss *vīspaiiā̊ sqcaṯca* ; voir *Y.* 55,5 ; mais voir J. Kellens, *Le Hōm Stōm et la zone des déclarations*, p. 130.
17. Notons que Chr. Bartholomae (*Altiranisches Wörterbuch*, col. 1501) avait relevé cette occurrence et la suivante comme « undeutlich ».
18. Voir X. Tremblay, « Le Yasna 58 *Fšusā Mąθra haδaoxta* », p. 684, avec référence à *Y.* 56, et à la comparaison avec le védique *ástu śráuṣat*. Voir aussi J. Kellens (« Langue et religions indo-iraniennes. Sortir du sacrifice », p. 576) et

Le collège sacerdotal avestique et ses dieux

Nous sacrifions à Ahura Mazdā, le haut *ratu-*,
qui est le plus élevé possesseur d'Aṣa,
qui est le plus rapide (acteur) d'Aṣa.
Nous sacrifions à tous les mots zaraθuštriens,
Nous sacrifions à tous les actes bien accomplis,
ceux qui ont (déjà) été accomplis et ceux qui le seront.
yeŋ́hē hātąm[19] [...].

Le texte de *Vr.* 4,1 contient le mot *ratūš*, pl., interprété à juste titre comme « normes », mais on peut se demander si ces « modèles », à la fois divins et humains, peuvent aussi représenter ou renvoyer au collège sacerdotal qui applique et incarne les lois générales, selon l'usage parfois attesté dans le *Nērangestan*. Si l'interprétation de *ratus* est difficile à prouver dans certaines occurrences, on peut se demander si celle de *raθβiia-* est plus simple, car tous les personnages liés aux normes correspondent apparemment à des assistants ou à des sous-assistants, comme, par exemple les *aēθriias*[20] qui étaient les étudiants de l'*aēθrapati-*[21]. Il est vrai qu'on pourrait se contenter de voir dans ce terme une référence à des qualités appartenant à ces prêtres ou aux normes dérivées d'un *ratu-*, mais si *ratūš* avait déjà été utilisé dans un sens inanimé, il est plus difficile de postuler qu'il s'agit encore de « sous-normes » dérivées de « normes » précédentes. On peut aussi imaginer que les deux mots, utilisés dans un sens abstrait, se réfèrent aux *fonctions* différenciées de deux catégories sacerdotales, comme le veut l'interprétation pehlevie de cette partie. En effet, le texte pehlevi de *Vr.* 4,1 suggère que *ratūš* correspond à la fonction de *rad*, tandis que *raθβiia* se rapporte aux rôles sacerdotaux qui en dérivent.

[...] *ēdōn pad ān radīh ud ēdōn pad ān radīh-rasišnīh*[22].

[...] ainsi selon la fonction de *rad*, et ainsi selon les fonctions qui accompagnent l'autorité d'un *rad*.

---

sa réflexion remarquable sur le Sraōša et la « sonorité du rite ». Cf. aussi Cantera, « The *sraōšāuuarəza*-priest », *passim*.
19. Je suis l'interprétation de la première partie du texte proposée par J. Kellens, *Le Hōm Stōm et la zone des déclarations*, p. 130. Voir Fr. Wolff, *Avesta, die heiligen Bücher der Parsen*, p. 113 ; P. Lecoq, *Les livres de l'Avesta*, p. 815.
20. Chr. Bartholomae, *Altiranisches Wörterbuch*, col. 20-21.
21. *Ibid.*, col. 20.
22. B. N. Dhabhar, *Pahlavi Yasna and Visperad*, p. 303 : « [...] so according to the function of *rad*, and so according to the functions accompanying the authority of the *rad* ».

Dans le passage suivant, le collège sacerdotal consacré par le *zaōtar-*, comme on l'a vu précédemment, va au sacrifice comme Zaraθuštra face à Ahura Mazdā.

Avant de poursuivre, il faut souligner un problème méthodologique a priori, qui concerne le résultat en moyen-perse des mots d'origine avestique. Malheureusement, les oscillations présentes dans cette famille lexicale sont considérables et les attestations varient entre des interprétations orthographiques très proches de l'original avestique et des adaptations plus proches de la phonétique standard du moyen-perse[23]. Cela est probablement dû au degré de diffusion du terme ou à son utilisation possiblement limitée à des zones particulières.

Au terme de cette analyse, on peut raisonnablement déduire que le dérivé *raθβiia-* était utilisé avec le sens technique très simple de « ce qui appartient/dérive/est lié à un modèle ou à une norme », ce qui dans ce contexte renvoie vraisemblablement aux fonctions et aux rôles d'un groupe sacerdotal. Rappelons que cette source concerne l'installation du collège des sept prêtres, considérés comme des *ratus*, et que chaque fois que nous trouvons une référence à *ratu-*, il faut s'interroger pour savoir s'il s'agit d'une norme ou de sa réalisation humaine et sacerdotale. Rappelons également que pour désigner les fonctions sacerdotales abstraites, l'avestique avait déjà construit le mot *ratuθβa-*, dont *raθβiia-* serait un double sémantique, bien que son signifié, abstrait ou concret reste incertain. À partir d'un thème nominal dérivé comme *raθβiia-*, on pouvait certainement bâtir une nouvelle dérivation secondaire comme **raθβiia-ka-*, et son double avec *vṛddhi* **rāθβiia-ka-*[24], avec la valeur très probable de « sous-assistant » ou simplement de « prêtre-assistant » (> *rāspīg*). Cette solution est encore plus plausible si l'on considère que la désignation des assistants apparaît fréquemment dans des cas obliques, c'est-à-dire comme *raθβ-*.

Nous savons que les fonctions sacerdotales plus générales jouées par les *ratus* (et, peut-être, par les ²*raθβiia*-s) étaient dénommées

---

23. Sur la question, voir D. Weber, « Pahlavi Phonology », dans A. S. Kaye (éd.), *Phonologies of Asia and Africa*, II, Winona Lake (IN) 1997, p. 631-632 ; G. Klingenschmitt, « Mittelpersisch », p. 217-222 ; C. G. Cereti, « Avestan Names and Words in Middle Persian Garb », dans C. G. Cereti et M. Maggi (éd.), *Middle Iranian Lexicography*, Rome 2005.
24. Dans ce cas particulier, le signifié de **rāθβiia-ka-* serait celui de « qui appartient au collège de ceux qui s'occupent des normes (rituelles) » ; ou plus simplement « assistant subordonné ».

Le collège sacerdotal avestique et ses dieux

ratuθβa-[25], en pehlevi *radīh* (ou *radīhā*), tandis que le statut (et la fonction) de *rāspīg* était appelé *rāspīgīh*. Mais ce mot (avec *radīg*) est-il le seul terme d'origine iranienne ancienne (et avestique) consacré à la dénomination spécifique des prêtres assistants (av. ²*raθβiia-*, **raθβiiaka-*) qui ait survécu en moyen-perse ?

Avant de répondre à cette question, notons que les nuances du groupe consonantique -*θβ*- avestique sont variables en moyen-perse, et que l'orthographe araméenne nous présente : -*sp*-, -*tp*-, -*tw*-, et aussi -*s*-. Bien que -*tw*- puisse être le résultat d'une transcription mécanique de l'avestique -*θβ*-, et apparemment la plus proche de la forme originale (comme dans le cas de *raēϑβiškara-*), -*sp*- et -*tp*- étaient vraisemblablement prononcés comme -*hw*-, et on pourrait formuler la même interprétation pour la séquence -*tw*-, en particulier si la récitation du prêtre ne constituait pas une sorte d'imitation de la prestation orale avestique. Ce cadre a été reconstruit sur la base d'une série de mots tout à fait pertinents comme :

av. *rapiθβā-* « midi » et *rapiθβina-* « du midi » ;
pehl. *rapihwin* [lpyspyn'[26], lpytpyn'[27], lyptwyn', lpytypyn'[28], lyptywyn'[29], mais aussi lpyspyn', 'lpyswyn'[30]] ;
cf. encore av. *rapiθβitara-* (et *rapiθβinatara-*)[31] « méridional » ;
pehlevi *rapihwintar* [lpyspyntl, etc. comme pour *rapihwin*].

Le cas de la dénomination du prêtre *raēϑβiškara-* est très utile : son adaptation pehlevie plus probable était prononcée *rehwiškar*, au moins selon la transcription proposée par Kotwal et Kreyenbroek[32] ou par Skjaervø[33] (à la différence de Gignoux et Tafazzoli[34]).

---

25. Comme attesté dans le *Nērangestān*.
26. J. Josephson, *The Pahlavi Translation Technique as illustrated by* Hōm Yašt, p. 186 ; D. N. MacKenzie, *A Concise Pahlavi Dictionary*, p. 71.
27. A. W. Williams, *The Pahlavi Rivāyat accompanying the Dādestān ī Dēnīg*, I, p. 330 ; F. M. Kotwal et Ph. G. Kreyenbroek, *The Hērbedestān and Nērangestān*, III, p. 312 et IV, p. 122.
28. D. N. MacKenzie, *A Concise Pahlavi Dictionary*, p. 71.
29. *Ibid.*
30. Les deux formes sont relevées par D. N. MacKenzie, *ibid.*
31. Chr. Bartholomae, *Altiranisches Wörterbuch*, col. 1509.
32. F. M. Kotwal et Ph. G. Kreyenbroek, *The Hērbedestān and Nērangestān*, III, p. 313.
33. Communication personnelle.
34. Ph. Gignoux et A. Tafazzoli, *Anthologie de Zādspram*, p. 422.

ratu-, raθβiia- ; rad, radīg, rāspīg ; rehīg

L'orthographe originale est l(y)tpškl, lytpyškl[35], pour laquelle d'autres solutions seraient théoriquement possibles (bien que moins probables), comme :

*rēθwiškar, *rĕtwiškar, *raēθwiškar, *rĕspiškar, etc.

En dehors de *rāspīg* [l'spyk', *l'tpyk, la deuxième variante également transcrite par erreur comme 'ltpyk], le cas de *θβāša-* « espace », pehlevi *spāš* [sp'š[36]], confirme que -*sp*- était une des nuances possibles de la séquence avestique -*θβ*- dans le cadre du moyen-perse.

Nous pouvons donc postuler au moins deux solutions possibles pour la réalisation orale en moyen-perse : [-sp-] (*rāspīg*) et [-hw-] (*rapihwin*), bien que, comme on l'a noté, d'autres solutions soient possibles, sans se prononcer sur l'orthographe, où une même graphie peut se réaliser de manières différentes.

Certaines variations sont visibles, par exemple dans le mot *āstaōθβana-*, neutre[37], « Sichangeloben an, Sicheinschwören auf » (c'est-à-dire « l'acte de s'engager à, de s'imposer quelque chose »), pehlevi *āstuwānīh* [stwb'nyh (*Y.* 13,8)][38], où -*w*- apparaît comme la continuation de -*θβ*-, ou dans *θβaxšah-*, neutre[39], « Eifer » (« zèle, ardeur »), pehl. *tuxšāgīh* [twhš'kyh][40] « diligence » (*Y.* 46,12 ; 33,3 ; 29,2), où le groupe initial *tu-* [tw-] correspond à un plus ancien *θβ*-. Mais l'avestique *uruθβar-*/*uruθβan-* « viscères, ventre »[41] est rendu en pehlevi par *uruspar* [wlwspl] « intestins » avec -*sp*- correspondant[42] à -*θβ*-. Par contre, l'indo-iranien *-*tu̯*- > ancien iranien -*θβ*- > avestique -*θβ*-, selon la prononciation moyen-perse, devrait normalement devenir -*h*- (comme dans le cas de *čahār* « quatre » : av. *caθβarō*,

---

35. Cf. aussi B. N. Dhabhar, *Pahlavi Yasna and Visperad*, p. 107 du *Glossary*.
36. A. Panaino, *Old Iranian Uranography. Debates and Perspectives*, Milan 2019, p. 104-105.
37. Chr. Bartholomae, *Altiranisches Wörterbuch*, col. 340 ; voir P. Lecoq, *Les livres de l'Avesta*, p. 679 « engagement ».
38. Dhabhar, 1949, p. 87 du *Glossary*; MacKenzie, 1971, p. 12, lit *āstawānīh* ['stwb'nyh / stwp'nyh] « confession, belief ».
39. Chr. Bartholomae, *Altiranisches Wörterbuch*, col. 794.
40. B. N. Dhabhar, *Pahlavi Yasna and Visperad*, p. 96 du *Glossary*; voir W. W. Malandra et P. Ichaporia, *The Pahlavi Yasna of the Gāthās and Yasna Haptaŋhaiti*, Wiesbaden 2013, p. 186.
41. Chr. Bartholomae, *Altiranisches Wörterbuch*, col. 1531-1532.
42. D. Weber, « Pahlavi Phonology », p. 632 ; C. G. Cereti, « Avestan Names and Words in Middle Persian Garb », p. 246-247.

véd. *catvā́rah*, lat. *quattuor*[43]), selon une évolution repérée par Paul Tedesco[44] et Walter Bruno Henning[45]. En revanche[46], le cas du parthe *čafār* n'est par déterminant pour la présente analyse car selon Nicholas Sims-Williams[47] et Agnes Korn[48], il proviendrait d'une forme dérivée de la perte (due à une dissimilation de **caδfār*) de l'élément dental dans le groupe *-θβ-*[49]. En réalité la situation est bien plus complexe, car il existe des cas, encore étudiés par Agnes Korn[50], comme celui du verbe *nixwār-* « se dépêcher, se hâter, inciter » (correspondant au parthe *nidfār-*) < **ni-θwār-*, dans lesquels *xw-* nous apparaît comme le résultat régulier de *θw-* à la place de *h-*. Ainsi, si les attestations dont nous disposons évoquent un scénario très complexe, l'analyse se complexifie encore, comme on l'a dit plus haut, du fait que la famille sémantique ici étudiée est attestée avec des emprunts directs de l'avestique, et donc soumise à un résultat phonétique particulier.

Ainsi, si *rāspīg* (vraisemblablement dérivé d'une formation comme **rāθβiiaka-*, avec une *vrddhi* apparente dans la première syllabe) représente une adaptation de la phonétique à la prononciation traditionnelle du jargon technique de l'avestique récent, on peut postuler aussi la présence d'une formation alternative, bien qu'originale, conforme à

---

43. Les résultats du vieux perse en moyen-perse ne sont pas très clairs et le scénario proposé par A. Korn (« Contribute to a Relative Chronology of Persian: The non-change of post-consonantal *y* and *w* in Middle Persian in context », *Indo-European Linguistics* [à paraître]) est d'une complexité remarquable.
44. P. Tedesco, « Dialektologie der mitteliranischen Turfantexte », *Le Monde oriental* 15 (1921), p. 199-200. Voir D. Weber, « Pahlavi Phonology », p. 620.
45. W. B. Henning, « Mitteliranisch », p. 96-97.
46. Voir D. Durkin-Meisterernst, *Grammatik des Westmitteliranischen (Parthisch und Mittelpersisch)*, Vienne 2014, p. 143.
47. N. Sims-Williams, « The Parthian abstract *-yft* », dans J. H. W. Penney (éd.), *Indo-European Perspectives. Studies in honour of Anna Morpurgo-Davies*, Oxford 2004.
48. A. Korn, « Footnotes on a Parthian sound change », *Bulletin of the School of Oriental and African Studies* 76/1 (2013), p. 100.
49. Voir aussi D. Durkin-Meisterernst, *Grammatik des Westmitteliranischen (Parthisch und Mittelpersisch)*, p. 86, 98, 118, 143, et la n. 94.
50. Voir A. Korn, « Footnotes on a Parthian sound change », p. 103-104. A. Korn me rappelle aussi que H. Hübschmann (*Persische Studien*, Strasbourg 1895, p. 213) pense que dans le cas du pehlevi *čehel*, persan *čihil*, « quarante », le résultat attesté s'expliquerait à partir d'une perte de *-w-* dans **caθwrθat-* > **caθrθat-* (cf. av. *caθβarəsatəm*). Sur la question, voir aussi R. Emmerick, « Iranian », dans J. Gvozdanović (éd.), *Indo-European Numerals*, Berlin – New York 1991, p. 309, avec une présentation critique de la discussion.

ratu-, raθβiia- ; rad, radīg, rāspīg ; rehīg

la prononciation de l'iranien du Sud-Ouest à l'époque sassanide ou même encore plus ancienne : dans ce cadre, un **raθβiiaka-*, éventuellement passé à travers une forme comme **ra⁾θβiiaka-*, aurait donné le moyen-perse **raθβīk/*reθβīk* > **raθβīg/*reθβīg* > **rahīg/*rehīg*, écrite **lsyk/*lysyk, dont la variante avec -*e*- (ou, moins vraisemblablement, -*ē*-) serait due à l'anticipation épenthétique de -*i*- dans **ra⁾θ°*[51], ou à une interférence secondaire avec un thème comme *raēθβiškara-*. L'une de ces variantes graphiques est en réalité bien attestée, comme l'avait remarqué MacKenzie[52] (avant de changer d'opinion en faveur d'une invraisemblable dérivation d'un composé comme **raēθ-ya-ka-*, « going to die, mortal »[53]), dans le cas du mot très discuté, lysyk, appartenant à la seule lexicographie du moyen-perse épigraphique. On pourrait même envisager une interférence avec le nom avestique du prêtre assistant *raēθβiiaka-*.

On peut alors lire lysyk, indépendamment de sa sémantique originelle, *rehīg* (moins probable est sa lecture comme **resīg*). L'orthographe de lysyk permet de faire une distinction avec le mot lsyk

---

51. Il s'agit d'un phénomène fréquent, comme dans le cas du pehlevi *mēnōg* < **mainiaua-ka-* (av. *mainiiauua-*); voir aussi le cas très intéressant du nom du chef des démons, qui en moyen-perse manichéen est *ahrimen* ['hrmyn]) < **a(ŋ)hra⁾ma⁾niu-* < **a(ŋ)hrama⁾niu-* < **a(ŋ)hra- *ma⁾niu-* < **asra- *maniu-* (voir D. Durkin-Meisterernst, *Grammatik des Westmitteliranischen [Parthisch und Mittelpersisch]*, p. 131). Le pehlevi *ahreman* ['hlymn' ou 'hlmn'] et le persan *ahriman* présentent une variation très intéressante. Notons que la variante pehlevie avec °*man*- est corroborée par la tradition grecque, où nous trouvons Ἀρείμανιος [*arímanios* ; Plut.] (cf. lat. *Arīmanius*). O. Szemerényi (« Iranica III [n°ˢ 32-43] », dans M. Boyce et I. Gershevitch [éd.], *W. B. Henning Memorial Volume*, Bredford – Londres 1970, p. 418) rappelle les exemples de *ēran* < *aryānām* (cf. pers. *īrān*) via une forme intermédiaire comme **a⁾riān(ām)*, mais voir par exemple le cas de la partie finale du nom (composé) d'*Ardaxšīr*, expliqué à partir d'une *Nebenvariante* comme **xša⁾θra-*, avec allongement de la syllabe finale pour des raisons emphatiques, selon l'hypothèse de N. Sims-Williams (chez M. Boyce, « Mithra Xsathrapati and his brother Ahura », p. 7-8, n. 7 ; voir Ph. Huyse, *Die dreisprachige Inschrift Šābuhrs I. an der Kaʿaba-i Zardušt [ŠKZ]*, II, Londres 1999, p. 13). Sur le sujet plus en général, voir A. V. Rossi, *Linguistica Mediopersiana 1968-1973. Bibliografia analitica*, Naples 1975, p. 33.
52. D. N. MacKenzie, « Review of Back (1978) », *Indogermanische Forschungen* 87 (1982), p. 290-291.
53. D. N. MacKenzie, « Kerdir's Inscription », dans G. Herrmann et D. N. MacKenzie (éd.), *The Sasanian Rock Reliefs at Naqsh-i Rustam*, Berlin 1989, p. 68. D'autre part, comme P. O. Skjærvø l'avait noté, « there is no **raēθa-* 'death' from which **raēθya-* 'mortal' could be derived ».

Le collège sacerdotal avestique et ses dieux

(à lire *rahīg*) « enfant, page, serviteur » < **raθya-ka-*. À ce propos, MacKenzie[54] fait l'hypothèse que, dans tous les cas, *lysyk* « can hardly be the same as the well-known Pahlavi word lsyk, *i.e.*, *rahīg* 'child, page' ».

Certaines expressions propres au lexique du rituel, déjà attestées dans la liturgie avestique, sont courantes dans les tablettes élamites de Persépolis. Sans toucher pour le moment au cas bien connu de *magu-*, on peut reprendre les termes, déjà mentionnés, de **ātr̥vaxša-*[55] et de **āθravapatiš*[56], mais aussi ceux de *framātar-* (él. *pirramadda*)[57], au moins deux fois attribué à un *maguš* (*ma-ku-iš*)[58], « chef, commandant, maître, premier *maguš* », et de **bagaratuš*, qui pourrait signifier « *ratu-* de *B*/*baga-* », c'est-à-dire « prêtre assistant de *B*/*baga-* »[59]. Il convient aussi de citer l'araméen *bšwk*, c'est-à-dire **abišavaka-* (**abiš-(h)avaka-*) « presser »[60], qui peut être comparé non seulement avec l'av. *aiβi.hu-/hav-* « pressurer », mais aussi avec la dénomination du prêtre *hāuuanān-*.

---

54. *Ibid.* Au contraire, M. Back, *Die sassanidischen Staatsinschriften*, p. 255, pensait à lsyk', lhyk' « child, page ».
55. Voir la discussion dans le premier chapitre ; Henkelman, 2008, p. 235, n. 516, note : « Forty-four individuals labelled *haturmakšá* are solely known as administrator, six are solely known as officiant and a mere six are known in both capacities (excluding ten illegible names). Koch's assertion [...] that officiants designated *haturmakša* were exclusively associated with *lan* is incorrect given the offering to Halma by an *haturmakša* ». Pour une discussion générale du rôle important joué par le *haturmakša* dans le cadre des sources élamites de Persépolis, voir encore W. F. M. Henkelman, *The Other Gods who are*, *passim*. Voir aussi Sh. Razmjou, « The *lan* Ceremony and Other Ritual Ceremonies in the Achaemenid Period: the Persepolis Fortification Tablets », *Iran* 42 (2004) ; A. de Jong, *Traditions of the Magi. Zoroastrianism in Greek and Latin Literature*, p. 144-146.
56. Voir ici p. 119, n. 96.
57. Précédemment interprété comme **framazdā-* « outstanding memorizer » ; voir I. Gershevitch, « Iranian Nouns and Names in Elamite Garb », p. 181 ; H. Koch, *Die religiöse Verhältnisse der Dariuszeit*, p. 165 ; J. Tavernier, *Iranica in the Achaemenid period (ca. 550-330 B.C.)*, p. 420. Voir W. F. M. Henkelman, *The Other Gods who are*, p. 208-209 ; 235, n. 517.
58. Voir W. F. M. Henkelman, *The Other Gods who are*, p. 235, n. 517, *passim* ; cf. H. Koch, *Die religiöse Verhältnisse der Dariuszeit*, p. 165.
59. Voir la discussion donnée par J. Tavernier, *Iranica in the Achaemenid period (ca. 550-330 B.C.)*, p. 138-139 avec bibliographie.
60. *Ibid.*, p. 415. Voir aussi Chr. Tuplin, *The Arshama Letters from the Bodleian Library*, III. *Commentary* (2013) [en ligne sur https://wayback.archive-it.org/org-467/20190828083642/http://arshama.bodleian.ox.ac.uk], p. 36.

ratu-, raθβiia- ; rad, radīg, rāspīg ; rehīg

Ces termes, et d'autres encore, montrent qu'un lexique liturgique[61], dans certains cas d'origine avestique, c'est-à-dire orientale, avait certainement été adopté dans le cadre de la tradition linguistique persane et s'était diffusé dans d'autres dialectes iraniens de l'Ouest. On peut donc en conclure que la présence hypothétique d'un passage de l'avestique *raθβiiaka-* (ou de *raēθβiiaka-*) dans le moyen-perse n'est ni invraisemblable ni même surprenante[62].

Appendice 9 : les lysyk de Kerdīr

Il est bien connu que dans deux des quatre inscriptions du Grand Prêtre Kerdīr[63], celle de Naqš-e Rostam (= KNRm) et celle presque identique de Sar-e Mašhad (= KSM), § 26, 29, on trouve la description d'un voyage métaphysique dans l'au-delà. Cette description a été expliquée selon des clés interprétatives différentes. On a beaucoup parlé d'un voyage chamanique et surtout, on a proposé des solutions présupposant la présence d'intermédiaires, en l'occurrence de jeunes gens capables d'entrer en transe et de restituer leur vision de

---

61. J. Tavernier, *Iranica in the Achaemenid period (ca. 550-330 B.C.)*, p. 461-462.
62. Je préfère sans doute la première solution, car la désignation serait plus générale (et pas seulement générique), tandis que l'autre impliquerait que dans une certaine tradition le nom spécifique d'un assistant, chargé du mélange, était utilisé de manière plus vague et générique.
63. D. N. MacKenzie, « Kerdir's Inscription » ; Fr. Grenet, « Observations sur les titres de Kirdīr » ; id., « Pour une nouvelle visite à la "Vision" de Kerdir », *Studia Asiatica* 3 (2002) ; id., « Quelques nouvelles notes sur Kerdir et "sa" vision », dans R. Gyselen et Chr. Jullien (éd.), *Rabbo l'olmyn, « Maître pour l'éternité »*, Paris 2011 ; Ph. Gignoux, « L'inscription de Kartir à Sar Mašhad », *Journal asiatique* 256 (1968) ; id., « L'inscription de Kirdīr à Naqš-i Rostam », *Studia Iranica* 1 (1972) ; id., « Der Grossmagier Kirdīr und seine Reise in das Jenseits » ; id., « Le mage Kirdir et ses quatre inscriptions » ; id., « Apocalypses et voyages extra-terrestres dans l'Iran mazdéen », dans C. Kappler *et al.* (éd.), *Apocalypses et voyages dans l'au-delà*, Paris 1987 ; id., *Les quatre inscriptions du mage Kirdīr* ; Ph. Huyse, « Kerdīr and the first Sasanians », dans N. Sims-Williams (éd.), *Proceedings of the Third European Conference of Iranian Studies*, 1ʳᵉ partie, Wiesbaden 1998 ; M. Schwartz, « Kirdēr's Clairvoyants: Extra-Iranian and Gathic Perspectives », dans M. Macuch, M. Maggi et W. Sundermann (éd.), *Iranian Languages and Texts from Iran and Turan*, Wiesbaden 2007 ; P. O. Skjærvø, « Kartīr », dans E. Yarshater (éd.), *Encyclopædia Iranica*, XV/6, New York 2011 ; A. Panaino, « Kirdēr and the Re-organisation of Persian Mazdeism », dans V. Sarkhosh Curtis, E. Pendleton, M. Alram et T. Daryaee (éd.), *The Parthian and Early Sasanian Empires: Adaptation and Expansion*, Oxford 2016.

Le collège sacerdotal avestique et ses dieux

l'autre monde. J'ai réfuté ces solutions, préférant situer la vision dont ces textes nous parlent dans le cadre d'un drame liturgique, célébré par un collège sacerdotal en faveur du même Kerdīr. Ce cérémonial ésotérique[64] dont nous connaissons seulement quelques fragments épars avait pour but l'acquisition d'une « vision mentale » supérieure, la *mēnōg-wēnišnīg*, sur laquelle les sources pehlevies nous donnent quelques renseignements. Le rituel mentionné serait la représentation par un collège de prêtres du voyage futur de l'âme de Kerdīr, une représentation incarnée de son destin eschatologique. Les textes évoquent en effet ce parcours *post mortem* à plusieurs reprises, avec une terminologie maîtrisée qui marque une différence entre le passage réel et sa présentation rituelle.

Dans le cadre de cette piste interprétative, je me suis intéressé à l'identification d'un groupe de personnages nommés lysyk. Ils sont mentionnés là où la « vision » supposée se serait passée et je suppose qu'ils avaient été « installés » par le Grand Prêtre lui-même en vue de l'accomplissement de ce rituel spécial de nature « ésotérique ». Ils avaient l'obligation de décrire ce qu'ils avaient vu à travers une simulation liturgique de la condition *post mortem* réalisée en faveur du même Kerdīr. Dans d'autres interprétations, ces lysyk, chargés de raconter leur vision, sont placés à leur endroit spécifique conformément à un schéma rituel. Selon ma théorie, ce schéma serait ésotérique, dans les autres il serait chamanique, ou médiumnique, ou conforme à d'autres configurations à la fois magiques et rituelles. Comme je l'ai expliqué dans deux études récentes[65], il n'y a aucune raison de postuler que ces lysyk (*rēhīg*) entraient en transe tous ensemble ou qu'ils étaient des « enfants » utilisés dans une cérémonie divinatoire, éventuellement d'origine hellénistique[66]. Il s'agissait plus simplement, je

---

64. Voir mon interprétation du texte, proposée dans A. Panaino, « Apocalittica, escatologia e sciamanismo nell'opera iranologica di Ph. Gignoux con una nota sulla 'visione' del mago Kirdēr », dans R. Gyselen et Chr. Jullien (éd.), *Rabbo l'olmyn, « Maître pour l'éternité »*, Paris 2011, avec bibliographie, et id., « The Ritual Drama of the High Priest Kirdēr », dans Y. Moradi (éd.), *Afarin Nameh. Essays on the Archaeology of Iran in Honour of Mehdi Rahbar*, Téhéran 2019.
65. Voir A. Panaino, « Apocalittica, escatologia e sciamanismo nell'opera iranologica di Ph. Gignoux con una nota sulla 'visione' del mago Kirdēr » ; id., « The Ritual Drama of the High Priest Kirdēr ».
66. Voir surtout Fr. Grenet, « Quelques nouvelles notes sur Kerdir et "sa" vision » ; M. Schwartz (« Kirdēr's Clairvoyants: Extra-Iranian and Gathic Perspectives ») propose des solutions différentes.

pense, d'un groupe de sous-prêtres, probablement celui qui est mentionné dans quelques passages avestiques et pehlevis ayant conservé la mémoire de leurs fonctions rituelles.

Ainsi, la présence réelle d'un terme (de substitution) rare pour nommer le « prêtre subalterne » dans un document religieux en moyen-perse épigraphique (pourtant très archaïque) n'est pas du tout singulière et sa préservation montre que les premiers membres du clergé sassanide avaient développé une terminologie d'origine avestique pleinement adaptée à la langue locale. La participation active d'un certain nombre de « sous-prêtres », ou *rēhīg*, participant à un rituel promu par Kerdīr, reste actuellement la solution la plus plausible. Nous savons qu'à son époque le collège sacerdotal au complet avec ses huit prêtres (au moins) était régulièrement convoqué, même si dans des cas particuliers, comme celui du rituel promulgué par Kerdīr, ils pouvaient être plus nombreux.

L'un des « princes » (*šahryār*) figurant dans la « vision » de Kerdīr, sans doute apparenté à des sujets divins, tenait entre ses mains une chose appelée [cydyn(y)], **čayan/*čayēn*, et associée à l'enfer ou aux images infernales[67]. Comme le suggère Skjærvø[68], ce mot pourrait renvoyer à une « louche » tenue dans la main gauche de la personne divine qui attend l'âme nue représentée sur un ossuaire de l'Asie centrale, que Grenet dans une première étude[69] avait identifiée avec Wahman. Cependant, la louche servant à déposer le bois dans le feu est l'outil propre à l'*ātrauuaxša-*, et il est concevable que cette fonction ait été attribuée à Ādur, le feu lui-même. Plus récemment, Grenet[70] a attiré mon attention sur la chose suivante :

---

67. Voir Ph. Gignoux, *Les quatre inscriptions du mage Kirdīr*, p. 97.
68. P. O. Skjærvø, « Kartīr » : « It now seems likely that it is the ladle used for adding firewood to the fire (see the OInd. *cayana* action of 'piling up' and the *agnicayana* ritual for piling up the fire altar). That the ladle plays a role in the funerary rites is clear from its depiction on the ossuaries from Central Asia [...]. The word would belong with *čīdan*, pres. *čīn-*, whose technical meaning is 'build, assemble' a fire [...] ». Il faut se rappeler que, au contraire, Ph. Gignoux (*Les quatre inscriptions du mage Kirdīr*, p. 75 ; 75-76 ; 96-97, n. 224 ; 102) considérait le cydyn en question comme un terme faisant référence à un « esprit, démon », mais cette solution me laisse perplexe, car je ne comprends pas comment ce cydyn peut être tenu dans la main du *šahryār*.
69. Fr. Grenet, « Pour une nouvelle visite à la "Vision" de Kerdir », fig. 1, face à p. 24.
70. Communication personnelle. Voir aussi Fr. Grenet, et M. Minardi, « The Image

Le collège sacerdotal avestique et ses dieux

[…] sur l'ossuaire de Sivaz, le personnage à droite que j'avais d'abord identifié comme Wahman réceptionnant l'âme et tenant la « louche » est plus probablement Srōš tenant sa massue. En effet sur l'ossuaire de Yumalaktepe la même position est occupée par un personnage qui est sûrement Srōš (qui est flanqué de deux assistants tenant des chasse-mouches pour éloigner le démon de la *drug-nasav*). Dans les deux cas la « louche » ou plus exactement la pelle à cendres (*bhasam* dans le vocabulaire parsi) est tenue par le personnage de gauche, qui tient par ailleurs l'autel du feu (la pelle est déformée sur l'ossuaire de Yumalaktepe, mais claire sur celui de Sivaz)[71]. D'après la série des Aməša Spəntas sur les ossuaires du Miankal, ce personnage devrait être Ard-wahišt (maître du feu et du paradis, voir les deux musiciens qui le flanquent). Ce pourrait être aussi Ādur.

La position du prêtre du feu, à proximité immédiate de l'enfer, du moins selon le récit de cette « vision », semble invraisemblable. L'interprétation avancée par Skjærvø[72], selon laquelle ce *šahryār* pourrait correspondre à Yima, serait fondée sur le fait qu'il est présenté comme étant proche de l'enfer. On aurait donc ici l'image de Yima comme gardien de la porte de l'enfer et surtout comme custode du *hammēstagān*, dans lequel il se trouve selon certaines sources comme le *Rewāyat pehlevi au Dādestān ī Dēnīg* XXXI[73]. Dans ce chapitre, Ĵam arrive de l'enfer, mais il est finalement pardonné par Ohrmazd et devient le seigneur des limbes (*xwadāyīh ī hammēstagan*). La chorégraphie de cette narration semble s'accorder avec celle de la « vision ». Dans ce contexte, la louche pourrait être un outil évoquant la construction du pont de *činwad* et le passage en toute sécurité vers l'autre rive.

---

of the Zoroastrian God Srōsh: New Elements », *Ancient Civilizations from Scythia to Siberia* 27 (2021), à paraître. Je remercie Samra Azarnouche pour m'avoir informé de l'existence de cette étude.

71. À propos de l'ossuaire de la région de Šahr-e Sabz, celui de Sivaz et celui de Yumalaktepe, voir les images publiées et commentées par Fr. Grenet, « Zoroastrian Funerary Practices in Sogdiana and Chorasmia and among expatriate Sogdian communities in China », p. 98-99 ; ici voir les planches.

72. P. O. Skjærvø, « Kirdir's Vision: Translation and Analysis », *Archäologische Mitteilungen aus Iran*, N.S. 16 (1983), p. 298 ; Ph. Gignoux, *Les quatre inscriptions du mage Kirdīr*, p. 75.

73. A. W. Williams, *The Pahlavi Rivāyat accompanying the Dādestān ī Dēnīg*, I, p. 134-139 ; II, p. 57-59. Voir aussi A. Panaino, « Mortality and Immortality: Yama's/Yima's Choice and the Primordial Incest (Mythologica Indo-Iranica I) », p. 87-88.

Skjærvø suppose pour sa part que le dernier prince se manifestant dans la vision pourrait être identifié comme Wahman, qui, dans l'*Avesta* (*Vidēvdād* 19,31 ; *Aōgəmadaēcā* 12[74]), se lève de son trône d'or pour rendre hommage aux âmes arrivant au paradis[75]. Mentionnons encore sa fonction de *handēmāngar* « introducteur », accompagnant les âmes se présentant à Ohrmazd (*Bundahišn* XXVI,12-14[76]).

Ainsi, on peut rapprocher le troisième prêtre, en raison de son rapport direct avec le feu, de la figure d'Ardwahišt.

Les *rehīg* décrivent plusieurs personnes leur apparaissant au cours de *leur* « vision » :

1) le premier prince (*šahryār*), un cavalier portant un étendard ;
2) le double de Kerdīr (*hangerb*) ;
3) un autre homme, dénommé comme *ham-rahīg* <hmlhyky> (« car-mate ? » [selon Skjærvø], ou simplement « co-assistant ») ;
4) une femme (fonctionnellement semblable à la *dēn* ?) ;
5) le deuxième prince sur un trône d'or avec une balance (= Rašn)[77] ;
6) le troisième prince, qui pourrait tenir dans sa main une « louche » (**čayēn/čiyēn* ?), et correspondant selon une interprétation à l'*ātrauuaxša*- (et par conséquent à Ādur et Ardwahišt) ou en alternative tenant une massue comme Srōš ; mais il pourrait être aussi Yima comme seigneur du limbe placé à l'entrée de l'enfer ;
7) le quatrième prince qui passe le pont (Wahrām ?) ;
8) le cinquième prince qui pointe son doigt vers l'image ou le double de Kerdīr et sourit (= Ohrmazd ou Wahman ?) ;
9) la personne qui donne de la nourriture céleste et rituelle au double de Kerdīr et à l'image de la femme.

Laissons pour le moment Kerdīr qui se contente d'observer le rituel (comme une sorte de *yazəmna*- ou de *yájamāna*- védique) sans jouer un rôle actif et qui apparemment n'intervient pas dans le déroulement de la cérémonie. On peut émettre l'hypothèse qu'il ait pu insister auprès des *rehīg* pour qu'ils poursuivent la description de ce qu'ils

---

74. Voir Kh. M. Jamaspasa, *Aogəmadaēcā, A Zoroastrian Liturgy*, Vienne 1982, p. 25, 56.
75. Voir Fr. Grenet, « Pour une nouvelle visite à la "Vision" de Kerdir », p. 24.
76. Voir F. Pakzad, *Bundahišn. Zoroastrische Kosmogonie und Kosmologie*, I, p. 295 ; D. Agostini et S. Thrope, *The Bundahišn. The Zoroastrian Book of Creation*, p. 133.
77. En principe, je suis d'accord avec Ph. Gignoux (*Les quatre inscriptions du mage Kirdīr*, p. 75, 96) sur le fait que cette interprétation est pratiquement incontestable.

ont vu dans l'au-delà, mais cette interprétation n'est pas du tout sûre et n'est pas adossée à de véritables preuves textuelles. Quoi qu'il en soit, cette variante aurait elle aussi été insérée dans le rituel, comme action prévue par le cérémoniel. Laissons aussi de côté pour l'instant le double (*hangerb*) de Kerdīr et le rôle de la femme. Nous y reviendrons plus tard. Nous supposons que Kerdīr ordonnait le rituel pour son propre bénéfice tandis que d'autres prêtres célébraient cette liturgie ; il était en même temps le candidat initié et invité à participer à ce mystère, en quoi il endossait proprement le rôle de *yájamāna-*.

Son *hangerb* et la femme représentent le « père » et la « mère » de son âme (*ruwān*), exactement comme dans l'*Anthologie* de Zādspram XXXI[78] où nous trouvons un *mard-kirb* « la forme d'un homme » et le *kanīg-kirb* « la forme d'une femme », appelés « père » et « mère » de la *ruwān* humaine, dont la dimension ésotérique n'est pas comprise par l'auteur lui-même, qui connaissait seulement les fragments d'une tradition plus ancienne.

En fait, ils ne sont ni le *ruwān* ni sa *dēn* parce que Kerdīr étant toujours vivant, la séparation de l'âme masculine et féminine (*ruwān* et *dēn*) ne peut pas s'être réellement produite. Pour cette raison, je crois que l'attestation (ou la survivance) tardive du *mard-kirb* « la forme d'un homme » et de la *kanīg-kirb*, « la forme d'une femme », distincts du *ruwān* et de la *dēn*, montre qu'une certaine mémoire des traditions ésotériques similaires à celles qu'ordonnait Kerdīr avait survécu bien que leur véritable signification fût devenue obsolète et probablement

---

78. Ph. Gignoux et A. Tafazzoli, *Anthologie de Zādspram*, p. 112-113. Je remercie Samra Azarnouche qui a remarqué que dans la même *Anthologie*, au chapitre XXX,49 (voir encore *ibid.*, p. 118-119), on affirme que « l'âme qui est la gardienne et la trésorière des actes méritoires en ce lieu, se divise en douze formes et signes qui sont la forme d'homme, la forme de femme, et la forme d'eau et la forme de plante » (*ruwān ī ān gyāg nigāhbed ud ganjwar [ī] ast ī kirbag ⁺baxšihēd ō dwāzdah kirbān ud daxšagān ī ast mard-kirb ud kanīg-kirb ud āb-kirb ud urwar-kirb*). Le texte continue en faisant référence aux sept créatures de ce monde, lesquelles sont divisées en douze. Dans ce chapitre nous trouvons une spéculation astrologique et apparemment hermétique, certainement d'origine hellénistique, mais je ne crois pas que la doctrine ici présentée soit à l'origine de la vision attestée dans les inscriptions du mage Kerdīr. Au contraire, on peut penser que Zādspram ait réélaboré une tradition devenue obsolète, dont il avait seulement des notions fragmentaires dans un schéma compréhensible. Certes, il est déconcertant que, dans toute la littérature pehlevie, ce soit la seule source où l'on trouve une terminologie comparable à celle de la « vision » du Grand Prêtre Kerdīr. À mon avis, ce fait ne saurait être ignoré.

obscure. Zādspram se révèle clairement mal à l'aise avec ces concepts dont il ne parvient pas à expliquer l'apparition de manière pertinente; ils sont comme des fantômes ou de simples noms qui nous rappellent le *ruwān* et la *dēn*, mais sans être la même chose.

En résumé, huit personnes (plus le *hangerb* et la *zan*) sont mentionnées dans le cadre de cette « vision ». Ce nombre correspond exactement à celui de l'ancien collège sacerdotal avec ses sept assistants en plus du *zaōtar-*. Cela n'exclut pas la présence d'autres assistants, en particulier pour les cérémonies solennelles ou particulièrement complexes, comme celle-ci.

A priori, l'exclusion des femmes ne peut pas être établie, premièrement parce que les femmes pouvaient elles aussi recevoir (bien qu'avec certaines restrictions) une formation sacerdotale élémentaire[79], et pouvaient dans certaines circonstances contribuer à la cérémonie du *Yasna* en occupant la fonction de *zaōtar-*[80], du moins en théorie. Deuxièmement, parce que par exemple les sept sœurs/épouses d'Ardā Wirāz sont présentes lorsqu'il prend le *bang* et l'aident pendant la préparation de son « voyage »; les femmes sont présentées dans ce texte pehlevi comme des personnes qui connaissent par cœur les sources sacrées, et qui sont en mesure de célébrer le rituel liturgique[81].

Les *rehīg* pourraient être à la fois acteurs et narrateurs, et prendre la fonction de chorale pour décrire leur vision selon le rituel. On peut également envisager un mélange de ces deux possibilités dans la mesure où il n'est pas exclu que le rituel complet contenait aussi des dialogues et/ou des discours que la source « éditée » (du moins selon le texte qui apparaît dans les deux inscriptions) ne pouvait pas reproduire *in extenso*. Il est certain que les gestes du rituel étaient accompagnés par la récitation du *mąθras* et de parties de liturgie en avestique.

---

79. Voir *Hērbedestān*, chapitres 4 et 5; F. M. Kotwal et Ph. G. Kreyenbroek, *The Hērbedestān and Nērangestān*, I, p. 38-41; H. Humbach et J. Elfenbein, *Ērbedestān. An Avesta-Pahlavi Text*, p. 40-43. Dans les périodes plus récentes, on déclare aussi que « married women can fulfil the obligatory prayers through daily service to their families », comme l'ont souligné J. K. Choksy et F. M. Kotwal, « Praise and Piety: Niyāyišns and Yašts in the History of Zoroastrian Praxis », *Bulletin of the School of Oriental and African Studies* 68/2 (2005), p. 218, n. 18, avec un grand nombre de références bibliographiques additionnelles.
80. Voir *Nērangestān*, ch. 22; F. M. Kotwal et Ph. G. Kreyenbroek, *The Hērbedestān and Nērangestān*, II, p. 120-125.
81. Ph. Gignoux, *Le livre d'Ardā Vīrāz*, p. 150.

Le collège sacerdotal avestique et ses dieux

Cette hypothèse a déjà été proposée par d'autres collègues[82], et mon interprétation ne peut que la corroborer. Il est également possible que le rôle des *rehīg* se limitait à une narration dramatique[83] sans représentation concrète des événements, à l'instar des *abar-srōdārān* (av. *upasraōtar-*). Dans le cadre d'un rituel ésotérique, la description d'un drame rituel peut tout à fait se substituer à l'action.

---

82. Voir P. O. Skjærvø, « Kirdir's Vision: Translation and Analysis », p. 289-291 ; Gh. Gnoli, « *Ašavan*. Contributo allo studio del libro di Arda Wirāz », dans Gh. Gnoli et A. V. Rossi (éd.), *Iranica*, Naples 1979, p. 430.
83. En tout cas, je voudrais souligner que dans un rituel ésotérique, la description des événements dramatiques, même avec les modalités soulignées aussi dans la « vision » de Kerdīr, telles que la stupéfaction, la peur, l'ignorance (apparente), ont une valeur autoréférentielle, qui s'explique dans la fiction dramatique. Le fait que les *rehīg*, par exemple, semblent ne pas connaître les noms des divinités ou des démons qu'ils voient, ou le fait qu'ils ne comprennent pas la réalité infernale qui se manifeste, ne signifie pas qu'en réalité ils sont ignorants, mais seulement que leur « ignorance » apparente est une condition nécessaire au développement de la dramatisation liturgique. Celui « qui ne sait pas » au cours du rite (et selon sa chorégraphie) n'est pas vraiment ignorant, mais incarne une fonction « scénographique » dans laquelle l'ignorance est nécessaire. Je remercie Jan Houben d'avoir signalé la présence de contextes similaires dans le monde védique, dans lesquels l'ignorance de certains acteurs sacerdotaux est requise par le rite, mais ne correspond pas du tout à une réalité. J. Houben en particulier a attiré mon attention sur le fait que la présence des « ignorants » parmi les participants au rituel était inhérente aux « énigmes » significatives posées dans le rituel, comme dans le cas d'un interrogatoire ritualisé appelant des réponses fixes (les réponses n'étant guère moins énigmatiques que les questions, comme dans *ṚV.* 1,164,34-35), mais à partir de passages de *Brāhmaṇa*s, *Āraṇyaka*s et des premières *Upaniṣad*s, nous avons des exemples où les réponses aux questions énigmatiques ne sont pas du tout établies à l'avance et sont parfois entièrement inattendues. Les discussions plus ou moins ouvertes, souvent dans le cadre du rituel, sont également appelées *brahmodya*. Voir à cet égard les études ici mentionnées, dans lesquelles J. E. M. Houben (« The Ritual Pragmatics of a Vedic Hymn: The 'Riddle Hymn' [Rgveda 1.164] and the Pravargya-Ritual », *Journal of the American Oriental Society* 120/4 [2000] ; « The Brahmin Intellectual: History, Ritual and 'Time Out of Time' », *Journal of Indian Philosophy* 30/5 [2002] ; « Les perfectibles [*sādhyá*] entre circularité et causalité du rituel védique », dans S. D'Intino et C. Guenzi, [éd.], *Aux abords de la clairière : études indiennes et comparées en l'honneur de Charles Malamoud*, Turnhout 2012) soutient que ces situations concernent des initiations « avancées » qui traditionnellement n'ont pas été bien comprises dans la littérature secondaire, mais pour lesquelles plusieurs indications existent à la fois dans les *Saṃhitā*s et dans les règles traditionnelles pour les étudiants des *Veda*s.

ratu-, raθβiia- ; rad, radīg, rāspīg ; rehīg

Nous tentons ici de comprendre un rituel hautement symbolique et ésotérique (tentative en soi presque impossible sans la collaboration d'une autre personne qui s'y est essayée avant moi)[84], un cérémoniel fortement enraciné dans la théologie mazdéenne la plus profonde, et représentant une sorte d'épreuve qui aurait permis au candidat, en l'occurrence Kerdīr, d'anticiper l'expérience de sa mort et de son voyage vers l'au-delà. Cette cérémonie exaltait la piété religieuse et l'équité du candidat, dont le prestige suprême était consacré. C'est la raison pour laquelle la liturgie utilisait divers passages que nous retrouvons aussi dans la tradition de l'*Avesta* même s'il ne s'agissait pas d'une cérémonie régulière comme celle du *Yasna* et du *Vidēvdād*; il est par conséquent raisonnable de supposer que le collège sacerdotal exerçait des fonctions particulières. Même si nous demeurons dans l'incertitude quant à la possibilité que la « vision » ait fait l'objet d'une sorte de représentation théâtrale dans laquelle chaque prêtre jouait un rôle, il est vraisemblable qu'elle ait donné lieu à une sorte de drame sacré, où des assistants spécialisés avaient l'honneur de mettre en scène (au moins sous la forme d'un récit probablement dialogué) une cérémonie figurant la rencontre entre le double de Kerdīr et celui de sa *zan* (selon la terminologie de l'inscription, mais du point de vue de sa fonction, correspondant à sa *dēn*).

La dimension strictement rituelle nécessite une sorte de représentation théâtrale dans laquelle les paroles ont un pouvoir performatif, comme l'expliquent très bien Austin et Tambiah[85]. Cette modalité permet de reproduire ou d'évoquer des événements mythiques et offre aux êtres humains la possibilité de vivre dans un temps divin. Cela vaut pour la tradition indo-iranienne, mais nous pouvons observer le même phénomène dans le monde chrétien, où la messe reproduit la

---

84. Pour une présentation de l'initiation mazdéenne à la fonction sacerdotale, voir A. Panaino, « Iniziazione e dimensione esoterica nella tradizione mazdaica », dans A. Panaino (éd.), *Sulla Soglia del Sacro. Esoterismo e Iniziazione nelle grandi religioni e nella tradizione massonica*, Milan 2002, avec bibliographie *ad hoc*. Voir aussi id., « Some Remarks upon the Initiatic Transmission in Later Avesta », dans M. Soroushian, C. G. Cereti et F. Vajifdar (éd.), *Ātaš-e Dorun. The Fire within*, Bloomington (IN) 2003.
85. Sur le concept d'acte performatif, voir J. L. Austin, *How to Do Things with Words*, Cambridge (MA) 1962 et S. J. Tambiah, « The Magical Power of Words », *Man*, N.S. 3/2 (1968) ; S. J. Tambiah, *Culture, Thought, and Social Action. An Anthropological Perspective*, Cambridge (MA) 1985 ; id., *Magic, Science, Religion, and the Scope of Rationality*, Cambridge 1990.

passion du Christ et sa résurrection[86], son sacrifice, ainsi que certains moments dramatiques de sa vie, par exemple la *Via Crucis*, qui dans certains pays, implique non seulement une participation émotionnelle, mais aussi de véritables blessures (de nos jours, ce phénomène se produit principalement aux Philippines[87], malgré l'opposition officielle de l'Église catholique).

Les êtres humains jouent avec les dieux, s'identifient à eux par l'intermédiaire des prêtres, miment les acteurs divins et transforment leurs rites au cours d'un processus créatif parfois imprévisible. Ce schéma connaît autant de variantes qu'il y a d'approches différentes du monde divin. Dans la tradition historique indo-iranienne, on observe des tendances similaires, dans lesquelles le rôle des prêtres est devenu fondamental. Les adaptations observées dans le cadre spécifique de la liturgie mazdéenne présentent un certain nombre de similarités avec les traditions indiennes, bien que s'y révèle une attitude particulière non seulement à l'égard de l'accès à la vision supérieure ou mentale (*mēnōg-wēnišnīh*) et aux connaissances spéculatives, mais aussi à l'égard de la nécessité de préserver l'ordre cosmique. Dans la liturgie mazdéenne, on peut établir un parallèle entre le souci de préparer les candidats à faire face à la fin de leur propre vie en leur offrant la vision d'une réalité non mélangée et supérieure, et la figure du prêtre qui, en sa qualité de *saōšiiaṇt*, constitue sa propre *frauuaṣ̌i-* rituelle au début du *Yasna* et se prépare à célébrer le sacrifice. Les fragments de ces rituels, extraordinairement préservés dans la version semi-profane livrée selon l'ordre de Kerdīr, nous proposent un exemple d'une profonde complexité liturgique qui, en raison de ses implications ésotériques, ne pouvait pas être proposée au public sans précautions.

Si le mot *lysik* désigne effectivement (avec une variante au plan phonétique) les prêtres assistants, il s'agit d'une variante terminologique témoignant d'une tradition locale très forte et différente de celle qui aurait prévalu durant la rédaction des commentaires liturgiques en pehlevi de l'*Avesta*. De plus, on ne sait pas si le récit qui rend compte de la « vision » était récité seulement en moyen-perse (ce dont on peut douter, comme je l'ai dit plus haut) ou si le texte transmis

---

86. Voir sur ce sujet les réflexions proposées par K. G. Jung, « Das Wandlungssymbol in der Messe », dans O. Fröbe-Kapteyn, *Eranos-Jahrbuch* 8 (1940-1941), p. 67-155.
87. Voir J. Bautista, *The Way of the Cross: Suffering Selfhoods in the Roman Catholic Philippines*, Honolulu 2019.

ratu-, raθβiia- ; rad, radīg, rāspīg ; rehīg

dans les deux inscriptions résume le contenu d'une liturgie bien plus complexe, qui avait été rédigée en avestique ou avec une alternance d'avestique et de moyen-perse. En fait, l'utilisation du moyen-perse pour les liturgies religieuses sera plus tard interdite, comme le montre Alberto Cantera[88], mais les documents datant du IIIe siècle après J.-C. montrent qu'une telle interdiction n'existait probablement pas auparavant. Le choix de Kerdīr de faire graver ces textes ésotériques (quelle que soit leur interprétation sur le plan de la dynamique opérationnelle et rituelle) laisse perplexe dans la mesure où il s'agit d'un cérémonial particulier, ponctuel et en fait isolé dans le contexte de la tradition mazdéenne. Par conséquent, il ne faut pas assigner de but explicatif à leur « publication ». Les sources qui nous restent ne décrivent pas la cérémonie en détail et en totalité, elles procèdent par allusions, en indiquant les moments les plus importants. Ce sont elles qu'utilisait le Grand Prêtre Kerdīr pour former un public très restreint, capable de lire[89] et de comprendre les références symboliques et théologiques subtiles qu'elles contenaient, ce qui aurait pu arriver en réalité durant le rituel désigné dans les inscriptions comme *ēwēn mahr*[90], peut-être « le mantra du miroir ». Kerdīr souhaitait de toute évidence souligner sa réussite spirituelle, son accession à un stade ou à un degré, à la fois au plan spirituel, ésotérique et de son autorité, qui avait fait de lui un *bōxt-ruwān* (« une âme sauvée ») vivant(e). La dimension

---

88. Je remercie encore une fois Alberto Cantera, qui lors de la discussion publique de cette partie de mon travail (26 novembre 2020), a formulé l'hypothèse que Ādurbad ī Māraspandan (durant le règne de Šābuhr II, 309-379) pourrait être responsable d'un changement dans les traditions rituelles qui aurait éventuellement mené à l'abandon de pratiques comme celles qui avaient été écrites par Kerdīr. Cette modification pourrait également justifier le changement de terminologie religieuse (par exemple l'utilisation de m.p. *rehīg* contre av. *rāspīg*).
89. Pour cette raison, il faut supposer qu'ils appartenaient à une catégorie relativement étroite.
90. Pour les hypothèses différentes concernant l'interprétation de ce syntagme, voir A. Panaino, « Apocalittica, escatologia e sciamanismo nell'opera iranologica di Ph. Gignoux con una nota sulla 'visione' del mago Kirdēr », p. 214-233, avec une discussion des solutions proposées par D. N. MacKenzie, « Kerdir's Inscription », p. 67-68 ; Ph. Gignoux, « L'inscription de Kartir à Sar Mašhad », p. 416, n. 54 ; id., *Les quatre inscriptions du mage Kirdīr*, p. 95, n. 214 ; Sh. Shaked, *Dualism in Transformation. Varieties of Religion in Sasanian Iran*, Londres 1994, p. 132-33 ; Ph. Huyse, « Kerdīr and the first Sasanians », p. 118-19 ; Fr. Grenet, « Pour une nouvelle visite à la "Vision" de Kerdir », p. 13-19 ; P. O. Skjærvø, « Kartīr ».

Le collège sacerdotal avestique et ses dieux

ésotérique s'est muée en prestige religieux et politique auprès de ceux qui faute de disposer des outils exégétiques et sacerdotaux adéquats n'en avaient qu'une compréhension limitée, et plus encore auprès de ceux qui détenaient les clés symbolico-performatives.

CHAPITRE X

JOUER AVEC LES DIEUX, JOUER COMME UN DIEU : LE PRÊTRE *SRAOŠĀUUARƏZA-*

PARMI les correspondances à la fois les plus intéressantes et les plus évidentes entre dimensions humaine et divine attestées dans le langage liturgique mazdéen, se trouve celle qui établit un lien entre le huitième prêtre du collège sacerdotal, dénommé *sraōšāuuarəza-*[1] (pehl. *srōšāwarz*[2]) et le dieu Sraōša (pehl. Srōš), divinité par excellence de l'obéissance et de l'écoute, bien connue aussi pour sa fonction de psychopompe dans la dramaturgie *post mortem* zoroastrienne. Rappelons que par son rôle et sa position, ce prêtre assume des fonctions comparables à celles du prêtre védique nommé *gṛhápati-* et qu'il détient un certain prestige et une possible autorité en tant qu'installateur des huit prêtres, bien que cette question demeure ouverte[3]. Comme le note Martin Haug[4], il partage des caractéristiques avec le *pratiprasthātar-*, l'un des collaborateurs de l'*adhvaryú-*. En particulier, ce

---

1. Selon Chr. Bartholomae (*Altiranisches Wörterbuch*, col. 1636) le composé *sraōšāuuarəz-* présente un second élément athématique, mais, comme l'a remarqué J. Kellens (*Les noms-racines de l'Avesta*, p. 66), il est bien plus vraisemblable qu'il s'agisse d'une forme thématique. Voir Duchesne-Guillemin (*Les composés de l'Avesta*, p. 64, § 95) : « qui exerce l'obéissance ». Sur l'origine du *-ā-* dans les composés avec la racine verbale *varz-* dans le deuxième membre, voir M. de Vaan, *The Avestan Vowels*, p. 171. L'importance de ce prêtre est soulignée aussi en *Vd.* 5,25. J. J. Modi, *The Religious Ceremonies and the Customs of the Parsees*, p. 320 ; H. Jamasp, *Vendidad*, II, p. 210.
2. Comme on peut le déduire de *Vd.* 18,14. Voir M. Haug, *Essays on the Sacred Language, Writings, and Religion of the Parsis*, p. 245, 369. Voir aussi A. Hintze, *„Lohn" im Indoiranischen*, p. 326.
3. Voir J. Kellens, *Le Hōm Stōm et la zone des déclarations*, p. 101-104 ; voir A. Panaino, « On the Mazdean Animal and Symbolic Sacrifices: Their Problems, Timing and Restrictions ».
4. M. Haug, *Essays on the Sacred Language, Writings, and Religion of the Parsis*, p. 280.

Le collège sacerdotal avestique et ses dieux

prêtre védique tenait à la main une épée de bois, arme également attribuée au dieu Sraōša, ainsi qu'on peut le déduire d'après *Vd.* 18,14-15[5] (dans les textes avestique et pehlevi).

Dans la liturgie mazdéenne, le dieu Sraōša était sans doute associé à l'oiseau mythique *Parō.darš* (*parō.darəs-*, masc.[6]), c'est-à-dire « celui qui regarde/observe (l'aube) en premier » et, par conséquent, cette association s'applique aussi au prêtre *sraōšāuuarəza-*, comme on peut le déduire grâce à ce passage du *Vidēvdād* :

Vd. 18,14[7] :
 *pərəsaṯ zaraθuštrō ahurəm mazdąm
 ahura mazda mainiiō spəništa
 dātarə gaēθanąm astuuaitinąm ašāum
 kō asti sraōšahe ašiiehe
 taxmahe tanu.mąθrahe
 darši.draōš āhūiriiehe
 sraōšāuuarəzō.*

Vd. 18,15 :
 *āaṯ mraōṯ ahurō mazdå
 mərəyō yō parō.darš nąma
 spitama zaraθuštra
 yim mašiiāka auui dužuuacaŋhō
 kahrkatās nąma aōjaite.
 āaṯ hō mərəyō vācim baraiti
 upa ušåŋhəm yąm sūrąm.*

Vd. 18,14 :
 Zaraθuštra demanda à Ahura Mazdā :
 « Ô Ahura Mazdā, *mainiiu-*[8] très bienveillant,
 créateur du monde matériel,

---

5. A. Minard, *Trois énigmes sur les Cent Chemins*, I, p. 37, § 101 et II, p. 146-147, § 350b ; L. Renou, *Vocabulaire du rituel védique*, p. 108 ; K. Mylius, *Wörterbuch des altindischen Rituals*, p. 96.
6. Chr. Bartholomae, *Altiranisches Wörterbuch*, col. 859 ; J. Duchesne-Guillemin, *Les composés de l'Avesta*, p. 23, § 38 ; 61, § 88. Cf. aussi É. Piras, « Simbolismo e mitologia dell'Aurora nell'Avesta », dans C. G. Cereti, M. Maggi et E. Provasi (éd.), *Religious Themes and Texts of Pre-Islamic Iran and Central Asia*, Wiesbaden 2003, p. 300-302.
7. Voir Ph. G. Kreyenbroek, *Sraoša in the Zoroastrian Tradition*, p. 160 ; 172 ; 175, n. 63. Cf. aussi A. Hintze, *„Lohn" im Indoiranischen*, p. 326.
8. Voir A. Panaino, « Apocalittica, escatologia e sciamanismo nell'opera iranologica di Ph. Gignoux con una nota sulla 'visione' del mago Kirdēr ».

Jouer avec les dieux, jouer comme un dieu

toi qui es le possesseur d'*aṣ̌a-*,
qui es le *sraōšāuuarəza-* du puissant ahourien Sraōša,
plein de récompenses, dont le corps (même) est comme un *mąθra-*,
qui (porte) la redoutable arme de bois ? »

Vd. 18,15 :
Alors, Ahura Mazdā dit :
« C'est l'oiseau qu'on appelle *Parō.darš*[9],
Ô Spitama Zaraθuštra,
celui que les hommes qui parlent une langue mauvaise et tordue
appellent avec le nom de *Kahrkatāt* (cocorico).
Alors, c'est cet oiseau qui élève sa voix dès l'aurore puissante ».

Vd. 18,14-15[10] :
14) (A) *pursīd zaraduxšt az ohrmazd kū dādār ī gēhān ī astōmandān ī ahlaw* (B) *kē-š ast srōš ahlāw tāgīg tan-framān* [*kū tan pad framān ī yazadān dārēd*] *škeft zēn* baroiθrō taēžim xᵛatā frašusaiti sraōšō ašiiō *srōšawarz* [*kū rāyēnīdār ī gētīg kē*]
15) (A) *u-š guft ohrmazd kū murw ī parōdarš nām spitāmān zarduxšt* [*ay parōdaršīh pēš-daxšagīh u-š pēš-daxšagīh ēd kū fradom bārag kū parr škafēd pas wāng kunēd*] (B) *kē mardōmān abar pad dušgōwišnīh kark nām gōwēnd* [*ast kē xrōs gōwēnd ay ka nē gōwēnd ā-š weh tuwān hē kardan*] (C) *ān murw wāng barēd abar pad ōš ī abzār* [*pad nēm šab ul āyēd*].

Vd. 18,14[11] :
Zaraduxšt demanda à Ohrmazd : « Ô créateur du monde matériel, toi (qui es) juste, qui es (le *srōšāwarz* de) Srōš, juste et puissant, dont le corps (même) est la commande (incarnée) [il tient son corps à la commande des dieux], avec une arme extraordinaire : *baroiθrō taēžim xᵛatā frašusaiti sraōšō ašiiō*[12], [qui est celui qui gouverne le monde] ? »

---

9. À propos de ces noms daêviques, voir A. Panaino, *Tištrya*, I, p. 139-141, avec bibliographie.
10. M. Moazami, *Wrestling with the Demons of the Pahlavi Widēwdād*, Leyde – Boston 2014, p. 404, 406 ; B. T. Anklesaria, *Pahlavi Vendidâd* (Zand-î Jvîṭ-dêv-dâṭ), Bombay 1949, p. 351-352.
11. M. Moazami, *Wrestling with the Demons of the Pahlavi Widēwdād*, p. 405, 407 ; voir B. T. Anklesaria, *Pahlavi Vendidâd* (Zand-î Jvîṭ-dêv-dâṭ), p. 351-352.
12. La phrase avestique, englobée dans le texte pehlevi, est inspirée par *Y.* 57,31 : *sraōšəm ašīm* [...] *yō* [...] *snaiθiš zastaiia dražimnō broiθrō.taēžəm huuā vaēγəm* (sur *broiθrō.taēža-*, voir Chr. Bartholomae, *Altiranisches Wörterbuch*, col. 973 : « durch die Schneide scharf sva.) mit scharfer Schneide ») ; l'interprétation générale de la phrase, avec des modifications et des additions textuelles,

233

Le collège sacerdotal avestique et ses dieux

Vd. 18,15 :
Ohrmazd dit : « C'est l'oiseau appelé par le nom de *Parōdarš* (c'est-à-dire « Prévoyant »), Ô Spitāmān Zaraduxšt [c'est-à-dire « prévoir (est) avertir » ; et son avertissement[13] (est) ceci : comme première chose il soulève ses ailes, après il élève (hausse son) chant], lui que les hommes avec une langue mauvaise appellent par le nom *Kark* (« Poulet »). [Il y en a certains qui l'appellent par le nom de *Xrōs* (« le Gueuler ») ; (mais), quand ils ne l'appellent pas comme ça, alors il est capable de mieux agir]. (Quand) cet oiseau élève (hausse) son chant dans la direction de l'aube pleine de force [il monte (déjà) à minuit] ».

L'identification explicite entre prêtre et oiseau qui chante à l'aube (et donc à identifier avec le « coq » [av. *kahrkatāt-*][14], comme le confirme la version pehlevie de *Vd.* 18,14, à partir de sa désignation populaire de *kark*[15], qui fait pendant à *xrōs*, « gueuler », sans connotations négatives[16]) évoque très vraisemblablement d'autres associations

---

    pourrait être la suivante : « Sraoša doué de récompense (*ašiiō*) s'avance portant dans sa main (insérer : *zastaiia dražimnō*) une arme (insérer : *snaiθiš*) avec une pointe aiguë (lire : **brōiθrō.taēžəm*), qui (inflige) une bonne coupe (insérer : *huuā.vaēyəm* à la place de *x*ᵛ*atā*) ». Voir aussi Ph. G. Kreyenbroek, *Sraoša in the Zoroastrian Tradition*, p. 39 ; 54-55 ; 77, n. 1. Mais il faut tenir compte de la nouvelle interprétation du texte pehlevi de *Y.* 57,1 et de *Vd.* 18,14 proposée par Chiara Grassi, *Yasna 57. Critical Essay*, Leyde – Boston 2022, p. 6, laquelle préfère lire *xvtā*, i.e. le pehlevi *xwadāy* à la place de *x*ᵛ*atā* (considéré avestique par Moazami), et suggère de considérer *xvtā* comme la traduction pehlevie de l'avestique *āhūiriiehe*, suivi par la glose *frašusaiti sraošō ašiiō* en avestique.

13. Voir aussi dans le passage du *Bundahišn* XIV,12, l'usage de *pēš-daxšag-iz* comme épithète de *Parōdarš* (F. Pakzad, *Bundahišn. Zoroastrische Kosmogonie und Kosmologie*, I, p. 203 ; B. T. Anklesaria, *Zand-Ākāsīh, Iranian or Greater Bundahišn*, p. 142-143).
14. Chr. Bartholomae, *Altiranisches Wörterbuch*, col. 452 ; voir le véd. *kr̥kavā́ku-*, masc., « coq » ; voir M. Mayrhofer, *Etymologisches Wörterbuch des Altindoarischen*, I, p. 388. Voir l'analyse proposée par A. Panaino, *Tištrya*, I, p. 139-140. Il faut noter que les formes avec *kr̥ka-/kahrka-* semblent d'origine onomatopéique et que le nom avestique *kahrkatāt-* doit certainement être entendu comme se référant à la dénomination la plus commune du « coq » par rapport à l'épithète poétique *parō.darəs-*.
15. Voir W. Hinz, *Altiranisches Sprachgut der Nebenüberlieferungen*, Wiesbaden 1975, p. 152 à propos du nom propre attesté dans le répertoire élamite sous la forme *kar-kas-za* « petit coq » (Persepolis Fortifications 814 : 2/3) **krka-ca-* ; cf. av. *kahrka-* « coq » (Chr. Bartholomae, *Altiranisches Wörterbuch*, col. 452) ; voir aussi *kahrkāsa-*, masc., « vautour » < **kahrka-āsa-* « mange-coq ».
16. I. Gershevitch, *The Avestan Hymn to Mithra*, p. 44-45, 62. Il existe en effet un

Jouer avec les dieux, jouer comme un dieu

quant au rôle du prêtre, le *sraōšāuuarəza-*. Le coq en effet appelle par son chant l'humanité à accomplir son devoir religieux et social (*Vd.* 18,16) et sa fonction est liée au lever du soleil et à l'aurore[17], phénomènes à leur tour étroitement associés à la sphère divine et surtout à des figures extrêmement importantes selon la théologie mazdéenne comme la *daēnā-* (pehl. *dēn*)[18], « l'âme-vision » (fondamentale dans le cadre des *Himmelsreisen* iraniennes). La triple connexion entre Sraōša, le coq et le *sraōšāuuarəza-* ne concerne pas seulement le rite (et sa défense contre les attaques extérieures), mais aussi sa dimension eschatologique (individuelle et collective, évoquée à travers la dimension aurorale)[19] et téléologique dans la mesure où l'action de protection et de surveillance repousse les démons et renforce la prévision de la victoire finale contre Ahreman[20].

Kreyenbroek[21] relève à juste titre que, dans le cadre du *Yasna*, grâce aux informations préservées dans le commentaire pehlevi du

---

lien très fort entre le coq et le feu *farnbag*, dont cet oiseau serait une personnification. Voir A. Pagliaro, « Notes on the History of the Sacred Fires of Zoroastrianism », p. 380. Voir aussi M. N. Dhalla, *History of Zoroastrianism*, p. 182. Sur le nom *xrōs*, voir D. N. MacKenzie, « Kerdir's Inscription », p. 94 et H. S. Nyberg, *A Manual of Pahlavi*, 2ᵉ partie, p. 219 avec référence à la lexicographie persane, où nous trouvons (dans les dialectes nord-occidentaux) *xurōs* et (dans les variantes sud-occidentales) *xurōh* « le coq ».

17. Voir É. Piras, « Sur la "Puissante aurore" dans l'Avesta », dans Ph. Huyse (éd.), *Iran Questions et Connaissances*, I. *La période ancienne*, Paris 2002.
18. Voir A. Panaino, « The Liturgical Daēnā. Speculative Aspects of the Next-of-Kin Unions ». Voir la très intéressante étude récente de S. Azarnouche et O. Ramble, « La Vision zoroastrienne, les yeux dans les yeux. Commentaire sur la Dēn selon Dēnkard III.225 », *Revue de l'histoire des religions* 237/3 (2020).
19. Le coq est un animal sacré dans la tradition zoroastrienne et encore aujourd'hui il est interdit chez les Parsis de manger sa chair (voir *Šāyest nē-Šāyest* X,9) ; il est également interdit de sacrifier des coqs. Voir J. R. Russell, « Cock, in Zoroastrianism », dans E. Yarshater (éd.), *Encyclopædia Iranica*, V/8, Costa Mesa (CA) 1992.
20. C. Redard (« Le Fragment Westergaard 10 », dans C. Redard [éd.], *Des contrées avestiques à Mahabad, via Bisotun. Études offertes en Hommage à Pierre Lecoq*, Neuchâtel 2016, p. 198-203) souligne à juste titre les relations, mais aussi les différences, entre *Vd.* 18,15-16 et le *Fragment Westergaard* 10. Dans le texte du *Vidēvdād*, Parō.darš et Būšiiąstā se manifestent pendant le premier tiers de la nuit, tandis que dans le *Fr.W.* l'oiseau apparaît avant que Būšiiąstā ne soit évoquée. Sur le rôle de Būšiiąstā dans la tradition avestique, voir A. Panaino, « *El sueño de la razón produce monstruos*. Lights and Shadows of Av. *xᵛafna-* 'sleep/dream' ».
21. F. M. Kotwal et Ph. G. Kreyenbroek, *The Hērbedestān and Nērangestān*, II,

chapitre 4,4 du *Nērangestān*[22], le *sraōšāuuarəza-* est le prêtre qui a l'obligation de se lever et de se tenir debout durant toute la durée de la récitation de l'hymne à *Srōš* par le *zōt-* :

> if there is an *Āteš Bahrām* present there, then he should not abandon (that standing position) again. In this case the *zōt* is the *srōšāwarz*.

Il serait donc absurde de déduire de sa mention à la huitième et dernière place de la liste des assistants pendant l'installation du collège sacerdotal que ce prêtre occupait une position mineure. Au contraire, il avait pour tâche de superviser l'ensemble des activités liturgiques attribuées aux assistants du *zaōtar-* (*N.* 59,1)[23]. Rappelons à ce propos que le *sraōšāuuarəza-*, comme le souligne Bulsara[24], et Kreyenbroek[25] à sa suite, ne fait pas partie des *upa.sraōtar-*; en sa qualité de garant du cérémonial, il a ses propres fonctions tout en étant en rapport direct avec le *zaōtar-* lui-même. En tant que prêtre responsable du bon déroulement du rituel, chargé de réparer les éventuelles fautes ou péchés, il détient un pouvoir et une autorité extrêmes. Cela explique que certaines gloses pehlevies, dans la traduction de *Vd.* 18,15, en référence au caractère ahourien[26] et sacré de l'oiseau mythique dénommé *Parōdarš*, soulignent sa prévoyance, non seulement inscrite dans son signifié pratique – il est le premier à voir la

---

p. 44-45 : *Ka zōt srōš srūd, srōšāwarz ul ō pāy estēd; ka ātaxš ī wahrān hān gyāg pad (*gyāg), pas abāz nē hilišn; pad ēn tis zōt srōšāwarz.*

22. Ph. G. Kreyenbroek, *Sraoša in the Zoroastrian Tradition*, p. 160.
23. F. M. Kotwal et Ph. G. Kreyenbroek, *The Hērbedestān and Nērangestān*, II, p. 266-267.
24. S. J. Bulsara, *Aērpatastan and Nīrangastān*, p. 40, n. 4.
25. Voir Ph. G. Kreyenbroek, *Sraoša in the Zoroastrian Tradition*, p. 160.
26. Encore à propos du double langage avestique, voir L. J. Frachtenberg, « Etymological Studies in Ormazdian and Ahrimanian words in Avestan », dans J. J. Modi (éd.), *Spiegel Memorial Volume. Papers on Iranian subjects written by various scholars in honour of the late Dr. Frederic Spiegel*, Bombay 1908; H. Güntert, *Über die ahurischen und daevischen Ausdrücke im Awesta. Eine semasiologische Studie*, Heidelberg 1914; L. H. Gray, « The 'Ahurian' and 'Daevian' Vocabularies in the Avesta », *Journal of the Royal Asiatic Society* (1927); É. Benveniste, « Une différenciation de vocabulaire dans l'Avesta », dans W. Wüst (éd.), *Studia Indo-Iranica*, Leipzig 1931; A. Panaino, « Un'espressione avestica per indicare il linguaggio rovesciato degli adoratori dei *daēva* », *ASGM* 26 (1986), p. 20-24; J. Kellens, « Avestique », dans R. Schmitt (éd.), *Compendium Linguarum Iranicarum*, Wiesbaden 1989, p. 54-55. Voir maintenant Cantera, « The *sraōšāuuarəza*-priest », *passim*.

Jouer avec les dieux, jouer comme un dieu

lumière de l'aurore et du soleil –, mais aussi dans sa capacité de prévoir et de prévenir les attaques démoniaques. En effet, ce sont des qualités nécessaires au prêtre (ainsi qu'à l'oiseau et à son dieu correspondants) chargé de protéger les règles liturgiques et leurs applications rituelles avec une attention particulière portée aux moments de transition, aux phases liminales, comme celle qui sépare la nuit du jour. C'est pourquoi l'arme qui lui est symboliquement attribuée rappelle explicitement son autorité, laquelle s'accroît encore du fait que, grâce à l'intercession de Sraōša, il pouvait remettre jusqu'à un tiers des peines (et, par conséquent, des péchés). La position du *sraōšāuuarəza-*, placé selon la règle et conformément aux schémas des diagrammes ajoutés à la fin de *Visprad* 3,3[27] (planche 1) sur le côté sud par rapport au vase du feu et face au *zaōtar-* (placé au nord), pourrait trouver une correspondance fonctionnelle dans la position frontale qu'occupe Srōš selon le *Bundahišn* XXVI,8[28] par rapport à Ohrmazd, tandis que les six Amahraspandān sont assis sur les deux côtés de la Cour suprême de Dieu. Ainsi, Ohrmazd et Srōš, l'un *zaōtar-*, l'autre *sraōšāuuarəza-*, sont situés sur le même axe sud-nord, c'est-à-dire sur la ligne Paradis-Enfer, propre à la tradition zoroastrienne. Cette position en miroir souligne leur importance respective et leur prestige par rapport au reste du collège sacerdotal. De la même manière, les prérogatives de ce prêtre, sa position face au feu et celle du prêtre *ātrauuaxša-* « celui qui attise et augmente le feu » à sa gauche lui confèrent une importance toute particulière et, même s'il n'est pas spécifiquement responsable de la garde du feu, le lient directement à

---

27. Je rappelle que, comme à la fin du paragraphe 3 du *Visprad*, certains manuscrits donnent des schémas où sont indiquées les places attribuées à chaque prêtre au moment de l'installation, de même une description graphique du *yaznišngāh* et des positions des prêtres est attestée au *Yasna* 58,4. Pour ces manuscrits, voir encore ADA [Avestan Digital Archive : https://ada.geschkult.fu-berlin.de]. Voir aussi A. Cantera, *Vers une édition de la liturgie longue zoroastrienne*, p. 374, 376. Dans son édition du *Yasna* 54,4, à la note 9, K. F. Geldner *Avesta, the Sacred Books of the Parsis*, II, p. 206 donne seulement une courte liste de mss, comme K7b, S2, L5, qui à sa connaissance contiennent des illustrations sur les changements de position du *rāspīg* sans donner de reproduction graphique ni autres clarifications : de plus, il n'y a aucune référence à une relation possible avec les schémas de *Vr.* 3.
28. Voir Ph. G. Kreyenbroek, *Sraoša in the Zoroastrian Tradition*, p. 114 ; F. Pakzad, *Bundahišn. Zoroastrische Kosmogonie und Kosmologie*, I, p. 294 ; B. T. Anklesaria, *Zand-Ākāsīh, Iranian or Greater Bundahišn*, p. 212-213 ; D. Agostini et S. Thrope, *The Bundahišn. The Zoroastrian Book of Creation*, p. 133.

Le collège sacerdotal avestique et ses dieux

son prêtre spécifique (c'est-à-dire encore l'*ātrauuaxša-*), qui assume en outre des fonctions importantes dans la dernière partie de la cérémonie d'investiture du *zaōtar-* en *Vr.* 3,3-6[29].

Notre analyse a jusqu'à ce point était menée dans le cadre connu de la dimension mimétique du rituel mazdéen. Penchons-nous à présent sur la découverte d'une série d'images de « prêtres-oiseaux » (*Birdpriests*) ou de « prêtres-ailés » qui nous proviennent d'Asie centrale et de Chine du Nord. Ces images appartiennent à des contextes funéraires clairement zoroastriens bien qu'ils proviennent de la culture sogdienne et non persane[30]. L'iconographie de ces représentations révèle par ailleurs la présence inévitable (et en même temps intéressante) d'une forte contamination des domaines religieux et artistiques surtout indiens[31] et chinois ; Pénélope Riboud[32] a en particulier étudié les caractères stylistiques et idéologiques très riches et complexes de ces vestiges.

Pour ce qui concerne plus étroitement notre étude nous pouvons noter que divers reliefs sogdiens et chinois d'inspiration mazdéenne ont conservé la représentation de ces « prêtres-oiseaux », normalement associés ou représentés avec des ailes et des pattes de volatiles, souvent avec une longue barbe, portant le *padān* devant la bouche[33], coiffés d'un diadème et d'autres éléments de décoration rappelant des motifs sassanides. Après avoir d'abord identifié ces étranges oiseaux comme une hypostase divine de la prière *Dahmān Āfrīn*[34] (laquelle est

---

29. J. Kellens, *Le Hōm Stōm et la zone des déclarations*, p. 102 en particulier.
30. Voir encore les remarques données par Fr. Grenet, « An attempt at a Zoroastrian interpretation. Art and Kingship. Chorasmia and Zoroastrianism », dans A. Betts, V. M. Yagodin†, Fr. Grenet, F. Kidds, M. Minardi, M. Bonnat et St. Khashimov, « The Akchakhan-kala Wall Paintings: New Perspectives on Kingship and Religion in Ancient Chorasmia », *Journal of the Inner Asian Art and Archaeology* 7 (2012) ; A. Panaino, « Mimesis e Rito. I Preti alati del cerimoniale mazdaico », *Bizantinistica* 16 (2014-2015).
31. Pour les associations entre Sraōša et Mahāsena, bien visibles dans les sources bactriennes, voir M. Shenkar, *Intangible Spirits and Graven Images*, p. 145-146, avec bibliographie sur le sujet.
32. P. Riboud, « Bird Priest in Central Asian Tombs of 6th-Century China and Their Significance in the Funerary Realm », *Bulletin of Asia Institute* 21 (2012).
33. Voir J. J. Modi, *The Religious Ceremonies and the Customs of the Parsees*, p. 110, 144-153, 160, *passim*.
34. Fr. Grenet, « Mithra, dieu iranien : nouvelles données », *Topoi* 11 (2001), p. 40-41. Voir M. Boyce, « Dahma Āfriti and Some Related Problems », *Bulletin of the School of Oriental and African Studies* 56/2 (1993) ; L. H. Gray, *The Foundations of Iranian Religions*, Bombay 1929, p. 130-131.

Jouer avec les dieux, jouer comme un dieu

toutefois elle aussi reliée précisément au dieu Sraōša)[35], Frantz Grenet s'est récemment rallié à la proposition de Prods Oktor Skjærvø[36] qui, en référence au chapitre 18,14 du *Vidēvdād*, mentionné ci-dessus, fait une comparaison appropriée et convaincante entre l'iconographie très bien documentée du « prêtre-oiseau » et l'image (textuelle) du coq *sraōšāuuarəza-*, en suggérant de considérer ces figures hybrides comme une citation symbolique de Srōš. Grenet[37] pour sa part montre en quoi la queue et les pattes sont très semblables, dans les représentations de ce prêtre, à celles d'un coq, animal sacré par excellence de Srōš avec lequel le dieu est strictement associé[38], tant au moment de la rédaction (orale) des textes avestiques que dans les phases plus tardives de la traduction du commentaire pehlevi. Sur le plan chronologique les images des « prêtres-oiseaux » ne semblent pas être postérieures à la fin du VIe siècle de notre ère, mais leur origine pourrait être certainement beaucoup plus ancienne, au moins selon les nouvelles interprétations avancées par Grenet concernant certaines découvertes exceptionnelles faites en Chorasmie[39]. Ces motifs iconographiques seraient devenus obsolètes seulement dans une phase

---

35. P. Riboud, « Bird Priest in Central Asian Tombs of 6th-Century China and Their Significance in the Funerary Realm », p. 20, n. 32 ; M. Boyce, « Dahm yazd », dans E. Yarshater (éd.), *Encyclopædia Iranica*, VI/6, Londres – New York 1993.
36. Voir Fr. Grenet, P. Riboud et Y. Junkai, « Zoroastrian Scenes on a newly discovered Sogdian Tomb in Xi'an, Northern China », *Studia Iranica* 33/2 (2004), p. 278.
37. *Ibid.*, p. 278-279 ; Fr. Grenet, « Zoroastrian Funerary Practices in Sogdiana and Chorasmia and among expatriate Sogdian communities in China ».
38. Cette association est très explicite ; voir *Jōišt ī Friyān* II,25 : *murwag ī srōš ahlaw* « l'oiseau de Srōš le juste » ; voir Ph. G. Kreyenbroek, *Sraoša in the Zoroastrian Tradition*, p. 118 ; M. Weinreich, « Die Geschichte von Jōišt ī Friyān », *Altorientalische Forschungen* 19 (1992), p. 55. Sur l'iconographie occidentale et orientale de Sraōša voir aussi les travaux de M. Shenkar, *Intangible Spirits and Graven Images*, p. 144-145. Bien que ce savant ne rejette pas les interprétations proposées par Fr. Grenet, il suggère (*ibid.*, p. 147-148) que les « prêtres-oiseaux » pourraient aussi être associés à Haōma, en sa qualité de dieu et de prêtre, surtout si l'on tient compte de l'affirmation de Theodore Bar Koni selon laquelle Haōma était un « coq ». D'autre part, cette référence isolée n'est pas suffisante pour remettre en question la preuve que constituent les très nombreuses associations avec Sraōša ou avec son prêtre particulier.
39. Fr. Grenet interprète une figure ailée haute six mètres, retrouvée dans le palais de Akchakan-kala, comme une représentation du dieu Sraōša. La bande centrale de la tunique de ce personnage comporte dix-huit paires de prêtres-oiseaux affrontés. Voir Fr. Grenet et M. Minardi, « The Image of the Zoroastrian God Srōsh: New Elements » (à paraître).

Le collège sacerdotal avestique et ses dieux

ultérieure quand, dans l'art de la Sogdiane, un style différent avait commencé à s'imposer avec les images anthropomorphiques du dieu Srōš[40]. Très récemment, Grenet et Minardi ont aussi identifié le *sraōšō-carana-* (un fouet) tenu par les prêtres-oiseaux sur l'une de ces images d'Akchakhan-Kala[41].

Ces données iconologiques nous permettent de développer des considérations plus générales. En réalité, il ne faut pas se contenter de prendre acte de l'existence d'un jeu mimétique dans lequel un dieu et un prêtre sont en correspondance sur le plan fonctionnel au point de se représenter réciproquement selon un modèle général où le prêtre sacrifie sur terre et le dieu au ciel, chacun dans sa dimension spécifique, jusqu'au moment où les deux niveaux se mêlent au sein d'une nouvelle réalité liturgique (mais aussi métaphysique) commune engendrée par la puissance ésotérique du sacrifice : avec l'invitation liturgique (*nividas-*) qui porte dieux et hommes à se rencontrer sur la voie du sacrifice, les prêtres ouvrent une porte sur le temps infini, en prévoyant la libération du Mélange (*gumēzišn*) avec les forces du mal, et participent à une réalité autre, déjà complètement transfigurée, même si ce n'est que pour un temps déterminé. Une réalité dans laquelle dieux et hommes non seulement se rencontrent, mais s'interpénètrent et s'incarnent dans une nouvelle synthèse qui dépasse toute interprétation d'ordre purement psychologique et devient une sorte de philosophie du rite[42] ou, du moins, de son fondement ésotérique.

---

40. Fr. Grenet, P. Riboud et Y. Junkai, « Zoroastrian Scenes on a newly discovered Sogdian Tomb in Xi'an, Northern China », p. 279, n. 7 ; voir É. de La Vaissière, P. Riboud et Fr. Grenet, « Les livres des Sogdiens », *Studia Iranica* 32 (2003), p. 127-136, figures 1 et 2.

41. Fr. Grenet et M. Minardi, « The Image of the Zoroastrian God Srōsh: New Elements » (à paraître).

42. Ph. G. Kreyenbroek (*Sraoša in the Zoroastrian Tradition*, p. 129-130) a correctement identifié dans certains passages du *Dēnkard* VI,77-78 (Dh. M. Madan, *The Complete Text of the Pahlavi Dinkard*, II, p. 487 ; M. J. Dresden, *Dēnkart. A Pahlavi Text, Facsimile edition of the manuscript B of the K. R. Cama Oriental Institute Bombay*, Wiesbaden 1966, p. 376 ; M. Mirfakhraye, *Dēnkard Book 6*, p. 33) une doctrine concernant le rôle joué par Wahman, Srōš, Spendarmad, et, dans une moindre mesure par Ard, dans les procès mentaux des êtres humains dans lesquels les *yazadān* habitent. Bien que le savant hollandais soit sceptique à propos de l'individualisation de fonctions divines véritables, à mon avis, ces passages sont très frappants : « (de) celui dans le corps duquel Srōš habite (*kē srōš pad tan mehmān*), ce sont les caractères (*ēg-iš daxsag ēn kū*), tandis qu'on peut parler avec lui dans chaque moment (*andar harw gāh saxwan abāg šāyēd*

Jouer avec les dieux, jouer comme un dieu

Nous avons déjà rencontré cette doctrine sous une forme explicite, où on dit par exemple (*Wizīdagīhā ī Zādspram* XXXV,16-17[43]; *Rivāyat* persane [424] de Kāmdin Šapur[44] [928 A.Y./1558]) qu'à la fin des temps, les prêtres humains célébreront un sacrifice au cours d'une session liturgique qui se déroulera simultanément dans les cieux avec la participation d'un collège sacerdotal divin, après quoi ce dernier prendra place dans l'esprit (*pad wārom*) des prêtres humains. Malheureusement, dans ces ultimes moments de l'histoire du monde où les sept *kiršwarān* de la terre sont en relation directe avec chacun des prêtres (le *zōt* étant placé au milieu du continent central, *Xwanirah*), il n'est fait aucune mention particulière du *srōšāwarz*. Cette absence s'explique assez facilement : ce prêtre est très étroitement associé à la figure du *zōt*, qui en fait correspond explicitement à Ohrmazd, mais aussi au Sōšans (le *saōšiiaṇt-* avestique), qui, à son tour, dans sa fonction de transformateur du monde, est un acteur sacerdotal par excellence et peut donc être associé sur le plan liturgique à Sraōša, qui fut le premier dieu à écouter les *Gāθā*s et à étendre le *barəsman-* par terre devant Ahura Mazdā (*Y.* 57,2 ; 6-7). Si nous considérons que Srōš est étroitement lié au *Xwanirah* – le continent central (*Mēnōg ī xrad* XLIV,35)[45] –, sa fonction sacerdotale correspond à celle d'Ohrmazd tandis que du point de vue eschatologique, il partage les prérogatives du Sōšans. Cette association (bien que plus tardive) est pleinement justifiée à l'égard de divers aspects du rituel mazdéen plus ancien, où le *zaōtar-* et le *sraōšauuarəza-* avaient des fonctions opératives beaucoup plus restreintes et spécifiques.

Ce jeu complexe de correspondances révèle par ailleurs la richesse d'une iconographie sacerdotale qui trouvait probablement à s'incarner d'une manière ou d'une autre dans les *realia* liturgiques ; les « prêtres-oiseaux » des iconographies centrasiatiques par exemple sont clairement impliqués dans la célébration de rites, le *barəsman-* à

---

guftan), et quand ils se parlent il écoute (*ud ka gōwēnd *ōh *niyōxšēd*) [...] ».
Ce texte nous montre que la conception du mimétisme humain-divin avait évolué vers l'idée qu'on pouvait héberger les dieux dans la pensée humaine et créer une sorte de fusion mentale entre dieux et hommes. Voir aussi Sh. Shaked, *The Wisdom of the Sasanian Sages* (Dēnkard VI) *by Aturpāt-i Ēmētān*, Boulder (CO) 1979, p. 28-29, et S. Azarnouche et O. Ramble, « La Vision zoroastrienne, les yeux dans les yeux. Commentaire sur la Dēn selon Dēnkard III.225 ».

43. Ph. Gignoux et A. Tafazzoli, *Anthologie de Zādspram*, p. 130-131.
44. M. Vitalone, *The Persian* Revāyats: *A Bibliographic Reconnaissance*, p. 10-11.
45. L. H. Gray, *The Foundations of Iranian Religions*, p. 108.

Le collège sacerdotal avestique et ses dieux

la main devant un trépied[46]. Il est inutile de se demander si le but d'une telle iconologie était de représenter des prêtres ou des dieux car dans ce contexte[47], la distinction n'existe pas[48]. Dans le rite, dieux et hommes se confondent. Par conséquent, la double représentation du « prêtre-oiseau » pourrait signifier que le dieu Sraōša et son *sraōšāuuarəza*-humain sont représentés ensemble[49], ou bien qu'il s'agit de ce prêtre (homme/dieu) accompagné d'un de ses assistants subalternes (par exemple l'*ātrauuaxša*-, qui avait aussi des fonctions importantes), ou encore que le *zaōtar*- et le *sraōšāuuarəza*- sont représentés ensemble au cours de quelque rite particulier. En fait, nous savons que dans certaines circonstances, en présence du « Feu de Wahrām », le *zaōtar*- pouvait aussi prendre les fonctions de l'autre prêtre et, parfois, opérer avec l'*ātrauuaxša*-. La situation n'a sans doute pas changé de manière significative étant donné le nombre de combinaisons possibles, toutes rituellement plausibles. Par conséquent, la survivance d'une iconographie aussi archaïque dans des contextes orientaux souligne l'importance des témoignages visuels venus de Sogdiane et de Chorasmie, qui nous donnent une image très représentative de la tradition zoroastrienne en dehors du cadre sassanide et persan.

Comme les bateaux d'Ulysse, contraints de naviguer entre Charybde et Scylla, il nous faut progresser dans notre travail d'historien en nous appuyant d'une part sur des sources avestiques et pehlevies pratiquement dépourvues d'images détaillées, et d'autre part sur la richesse visuelle du mazdéisme sogdien et chorasmien, et plus généralement centrasiatique, mais sans le support des textes. Notre compréhension du zoroastrisme au cours de l'antiquité tardive oscille entre ces deux pôles extrêmes, ce qui nous met face à de nombreuses difficultés. Une première difficulté majeure est liée à la dimension spéculative et ésotérique des rituels anciens, ce qui nous conduit à revenir à nouveau sur le rôle du Grand Prêtre Kerdīr et sur le contenu de ces inscriptions

---

46. Voir Fr. Grenet, P. Riboud et Y. Junkai, « Zoroastrian Scenes on a newly discovered Sogdian Tomb in Xi'an, Northern China », p. 275-277, 279. Sur l'iconographie de ces prêtres, voir aussi J. Lerner, « Aspects of Assimilation: The Funerary Practices and Furnishings of Central Asians in China », dans *Sino-Platonic Papers* 168 (2005), p. 23 et 24.
47. A. Panaino, *Rite, parole et pensée dans l'Avesta ancien et récent, passim.*
48. *Ibid.*
49. Notons que ce prêtre a également inspiré la tradition ésotérique du zoroastrisme moderne (voir M. Stausberg, *Die Religion Zarathushtras. Geschichte – Gegenwart – Rituale*, II, Stuttgart 2002, p. 118-119).

correspondant à une sorte de vision « imaginale » (pour reprendre le concept forgé par Henry Corbin). Bien que le débat sur ces sources soit riche de controverses[50], je propose, dans le cadre d'une théorie plus vaste du mimétisme mazdéen, d'interpréter ces textes dans leur contexte rituel en rejetant l'hypothèse d'une cérémonie fondée sur des phénomènes de transe ou de perte de conscience chez certains assistants, parmi lesquels des enfants.

Dans la liturgie de la célébration en l'honneur du Grand Prêtre, on trouve une série de figures, acteurs de prestige (présentés comme des princes) vêtus de costumes d'apparat, voire déguisés[51]. Ces figures m'inspirent l'idée qu'en réalité les « prêtres-oiseaux » ne seraient pas le simple fruit d'une fantaisie religieuse, mais évoqueraient un camouflage réel, pratiqué durant certains rituels. En d'autres termes, il s'agirait d'une mythopoeïa liturgique et cérémonielle, transposée dans le mazdéisme occidental et dans laquelle le *sraōšāuuarəza-* se manifeste sous un costume cérémonial distinctif. Ce travestissement symbolique rappelle les caractères fonctionnels et spirituels propres à l'union entre le dieu, l'animal et le prêtre dont la coiffe particulière et les divers accessoires (de *regália*) distinctifs produisent un jeu d'illusions, notamment à travers l'image des ailes et des pattes du coq sacré.

Notons que même si les représentations de certains de ces « prêtres-oiseaux » apparaissent dans un contexte funèbre – par exemple dans l'iconographie du sarcophage sogdien de Xi'an (planche 7; les images d'Akchakhan-kala appartiennent en revanche certainement à un contexte palatial) –, cela ne signifie pas nécessairement que la liturgie représentée soit elle aussi d'ordre funéraire. Grenet, et Riboud à sa suite, proposent d'interpréter le rituel accompli par ces deux prêtres comme appartenant à une cérémonie « externe », sur le modèle du *čaharōm*[52], c'est-à-dire d'une liturgie réalisée en dehors du temple, à la fin de la troisième nuit de deuil pour l'âme du défunt et la veillée funèbre. Cette cérémonie a lieu quatre jours après le décès, lorsque l'âme franchit le pont Činwad. L'hypothèse mérite

---

50. Sur ce sujet on peut voir l'évaluation favorable de P. O. Skjærvø, « A Garland of Flowers for a Great Iranist », *Journal of American Oriental Society* 133/2 (2013), p. 357.
51. Voir P. O. Skjærvø, « Kirdir's Vision: Translation and Analysis »; id., « Kartīr », *passim*; A. Panaino, « Av. *mainiuu.tāšta-* and other *mainiiu*-compounds », *passim*.
52. J. J. Modi, *The Religious Ceremonies and the Customs of the Parsees*, p. 81, 334, 347, 410, 417-418.

toute notre attention car certains traits de cette iconographie nous rappellent la description du voyage de l'âme vers l'au-delà mazdéen. Le sujet est certes voué à la mort, mais dans une perspective optimiste de passage vers un monde meilleur, dans une transfiguration eschatologique. Cette iconographie va au-delà du contexte funéraire par divers aspects, ainsi des représentations de Bāmyān flanquant la peinture de Miθra (planche 8), au-dessus de la tête du plus petit des deux Bouddhas[53] malheureusement détruits par la violence iconoclaste des Talibans : on peut l'associer à l'aube suivant les trois nuits de veillée funèbre mais aussi lui donner une explication cosmologique et eschatologique. En effet, les deux prêtres, torches enflammées à la main, flanquent l'image d'un dieu[54] qui, dans le contexte mazdéen, non seulement assiste au jugement de l'âme aux côtés de Sraōša et Rašnu, mais détient des fonctions de garant de l'ordre cosmique. Dans tous les cas, la présence des deux porteurs de torche (si l'interprétation de Grenet est exacte), rappelant les *Cautès* et *Cautopatès* des Mystères mithriaques, élargit l'espace des connexions potentielles et confirme la dimension cosmologique propre de la *medietas* mithriaque[55], placée entre deux feux ardents. Il est tout à fait plausible que toutes ces associations liturgiques aient un caractère ponctuel et exclusif, mais cela n'est pas absolument certain.

Rappelons que le *sraōšāuuarəza-* était l'un des deux prêtres avestiques (selon *Nērangestān* 61[56]) disposant de la liberté de se déplacer dans l'espace liturgique (le second étant le quatrième prêtre[57],

---

53. P. Riboud, « Bird Priest in Central Asian Tombs of 6th-Century China and Their Significance in the Funerary Realm », p. 10 et la planche n° 15 ; voir aussi T. Higuchi, *Bāmiyān: Art and Archaeological Researches on the Buddhist Cave Temples in Afghanistan, 1970-1978*, I, Kyoto 1983, pl. 22-24 ; Fr. Grenet, « Mithra, dieu iranien : nouvelles données », p. 38-39 ; A. Miyaji, « The Iconographic Program of the Murals in the Ceiling of Bamiyan Caves: Bodhisattva Maitreya, Thousand Buddhas, Bejeweled Buddha and the Scene of *Parinirvaña* », *Journal of Studies for the Integrated Text Science* 1/1 (2003).
54. Fr. Grenet, « Mithra, dieu iranien : nouvelles données ». Voir aussi B. Marshak, « La thématique sogdienne dans l'art de la Chine de la deuxième moitié du VIe siècle », *Comptes rendus de l'Académie des inscriptions et belles-lettres* (2001), p. 244 ; Riboud, 2012, p. 20, n. 35.
55. Voir W. Belardi, *Studi Mithraici e Mazdei*, Rome 1977, p. 17-57, *passim*.
56. F. M. Kotwal et Ph. G. Kreyenbroek, *The Hērbedestān and Nērangestān*, III, p. 268-269 ; A. Waag, *Nirangistan*, p. 84-86. Voir maintenant les considérations proposées par Cantera, « The *sraōšāuuarəza*-priest », *passim*.
57. Voir W. W. Malandra, « Ābərət ».

l'*ābərət-*). De plus, quand le *sraōšāuuarəza-* se trouvait à sa place initiale (c'est-à-dire au sud, exactement face au *zaōtar-*), il se tenait devant le vase du feu, non loin du faisceau du *barəsman* ou *barsōm* (planches 1 et 2).

Grenet, Riboud et Junkai[58] relèvent la présence d'un certain nombre de vases placés devant les deux « prêtres-oiseaux » dans plusieurs représentations ; la même iconographie pourrait donc renvoyer à un autre type de liturgie solennelle. Rappelons que notre connaissance du corpus liturgique sogdien du VIe siècle est pratiquement inexistante et la comparaison avec le système sassanide ne saurait constituer la seule piste possible. Si la chute de l'Empire sassanide entraîna la décadence des rituels plus solennels, avec la réduction des huit prêtres à deux, le *zōt* et le *rāspīg* qui jouait le rôle des sept assistants, mais surtout du *sraōšāuuarəza-*, duquel il avait hérité la charge de superviser le déroulement du rite, nous n'avons aucune raison de penser que la situation représentée dans l'iconographie d'Asie centrale était la même. En particulier, la conservation apparente des prérogatives du prêtre consacré à Srōš pourrait vraisemblablement impliquer la conservation des autres fonctions sacerdotales. C'est pourquoi l'interprétation avancée à propos du relief de Xi'an (planche 7), où sont représentés deux prêtres (humains en apparence mais non moins « divins ») devant un pont qui correspond au Činwad[59], risque d'être prise dans un modèle liturgique anachronique si nous supposons a priori qu'elle renvoie directement à une situation semblable à celle attestée en Perse quelques siècles plus tard[60]. Il existait bien sûr des rituels plus simples, comme les cérémonies domestiques, durant lesquelles les prêtres étaient en nombre variable, voire très réduit (à deux, voire un seul) dans les périodes plus anciennes, mais on n'aurait tort de ne mentionner que la comparaison avec le modèle standard de référence du *zōt* et du *rāspīg*, même si elle reste pertinente.

---

58. Fr. Grenet, P. Riboud et Y. Junkai, « Zoroastrian Scenes on a newly discovered Sogdian Tomb in Xi'an, Northern China », p. 276, 279.
59. *Ibid.*, p. 280-281.
60. Rappelons que Fr. Grenet (« L'art zoroastrien en Sogdiane : étude d'iconographie funéraire », p. 101-102 et 104-105), à propos de l'iconographie des deux « prêtres-oiseaux » préservés dans les ossuaires de Molla-Kurgan et de Krasnorecenskoe Gorodisce, souligne que leur posture est différente, observation qu'on pourrait mettre en rapport avec un cérémoniel différent, comme le fait remarquer aussi Riboud, « Bird Priest in Central Asian Tombs of 6th-Century China and Their Significance in the Funerary Realm », p. 20, n. 26.

Le collège sacerdotal avestique et ses dieux

Avec toute la prudence requise, je préférerais proposer l'interprétation suivante : les « prêtres-oiseaux » évoquent une triade symbolique formée par le dieu Sraōša, son prêtre *sraōšāuuarəza-* et l'oiseau *Parō.darš* (pehlevi *Parōdarš*), qui est en même temps une hypostase du dieu et de son prêtre. Dans la pratique, cette triade se présente *mutatis mutandis* comme une « trinité » symbolique et fonctionnelle où l'un correspond à l'autre et peut endosser son rôle. Le contexte iconologique renvoie à l'espoir d'une béatification ou d'une transfiguration *post mortem*, mais surtout d'une résurrection, en particulier dans les images à caractère funéraire. Ailleurs, par exemple dans un contexte mithraïque, la perspective cosmologique et eschatologique prend le dessus, en particulier avec l'allusion à l'aube, dans sa dimension clairement téléologique.

Avec les « prêtres-ailés », la solennité du rite, sa rigueur et son efficacité sont rappelées sans détour. En effet, le *sraōšāuuarəza-* – homme, oiseau et dieu – garantit et protège chaque cérémonie des erreurs et des contaminations, et tandis que le regard s'élève vers l'aurore, l'écoute saisit le chant de l'oiseau *Parōdarš* qui met en fuite démons et ténèbres. Il ne fait donc aucun doute que le synchronisme entre le rite du *čaharōm* et le franchissement du pont produit l'un des motifs les plus importants de ces représentations, où avec l'apparition du *sraōšāuuarəza-* se manifeste aussi la complexité de la liturgie dans sa solennité la plus profonde.

Ainsi revient-on au sacrifice final, ultime rituel de la fin de temps, officié par les prêtres et les dieux ensemble, unis par l'esprit et le corps pour célébrer (et surtout susciter) la résurrection finale de tous les morts et la victoire complète sur les ténèbres. Je n'ai pas l'intention de critiquer les interprétations proposées, mais simplement de nuancer les références à la dimension funèbre qui pourraient se révéler inappropriées. En d'autres termes, on peut retourner la question en soulignant les références à la mort qui font partie d'une vision théologique de la résurrection. Ainsi, la sémantique évoquant la visualisation du coq nous annonce l'aube, le soleil, le dieu Sraōša, le sacerdoce et le rituel éternel qui garantit la vie et l'ordre cosmique. L'aube qui surgit n'est donc pas l'aube des morts, mais l'aube de la résurrection finale de l'humanité, ce que nous rappelle l'image des prêtres ailés. Le pouvoir du coq, comme celui de Sraōša et du *sraōšāuuarəza-* en *Vidēvdād* 18,15[61],

---

61. Voir Ph. G. Kreyenbroek, *Sraoša in the Zoroastrian Tradition*, p. 118, n. 38.

dans la troisième partie de la nuit ou *Ušahin gāh*, entre minuit et l'aube, qui se trouve sous le regard de cette triade, témoignent des implications très profondes du symbolisme du « prêtre-oiseau » ou du prêtre « ailé »[62]. Dans ce contexte, comme l'indique le *Drayišn ī Ahreman ō Dēwān* 3[63], la coopération entre Srōš et le coq auprès du Feu (*Ātaxš ī Wahrām*) est absolue et se charge d'une valence liturgique et sacerdotale dans laquelle l'élément « funéraire » est transfiguré selon la perspective eschatologique de la résurrection finale.

---

62. Il est très important de remarquer que la présence de Srōš peut être déterminante durant les trois jours avant la mort d'un individu afin de sauver son âme et la protéger des démons. Sur ce dramatique moment de passage, voir la contribution très intéressante de M. Boyce (« Death [1] among Zoroastrians », dans E. Yarshater [éd.], *Encyclopædia Iranica*, VII/2, Londres – New York 1994) où l'on trouvera une discussion détaillée des cérémonies funéraires et en particulier du *sedōš*. D'autre part, nonobstant la référence à un contexte habituellement décrit comme « funèbre », il faut se rappeler que la conception mazdéenne du *post mortem* nous présente des éléments optimistes et que l'espoir de salut est bien plus fort. Cet aspect se reflète aussi à travers l'interdiction de pleurer ou de se livrer à des manifestations excessives de deuil, considérées comme une sorte d'obstacle à la libération des morts. Voir aussi Cantera, « The *sraōšāuuarəza*-priest », p. 484.
63. Ph. G. Kreyenbroek, *Sraoša in the Zoroastrian Tradition*, p. 118.

CONCLUSIONS

CETTE ANALYSE aura contribué à montrer que le collège sacerdotal avestique avec ses six prêtres sous la direction du *zaōtar-* et du *sraōšāuuarəza-* non seulement répond à un certain nombre de nécessités concrètes dans le cadre cérémoniel, mais poursuit une tradition plus ancienne au moins par sa structure. Ce collège trouve dans le monde védique des correspondances remarquables. En bref, nous pouvons affirmer que la conception avestique et védique du *yasna-/yajña-* avait produit un modèle idéal dans lequel les prêtres chargés du sacrifice agissaient en tant que représentants des êtres divins ou, dans certains cas, incarnaient littéralement les dieux invités à prendre part au sacrifice. Ainsi, non seulement le moment rituel ouvrait sur un espace métaphysique où êtres humains et divins pouvaient se rencontrer, mais il déterminait aussi la création d'un espace dans lequel les deux dimensions étaient réunies[1]. Le principe de l'imitation – la mimêsis liturgique – trouve une confirmation directe dans la dimension spéculative du sacrifice indo-iranien, considéré en soi comme une œuvre divine, et dont le succès était obtenu au prix du dépassement des limites de l'humanité. Fort justement Sylvain Lévi écrit à ce sujet[2] :

> On fait exactement ce que les dieux ont fait, en se disant : puisque les dieux l'ont fait, il faut que je le fasse. De ce principe découle une conséquence nécessaire : le sacrifice étant une œuvre divine et ayant

---

1. On pourrait aussi suggérer que des phénomènes attestés dans la tradition indienne la plus tardive de la *bhakti-* suivent certains principes similaires, basés sur l'idée d'une correspondance directe et d'une unification entre dimensions humaine et divine. Dans ce cas, il faudrait rappeler que le corps du fidèle et celui de la divinité, selon la *bhakti-*, peuvent fusionner ensemble, en particulier lorsque le corps humain devient comme une *mūrti-*, fém., « corps, forme matérielle », mais aussi « incarnation, personnification, réalisation » à laquelle le dieu insuffle sa propre vie. Notons encore que, dans l'hindouisme, *mūrti-* est un nom qu'on utilise pour désigner l'idole avec laquelle la divinité est représentée, mais qui se manifeste sur la terre; voir Ch. Malamoud, « Briques et mots. Observations sur le corps des dieux dans l'Inde védique », p. 106-111.
2. S. Lévi, *La doctrine du sacrifice dans les Brâhmaṇas*, Paris 1898, p. 85-86.

pour objet de transformer l'homme en dieu, tout ce qui est proprement humain lui est contraire. Imiter les dieux c'est du même coup sortir des conditions humaines[3].

Les sources attestées nous permettent de conclure que, en dehors du nombre des officiants et des assistants formellement prévu, d'autres prêtres étaient vraisemblablement impliqués en fonction des différents moments de la liturgie annuelle et de la nature des cérémonies. En ce qui concerne le rituel gāθique, tel qu'il apparaît dans l'ensemble du *Yasna*, nous pouvons supposer que seuls deux des prêtres étaient à l'œuvre, avec une complexification probable pour les cérémonies nécessitant l'abattage d'animaux, bien qu'on ne sache pas vraiment si le rôle du *pasuuāzah-* était strictement réservé à un prêtre spécialisé ou si cette fonction ambiguë pouvait être assumée par chacun des prêtres ou par d'autres collaborateurs encore. On peut par ailleurs douter que l'acte de tuer la bête sacrificielle était accompli au sein de l'espace rituel ou à sa limite, comme dans le monde védique. Il est possible aussi que le nombre limité de prêtres (deux) était lié à la simplicité de la liturgie, plus proche du rituel domestique. En tout cas, dans le cadre de la tradition indo-iranienne, il est impossible de définir un ordre chronologique de priorité temporelle entre les rites gāθiques et ceux de l'*Avesta* récent. Dans le cadre de la dialectique indo-iranienne, on peut observer qu'entre les deux traditions, il est impossible d'établir une hiérarchie et qu'elles sont toutes deux authentiques. Chaque version correspond à une variété différente de rituel, conformément à une évolution idéologique et théologique qui a ses justifications comparatives, en sorte que les deux traditions rituelles présentent des correspondances frappantes avec des rituels védiques.

Si la présence de certains morceaux en moyen-avestique à proximité des passages concernant l'installation et la désinstallation du collège nous rappelle l'existence d'un problème de chronologie rituelle (entre autres), elle nous confirme aussi que la création du *Yasna* (dans sa version essentielle avec les textes dans le dialecte vieil-avestique placés au centre de la liturgie) était terminée avant les intercalations.

Avant de terminer cette analyse, je voudrais encore clarifier un aspect important de l'histoire de la réduction du collège sacerdotal. Je

---

3. B. Oguibénine (*La déesse Uṣas. Recherches sur le sacrifice de la parole dans le R̥gveda*, Paris 1988, p. 177) donne également quelques exemples du phénomène d'inversion des rôles entre humains et dieux.

Conclusions

ne crois pas du tout que ce phénomène puisse s'expliquer uniquement comme un effet de la crise politico-économique de l'Église sassanide après la conquête islamique. Comme nous l'avons vu, la dialectique entre deux et huit prêtres est assez souple et le pragmatisme de la liturgie mazdéenne autorise une certaine flexibilité et permet des simplifications. La simplification était inévitable, et avec elle la perte progressive des compétences techniques et rituelles. Compte tenu de cette prémisse, les événements historiques bien connus qui ont caractérisé le sort du zoroastrisme au cours de la dernière période de l'Empire sassanide et des premiers siècles de la domination islamique ont eu des conséquences significatives et indéniables sur les conditions de vie et sur le statut économique et social du clergé mazdéen, qui a progressivement renoncé aux cérémonies les plus coûteuses en nombre de participants et en moyens pour développer autant que possible la possibilité de transférer au niveau symbolique une doctrine déjà mimétique par elle-même. Ainsi, si le collège représentait Ahura Mazdā et ses entités spirituelles, désormais un seul assistant qualifié pouvait remplacer tout un panthéon sacerdotal et divin. Cette possibilité existait probablement déjà, mais le scénario moderne l'a rendue inévitable : on ne retrouvera plus, en effet, de preuves incontestables de cérémonies comptant le collège dans son ensemble avec ses huit prêtres physiquement présents sur l'espace rituel ; ils feront dès lors simplement l'objet d'une évocation collective, et cela tient à des conditions historiques objectives, à la fois de nature sociale et spirituelle.

Les relations très étroites entre le *zaōtar-* et Ahura Mazdā, mais aussi entre le *sraōšāuuarəza-* et Sraoša, ou encore entre les Aməša Spənta et les *ratu*-s humains, bien décrites dans la littérature pehlevie, offrent le cadre théologique (et liturgique) dans lequel la standardisation du collège sacerdotal s'était complètement formalisée dans sa version finale à la période de la rédaction du corpus avestique récent.

Cette tradition s'est aussi répandue dans l'Ouest de l'Iran, où sont attestées certaines adaptations particulières bien préservées, par exemple dans le *Sprachgut* élamite de Persépolis. La tradition sacerdotale moyen-perse a probablement renforcé le rôle, déjà présent en avestique récent, de la classe sacerdotale en préservant leurs différentes fonctions, même s'il faut distinguer entre liturgies solennelles et cérémonies mineures. Nous avons vu que le mystérieux voyage de Kerdīr avec ses assistants, les lysyk [*rehīg*], peut être réinterprété comme une cérémonie ésotérique dans laquelle on anticipait la vision *post mortem* du jugement final. Le contenu très particulier de ce texte nous pose encore beaucoup de problèmes, mais j'espère avoir proposé

Le collège sacerdotal avestique et ses dieux

des pistes nouvelles d'interprétation qui soient cohérentes avec la dimension spéculative de la doctrine mazdéenne. Le cadre ésotérique que nous avons proposé ne serait pas un phénomène isolé.

On peut rappeler des tendances bien attestées dans le monde hittite, mais on pourrait aussi étendre la comparaison typologique à la culture chrétienne la plus ancienne, quand le mystère de l'*eucharistia* (comme on la considère encore dans les théologies catholique et orthodoxe) implique la présence d'une véritable « transsubstantiation » (c'est-à-dire, un changement réel de substance; grec μετουσίωσις, latin *transsubstantiatio*) du pain et du vin rituels, lesquels ne sont pas simplement « transformés », mais « transsubstantiés » en chair et sang du Christ[4]. Ce sacrement est célébré par le prêtre officiant, seul ou accompagné par d'autres assistants. Dans la messe orthodoxe l'*iconostasis* sépare l'église et interdit la vision du mystère qui se manifeste sur l'autel hors du regard profane du reste de l'ecclésia assistant à la cérémonie sans être autorisé à voir directement le miracle. À ce moment précis, le prêtre répète – comme dans une représentation dramatique – les mots de Christ et assume le rôle d'intermédiaire; par certains aspects, il assume aussi la fonction et l'identité de Jésus lors de la Cène, rendant possible le miracle de la transsubstantiation, qu'aucun homme ne peut accomplir seul et sans la volonté de Dieu, c'est-à-dire sans une incarnation renouvelée dans un prêtre consacré. Bien entendu, ce n'est qu'une question d'interprétation théologique, mais le sujet dont nous parlons ici ne concerne pas la vérité, ou, plus concrètement, « ce qui se passe réellement », ni la question de savoir si nous « croyons » ou pas en ces mystères sacramentaires. Le problème principal, qui mérite d'être discuté dans un cadre académique non confessionnel, concerne la dimension phénoménologique du *sacrum* et du *divinum*, qui se manifeste dans le temps de l'expérience humaine, et produit son irruption dans la vie quotidienne et la transforme[5]. Vrai ou non, de notre point de vue

---

4. Voir B. Neunheuser, « Transsubstantiation », dans W. Kaspar (éd.), *Lexikon für Theologie und Kirche*, X, Fribourg 2001; M. Cristiani, *Tempo rituale e tempo storico. Comunione cristiana e sacrificio. Le controversie eucaristiche nell'alto medioevo*, Spolète 1997; J. Moingt, « Polymorphisme du corps du Christ », dans Ch. Malamoud et J.-P. Vernant (éd.), *Corps des dieux*, Paris 1986; R. J. Utz et Chr. Batz « Transubstantiation in Medieval and Early Modern Culture and Literature: An Introductory Bibliography of Critical Studies », dans C. Poster et R. Utz (éd.), *Translation, Transformation, and Transubstantiation*, Evanston (IL) 1998.

5. Pour une réflexion très pertinente sur des phénomènes semblables attestés dans le monde sumérien et akkadien, voir P. Mander, « The Mesopotamian Exorcist and

individuel, ce qui nous concerne directement, c'est le fait qu'un tel *monstrum*, présence extraordinaire, devient et/ou peut être ressentie comme manifeste, omniprésente, étonnante et transformatrice (du moins au niveau psychologique)[6]. À cet égard, les collèges sacerdotaux indiens et iraniens ont essayé de réaliser une union particulière avec la dimension divine et ses dieux, et ont ouvert la voie du sacrifice afin d'inviter les divinités, mais aussi afin d'être incarnés et littéralement « inspirés » par une force transcendante. Il ne s'agit pas de magie noire ou de sorcellerie populaire, mais plutôt de l'expression d'une réflexion ésotérique et d'une dimension religieuse très profondes. Ces prêtres ont trouvé une clé qui leur a ouvert une porte. Ce qu'ils ont fait et que leurs descendants font encore aujourd'hui n'est pas si différent de ce que d'autres prêtres et théologiens, *mutatis mutandis*, célèbrent tous les jours, afin de recréer cet ancien mystère du salut et de la résurrection, comme dans le cas du *soma-/haōma-*, dieu auquel on sacrifie et qui, en même temps, est sacrifié. Nous avons là matière à penser pour longtemps[7].

En conclusion de cette recherche, nous pouvons simplement dire, à la suite de Shakespeare, que (*Hamlet*, Acte I, scène v, 159-167) :

« There are more things in heaven and earth, Horatio, than are dreamt of in your philosophy ».

Si notre « philosophie » est celle de la philologie historique et de l'approche scientifique et rationnelle de l'histoire des religions, nous ne pouvons pas oublier que les sujets que nous essayons d'étudier sont enracinés dans les strates les plus profondes de l'expérience humaine, laquelle n'est pas purement rationnelle. Dès lors, réjouissons-nous d'avoir entrouvert une autre petite porte qui nous a donné accès à une chose qui n'avait pas été pensée ni écrite pour nous, qui sommes des étrangers d'un autre temps dépourvus d'initiation légitime et sans réelle préparation. Beaucoup de choses nous échappent encore, mais c'est là un fait inéluctable.

---

his Ego », dans M. G. Biga, M. Liverani (éd.), *Ana turri gimilli. Studi dedicati al Padre Werner R. Mayer, S.J.*, Rome 2010, avec bibliographie sur le sujet.
6. Pour toutes les implications théoriques liées à une discussion méthodologique sur le contenu de la « dernière Cène », voir la brillante discussion offerte par Ith. Gruenwald, *Rituals and Ritual Theory in Ancient Israel*, Leyde – Boston 2003, p. 231-266.
7. *Ibid.*, p. 65.

RÉFÉRENCES BIBLIOGRAPHIQUES

AGOSTINI, D. et THROPE, S., *The Bundahišn. The Zoroastrian Book of Creation*, avant-propos de Sh. Shaked et postface de G. G. Stroumsa, Oxford University Press, Oxford – New York 2020.

ANKLESARIA, B. T., *Pahlavi Vendidâd* (Zand-î Jvît-dêv-dât). *Transliteration and Translation*, Cama Oriental Institute, Bombay 1949.

—, *Zand-Ākāsīh, Iranian or Greater Bundahišn. Transliteration and Translation in English*, Rahnumae Mazdayasnan Sabha, Bombay 1956.

ANQUETIL-DUPERRON, A. J., *Zend-Avesta, ouvrage de Zoroastre contenant les idées théologiques, physiques et morales de ce législateur, les cérémonies du culte religieux qu'il a établi, et plusieurs traits importants relatifs à l'ancienne histoire des Perses. Traduit en français sur l'original zend, avec des remarques ; et accompagné de plusieurs traités propres à éclaircir les matières qui en font l'objet*, I, 2ᵉ partie, Tilliard, Paris 1771.

AUSTIN, J. L., *How to Do Things with Words*, Harvard University Press, Cambridge (MA) 1962.

AZARNOUCHE, S., « Le clergé dans l'Iran ancien », dans L. Coulon et P.-L. Gatier (éd.), *Le clergé dans les sociétés antiques : statut et recrutement*, CNRS, Paris 2018, p. 113-138.

—, « Les fonctions religieuses et la loi zoroastrienne : le cas du hērbed », dans A. Hintze, D. Durkin-Meisterernst et Cl. Naumann (éd.), *A Thousand Judgements. Festschrift for Maria Macuch*, Harrassowitz, Wiesbaden 2019, p. 13-23.

—, « A Zoroastrian Cult Scene on Sasanian Stucco Reliefs at Bandiyān (Daregaz, Khorāsān-e Razavī) », *Sasanian Studies: Late Antique Iranian World / Sasanidische Studien: Spätantike iranische Welt* 1 (2022), p. 1-28.

— et RAMBLE, O., « La Vision zoroastrienne, les yeux dans les yeux. Commentaire sur la Dēn selon Dēnkard III.225 », *Revue de l'histoire des religions* 237/3 (2020), p. 331-395.

BACK, M., *Die sassanidischen Staatsinschriften. Studien zur Orthographie und Phonologie des Mittelpersischen der Inschriften zusammen mit einem etymologischen Index des mittelpersischen Wortgutes und einem Textcorpus der behandelten Inschriften*, Brill, Téhéran – Liège 1978 (Acta Iranica, 18).

BAILEY, H. W., *Zoroastrian Problems in the Ninth-Century Books, Reprinted (with new introduction and index)*, Oxford University Press, Oxford 1971 (Ratanbai Katrak Lectures) [Oxford 1943[1]].

BARR, K., *Avesta, Zarathushtriernes Hellige Skrifter i Udtog*, Aage Marcus, Copenhague 1923 (Verdensreligionernes Hovedværker).

—, *The Avesta Codex K5 containing the Yasna with its Pahlavi Translation and Commentary*, 3 vol., Munksgaard, Copenhague 1937-1939 (Codices Avestici et Pahlavici Bibliothecae Universitatis Hafniensis, 7-9) [réimpr. université de Chiraz 1978].

BARTHOLOMAE, Chr., *Altiranisches Wörterbuch*, Trübner, Strasbourg 1904.

BAUNACK, J. et BAUNACK, Th., *Studien auf dem griechischen und der arischen Sprachen*, Hirzel, Leipzig 1886.

BAUSANI, A., *Testi religiosi zoroastriani. Traduzione dall'originale pahlavi con introduzione e note*, 7e éd., Edizioni Paoline, Catane 1963.

BAUTISTA, J., *The Way of the Cross: Suffering Selfhoods in the Roman Catholic Philippines*, University of Hawaii Press, Honolulu 2019.

BEEKES, R., *A Grammar of Gatha-Avestan*, Brill, Leyde – New York – Copenhague – Cologne 1988.

—, *Etymological Dictionary of Greek*, 2 vol., Brill, Leyde – Boston 2010 (Leiden Indo-European Etymological Dictionary Series, 10).

BELARDI, W., *Studi Mithraici e Mazdei*, Istituto di Glottologia dell'Università di Roma La Sapienza, Rome 1977 (Biblioteca di ricerche linguistiche e filologiche, 6).

BENVENISTE, É., « Une différenciation de vocabulaire dans l'Avesta », dans W. Wüst (éd.), *Studia Indo-Iranica. Ehrengabe für Wilhelm Geiger zur Vollendung des 75. Lebens-Jahres 1856-21 – Juli-1931*, Harrassowitz, Leipzig 1931, p. 219-226.

—, *Les Mages dans l'ancien Iran*, Maisonneuve, Paris 1938.

—, « Deux noms divins dans l'*Avesta* », *Revue de l'histoire des religions* 130 (1945), p. 13-14.

—, *Noms d'agent et noms d'action en indo-européen*. Adrien Maisonneuve, Paris 1948.

Références bibliographiques

—, « Sur la terminologie iranienne du sacrifice », *Journal asiatique* 252/1 (1964), p. 45-58.

—, *Titres et noms propres en iranien ancien*, Klincksieck, Paris 1966 (Travaux de l'Institut d'études iraniennes de l'université de la Sorbonne Nouvelle, 1).

—, « Phraséologie poétique de l'indo-iranien », dans *Mélanges d'indianisme à la mémoire de Louis Renou*, De Boccard, Paris 1968, p. 73-79 (Publications de l'Institut de civilisation indienne. Série in-8°, 28).

—, *Le vocabulaire des institutions indo-européennes*, I. *Économie, parenté, société*, II. *Pouvoir, droit, religion*, Éditions de Minuit, Paris 1969 [rééd. 1998].

BENZING, J., *Das Chwaresmische Sprachmaterial einer Handschrift der „Muqaddimat al-Adab" von Zamaxšarī*, Steiner, Wiesbaden 1968.

—, *Chwaresmischer Wortindex*, introd. H. Humbach, éd. Z. Taraf, Harrassowitz, Wiesbaden 1983.

BERGAIGNE, A., *La religion védique d'après les hymnes du Rig-Veda*, I, Vieweg, Paris 1878 (Bibliothèque de l'École des Hautes Études. Sciences historiques et philologiques, 36).

—, *La religion védique d'après les hymnes du Rig-Veda*, II, Vieweg, Paris 1883 (Bibliothèque de l'École des Hautes Études. Sciences historiques et philologiques, 53).

—, « La Saṃhitā primitive du Ṛig-Veda », *Journal asiatique* 8 (1886), p. 193-271.

—, « Recherches sur l'histoire de la liturgie védique » *Journal asiatique* 13 (1889), p. 5-32, 121-197.

BHAT, M. R., *Varāhamihira's Bṛhat Saṁhitā*, avec traduction en anglais, notes et commentaires, II, Motilal Banarsidas, Delhi – Varanasi – Patna – Madras 1982 [rééd. 1987].

BIARDEAU, M. et MALAMOUD, Ch., *Le sacrifice dans l'Inde ancienne*, Peeters, Louvain – Paris 1996 (Bibliothèque de l'École des Hautes Études. Sciences religieuses, 79).

BĪRŪNĪ (al-), *Chronologie orientalischer Völker*, trad. C. E. Sachau, Brockhaus, Leipzig 1878.

—, *The Chronology of Ancient Nations: An English Version of the Arabic Text of the* Athâr-ul-Bâkiya *of AlBîrûnî or "Vestiges of the Past", collected and reduced to writing by the author in* A.H. *390-1,* A.D. *1000*, trad. C. E. Sachau, Allen, Londres 1879.

BODEWITZ, H. W., « The Fourth Priest (the *Brahmán*) in Vedic Ritual », dans R. Kloppenborg (éd.), *Selected Studies on Ritual in the Indian Religions. Essays to D. J. Hoens*, Brill, Leyde 1983, p. 33-68.

—, *The Daily Evening and Morning Offering (Agnihotra) according to the Brāhmaṇas*, Motilal Banarsidass, Delhi 2003 [Brill, Leyde 1976¹].

BOSCH, L. P. van den, « The Āprī Hymns of the Ṛgveda and their Interpretation », *Indo-Iranian Journal* 28 (1985), p. 95-122, 169-189.

BOYCE, M., « Ātaš-zōhr and Āb-zōhr », *Journal of the Royal Asiatic Society* 98/2 (1966), p. 100-118.

—, « Haoma, Priest of the Sacrifice », dans M. Boyce et I. Gershevitch (éd.), *W. B. Henning Memorial Volume*, Lund Humphries, Bredford – Londres 1970 (Asia Major Library), p. 62-80.

—, « Zoroaster the Priest », *Bulletin of the School of Oriental and African Studies* 33/1 (1970), p. 22-38.

—, *A History of Zoroastrianism*, I. *The Early Period*, Brill, Leyde – Cologne 1975 (Handbuch der Orientalistik. 1. Abteilung, 8. Band, 1. Abschnitt, Lieferung 2, Heft 2A).

—, *A Persian Stronghold of Zoroastrianism, based on the Ratanbai Katrak Lectures, 1975*, Clarendon Press, Oxford 1977 (Persian Studies Series, 12) [réimpr. University Press of America, Lanham – New York – Londres 1989].

—, *A History of Zoroastrianism*, II. *Under the Achaemenians*, Brill, Leyde – Cologne 1982 (Handbuch der Orientalistik. 1. Abteilung, 8. Band, 1. Abschnitt, Lieferung 2, Heft 2A/2).

—, « Āθravan », dans E. Yarshater (éd.), *Encyclopædia Iranica*, IV, Routledge and Kegan Paul, Londres – New York 1989, p. 16-17.

—, « Mithra Xsathrapati and his brother Ahura », *Bulletin of the Asia Institute* 4 (1990), p. 3-9.

—, « Dahma Āfriti and Some Related Problems », *Bulletin of the School of Oriental and African Studies* 56/2 (1993), p. 209-218.

—, « Dahm yazd », dans E. Yarshater (éd.), *Encyclopædia Iranica*, VI/6, Routledge and Kegan Paul, Londres – New York 1993, p. 586-587.

—, « Death (1) among Zoroastrians », dans E. Yarshater (éd.), *Encyclopædia Iranica*, VII/2, Routledge and Kegan Paul, Londres – New York 1994, p. 179-181.

— et KOTWAL, F., « Zoroastrian 'bāj' and 'drōn' (I) », *Bulletin of the School of Oriental and African Studies* 34/1 (1971), p. 56-73.

Références bibliographiques

— et Kotwal, F., « Zoroastrian 'bāj' and 'drōn' (II) », *Bulletin of the School of Oriental and African Studies* 34/2 (1971), p. 298-313.

Brereton, J., *The R̥gvedic Ādityas*, American Oriental Society, New Haven 1981 (American Orientals Series, 63).

—, « Bráhman, Brahmán and Sacrificer », dans A. Griffith et J. E. M. Houben (éd.), *The Vedas. Texts, Language and Ritual, Proceedings of the Third International Vedic Workshop, Leiden 2002*, Egbert Forsten, Groningen 2004 (Groningen Orientals Studies, 20), p. 325-344.

Brunner, Ch. J., « The Middle Persian Inscription of the Priest Kirdēr at Naqš-i Rustam », dans D. K. Kouymjian (éd.), *Near Eastern Numismatics, Iconography, Epigraphy and History, Studies in Honor of George C. Miles*, American University of Beirut, Beyrouth 1974, p. 97-113.

Bulsara, S. J., *Aērpatastan and Nīrangastān*, British India Press, Bombay 1915.

Burnouf, E., *Commentaire sur le Yaçna, l'un des livres religieux des Parses. Ouvrage contenant le texte zend expliqué pour la première fois les variantes des quatre manuscrits de la Bibliothèque royale et la version sanscrite inédite de Nériosengh*, I, Imprimerie royale, Paris 1833.

Caland, W., *Altindisches Zauberritual, Probe einer Uebersetzung der wichtigsten Teile des Kauśika Sūtra*, Müller, Amsterdam 1900.

—, « Über das Vaitānasūtra und die Stellung des Brahman in vedischen Opfer », *Wiener Zeitschrift für die Kunde des Morgenlandes* 14 (1900), p. 115-125 [repris dans Caland 1990, p. 123-133].

—, *Altindische Zauberei. Darstellung der altindischen „Wunschopfer"*, Müller, Amsterdam 1908.

—, *Kleine Schriften*, éd. M. Witzel, Steiner, Stuttgart 1990.

— et Henry, V., *L'Agniṣṭoma. Description complète de la forme normale du sacrifice de soma dans le culte védique*, I, Leroux, Paris 1906.

— et Henry, V., *L'Agniṣṭoma. Description complète de la forme normale du sacrifice de soma dans le culte védique*, II, Leroux, Paris 1907.

Cantera, A., « *mānsarspand/māraspand* und die Entwicklung der Gruppe -θr- im Pahlavi », *Indo-Iranian Journal* 41 (1998), p. 351-369.

—, *Studien zur Pahlavi-Übersetzung des Avesta*, Harrassowitz, Wiesbaden 2004 (Iranica, 7).

— (éd.), *Avestan Digital Archive* [= ADA] (2008-2021), https://ada.geschkult.fu-berlin.de.

—, « Rituales, manuscritos y ediciones del Avesta: Hacia una nueva edición de los textos avésticos de la liturgia larga », *Boletín de la Sociedad Española de Iranología (SEI)* 1/1 (2010), p. 31-45.

—, « How Many Chapters Does the 'Yasna of the Seven Chapters' Have? », *Iranian Studies* 43/2 (2012), p. 217-227.

—, *Vers une édition de la liturgie longue zoroastrienne : pensées et travaux préliminaires*, Association pour l'avancement des études iraniennes, Paris 2014 (Studia Iranica, Cahier 51).

—, « A Substantial Change in the Approach to the Zoroastrian Long Liturgy. About J. Kellens's *Études avestiques et mazdéennes* », *Indo-Iranian Journal* 59 (2016), p. 139-185.

—, « The Taking of the *wāž* and the Priestly College in the Zoroastrian Tradition », *Journal asiatique* 304/1 (2016), p. 47-63.

—, « Textual Performative Variation in the Long Liturgy: The Ceremonies of the Last Ten Days of the Year », *Dabir* 6 (2018) [Hanns-Peter Schmidt (1930-2017) Gedenkschrift], p. 16-49.

—, « The Long Liturgy: its Structure and Position within the Avestan Ritual System », dans C. Redard, J. Ferrer-Losilla, H. Moein et Ph. Swennen (éd.), *Aux sources des liturgies indo-iraniennes, Liège, 9-10 juin 2016*, Presses universitaires de l'université de Liège, Liège 2020 (Religions, 10), p. 195-282.

—, *The Paragnā. A Dynamic Edition*, Corpus Avesticum Berolinense, 2020, en ligne : https://cab.geschkult.fu-berlin.de.

—, *The nērang of the Visperad*, Corpus Avesticum Berolinense, 2020, en ligne : https://cab.geschkult.fu-berlin.de.

—, « The *sraōšāuuarəza*-priest and the usage of the *srōš-barišnīh* in the greater Long Liturgy », *Journal of the Royal Asiatic Society* 31/3 (2021), p. 479-514.

—, « Myth and Ritual: Zaraθuštra's taking of the *Wāz* », dans A. Shayeste Doust (éd.), *Dādestān ī Dēnīg. Festschrift For Mahmoud Jaafari-Dehaghip*, Farhang Moaser, Téhéran 2022, p. 63-94.

—, « Illuminated Manuscripts in the Zoroastrian Long Liturgy », dans *Papers from the Conference Celebrating a Treasure: 140 Years at the First Dastoor Meherjirana Library, Navsary, January 2013* (à paraître).

Références bibliographiques

— et VAAN, M. de, « Remarks on the Colophon of the Avestan Manuscripts Pt4 and Mf4 », *Studia Iranica* 34 (2005), p. 31-42.
— et MAZDĀPOUR, K. (éd.), *The Liturgical Widēwdād Manuscript ms. 4161 (Vandidad-e Jahānbaxši)*, Sociedad de Estudios Iranios y Turanios, Salamanque – Téhéran 2015 (Avestan Manuscripts in Iran, 1).
— et FERRER-LOSILLA, J., *The Avestan manuscript Ave976–4000 (Iranian Vīdēvdād Sāde) de la bibliothèque universitaire de l'université de Téhéran*, 2012 (Avestan Digital Archive Series, 48).
CAMERON, G. G., *Persepolis Treasury Tablets*, University of Chicago Press, Chicago 1948 (Oriental Institute Publications, 65).
CERETI, C. G., *The Zand ī Wahman Yasn: a Zoroastrian Apocalypse*, Istituto Italiano per il Medio ed Estremo Oriente, Rome 1995 (Serie Orientale Roma, 75).
—, « Avestan Names and Words in Middle Persian Garb », dans C. G. Cereti et M. Maggi (éd.), *Middle Iranian Lexicography. Proceedings of the Conference held in Rome, 9-11 April 2001*, Istituto Italiano per il Medio ed Estremo Oriente, Rome 2005 (Serie Orientale Roma, 98; Orientalia Romana, 8), p. 237-252.
CHANTRAINE, P., *Dictionnaire étymologique de la langue grecque. Histoire des mots*, éd. A. Blanc, Ch. de Lamberterie, J.-L. Perpillou, Klincksieck, Paris 2009.
CHARPENTIER, J., *Brahman. Eine sprachwissenschaftlich-exegetisch-religionsgeschichtliche Untersuchung I-II*, Almqvist and Wiksell, Uppsala 1932 (Universitets Årsskrift 1932, Program 8).
CHAUMONT, M.-L., « Recherches sur le clergé zoroastrien : le *hērbad* (premier article) », *Revue de l'histoire des religions* 158/1 (1960), p. 55-80.
—, « Recherches sur le clergé zoroastrien : le *hērbad* (deuxième article) », *Revue de l'histoire des religions* 158/2 (1960), p. 161-179.
CHEUNG, J., *Etymological Dictionary of the Iranian Verb*, Brill, Leyde – Boston 2007 (Leiden Indo-European Etymological Dictionary Series, 2).
CHOKSY, J. K., *Purity and Pollution in Zoroastrianism: Triumph over Evil*, University of Texas Press, Austin 1989.
— et KOTWAL, F. M., « Praise and Piety: Niyāyišns and Yašts in the History of Zoroastrian Praxis », *Bulletin of the School of Oriental and African Studies* 68/2 (2005), p. 215-252.

CHRISTENSEN, A., *L'Iran sous les Sassanides*, 2ᵉ éd. revue et augmentée, Munksgaard, Copenhague 1944.

CIPRIANO, P., *Templum*, Università La Sapienza, Rome 1983 (Biblioteca di Ricerche linguistiche e filologiche, 13).

—, « La quinta stanza dell'inno avestico a Tištrya », *Rendiconti dell'Accademia Nazionale dei Lincei, Classe di Scienze Morali, Storiche e Filologiche*, serie 9, 13 (2002), p. 767-772.

COLDITZ, I., « Altorientalische und Avesta-Traditionen in der Herrschertitolatur der vorislamischen Iran », dans C. G. Cereti, M. Maggi et E. Provasi (éd.), *Religious Themes and Texts of Pre-Islamic Iran and Central Asia: Studies in Honour of Professor Gherardo Gnoli on the Occasion of His 65th Birthday on the 6th December 2002*, Reichert, Wiesbaden 2003 (Iranistik, 24), p. 61-77.

CRISTIANI, M., *Tempo rituale e tempo storico. Comunione cristiana e sacrificio. Le controversie eucaristiche nell'alto medioevo*, CISAM, Spolète 1997 (Collectanea, 8).

DARMESTETER, J., *Le Zend-Avesta, traduction nouvelle avec commentaire historique et philologique*, I. *La liturgie* [Yasna et Vispéred], II. *La loi* [Vendidad], *L'épopée* [Yashts], *Le livre de prière* [Khorda Avesta], Leroux, Paris 1892 (Annales du musée Guimet, 21-22).

—, *Le Zend-Avesta, traduction nouvelle avec commentaire historique et philologique*, III. *Origines de la littérature et de la religion zoroastriennes. Appendice à la traduction de l'Avesta* [Fragments des Nasks perdus et index], Leroux, Paris 1893 (Annales du musée Guimet, 24).

DEHGHAN, K., *Der Awesta-Text Srōš (Yasna 57) mit Pahlavi- und Sanskritübersetzung*, Kitzinger, Munich 1982 (Münchener Studien zur Sprachwissenschaft. Beiheft, N.F. 11).

DE LA FUENTE-PÁRAMO, I., *The Avestan manuscript 2104 (MZK2), Iranian Visperad Sāde*, Muze-ye Zardostyān (Kermān) 2014 (Avestan Digital Archive Series, 62).

DESAI, N. B., « Symbolism of the Various Articles used in the Higher Liturgical Services of the Zoroastrians and the Enumeration of the thirty-three Ratus mentioned in Yaçna 1, § 10 », dans J. J. Modi (éd.), *Sir Jamsetjee Jejeebhoy Madressa Jubilee Volume, Papers on Irânian Subjects written by Various Scholars in Honour of Sir Jamsetjee Jejeebhoy Zarthoshti Madressa*, Fort Printing Press, Bombay 1914, p. 100-105.

Références bibliographiques

DHABHAR, B. N., *The Persian Rivayats of Hormazyar Framarz and others. Their Version with Introduction and Notes*, Cama Oriental Institute, Bombay 1932.

—, *Pahlavi Yasna and Visperad*, Parsi Punchayet Funds and Properties, Bombay 1949 (Pahlavi Text Series, 8).

—, *Translation of the Zand-I Khūrtak Avistāk*, Bombay 1963.

DHALLA, M. N., *History of Zoroastrianism*, Oxford University Press, New York – Londres – Toronto 1938 [réimpr. Bombay 1963].

—, *The Nyaishes or Zoroastrian Litanies. Avestan Text with the Pahlavi, Sanskrit, Persian and Gujarati Versions, Khordah Avesta*, 1re partie, Columbia University Press, New York 1965 (Columbia University Indo-Iranian Series, 6).

DRESDEN, M. J., *Dēnkart. A Pahlavi Text, Facsimile edition of the manuscript B of the K. R. Cama Oriental Institute Bombay*, Harrassowitz, Wiesbaden 1966.

DUCHESNE-GUILLEMIN, J., *Études de morphologie iranienne*, I. *Les composés de l'Avesta*, Presses universitaires de Liège – Droz, Liège – Paris 1936 (Bibliothèque de la faculté de philosophie et lettres de l'université de Liège, 74).

—, *Symbols and Values in Zoroastrianism. Their Survival and Renewal*, Harper and Row, New York 1966 (Religious Perspectives, 15).

—, « Haoma proscrit et réadmis », dans M.-M. Mactoux et E. Geny (éd.), *Mélanges P. Léveque*, I. *Religion*, Presses universitaires de Franche-Comté, Besançon 1988 (Annales littéraires de l'université de Besançon, 367 ; Centre de recherches d'histoire ancienne, 79), p. 127-131.

DUMÉZIL, G., *Tarpeia. Essais de philologie comparative indo-européenne*, Gallimard, Paris 1947.

DURKIN-MEISTERERNST, D., *Grammatik des Westmitteliranischen (Parthisch und Mittelpersisch)*, Österreichische Akademie der Wissenschaften, Vienne 2014 (Veröffentlichungen zur Iranistik, 73 ; Grammatica Iranica, 1).

ECK, D. L., « Circumambulation », dans M. Eliade (éd.), *The Encyclopedia of Religion*, III, Macmillan, New York 1987, p. 509-511.

ELIZARENKOVA, T. J., *Language and Style of the Vedic Ṛṣis*, éd. W. Doniger, State University of New York Press, Albany 1993 (SUNY Series in Hindu Studies).

EMMERICK, R.,« Iranian », dans J. Gvozdanović (éd.), *Indo-European Numerals*, De Gruyter Mouton, Berlin – New York 1991 (Trends in Linguistics, Studies and Monographs, 57), p. 289-345.

ERNOUT, A. et MEILLET, A., *Dictionnaire étymologique de la langue latine. Histoire des mots*, 4ᵉ éd. revue, corrigée et augmentée d'un index, Klincksieck, Paris 1985 [réimpr. 2001].

FALK, G., « The Purpose of R̥gvedic Ritual », dans M. Witzel (éd.), *Inside the Texts. Beyond the Texts. New Approaches to the Study of the Vedas. Proceedings of the International Vedic Workshop, Harvard University, June 1989*, Harvard University Department of Sanskrit and Indian Studies, Cambridge (MA) 1997 (Harvard Oriental Series, Opera Minora, 2), p. 69-88.

FLATTERY, D. St. et SCHWARTZ, M., *Haoma and Harmaline: The Botanical Identity of the Indo-Iranian Sacred Hallucinogen "Soma" and its Legacy in Middle Eastern folklore, language and in Zoroastrianism*, University of California Press, Berkeley 1988 (California Near Eastern Studies, 21).

FRACHTENBERG, L. J., « Etymological Studies in Ormazdian and Ahrimanian words in Avestan », dans J. J. Modi (éd.), *Spiegel Memorial Volume. Papers on Iranian subjects written by various scholars in honour of the late Dr. Frederic Spiegel*, British India Press, Bombay 1908, p. 269-289.

FRISK, H., *Griechisches etymologisches Wörterbuch*, I. *A-Ko*, Carl Winter, Heidelberg 1960.

—, *Griechisches etymologisches Wörterbuch*, II. *Kr-O*, Carl Winter, Heidelberg 1960.

FUJI, M., « The Brahman Priest in the History of Vedic Texts », dans K. Karttunen et P. Koskikallio (éd.), *Vīdyārṇavavandanam. Essays in Honour of Asko Parpola*, The Finnish Oriental Society, Helsinki 2001 (Studia Orientalia, 94), p. 147-160.

GELDNER, K. F., *Avesta: die heiligen Bücher der Parsen*, I. *Yasna*, Kolhammer, Stuttgart 1886.

—, *Avesta, the Sacred Books of the Parsis*, I. *Yasna*, Kolhammer, Stuttgart 1886.

—, *Avesta: die heiligen Bücher der Parsen*, II. *Vispered und Khorde Avesta*, Kolhammer, Stuttgart 1889.

—, *Avesta, the Sacred Books of the Parsis*, II. *Vispered and Khorda Avesta*, Kolhammer, Stuttgart 1889.

Références bibliographiques

—, *Avesta: die heiligen Bücher der Parsen*, III. *Vendidad*, Kolhammer, Stuttgart 1895.

—, *Avesta: die heiligen Bücher der Parsen*, I [*Yasna* avec les *Prolegomena*], Kolhammer, Stuttgart 1895.

—, *Avesta, the Sacred Books of the Parsis*, III. *Vendidad*, Kolhammer, Stuttgart 1896.

—, *Avesta, the Sacred Books of the Parsis*, I [*Yasna* avec les *Prolegomena*], Kolhammer, Stuttgart 1896.

—, « Ṛgveda 7,33 », dans R. Pischel et K. F. Geldner (éd.), *Vedische Studien*, II, Kolhammer, Stuttgart 1897, p. 129-155.

—, « Awestalitteratur », dans W. Geiger et E. Kuhn (éd.), *Grundriss der iranischen Philologie*, II, Trübner, Strasbourg 1904, p. 1-53.

—, « Zaota », dans *Indo-Iranian Studies, being Commemorative Papers contributed by European, American and Indian Scholars in Honour of Shams-ul-Ullema Dastur Darab Peshotan Sanjana*, Paul Kegan – Harrassowitz, Londres – Leipzig 1925, p. 277-281.

—, *Der Rig-Veda*, 4 vol., Cambridge 1951-1957 (Harvard Oriental Series, 33-36).

GERSHEVITCH, I., *The Avestan Hymn to Mithra*, Cambridge University Press, Cambridge 1959 [rééd. 1967].

—, « Amber at Persepolis », *Studia Classica et Orientalia Antonino Pagliaro Oblata*, II, Istituto di Glottologia dell'Università di Roma – Tipografia Eredi Dott Giovanni Bardi, Rome 1969, p. 167-251.

—, « Iranian Nouns and Names in Elamite Garb », *Transactions of the Philological Society* (1969), p. 165-200.

GHOLAMI, S., *The Avestan manuscript 4040 (Ave1001), Videvdad Iranian Sade of the Private Collection of Kourosh Niknam*, 2014 (Avestan Digital Archive Series, 76).

GIGNOUX, Ph., « L'inscription de Kartir à Sar Mašhad », *Journal asiatique* 256 (1968), p. 387-418.

—, « L'inscription de Kirdīr à Naqš-i Rostam », *Studia Iranica* 1 (1972), p. 177-205.

—, « Éléments de prosopographie de quelques Mōbads sasanides », *Journal asiatique* 270 (1982), p. 257-269.

—, « Titres et fonctions religieuses sassanides d'après les sources syriaques hagiographiques », *Acta Antiqua Academiae Scientiarum Hungaricae* 28 (1983), p. 191-203.

—, « Die religiöse Administration in sasanidischer Zeit: ein Überblick », dans H. Koch et D. N. MacKenzie (éd.), *Kunst, Kultur und Geschichte der Achämenidenzeit und ihr Fortleben*, Heimer, Berlin 1983 (AMI Ergänzungsband, 10), p. 253-266.

—, *Le livre d'Ardā Vīrāz*, Recherche sur les civilisations, Paris 1984 (Bibliothèque iranienne, 30 ; Recherche sur les civilisations, Cahier 14).

—, « Der Grossmagier Kirdīr und seine Reise in das Jenseits », dans *Orientalia J. Duchesne-Guillemin emerito oblata*, Brill, Leyde 1984 (Acta Iranica, 23), p. 191-206.

—, « L'organisation administrative sassanide : le cas du *marzbān* », *Jerusalem Studies in Arabic and Islam* 4 (1984), p. 1-29.

—, « Le mage Kirdir et ses quatre inscriptions », *Comptes rendus de l'Académie des inscriptions et belles-lettres* 133/3 (1989), p. 689-699.

—, « Pour une esquisse des fonctions religieuses sous les Sassanides », *Jerusalem Studies in Arabic and Islam* 7 (1986), p. 93-108.

—, « Apocalypses et voyages extra-terrestres dans l'Iran mazdéen », dans C. Kappler *et al.* (éd.), *Apocalypses et voyages dans l'au-delà*, Le Cerf, Paris 1987, p. 351-374.

—, « Une catégorie de mages à la fin de l'époque sasanide : les *mogvēh* », *Jerusalem Studies in Arabic and Islam* 9 (1987), p. 19-23.

—, *Les quatre inscriptions du mage Kirdīr. Textes et Concordances*, Union académique internationale – Association pour l'avancement des études iraniennes, Paris 1991 (Studia Iranica, Cahier 9).

— et GYSELEN, R., *Sceaux sassanides de diverses collections privées*, Association pour l'avancement des études iraniennes, Paris 1982.

— et GYSELEN, R., *Bulles et sceaux sassanides de diverses collections*, Association pour l'avancement des études iraniennes, Paris 1987 (Studia Iranica, Cahier 4).

— et TAFAZZOLI, A., *Anthologie de Zādspram*, édition critique du texte pehlevi traduit et commenté, Association pour l'avancement des études iraniennes, Paris 1993 (Studia Iranica, Cahier 13).

GNOLI, Gh., « *Ašavan*. Contributo allo studio del libro di Arda Wirāz », dans Gh. Gnoli et A. V. Rossi (éd.), *Iranica*, L'Orientale, Naples 1979 (IUO, Seminario di Studi Asiatici, Seminario di Studi Asiatici, Series Minor, 10), p. 387-452.

GOLDMAN, L., *Rašn Yašt. The Avestan Hymn to "Justice"*, Reichert, Wiesbaden 2015 (Beiträge zur Iranistik, 39).

GONDA, J., *Notes on Brahman*, Beyers, Utrecht 1950 [rééd. 2015].

Références bibliographiques

—, « Purohita », dans O. Spies (éd.), *Studia Indologica. Festschrift für Willibald Kirfel zur Vollendung seines 70. Lebensjahres*, Orientalisches Seminar der Universität, Bonn 1955 (Bonner Orientalistische Studien, 3), p. 107-124.

—, « Some Notes on the Study of Ancient-Indian Religious Terminology », *History of Religions* 1 (1961), p. 243-273.

—, *The Vision of the Vedic Poets*, De Gruyter, Leyde 1963 (Disputationes Rheno-Trajectinae, 8) [réimpr. Munshiram Manoharlal, New Delhi 1984].

—, « *Adhvará-* and *Adhvaryu-* », *Vishveshvaranand Indological Journal* 3 (1965), p. 163-177.

—, *The Meaning of the Sanskrit Term dhāman-*, Noord-Hollandse Uitgevers Maatschappij, Amsterdam 1967 (Koninklijke Nederlandse Akademie van Wetenschappen, Afd. Letterkunde, Nieuwe Reeks, 73/2).

—, *The Dual Deities in the Religion of the Veda*, North-Holland, Amsterdam – Londres 1974 (Koninklijke Nederlandse Akademie van Wetenschappen, Afd. Letterkunde, Nieuwe Reeks, 81).

—, *Vedic Literature: Saṃhitās and Brāhmaṇas*, Harrassowitz, Wiesbaden 1975 (A History of Indian Literature, 1/1).

—, *The Triads in the Veda*, North-Holland, Amsterdam – Oxford – New York 1976 (Koninklijke Nederlandse Akademie van Wetenschappen, Afd. Letterkunde, Nieuwe Reeks, 91).

—, *Hymns of the Ṛgveda not employed in the Solemn Ritual*, North-Holland, Amsterdam – Oxford – New York 1978 (Koninklijke Nederlandse Akademie van Wetenschappen, Afd. Letterkunde, Nieuwe Reeks, 95).

—, « Differences in the Rituals of the Ṛgvedic Families », *Bulletin of the School of Oriental and African Studies* 42/2 (1979), p. 257-264.

—, *The Mantras of the Agnyupasthāna and the Sautrāmaṇī*, North-Holland, Amsterdam – Oxford – New York 1980 (Koninklijke Nederlandse Akademie van Wetenschappen, Afd. Letterkunde, Nieuwe Reeks, 104).

—, *The Haviryajñāḥ Somāḥ. The interrelations of the Vedic solemn sacrifices Śāṅkhāyana Śrautasūtra 14,1-13*, North Holland, Amsterdam – Oxford – New York 1982 (Koninklijke Nederlandse Akademie van Wetenschappen, Afd. Letterkunde, Nieuwe Reeks, 113).

—, *The Ritual Functions and Significance of Grasses in the Religion of the Veda*, North Holland, Amsterdam – Oxford – New York 1985 (Koninklijke Nederlandse Akademie van Wetenschappen afd. Letterkunde, Nieuwe Reeks, 132).

GRASSI, Ch., *Yasna 57. Critical Essay*, Brill, Leyde – Boston 2022.

GRASSMANN, H., *Wörterbuch zum Rig-Veda*, 6ᵉ éd. M. Kozianka, Harrassowitz, Wiesbaden 1996.

GRAY, L. H., « The 'Ahurian' and 'Daevian' Vocabularies in the Avesta », *Journal of the Royal Asiatic Society* (1927), p. 427-441.

—, *The Foundations of Iranian Religions being a Series of the Ratanbai Katrak Lectures delivered at Oxford*, Taraporevala, Bombay 1929 (Cama Oriental Institute, 5).

GRENET, Fr., « L'art zoroastrien en Sogdiane : étude d'iconographie funéraire », *Mesopotamia* 21 (1986), p. 97-131.

—, « Observations sur les titres de Kirdīr », *Studia Iranica* 19 (1990), p. 87-93.

—, « Mithra, dieu iranien : nouvelles données », *Topoi* 11 (2001), p. 35-58.

—, « Pour une nouvelle visite à la "Vision" de Kerdir », *Studia Asiatica* 3 (2002), p. 5-27.

—, « Where Are the Sogdian Magi? », avec S. Azarnouche (Appendix 2), *Bulletin of the Asia Institute* 21 (2007), p. 159-178.

—, « Quelques nouvelles notes sur Kerdir et "sa" vision », dans R. Gyselen et Chr. Jullien (éd.), *Rabbo l'olmyn, « Maître pour l'éternité ». Florilège offert à Philippe Gignoux pour son 80ᵉ anniversaire*, Association pour l'avancement des études iraniennes, Paris 2011 (Studia Iranica, Cahier 43), p. 123-139.

—, « An attempt at a Zoroastrian interpretation. Art and Kingship. Chorasmia and Zoroastrianism », dans A. Betts, V. M. Yagodin†, Fr. Grenet, F. Kidds, M. Minardi, M. Bonnat, et St. Khashimov, « The Akchakhan-kala Wall Paintings: New Perspectives on Kingship and Religion in Ancient Chorasmia », *Journal of the Inner Asian Art and Archaeology* 7 (2012), p. 134-139.

—, « Zoroastrian Funerary Practices in Sogdiana and Chorasmia and among Expatriate Sogdian Communities in China », dans S. Stewart, F. Punthakey Mistree et U. Sims-Williams (éd.), *The Everlasting Flame. Zoroastrianism in History and Imagining*, Tauris, Londres – New York 2013, p. 18-27.

Références bibliographiques

—, « À l'occasion de la restauration de la "Peinture des Ambassadeurs" (Samarkand, c. 660). Retour sur une œuvre majeure de la peinture sogdienne », *Comptes rendus de l'Académie des inscriptions et belles-lettres* 2018/4 (2020), p. 1847-1869.

—, RIBOUD, P. et JUNKAI, Y., « Zoroastrian Scenes on a newly discovered Sogdian Tomb in Xi'an, Northern China », *Studia Iranica* 33/2 (2004), p. 273-284.

— et MINARDI, M., « The Image of the Zoroastrian God Srōsh: New Elements », *Ancient Civilizations from Scythia to Siberia* 27 (2021), à paraître.

GRUENWALD, Ith., *Rituals and Ritual Theory in Ancient Israel*, Brill, Leyde – Boston 2003 (The Brill Reference Library of Judaism, 10).

GÜNTERT, H., *Über die ahurischen und daevischen Ausdrücke im Awesta. Eine semasiologische Studie*, Winter, Heidelberg 1914 (Sitzungsberichte der Heidelberger Akademie der Wissenschaften, Philosophisch-historische Klasse, Jahrgang 1914, 13. Abhandlung).

GYSELEN, R., *La géographie administrative de l'Empire sassanide. Les témoignages sigillographiques*, Groupe pour l'étude de la civilisation du Moyen-Orient, Bures-sur-Yvette 1989 (Res Orientales, 1).

—, « Les sceaux des mages de l'Iran sassanide », dans R. Gyselen (éd.), *Au carrefour des religions. Mélanges offerts à Philippe Gignoux*, Groupe pour l'étude de la civilisation du Moyen-Orient, Bures-sur-Yvette 1995 (Res Orientales, 7), p. 121-150.

—, *Nouveaux matériaux pour la géographie historique de l'Empire sassanide : sceaux administratifs de la collection Ahmad Saeedi*, Association pour l'avancement des études iraniennes, Paris 2002 (Studia Iranica, Cahier 24).

HALLOCK, R. T., *Persepolis Fortification Tablets*, Chicago Press, Chicago 1969 (The University of Chicago. Oriental Institute Publications, 92).

HAUDRY, J., *La religion cosmique des Indo-Européens*, Les Belles Lettres, Paris 1987 (Études indo-européennes, 2).

—, *La triade pensée, parole, action dans la tradition indo-européenne*, Archè, Milan 2009 (Études indo-européennes, 5).

—, *Le feu de Naciketas*, Archè, Milan 2010 (Études indo-européennes, 6).

—, « Magie et sacrifice dans l'Inde védique par la pensée, la parole et l'action », dans J.-M. Durant et A. Jacquet (éd.), *Magie et divination dans les cultures de l'Orient. Actes du colloque organisé par l'Institut du Proche-Orient ancien du Collège de France, la Société asiatique et le CNRS (UMR 7192), les 19 et 20 juin 2008, Paris – Collège de France*, Maisonneuve, Paris 2010 (Cahier de l'Institut du Proche-Orient ancien du Collège de France, 3), p. 245-255.

HAUG, M., *Essays on the Sacred Language, Writings, and Religion of the Parsis*, éd. W. West, Trübner, Londres 1884 (Trübner Oriental Series, 1) [Bombay 1862¹].

—, *The Aitareya Brahmanam of the Rigveda containing the earliest Speculations of the Brahmans on the Meaning of the Sacrificial Prayers and on the Origin, Performance and Sense of the Rites of the Vedic Religion. Edited, translated and explained, with Preface, Introductory Essay, and a Map of the Sacrificial Compound at the Soma Sacrifice*, The Sacred Books of the Hindus, Extra Volume, Trübner, Londres 1922 [Bombay 1863¹].

HEESTERMAN, J. C., *The Inner Conflict of Tradition. Essays in Indian Ritual, Kingship, and Society*, University of Chicago Press, Chicago – Londres 1985.

—, *The Broken World of Sacrifice. An Essay in Ancient Indian Ritual*, University of Chicago Press, Chicago – Londres 1993.

HENNING, W. B., « A List of Middle-Persian and Parthian Words », *Bulletin of the School of Oriental Studies* 9/1 (1937), p. 559-572.

—, *Sogdica*, The Royal Asiatic Society, Londres 1940 (James G. Forlong Fund, 21) [repris dans Henning 1977, II, p. 1-68].

—, *Zoroaster, Politician or Witch-Doctor?*, Oxford University Press, Londres 1951 (Ratanbai Katrak Lectures).

—, « Mitteliranisch », dans K. Hoffmann, W. B. Henning, H. W. Bailey, G. Morgenstierne, W. Lentz, *Iranistik*, 1re partie. *Linguistik*, Brill, Leyde – Cologne 1958 (Handbuch der Orientalistik, Der Nahe und der Mittlere Osten, 4), p. 20-130.

—, *Selected Papers*, 2 vol., Bibliothèque Pahlavi – Brill, Téhéran – Leyde 1977 (Acta Iranica, 14-15 ; Hommages et Opera Minora, 5-6).

HENKELMAN, W. F. M., *The Other Gods who are. Studies in Elamite-Iranian Acculturation based on the Persepolis Fortification Texts*, Nederlands Instituut voor het Nabije Oosten, Leyde 2008 (Achaemenid History, 14).

HERTEL, J., *Die arische Feuerlehre*, 1re partie, Haessel, Leipzig 1925 (Indo-iranische Quellen und Forschungen, 6).

—, *Beiträge zur Erklärung des Awestas und des Vedas*, II, Hirzel, Leipzig 1929 (Abhandlungen der Sächsischen Akademie der Wissenschaften zu Leipzig. Philologisch-historische Klasse, 40).

Références bibliographiques

—, « Die awestischen Jahreszeitenfeste », *Archiv Orientální* 5 (1933), p. 39-60.

—, « Die awestischen Jahreszeitenfeste II », *Archiv Orientální* 5 (1933), p. 187-207.

HERZFELD, E., *Zoroaster and His World*, Princeton University Press, Princeton 1947.

HIGUCHI, T., *Bāmiyān: Art and Archaeological Researches on the Buddhist Cave Temples in Afghanistan, 1970-1978*, 4 vol., Dōhōsha, Kyoto 1983-1984.

HIKITA, H., « Consecration of Divine Images in a Temple », dans Sh. Einoo et J. Takashima (éd.), *From Material to Deity. Indian Rituals of Consecration*, Manohar, New Delhi 2005 (Japanese Studies on South Asia, 4), p. 199-240.

HILLEBRANDT, A., « Spuren einer älteren Ṛigvedarecension » *Beiträge zur Kunde der indogermanischen Sprachen* 8 (1884), p. 195-203.

—, *Ritual-Litteratur. Vedische Opfer und Zauber*, Trübner, Strasbourg 1897 (Grundriss der indo-arischen Philologie und Altertumskunde, 3/2).

—, *Vedische Mythologie*, 3 vol., Koebner, Breslau 1891-1902.

—, *Vedische Mythologie*, 2 vol., Marcus, Breslau 1927-1929.

—, *Vedic Mythology*, trad. R. Sarma, 2 vol., Motilal Banarsidass, Delhi 1980-1981.

—, *Kleine Schriften*, éd. R. P. Das, Steiner, Wiesbaden 1987.

HILTEBEITEL, A., *The Ritual of Battle. Krishna in the Mahābhārata*, Cornell University Press, Ithaca – Londres 1976 (Symbol, Myth and Ritual Series).

HINTZE, A., *„Lohn" im Indoiranischen. Eine semantische Studie des Rigveda und Avesta*, Reichert, Wiesbaden 2000 (Beiträge zur Iranistik, 20).

—, *A Zoroastrian Liturgy: The Worship in Seven Chapters (Yasna 35–41)*, Harrassowitz, Wiesbaden 2007 (Iranica, 12).

—, « Avestan Literature », dans R. E. Emmerick, M. Macuch et E. Yarshater (éd.), *The Literature of Pre-Islamic Iran, Companion Vol. I to A History of Persian Literature*, Tauris, Londres 2009 (A History of Persian Literature, 17), p. 1-71.

HINZ, W., « Die elamischen Buchungstäfelchen der Darius-Zeit », *Orientalia*, N.S. 39 (1970), p. 421-440.

—, *Altiranisches Sprachgut der Nebenüberlieferungen*, avec la collab. de P.-M. Berger, G. Korbel et A. Nippa. Harrassowitz, Wiesbaden 1975 (Göttinger Orientforschungen, II. Rehe, Iranica, 3).

HOFFMANN, K., « Ein grundsprachliches Possessivsuffix », *Münchener Studien zur Sprachwissenschaft* 6 (1955), p. 35-40 [repris dans Hoffmann 1976, p. 378-383].

—, « Avestisch *haoma yō gauua* », *Münchener Studien zur Sprachwissenschaft* 21 (1967), p. 11-20 [repris dans Hoffmann 1976, p. 475-482].

—, *Aufsätze zur Indoiranistik*, II, éd. J. Narten, Reichert, Wiesbaden 1976.

HOUBEN, J. E. M., « The Ritual Pragmatics of a Vedic Hymn: The 'Riddle Hymn' (Rgveda 1.164) and the Pravargya-Ritual », *Journal of the American Oriental Society* 120/4 (2000), p. 499-536.

—, « The Brahmin Intellectual: History, Ritual and 'Time Out of Time' », *Journal of Indian Philosophy* 30/5 (2002), p. 463-479.

—, « Vedic Ritual as Medium, in Ancient and Pre-Colonial South Asia: its Expulsion and Survival between Orality and Writing », dans *Travaux du symposium international Le Livre, La Roumanie, L'Europe, troisième édition, 20-24 septembre 2010*, III. *Études euro- et afro-asiatiques*, partie IIIA. *Veda-Vedāṅga et Avesta entre oralité et écriture*, éd. J. E. M. Houben et J. Rotaru, Bibliothèque de Bucarest, Bucarest 2011, p. 147-182.

—, « Les perfectibles (*sādhyá*) entre circularité et causalité du rituel védique », dans S. D'Intino et C. Guenzi, (éd.), *Aux abords de la clairière : études indiennes et comparées en l'honneur de Charles Malamoud*, Brepols, Turnhout 2012, p. 11-43.

—, « From Fuzzy-Edged 'Family-Veda' to the Canonical Śākhās of the Catur-Veda: Structures and Tangible Traces », dans J. E. M. Houben et M. Witzel (éd.), *Vedic Śākhās: Past, Present, Future. Proceedings of the Fifth International Vedic Workshop, Bucharest 2011*, Harvard University Press, Cambridge 2016 (Harvard Oriental Series, Opera Minora, 9), p. 159-192.

—, « Ecology of Ritual Innovation in Ancient India: Textual and Contextual Evidence », dans L. M. Bausch (éd.), *Self, Sacrifice, and Cosmos. Thought, Ritual, and Philosophy. Essays in Honor of Professor Ganesh Umakant Thite's Contribution to Vedic Studies*, Primus Books, Delhi 2019, p. 182-210.

HÜBSCHMANN, H., *Persische Studien*, Trübner, Strasbourg 1895.

HUMBACH, H., « Der Fugenvocal *ā* in gathisch-awestischen Komposita », *Münchener Studien zur Sprachwissenschaft* 4 (1954), p. 53-71 [éd. révisée 1961, p. 51-65].

Références bibliographiques

—, « Gathisch-awestische Verbalformen », *Münchener Studien zur Sprachwissenschaft* 9 (1956), p. 66-78.

—, « Das Ahuna-Vairya-Gebet », *Münchener Studien zur Sprachwissenschaft* 11 (1957), p. 67-84.

—, *Die Gathas des Zarathustra*, 2 vol., Winter, Heidelberg 1959.

—, « Avestan *pairigaēθa-* and *apairi.gaēθa-* », dans *Dr. J. M. Unvala Memorial Volume*, Bombay 1964, p. 271-272.

—, « Miθra in India and the Hinduized Magi », *Études mithriaques : actes du IIe congrès international, Téhéran, 1er au 8 septembre 1975*, Bibliothèque Pahlavi – Brill, Téhéran – Leyde, 1978, p. 229-253. (Acta Iranica, 17. Série 1, Actes de congrès, 4).

—, *The Gāthās of Zarathushtra and the Other Old Avestan Texts*, avec la collab. de J. Elfenbein et P. O. Skjærvø, 2 vol., Winter, Heidelberg 1991 (Indogermanische Bibliothek).

— et ELFENBEIN, J., *Ērbedestān. An Avesta-Pahlavi Text*, R. Kitzinger, Münich 1990 (Münchener Studies zur Sprachwissenschaft. Beihefte, N.F. 15).

— et FAISS, Kl., *Zarathushtra and His Antagonists. A Sociolinguistic Study with English and German Translations of His Gāthās*, Reichert, Wiesbaden 2010.

HUYSE, Ph., « Kerdīr and the first Sasanians », dans N. Sims-Williams (éd.), *Proceedings of the Third European Conference of Iranian Studies*, 1re partie. *Old and Middle Iranian Studies*, Reichert, Wiesbaden 1998, p. 109-120.

—, *Die dreisprachige Inschrift Šābuhrs I. an der Ka'aba-i Zardušt (ŠKZ)*, 2 vol., School of Oriental and African Studies, Londres 1999 (Corpus Inscriptionum Iranicarum. Part III. Pahlavi Inscriptions).

JAMASP, H. (éd.), *Vendidad. Avesta Text with Pahlavi Translation and Commentary, and Glossarial Index*, II. *Glossarial Index*, avec la collab. de M. M. Gandevia, Government Central Book Depot, Bombay 1907.

JAMASPASA, Kh. M., *Aogəmadaēcā, A Zoroastrian Liturgy*, Österreichische Akademie der Wissenschaften, Vienne 1982 (ÖAW, Philosophisch-historische Klasse, Beiheft, 397 ; Veröffentlichungen der iranischen Kommission, 11).

— et HUMBACH, H., *Pursišnīhā. A Zoroastrian Catechism*, 2 vol., Harrassowitz, Wiesbaden 1971.

— et NAWABI, M., *Manuscript D. 90, Yasnā, with its Pahlavi translation*, avec l'assistance technique de M. Tavousi et B. Faravashi, 1re partie, Asia Institute of Pahlavi University, Chiraz 1976 (The Pahlavi Codices and Iranian Researches, 19).

JAMISON, St. W., *Function and Form in the -áya- Formations of the Rig Veda and Atharva Veda*, Vandenhoeck und Ruprecht, Göttingen 1983 (Ergänzungshefte zur Zeitschrift für vergleichende Sprachforschung, 31).

—, « An Anagram in the Gāthās: Yasna 51.4-5 », *Journal of the American Oriental Society* 122/2 (2002), p. 287-289.

—, *The Rig Veda between two Worlds. Le R̥gveda entre deux mondes*, De Boccard, Paris 2007 (Publications de l'Institut de civilisation indienne, 74).

—, « Vedic Uśanā Kāvya, Avestan Kauui Usan: On the Morphology of their Names », dans A. Nussbaum (éd.), *Verba Docenti. Studies in historical and Indo-European linguistics presented to Jay H. Jasanoff by students, colleagues, and friends*, Beech Stave Press, Ann Arbor 2007, p. 155-168.

—, « An Indo-Iranian Priestly Title Lurking in the Rig Veda? An Indic Equivalent to Avestan *karapan* », *Bulletin of the Asia Institute*, N.S. 23 (2009), p. 111-119.

JOSEPHSON, J., *The Pahlavi Translation Technique as illustrated by Hōm Yašt*, Uppsala Universitetsbibliotek, Uppsala 1997 (Acta Universitatis Upsaliensis. Studia Iranica Upsaliensia, 2).

JONG, A. de, *Traditions of the Magi. Zoroastrianism in Greek and Latin Literature*, Brill, Leyde – New York – Cologne 1997 (Religions in the Graeco-Roman World, 133).

—, « Animal Sacrifice in Ancient Zoroastrianism », dans A. Baumgarten (éd.), *Sacrifice in Religious Experience*, Brill, Leyde – Boston – Cologne 2002, p. 127-148.

JUNG, K. G., « Das Wandlungssymbol in der Messe », dans O. Fröbe-Kapteyn, *Eranos-Jahrbuch* 8 (1940-1941), p. 67-155 [repris dans C. G. Jung, *Von den Wurzeln des Bewusstseins: Studien über den Archetypus*, Rascher, Zürich 1954 (Psychologische Abhandlungen, 9), p. 217-350].

JUSTI, F., *Der Bundehesh zum ersten Male herausgegeben, transcribiert, übersetzt und mit Glossar versehen*, Vogel, Leipzig 1868.

KANGA, M. F., « Barsom », dans E. Yarshater (éd.), *Encyclopædia Iranica*, III/8, Routledge and Kegan Paul, Londres – New York 1988, p. 825-827.

Références bibliographiques

KAPADIA, D. D., *Glossary of Pahlavi Vendidad*, D. D. Kapadia, Bombay 1953.

KARANJA, R. P., « The Bāj-dharnā (Drōn Yašt) and its Place in Zoroastrian Rituals », dans M. Stausberg (éd.), *Zoroastrian Rituals in Context*, Brill, Leyde – Boston 2004 (Numen Book Series. Studies in the History of Religions, 102), p. 403-423.

—, *The Bāj-dharnā (Drōn Yašt). A Zoroastrian Ritual for Consecration and Commemoration. History, Performance, Text and Translation*, Cama Oriental Institute, Bombay 2010.

KEITH, A. B., *The Veda of the Black Yajus School entitled Taittiriya Sanhita*, 1re partie. *Kāṇḍas I-III*, Harvard University Press, Cambridge 1914 (Harvard Oriental Series, 18).

KELLENS, J., *Les noms-racines de l'Avesta*, Reichert, Wiesbaden 1974.

—, *Le verbe avestique*, Reichert, Wiesbaden 1984.

—, « Avestique », dans R. Schmitt (éd.), *Compendium Linguarum Iranicarum*, Reichert, Wiesbaden 1989, p. 32-55.

—, *Zoroastre et l'Avesta ancien, quatre leçons au Collège de France*, Peeters, Paris 1991 (Travaux de l'Institut d'études iraniennes de l'université de la Sorbonne Nouvelle, 14).

—, *Le panthéon de l'Avesta ancien*, Reichert, Wiesbaden 1994.

—, *Liste du verbe avestique*, avec un appendice sur l'orthographe des racines avestiques par É. Pirart, Reichert, Wiesbaden 1995.

—, « Commentaire sur les premiers chapitres du Yasna », *Journal Asiatique* 286 (1996), p. 451-519.

—, « Langue et religions indo-iraniennes. L'éloge mazdéen de l'ivresse », *Annuaire du Collège de France : résumés des cours et travaux* [résumés 2002-2003] (2004), p. 815-845.

—, « Les *Airiia*- ne sont plus des Aryas : ce sont déjà des Iraniens », dans G. Fussman et J. Kellens (éd.), *Āryas, Aryens et Iraniens en Asie centrale*, De Boccard, Paris 2005 (Publications de l'Institut de civilisation indienne. Série in-8°, 72), p. 232-252.

—, *La quatrième naissance de Zarathushtra*, Seuil, Paris 2006.

—, *Le Hōm Stōm et la zone des déclarations (Y7.24-Y15.4, avec les intercalations de Vr3 à 6)*, De Boccard, Paris 2007 (Études avestiques et mazdéennes, 2).

—, « Les cosmogonies iraniennes entre héritage et innovation », dans Br. Huber, M. Volkart et P. Widmer (éd.), *Chomolangma, Demawend und Kasbek. Festschrift für Roland Bielmeier zu seinem*

65 Geburtstag, II, International Institute for Tibetan and Buddhist Studies, Halle 2008 (Beiträge zur Zentralasienforschung, 12/2), p. 505-512.

—, « Langue et religions indo-iraniennes. Sortir du sacrifice », *Annuaire du Collège de France : résumés des cours et travaux* 110 [résumés 2009-2010] (2010), p. 575-582.

—, *L'acmé du sacrifice. Les parties récentes des* Staota Yesniia *(Y27.13-Y59) avec les intercalations de Visprad 13 à 24 et la* Dahmā Āfriti *(Y60-61)*, De Boccard, Paris 2011 (Études avestiques et mazdéennes, 4).

—, « Reflets du début du Yasna », *Estudios Iranios y Turanios* 3 (2017) [= *fərā aməṣ̌ā spəṇtā gāθā̊ gə̄ uruuāin, Homenaje a Helmut Humbach en su 95° aniversario*, éd. A. Cantera et J. Ferrer-Losilla], p. 67-72.

—, *Lecture sceptique et aventureuse de la Gâthâ uštauuaitī*, De Boccard, Paris 2020 (Études avestiques et mazdéennes, 6).

— et PIRART, É., *Les textes vieil-avestiques*, I. *Introduction, texte et traduction*, Reichert, Wiesbaden 1988.

— et PIRART, É., *Les textes vieil-avestiques*, II. *Répertoires grammaticaux et lexique*, Reichert, Wiesbaden 1990.

— et SWENNEN, Ph., « Le sacrifice et la nature humaine », *Bulletin of the Asia Institute*, N.S. 19 (1990) [= *Iranian and Zoroastrian Studies in Honor of Prods Oktor Skjærvø*], p. 71-77.

— et REDARD, C., *Introduction à l'Avesta, le récitatif liturgique sacré des zoroastriens*, Collège de France – Les Belles Lettres, Paris 2021 (Docet Omnia, 7).

KLINGENSCHMITT, G., *Farhang-i ōīm. Edition und Kommentar*, Inaugural-Dissertation, Friedrich-Alexander-Universität, Erlangen – Nuremberg 1968.

—, « Mittelpersisch », dans B. Forssman et R. Plath (éd.), *Indoarisch, Iranisch und die Indogermanistik. Arbeitstagung der Indogermanischen Gesellschaft vom 2. bis 5. Oktober 1997 in Erlangen*, Harrassowitz, Wiesbaden 2000, p. 191-229.

KOCH, H., *Die religiöse Verhältnisse der Darioszeit. Untersuchungen an Hand der elamischen Persepolistäfelchen*, Harrassowitz, Wiesbaden 1977 (Göttingen Orientforschungen, 3. Série Iranica, 4).

KÖNIG, G., « Bayān Yasn. State of the Art », *Iran and the Caucasus* 21 (2017), p. 13-38.

Références bibliographiques

KORN, A., « Footnotes on a Parthian sound change », *Bulletin of the School of Oriental and African Studies* 76/1 (2013), p. 99-110.

—, « Contribute to a Relative Chronology of Persian: The non-change of post-consonantal *y* and *w* in Middle Persian in context », *Indo-European Linguistics* (à paraître).

KOTWAL, F. M., *The Supplementary Texts to the Šāyest nē-Šāyest*, Munksgaard, Copenhague 1969 (Det Kongelige Danske Videnskabernes Selskab, Historisk-filosofiske Meddelelser, 44/2).

— et BOYD, J. W., « The Zoroastrian *paragna* Ritual », *Journal of Mithraic Studies* 2 (1977), p. 18-52.

— et BOYD, J. W., *A Persian Offering: The Yasna, A Zoroastrian High Liturgy*, Association pour l'avancement des études iraniennes, Paris 1991 (Studia Iranica, Cahier 8).

— et KREYENBROEK, Ph. G., *The Hērbedestān and Nērangestān*, I. *Hērbedestān*, Association pour l'avancement des études iraniennes, Paris 1992 (Studia Iranica, Cahier 10).

— et KREYENBROEK, Ph. G., *The Hērbedestān and Nērangestān*, II. *Nērangestān, Fragard 1*, Association pour l'avancement des études iraniennes, Paris 1995 (Studia Iranica, Cahier 16).

— et KREYENBROEK, Ph. G., *The Hērbedestān and Nērangestān*, III. *Nērangestān, Fragard 2*, Association pour l'avancement des études iraniennes, Paris 2003 (Studia Iranica, Cahier 30).

— et KREYENBROEK, Ph. G., *The Hērbedestān and Nērangestān*, IV. *Nērangestān, Fragard 3*, Association pour l'avancement des études iraniennes, Paris 2009 (Studia Iranica, Cahier 38).

KREYENBROEK, Ph. G., *Sraoša in the Zoroastrian Tradition*, Brill, Leyde 1985 (Orientalia Rheno-Traiectina, 28).

—, « The Zoroastrian Priesthood after the Fall of the Sasanian Empire », dans Ph. Gignoux (éd.), *Transition Periods in Iranian History : actes du symposium de Fribourg-en-Brisgau (22-24 mai 1985)*, Association pour l'avancement des études iraniennes – Peeters, Louvain 1987 (Studia Iranica, Cahier 5), p. 151-166.

—, « The *Dādestān ī Dēnīg* on Priests », *Indo-Iranian Journal* 30/3 (1987), p. 185-208.

—, « Hērbed », dans E. Yarshater (éd.), *Encyclopædia Iranica*, XII, Bibliotheca Persica Press, New York 2004, p. 226-227.

KRAHE, H. et MEID, W., *Germanische Sprachwissenschaft*, III. *Wortbildungslehre*, Berlin 1967 (Sammlung Göschen, 1218).

KRICK, H., « Der Vaniṣṭhusava und Indras Offenbarung », *Wiener Zeitschrift für die Kunde Süd-Asiens* 19 (1975), p. 25-74.

—, *Das Ritual der Feuergründung (Agnyādheya)*, éd. G. Oberhammer, Österreichische Akademie der Wissenschaften, Vienne 1982 (ÖAW, Philosophische-historische Klasse, Sitzungsberichte, 399 ; Veröffentlichungen der Kommission für Sprachen und Kulturen Südasiens, 16).

KROONEN, G., *Etymological Dictionary of Protogermanic*, Leyde – Boston 2013 (Leiden Indo-European Dictionary Series, 2).

LA VAISSIÈRE, É. de, RIBOUD, P. et GRENET, Fr., « Les livres des Sogdiens », *Studia Iranica* 32 (2003), p. 127-136.

LECOQ, P., *Les livres de l'Avesta. Textes sacrés des Zoroastriens*, Le Cerf, Paris 2016.

LERNER, J., « Aspects of Assimilation: The Funerary Practices and Furnishings of Central Asians in China », dans *Sino-Platonic Papers* 168 (2005), p. 1-51.

LÉVI, S., *La doctrine du sacrifice dans les Brâhmaṇas*, Leroux, Paris 1898 (Bibliothèque de l'École des Hautes Études. Sciences religieuses, 11).

LOMMEL, H., *Die Yäšt's des Awesta übersetzt und eingeleitet*, Vandenhoeck and Ruprecht, Göttingen – Leipzig 1927 (Quellen der Religionsgeschichte, 15).

—, *Die Religion Zarathustras nach dem Awesta dargestellt*, Mohr, Tübingen 1930.

—, « Kāvya Uśan », dans *Mélanges de linguistique offerts à Charles Bally sous les auspices de la faculté des lettres de l'université de Genève par des collègues, des confrères, des disciples reconnaissants*, Slatkine, Genève 1939, p. 209-214 [repris dans Lommel 1978, p. 162-167].

—, « Zarathustras Priesterlohn », dans O. Spies (éd.), *Studia Indologica. Festschrift für Willibald Kirfel zur Vollendung seines 70. Lebensjahres*, Orientalisches Seminar der Universität, Bonn 1955 (Bonner Orientalistische Studien, 3) p. 187-195.

—, « Symbolik der Elemente in der zoroastrischen Religion », *Symbolon. Jahrbuch für Symbolforschung* 2 (1961), p. 108-120 [repris dans H. Schlerath (éd.), *Zarathustra*, Wissenschaftliche Buchgesellschaft Darmstadt, Darmstadt 1970, p. 253-269].

—, « Die Elemente im Verhältnis zu den Ameša Spenta's », dans E. Haberland, M. Schuster et H. Straube (éd.), *Festschrift für*

Ad. E. Jensen, I, Renner, Munich 1964, p. 365-377 [repris dans H. Schlerath (éd.), *Zarathustra*, Wissenschaftliche Buchgesellschaft Darmstadt, Darmstadt 1970, p. 377-396].

—, *Kleine Schriften*, éd. Kl. L. Janert, Steiner, Wiesbaden 1978 (Glasenapp-Stiftung, 16).

MACUCH, M., *Das sasanidische Rechtsbuch „Mātakdan i hazār dātistān"* (2ᵉ partie), Steiner, Wiesbaden 1981 (Abhandlungen für die Kunde des Morgenlandes, 45/1).

MACDONELL, A. A. et KEITH, A. B., *Vedic Index of Names and Subjects*, 2 vol., John Murray, Londres 1912 (Indian Texts Series).

MACKENZIE, D. N., « A Zoroastrian Master of Ceremonies », dans M. Boyce, I. Gershevitch (éd.), *Henning Memorial Volume*, Lund Humphries, Londres 1970, p. 265-275.

—, *A Concise Pahlavi Dictionary*, Oxford University Press, Londres – New York – Toronto 1971.

—, « Review of Back (1978) », *Indogermanische Forschungen* 87 (1982), p. 280-297.

—, « Kerdir's Inscription », dans G. Herrmann et D. N. MacKenzie (éd.), *The Sasanian Rock Reliefs at Naqsh-i Rustam*, Reimer, Berlin 1989 (Iranische Denkmäler, Iranische Felsreliefs, 1), p. 35-72.

—, « Review of Gignoux (1991) », *Journal of the Royal Asiatic Society* 3/1 (1993), p. 119-123.

MADAN, Dh. M., *The Complete Text of the Pahlavi Dinkard published by the Society for the Promotion of Researches into the Zoroastrian Religion*, I. *Books III-V*, II. *Books VI-IX*, Ganpatrao Ramajirao Sidhe, Bombay 1911.

MAHONY, W. K., *The Artful Universe. An Introduction to the Vedic Imagination*, State University of New York Press, Albany 1998.

MALAMOUD, Ch., *Le Svādhyāya, récitation personnelle du Veda. Taittirīya-Āraṇyala, livre II*, texte traduit et commenté, De Boccard, Paris 1977 (Publications de l'Institut de civilisation indienne. Série in-8°, 42).

—, « Briques et mots. Observations sur le corps des dieux dans l'Inde védique », dans Ch. Malamoud et J.-P. Vernant (éd.), *Corps des dieux*, Gallimard, Paris 1986, p. 103-129 [p. 587-594 dans la rééd. 2003 (Folio. Histoire, 120)].

MALANDRA, W. W., *The Fravaši Yašt: Introduction, Text and Commentary*, thèse de doctorat, University of Pennsylvania, Language and Literature, classical, facsimilé University Microfilm International, Ann Arbor (MI) – Londres 1971.

Le collège sacerdotal avestique et ses dieux

—, « Ābərət », dans E. Yarshater (éd.), *Encyclopædia Iranica*, I, Routledge and Kegan Paul, Londres – Boston – Henley 1985, p. 210.
—, « Āsnatar », dans E. Yarshater (éd.), *Encyclopædia Iranica*, III, Routledge and Kegan Paul, Londres – New York 1987, p. 778.
—, « Ātravaxš », dans E. Yarshater (éd.), *Encyclopædia Iranica*, IV, Routledge and Kegan Paul, Londres – New York 1990, p. 17.
—, « Kaēta », dans E. Yarshater (éd.), *Encyclopædia Iranica*, XV, Routledge and Kegan Paul, Londres – New York 2009, p. 335-336.
—, « Karapan », dans E. Yarshater (éd.), *Encyclopædia Iranica*, XV, Encyclopædia Iranica Foundation, New York 2010, p. 550.
— et Ichaporia, P., *The Pahlavi Yasna of the Gāthās and Yasna Haptaŋhaiti*, Reichert, Wiesbaden 2013.
Mander, P., « The Mesopotamian Exorcist and his Ego », dans M. G. Biga, M. Liverani (éd.), *Ana turri gimilli. Studi dedicati al Padre Werner R. Mayer, S.J.*, Arbor sapientiae, Rome 2010 (Quaderni del Vicino Oriente, 5), p. 177-197.
Manessy, G., *Les substantifs en -as- dans la Ṛk-Samhitā. Contribution à l'étude de la morphologie védique*, université de Dakar, Dakar 1961 (Publications de la section de langues et littérature, 8).
Maricq, A., *Classica et Orientalia, extraits de Syria 1955-1962*, revu et corrigé, augmenté d'un article inédit et d'un index, Paul Geuthner, Paris 1965 (Institut français d'archéologie de Beyrouth. Publication hors-série, 11).
Marshak, B., « La thématique sogdienne dans l'art de la Chine de la deuxième moitié du VIe siècle », *Comptes rendus de l'Académie des inscriptions et belles-lettres* (2001), p. 227-264.
Martínez-Porro, J., *The Avestan manuscript FIRES1_4515 (Indian Vīdēvdād Sāde) of the Zoroastrian Association of Houston*, 2012 (Avestan Digital Archive Series, 53).
—, *The Avestan manuscript AQ1, containing the Frawardin Yašt, the abbreviated Yasna ī Rapithwin (n° 300) and the Visperad Iranian Sāde (n° 2007) of the Vaziri Library in Yazd*, 2014 (Avestan Digital Archive Series, 73).
Martino, St. de, « Symbols of Power in the Late Hittite Kingdom », dans Y. Cohen, A. Gilan et J. L. Miller (éd.), *Pax Hethitica. Studies on the Hittites and their Neighbours in Honour of Itamar Singer*, Harrassowitz, Wiesbaden 2010 (Studien zu den Boğazköy-Texten, 51), p. 87-98.

Références bibliographiques

MAYRHOFER, M., *Kurzgefaßtes etymologisches Wörterbuch des Altindischen. A Concise Etymological Sanskrit Dictionary*, I. *A-TH*, Winter, Heidelberg 1956 (Indogermanische Bibliothek, 2. Reihe, Wörterbücher).

—, *Kurzgefaßtes etymologisches Wörterbuch des Altindischen. A Concise Etymological Sanskrit Dictionary*, II. *D-M*, Winter, Heidelberg 1963 (Indogermanische Bibliothek, 2. Reihe, Wörterbücher).

—, *Kurzgefaßtes etymologisches Wörterbuch des Altindischen. A Concise Etymological Sanskrit Dictionary*, III. *Y-H*, Winter, Heidelberg 1976 (Indogermanische Bibliothek, 2. Reihe, Wörterbücher).

—, *Etymologisches Wörterbuch des Altindoarischen*, I. *A-DH*, Winter, Heidelberg 1992 (Indogermanische Bibliothek, 2. Reihe, Wörterbücher).

—, *Etymologisches Wörterbuch des Altindoarischen*, II. *N-DH*, Winter, Heidelberg 1996 (Indogermanische Bibliothek, 2. Reihe, Wörterbücher).

—, *Etymologisches Wörterbuch des Altindoarischen*, III. *Vorbemerkungen, Jüngere Sprache*, Winter, Heidelberg 2001 (Indogermanische Bibliothek, 2. Reihe, Wörterbücher).

MCCLYMOND, K., *Beyond Sacred Violence. A Comparative Study of Sacrifice*, The Johns Hopkins University, Baltimore 2008.

MEILLET, A., « Notes sur quelques faits de morphologie », *Mémoires de la Société de linguistique de Paris* 11 (1900), p. 6-21.

MENASCE, J. de, *Feux et fondations pieuses dans le droit sassanide*, Paris 1964 (Travaux de l'Institut d'études iraniennes de l'université de Paris III, 2).

—, *Le troisième livre du Dēnkart*, traduit du pehlevi, Klincksieck, Paris 1973 (Travaux de l'Institut d'études iraniennes de l'université de Paris III, 5 ; Bibliothèque des œuvres classiques persanes, 4).

MILLS, L. H., *The Ancient Manuscript of the Yasna, with its Pahlavi Translation (A.D. 1323), generally Quoted as J2 and now in the Possession of the Bodleian Library, Reproduced in Facsimile and Edited, with an Introductory Note*, Clarendon Press, Oxford 1893.

MINARD, A., *Trois énigmes sur les Cent Chemins. Recherches sur le Śatapatha-Brāhmaṇa*, I, De Boccard, Paris 1949 (Annales de l'université de Lyon. 3e série, Lettres, 17) [réimpr. 1987].

—, *Trois énigmes sur les Cent Chemins. Recherches sur le Śatapatha-Brāhmaṇa*, II, De Boccard, Paris 1956 (Publications de l'Institut de civilisation indienne. Série in-8°, 3) [réimpr. 1987].

MINKOWSKI, Chr. Z., « Janameyaja's Sattra and Ritual Structure », *Journal of the American Oriental Society* 109/3 (1989), p. 401-420.

—, *Priesthood in Ancient India. A Study of the Maitrāvaruṇa Priest*, Vienne 1991 (Publications of the De Nobili Research Library, 18).

—, « School Variation in the Text of the Nivids », dans M. Witzel (éd.), *Inside the texts. Beyond the texts. New Approaches to the Study of the Vedas. Proceedings of the International Vedic Workshop, Harvard University, June 1989*, Harvard University Department of Sanskrit and Indian Studies, Cambridge (MA) 1997 (Harvard Oriental Series, Opera Minora, 2), p. 167-184.

MIRFAKHRAYE, M., *Dēnkard Book 6*, Téhéran 2013.

MIYAJI, A., « The Iconographic Program of the Murals in the Ceiling of Bamiyan Caves: Bodhisattva Maitreya, Thousand Buddhas, Bejeweled Buddha and the Scene of *Parinirvaña* », *Journal of Studies for the Integrated Text Science* 1/1 (2003), p. 121-152.

MOAZAMI, M., *Wrestling with the Demons of the Pahlavi Widēwdād*, Brill, Leyde – Boston 2014.

MODI, J. J., *The Religious Ceremonies and the Customs of the Parsees*, Karani's Sons, Bombay 1937 [réimpr. 1995].

MOINGT, J., « Polymorphisme du corps du Christ », dans Ch. Malamoud et J.-P. Vernant (éd.), *Corps des dieux*, Gallimard, Paris 1986, p. 59-82 [p. 578-581 dans la rééd. 2003 (Folio. Histoire, 120)].

MOISSON, P., *Les dieux magiciens dans le* Rig-Véda. *Approche comparative de structures mythiques indo-européennes*, préface de J. Varenne, Archè, Milan 1993 (Bibliothèque de l'Unicorne. Série française, 47).

MOLÉ, M., « Daēnā, le pont de Činvat et l'initiation dans le mazdéisme », *Revue de l'histoire des religions* 157 (1960), p. 155-185.

—, *Culte, mythe et cosmologie dans l'Iran ancien. Le problème zoroastrien et la tradition mazdéenne*, Presses universitaires de France, Paris 1963 (Annales du musée Guimet. Bibliothèque d'études, 69).

—, *La légende de Zoroastre selon les textes pehlevis*, Peeters, Paris 1967 (Travaux de l'Institut d'études iraniennes de l'université de Paris III, 3).

MONIER-WILLIAMS, M., *A Sanskrit-English Dictionary Etymologically and Philologically Arranged with Special Reference to Cognate Indo-European Languages*, 2ᵉ éd., Clarendon, Oxford 1899.

Références bibliographiques

MORI, M., « The Installation Ceremony in Tantric Buddhism », dans Sh. Einoo et J. Takashima (éd.), *From Material to Deity. Indian Rituals of Consecration*, Manohar, New Delhi 2005 (Japanese Studies on South Asia, 4), p. 199-240.

MYLIUS, K., « *Potr̥, potra*. Charakteristik eines vedischen Opferpriesteramtes », *Ethnographisch-Archäologische Zeitschrift* 18 (1977), p. 219-232.

—, « *Acchāvākīya* und *Potra*. Vergleich zweier vedischer Opferpriesteramter », *Altorientalische Forschungen* 9 (1982), p. 115-131.

—, « *Acchāvāka, acchāvākīya*. Skizze eines vedischen Opferpriesteramtes », dans T. N. Dharmadhikar (éd.), *Golden Jubilee Volume*, Vaidika Samsodhana Mandala, Poona 1982, p. 177-184.

—, « *Acchāvākīya* und *Potra* – ein Vergleich », dans W. Morgenroth (éd.), *Sanskrit and World Culture. Proceedings of the Fourth World Sanskrit Conference, Weimar, May 23-30 1979*, De Gruyter, Berlin 1986 (Schriften zur Geschichte und Kultur des Alten Orients, 18) p. 471-474.

—, *Wörterbuch des altindischen Rituals. Mit einer Übersicht über das altindische Opferritual und einem Plan der Opferstätte*, Institut für Indologie, Wichtracht 1995.

NARTEN, J., *Die Aməša Spəntas im Avesta*, Reichert, Wiesbaden 1982.

—, *Der Yasna Haptaŋhāiti*, Harrassowitz, Wiesbaden 1986.

NEISSER, W., *Zum Wörterbuch des R̥gveda*, I, Brockhaus, Leipzig 1924 (Abhandlungen für die Kunde des Morgenlandes, 16/4).

—, *Zum Wörterbuch des R̥gveda*, II, Brockhaus, Leipzig 1930 (Abhandlungen für die Kunde des Morgenlandes, 18/3).

NEUNHEUSER, B., « Transsubstantiation », dans W. Kaspar (éd.), *Lexikon für Theologie und Kirche*, X, Herder, Fribourg 2001, col. 311-314.

NYBERG, H. S., *Hilfsbuch des Pehlevi*, II. *Glossar*, Almqvist and Wicksell, Uppsala 1931.

—, *A Manual of Pahlavi*, 2e partie. *Ideograms, Glossary, Abbreviations, Index, Grammatical Survey, Corrigenda to Part I*, Harrassowitz, Wiesbaden 1974.

OBERLIES, Th., « Die Aśvin: Götter der *Zwischenbereiche* », *Studia Indo-Iranica* 18 (1993), p. 117-131.

—, *Die Religion des R̥gveda*, 1re partie. *Das religiöse System des R̥gveda*, Institute of Indology, Vienne 1998 (Publications of the De Nobili Research Library, 26).

—, *Die Religion des Ṛgveda*, 2ᵉ partie. *Kompositionsanalyse der Soma-Hymnen des Ṛgveda*, Institute of Indology, Vienne 1999 (Publications of the De Nobili Research Library, 27).

OERTEL, H., *Zum altindischen Ausdrucksverstärkungstypus* satyasya satyam „*das Wahre des Wahren*" = „*die Quintessenz des Wahren*", Bayerischen Akademie der Wissenschaften, Munich 1937 (Sitzungsberichte der Bayerischen Akademie der Wissenschaften. Philosophisch-historische Abteilung, Jahrgang 1937, Heft 3).

OGNIBENE, P., *Bibliografia critica delle opere in lingua russa sull'Iran achemenide (1850-1991)*, Mimesis, Milan 2011 (Indo-Iranica et Orientalia. Series Lazur, 3).

OGUIBÉNINE, B., *La déesse Uṣas. Recherches sur le sacrifice de la parole dans le Ṛgveda*, Presses universitaires de France, Paris 1988 (Bibliothèque de l'École des Hautes Études. Sciences religieuses, 89).

OLDENBERG, H., « Über die Liederverfasser des Rigveda: Nebst Bemerkungen über die vedische Chronologie und über die Geschichte des Rituals », *Zeitschrift der Deutschen Morgenländischen Gesellschaft* 42 (1888), p. 199-427 [repris dans Oldenberg 1967, p. 568-616].

—, « Zur Geschichte des Worts *bráhman-* », *Nachrichte der Göttinger Gesellschaft der Wissenschaften* (1916), p. 715-744 [repris dans Oldenberg 1967, p. 1127-1156].

—, *Die Religion des Veda*, 2ᵉ éd., Hertzl, Stuttgart – Berlin 1917.

—, *Die Religion des Veda*, 3ᵉ éd., Hertzl, Stuttgart – Berlin 1923.

—, *Kleine Schriften*, éd. Kl. L. Janert, Steiner, Wiesbaden 1967 (Glasenapp-Stiftung, 1).

ORANSKIJ, I. M., « Drevneiranskaja filologija i drevneiranskoe jazykoznanie v SSSR (1917-1970) », *Vestnik Drevnej Istorii* 2 (1974), p. 115-137 (traduction italienne dans Ognibene 2011, p. 289-325).

PAGLIARO, A., « Notes on the History of the Sacred Fires of Zoroastrianism », dans J. D. Cursetjy Pavry (éd.), *Oriental Studies in honour of Cursetji Erachji Pavry*, préface de A. V. W. Jackson, Oxford University Press, Londres 1933, p. 373-385.

PAKZAD, F., *Bundahišn. Zoroastrische Kosmogonie und Kosmologie*, I. *Kritische Edition*, Center for the Great Islamic Encyclopedia, Téhéran 2005 (Ancient Iranian Studies Series, 2).

PANAINO, A., « Un'espressione avestica per indicare il linguaggio rovesciato degli adoratori dei *daēva* », *ASGM* 26 (1986), p. 20-24.

Références bibliographiques

—, *Tištrya*, I. *The Avestan Hymn to Sirius*, Istituto Italiano per il Medio ed Estremo Oriente, Rome 1990 (Serie Orientale Roma, 68/1).
—, « Philologia Avestica II. *Av. a(i)niia(/ō).ṯ kaēša-, a(i)niiō.varəna-* », *East and West* 43/1-4 (1990), p. 11-21.
—, « The Two Astrological Reports of the *Kārnāmag ī Ardašīr ī Pābagān* (III, 4-7; IV, 6-7) », *Die Sprache* 36 (1994), p. 181-196.
—, « Considerations on the 'mixed fractions' in Avestan », dans É. Pirart (éd.), *Syntaxe des langues indo-iraniennes anciennes. Colloque international – Sitges (Barcelone), 4-5 mai 1993*, organisé par l'Institut du Proche-Orient ancien (université de Barcelone), Ausa, Sabadell 1997 (Aula Orientalis. Supplementa, 6), p. 91-109.
—, « Iniziazione e dimensione esoterica nella tradizione mazdaica », dans A. Panaino (éd.), *Sulla Soglia del Sacro. Esoterismo e Iniziazione nelle grandi religioni e nella tradizione massonica, Firenze, 1-3 marzo 2002, Atti del Convegno di Studi*, Mimesis, Milan 2002, p. 105-122.
—, « Some Remarks upon the Initiatic Transmission in Later Avesta », dans M. Soroushian, C. G. Cereti et F. Vajifdar (éd.), *Ātaš-e Dorun. The Fire within: featuring 45 papers on various aspects of the culture, history, and religion of ancient Iran*, 1st Books Library, Bloomington (IN) 2003 (Jamshid Soroush Sourushian Memorial Volume, 2), p. 333-342.
—, *Rite, parole et pensée dans l'Avesta ancien et récent, Quatre leçons au Collège de France (Paris, 7, 14, 21, 28 mai 2001)*, éd. V. Sadovski avec la collab. de S. Circassia, Österreichische Akademie der Wissenschaften, Vienne 2004 (ÖAW, Phil.-hist. Klasse, Sitzungsberichte, 716 ; Veröffentlichungen zur Iranistik, 31).
—, *I Magi evangelici. Storia e simbologia tra Oriente e Occidente*, Longo, Ravenne 2004.
—, « References to the Term *Yašt* and Other Mazdean Elements in the Syriac and Greek *Martyrologia* », dans A. Panaino et A. Piras (éd.), *Proceeding of the 5th Conference of the Societas Iranologica Europæa, held in Ravenna, 6-11 October 2003*, I. *Ancient and Middle Iranian Studies*, Mimesis, Milan 2006, p. 167-182.
—, « Aspetti della complessità degli influssi interculturali tra Grecia ed Iran », dans Chr. Riedweg (éd.), *Graecia Maior: Intrecci culturali con l'Asia nel periodo arcaico. Atti del Simposio in occasione del 75 anniversario die Walter Burkert / Kulturaustauch mit Asien in der archaischen Periode. Akten des Symposions aus Anlass des 75. Geburtstages von Walter Burkert*, Bâle 2009 (Bibliotheca helvetica romana, 30), p. 19-53.

—, « Apocalittica, escatologia e sciamanismo nell'opera iranologica di Ph. Gignoux con una nota sulla 'visione' del mago Kirdēr », dans R. Gyselen et Chr. Jullien (éd.), *Rabbo l'olmyn, « Maître pour l'éternité ». Florilège offert à Philippe Gignoux pour son 80ᵉ anniversaire*, Association pour l'avancement des études iraniennes, Paris 2011 (Studia Iranica, Cahier 43), p. 205-243.

—, « The Age of the Avestan Canon and the Origins of the Ritual Written Texts », dans A. Cantera (éd.), *Poets, Priests, Scribes and (e-)Librarians. The Transmission of Holy Wisdom in Zoroastrianism*, Harrassowitz, Wiesbaden 2012 (Iranica, 20), p. 70-97.

—, « I Magi secondo G. Messina e H. Lommel nella riflessione critica di R. Pettazzoni. Nota in margine ad un'antica discussione », dans G. P. Basello, P. Ognibene et A. Panaino (éd.), *Il mistero che rivelato ci divide e sofferto ci unisce. Studi Pettazzoniani in onore di Mario Gandini*, Mimesis, Milan – Udine 2012 (Indo-Iranica et Orientalia. Series Lazur, 6. Supplemento speciale a *Strada Maestra*) p. 365-386.

—, « Av. *mainiuu.tāšta-* and other *mainiiu*-compounds », dans V. Sadovski et D. Stifter (éd.), *Iranistische und indogermanistische Beiträge in Memoriam Jochem Schindler (1944-1994)*, Österreichische Akademie der Wissenschaften, Vienne 2012 (ÖAW, Philosophisch-historische Klasse, Sitzungsberichte, 832 ; Veröffentlichungen zur Iranistik, 51), p. 163-117.

—, « The Triadic Symbolism of Yima's *vara-* and Related Structures and Patterns », dans S. Azarnouche et C. Redard (éd.), *Yama/Yima. Variations indo-iraniennes sur le geste mythique / Variations on the Indo-Iranian Myth of Yama/Yima*, De Boccard, Paris 2012 (Publications de l'Institut de civilisation indienne, 81), p. 111-130.

—, « Mortality and Immortality: Yama's/Yima's Choice and the Primordial Incest (Mythologica Indo-Iranica I) », dans V. Sadovski et A. Panaino (éd.), *Disputationes Iranologicae Vindobonenses*, II, Österreichische Akademie der Wissenschaften, Vienne 2013 (ÖAW, Philosophisch-historische Klasse, Sitzungsberichte, 845 ; Veröffentlichungen zur Iranistik, 65), p. 47-221.

—, « Le Feu dans la littérature vieil-avestique », *Annuaire du Collège de France : résumés des cours et travaux* 112 [résumés 2011-2012] (2013), p. 861-864.

—, « *El sueño de la razón produce monstruos*. Lights and Shadows of Av. *xᵛafna-* 'sleep/dream' », *Estudios Iranios y Turanios* 2 (2015) [= *aṯ ciṯ bā nəmō haōmāi, Homenaje a Éric Pirart en su 65° aniversario*, éd. A. Cantera et J. Ferrer-Losilla], p. 163-189.

Références bibliographiques

—, « Yima ed il rifiuto della daēnā-. Ovvero dell'incestualità, della beatitudine e della morte tra ambigui ostacoli e seducenti trasparenze », dans Ph. Swennen (éd.), *Démons iraniens. Actes du colloque international organisé à l'université de Liège les 5 et 6 février 2009 à l'occasion des 65 ans de Jean Kellens*, Presses universitaires de Liège, Liège 2015 (Collection Religions, 4), p. 97-123.

—, « Kirdēr and the Re-organisation of Persian Mazdeism », dans V. Sarkhosh Curtis, E. Pendleton, M. Alram et T. Daryaee (éd.), *The Parthian and Early Sasanian Empires: Adaptation and Expansion*, Oxbow Books, Oxford 2016 (British Institute of Persian Studies. Archaeological Monographical Series, 5), p. 53-58.

—, « Later Avestan *maγauua-* (?) and the (Dis)adventures of a 'Pseudo-Ascetic' », dans C. Redard (éd.), *Des contrées avestiques à Mahabad, via Bisotun. Études offertes en hommage à Pierre Lecoq*, Recherches et publications, Neuchâtel 2016 (Civilisations du Proche-Orient. Série III, Religion et Culture, 2), p. 167-186.

—, *Zoroastrismo. Storia, temi, attualità*, Morcelliana, Brescia 2016 (Scienza e storia delle Religioni, 21).

—, « Mimesis e Rito. I Preti alati del cerimoniale mazdaico », *Bizantinistica* 16 (2014-2015), p. 41-61.

—, « The End of the Yasna between Philological and Theological Problems », Dabir 1/4 (2017), p. 73-84.

—, « Studies on the Recursive Patterns in the Mazdean Ritualism: the 'Installation' and the so-called 'Disinstallation' of the high Priestly College », *Estudios Iranios y Turanios* 3 (2017), p. 129-143.

—, « Liturgies and Calendars in the Politico-Religious History of Pre-Achaemenian and Achaemenian Iran », dans W. Henkelman et C. Redard (éd.), *Persian Religion in the Achaemenid Period / La religion perse à l'époque achéménide*, Harrassowitz, Wiesbaden 2017 (Classica et Orientalia, 16), p. 69-95.

—, « Avestan *aiiara-* and *asniia-* (Y. 1,17 ; 2,17, etc.) », *Indo-Iranian Journal* 69 (2017), p. 303-330.

—, « Avestico rec. *pasuuāzah-*. Vecchie e nuove considerazioni a proposito dell'immolazione animale nella ritualistica indo-iranica », dans A. Crisanti, C. Pieruccini, Ch. Policardi et P. M. Rossi (éd.), *Anantaratnaprabhava. Studi in onore di Giuliano Boccali*, I, Ledizioni, Milan 2017, p. 137-151.

—, « The Origins of Middle Persian Zamān and Related Words: A Controversial Etymological History », *Iran and the Caucasus* 21 (2017), p. 150-195.

—, « Books without Ritual – Ritual without Books. The Mazdean Approach to the divine Liturgy between Literacy and Orality. A Reversed History of Avestan and Sasanian scholarship », dans T. Daryaee (éd.), *Sasanian Iran in the context of Late Antiquity: Bahari Lecture Series at the University of Oxford*, UCI Jordan Center for Persian studies, Irvine 2018 (Ancient Iran Series, 6), p. 79-106.

—, « The 'Trepidation' of the Sun, the 57 Years of the Resurrection and the Late Mazdean Speculations on the Apocalypse », *Studia Iranica* 47/1 (2018), p. 7-50.

—, « The Avestan Priestly College and its Installation », *Dabir* 6 (2018) [Hanns-Peter Schmidt (1930-2017) Gedenkschrift], p. 86-100.

—, « The Liturgical Daēnā. Speculative Aspects of the Next-of-Kin Unions », dans A. Hintze, D. Durkin-Meisterernst et Cl. Naumann (éd.), *A Thousand Judgements. Festschrift for Maria Macuch*, Harrassowitz, Wiesbaden 2019, p. 331-344.

—, « The Ritual Drama of the High Priest Kirdēr », dans Y. Moradi (éd.), *Afarin Nameh. Essays on the Archaeology of Iran in Honour of Mehdi Rahbar*, The Research Institute of Cultural Heritage and Tourism (RICHT), Téhéran 2019, p. 179-188.

—, *Old Iranian Uranography. Debates and Perspectives*, Mimesis, Milan 2019 (Iranica et Mediterranea, 3).

—, *A Walk through the Iranian Heavens. Spherical and Non-Spherical Models in the Imagination of Ancient Iran and Its Neighbors*, UCI Jordan Center for Persian Studies, Irvine 2019 (Ancient Iran Series, 9).

—, « On the Mazdean Animal and Symbolic Sacrifices: Their Problems, Timing and Restrictions », dans C. Redard, J. Ferrer-Losilla, H. Moein et Ph. Swennen (éd.), *Aux sources des liturgies indo-iraniennes, Liège, 9-10 Juin 2016*, Presses universitaires de l'université de Liège, Liège 2020 (Collection Religions, 10), p. 119-163 [bibliographie finale p. 377-400].

—, « 'Multi-functional' Paternity and Millenarianism in *Wištasp Yašt* 1,3-5 », dans P. Cotticelli et V. Sadovski (éd.), *The Ritual Sphere in the Ancient and Early Mediaeval East: texts, practices and institutions in a comparative linguistic and historical perspective*, université de Vérone, 17 au 18 mars 2016 (sous presse).

—, « The 'Mysterious' Evaporation of the So-Called 'Avestan People' and Their Language », dans V. Sadovski (éd.), *Gedenkschrift Xavier Tremblay*, Vienne (sous presse).

Références bibliographiques

—, « Liturgie und Mimesis im mazdayasnischen Ritual: Die Amtseinsetzung der sieben Unterpriester und die symbolische Götter-Verkörperung », dans A. Luther et J. Wiesehöfer (éd.), *Festschrift Rüdiger Schmitt* (sous presse).

—, « Parthian *moy* and Middle Persian *moy/mow* in Light of Earlier Eastern and Western Iranian Sources », *Iran and the Caucasus* 25/3 (2021), p. 252-271.

PERIKHANIAN, A., Farrax^{v}mart ī Vahrāmān, *The Book of a Thousand Judgements (A Sasanian Law-Book)*, introduction, transcription et traduction du texte pahlavi, notes, glossaire et index N. Garsoïan, Mazda, Costa Mesa (CA) – New York 1997 (Persian Heritage Series, 39).

PIRART, É., « Les fragments vieil-avestiques du Y 58 », *Annali dell'Istituto Universitario Orientale di Napoli* 53/3 (1992), p. 225-247.

—, « Les parties étiologiques de l'Ardvīsūr Bānūg Yašt et les noms de la grande déesse iranienne », *Indo-Iranian Journal* 46/3 (2003), p. 199-222.

—, « Énigmes arithmologiques dans la composition du *Hōm Stōm* », dans C. G. Cereti, M. Maggi et E. Provasi (éd.), *Religious themes and texts of pre-Islamic Iran and Central Asia. Studies in honour of Professor Gherardo Gnoli on the occasion of his 65th birthday on the 6th December 2002*, Reichert, Wiesbaden 2003 (Beiträge zur Iranistik, 24), p. 288-294.

—, *L'éloge mazdéen de l'ivresse. Édition, traduction et commentaire du Hōm Stōd*, L'Harmattan, Paris 2004 (Collection Kubaba. Série Antiquité, 4).

—, *Guerriers d'Iran. Traductions annotées des textes avestiques du culte zoroastrien rendu aux dieux Tištriya, Miθra et Vərəθragna*, L'Harmattan, Paris 2006 (Collection Kubaba. Série Antiquité, 8).

—, *L'Aphrodite iranienne. Études de la déesse Ārti, traduction annotée et édition critique des textes avestiques la concernant*, L'Harmattan, Paris 2006 (Collection Kubaba. Série Antiquité, 10).

—, *Mańiiu et la mythologie protozoroastrienne*, Peeters, Louvain 2020 (Acta Iranica, 59).

—, *Le Sentiment du Savoir. Présentation, analyse, traduction et commentaire de la Spəṇtā.mańiiu Gāθā (Y 47-50)*, précédé d'une introduction générale, suivi de quatre Marginales grammaticales et d'une Concordance des textes vieil-avestiques, Peeters, Louvain 2022 (Acta Iranica, 61), à paraître.

PIRAS, É., *Hādōxt Nask II. Il racconto zoroastriano della sorte dell'anima*, édition critique du texte avestique et pahlavi, traduction et commentaire, Istituto Italiano per l'Africa e l'Oriente, Rome 2000 (Serie Orientale Roma, 88).

—, « Sur la "Puissante aurore" dans l'Avesta », dans Ph. Huyse (éd.), *Iran Questions et Connaissances*, I. *La période ancienne*, Association pour l'avancement des études iraniennes, Peeters, Paris 2002 (Studia Iranica, Cahier 25), p. 253-260.

—, « Simbolismo e mitologia dell'Aurora nell'Avesta », dans C. G. Cereti, M. Maggi et E. Provasi (éd.), *Religious Themes and Texts of Pre-Islamic Iran and Central Asia. Studies in Honour of Professor Gherardo Gnoli on the Occasion of His 65th Birthday on 6th December 2002*, Reichert, Wiesbaden 2003 (Beiträge zur Iranistik, 24), p. 295-304.

POTDAR, K. R., « Āprī Hymns in the Ṛgveda [I] », *Journal of the University of Bombay* 14 (1945), p. 26-43.

—, « Āprī Hymns in the Ṛgveda [II] », *Journal of the University of Bombay* 15 (1946), p. 29-37.

PROFERES, Th. N., « Poetics and Pragmatics in Vedic Liturgy for the Installation of the sacrificial Post », *Journal of the American Oriental Society* 123/2 (2003), p. 317-350.

—, « Remarks on the Transition from Ṛgvedic Composition to Śrauta Compilation », *Indo-Iranian Journal* 46 (2003), p. 1-21.

—, *Vedic Ideals of Sovereignty and the Poetics of Power*, American Oriental Society, New Haven 2007 (American Oriental Series, 90).

—, « The Relative Chronology of the *nivids* and *praiṣas* and the Standardisation of Vedic Ritual », *Indo-Iranian Journal* 57/3 (2014), p. 199-221.

RAEI, Sh., *Die Endzeitvorstellungen der Zoroastrismus in iranischen Quellen*, Harrassowitz, Wiesbaden 2010 (Göttingen Orientforschungen, Iranica, N.F. 6).

RAU, W., *Staat und Gesellschaft im alten Indien nach den Brāhmaṇa-Texten dargestellt*, Harrassowitz, Wiesbaden 1957.

RAZMJOU, Sh., « The *lan* Ceremony and Other Ritual Ceremonies in the Achaemenid Period: the Persepolis Fortification Tablets », *Iran* 42 (2004), p. 103-116.

REDARD, C., « Le Fragment Westergaard 10 », dans C. Redard (éd.), *Des contrées avestiques à Mahabad, via Bisotun. Études offertes en Hommage à Pierre Lecoq*, Recherches et Publication, Neuchâtel 2016 (Civilisations du Proche-Orient. Série III, Religions et culture, 2), p. 187-206.

—, « *Y.* 72.11 : un final qui n'est pas un ! », dans S. Badalkhan, M. de Chiara et G. P. Basello (éd.), *Iranian Studies in Honour of Adriano V. Rossi*, 2ᵉ partie, Università di Napoli l'Orientale, Naples 2020 (Series Minor, 87/2) p. 717-728.

—, « Les Āfrīnagāns : une diversité rituelle étonnante », dans C. Redard, J. Ferrer-Losilla, H. Moein et Ph. Swennen (éd.), *Aux sources des liturgies indo-iraniennes, Liège, 9-10 juin 2016*, Presses universitaires de l'université de Liège, Liège 2020 (Collection Religions, 10), p. 283-301.

—, « Entre tradition et changement : le cas de la désinstallation des prêtres dans la tradition indienne (Y58) » (à paraître).

— et DARUWALLA, K., *The Gujarati ritual directions of the Paragnā, Yasna and Visperad ceremonies. Transcription, Translation and Glossary of Anklesaria 1888*, Brill, Leyde – New York 2020 (Handbook of Oriental Studies, 32/2 ; Corpus Avesticum, 2).

REICHELT, H., « Der Frahang i oīm », *Wiener Zeitschrift für die Kunde des Morgenlandes* 14 (1900), p. 177-213.

—, « Der Frahang i oīm », *Wiener Zeitschrift für die Kunde des Morgenlandes* 15 (1901), p. 117-186.

—, *Avesta Reader*, Reichert, Strasbourg 1911.

RENOU, L., *Les écoles védiques et la formation du Véda*, Imprimerie Nationale, Paris 1947 (Cahiers de la Société asiatique, 9).

—, « Sur la notion de *bráhman* », *Journal asiatique* 237 (1949), p. 7-46 [repris dans Renou 1978, p. 83-116].

—, « Védique *ṛtu* », dans *Symbolae ad studia Orientis pertinentes Frederico Hrozny dedicatae*, III, Orientální Ústav, Prague 1950 (Archiv Orientální, 18), p. 431-438 [repris dans Renou 1978, p. 117-126].

—, « Études védiques », *Journal asiatique* 241 (1953), p. 167-184.

—, *Vocabulaire du rituel védique*, Klincksieck, Paris 1954 (Collection de vocabulaires techniques du sanskrit, 1).

—, *Études védiques et pāṇinéennes*, IV, De Boccard, Paris 1958 (Publications de l'Institut de civilisation indienne. Série in-8°, 6).

—, *Études védiques et pāṇinéennes*, V, De Boccard, Paris 1959 (Publications de l'Institut de civilisation indienne. Série in-8°, 9).

—, *Études védiques et pāṇinéennes*, VIII, De Boccard, Paris 1961 (Publications de l'Institut de civilisation indienne. Série in-8°, 14).

—, « Recherches sur le rituel védique : la place du Rig-Veda dans l'ordonnance du culte », *Journal asiatique* 250 (1962), p. 161-184.

—, *Études védiques et pāṇinéennes*, XII, De Boccard, Paris 1963 (Publications de l'Institut de civilisation indienne. Série in-8°, 6).

—, *Études védiques et pāṇinéennes*, XII, De Boccard, Paris 1964 (Publications de l'Institut de civilisation indienne. Série in-8°, 20).

—, *Études védiques et pāṇinéennes*, XIII, De Boccard, Paris 1964 (Publications de l'Institut de civilisation indienne. Série in-8°, 22).

—, *Études védiques et pāṇinéennes*, XIV, De Boccard, Paris 1965 (Publications de l'Institut de civilisation indienne. Série in-8°, 23).

—, *Études védiques et pāṇinéennes*, XV, De Boccard, Paris 1966 (Publications de l'Institut de civilisation indienne. Série in-8°, 26).

—, *Études védiques et pāṇinéennes*, XVI, De Boccard, Paris 1967 (Publications de l'Institut de civilisation indienne. Série in-8°, 27).

—, *Études védiques et pāṇinéennes*, XVII, De Boccard, Paris 1969 (Publications de l'Institut de civilisation indienne. Série in-8°, 30).

—, *L'Inde fondamentale*, études d'indianisme, réunies et présentées par Ch. Malamoud, Maisonneuve, Paris 1978.

—, *Grammaire sanskrite*, 3e éd. revue, corrigée et augmentée, Maisonneuve, Paris 1996.

—, *Choix d'études indiennes*, réunies par N. Balbir et G.-J. Pinault, II, École française d'Extrême-Orient, Paris 1997.

REZANIA, K., *Raumkonzeptionen im früheren Zoroastrismus. Kosmische, kultische und soziale Räume*, Harrassowitz, Wiesbaden 2017 (Göttinger Orientforshungen. 3. Reihe, Iranica, N.F. 14).

RIBOUD, P., « Bird Priest in Central Asian Tombs of 6th-Century China and Their Significance in the Funerary Realm », *Bulletin of Asia Institute* 21 (2012), p. 1-23.

ROSSI, A. V., *Linguistica Mediopersiana 1968-1973. Bibliografia analitica*, Istituto Orientale, Naples 1975 (Annali dell'Istituto Orientale di Napoli. Supplementi, 5).

RUSSELL, J. R., « Cock, in Zoroastrianism », dans E. Yarshater (éd.), *Encyclopædia Iranica*, V/8, Mazda, Costa Mesa (CA) 1992, p. 878-880.

SACHAU, C. E. voir BĪRŪNĪ (al-) [1878].

SACHAU, C. E. voir BĪRŪNĪ (al-) [1879].

SADOVSKI, V., « *Dvandva, tatpuruṣa* and *bahuvrīhi*: On the Vedic Sources for the Names of the Compound Types in Pāṇini's

Références bibliographiques

Grammar », *Transactions of the Philological Society* 100/3 (2002) [= *Nominal Composition in Indo-European Languages*, éd. T. Meissner et J. Clackson], p. 351-402.

—, « Ritual formulae, Structures and Activities in Vedic and Avestan Liturgies between Cultic Practice, Mythology, and Social Ideology », *Münchener Studien zur Sprachwissenschaft* 71/1 (2017/2018), p. 81-134.

—, « Nominalkomposita, Neowurzelbildungen und zugrundeliegende syntaktische Konstruktionen im Veda und dem Avesta », *Dabir* 6 (2018) [Hans-Peter Schmidt (1930-2017) Gedenkschrift], p. 156-187.

—, « Indo-Iranian Sacred Texts and Sacrificial Practices: Structures of Common Heritage (Speech and Performance in the Veda and Avesta, III) », dans J. Braarvig et M. J. Geller (éd.), *Studies in Multilingualism, Lingua Franca and Lingua sacra*, Edition Open Access, Max Planck Institute for the History of Science, Berlin 2018 (Max Planck Research Library for the History and Development of Knowledge. Studies, 10), p. 357-388.

SANJANA, D. P., *Nirangistan. A photozincographed facsimile of a MS. belonging to Shams-ul-Ulama Dastur Dr. Hoshangjee Jamaspjee of Poona edited with an Introduction and Collation*, Trustees of the Parsee Punchayet, Bombay 1894.

SCHARFE, H., *The State in Indian Tradition*, Brill, Leyde 1989 (Handbuch der Orientalistik, 2. Abt., Indien, 3).

SCHEFTELOWITZ, I., *Die Apokryphen des Ṛgveda*, Marcus, Breslau 1906.

—, « Die Nividas und Praiṣas, die ältesten vedischen Prosatexte », dans *Zeitschrift der Deutschen Morgenländischen Gesellschaft* 73 (1916), p. 30-50.

SCHMIDT, H.-P., *Bṛhaspati und Indra. Untersuchungen zur vedischen Mythologie und Kulturgeschichte*, Harrassowitz, Wiesbaden 1968.

—, « Zaraθuštra and His Patrons », dans M. Soroushian, C. G. Cereti et F. Vajifdar (éd.), *Ātaš-e Dorun. The Fire within: featuring 45 papers on various aspects of the culture, history, and religion of ancient Iran*, 1st Books Library, Bloomington (IN) 2003 (Jamshid Soroush Sourushian Memorial Volume, 2), p. 357-376.

SCHWAB, J., *Das altindische Thieropfer. Mit Benützung handschriftlicher Quellen*, Deichert, Erlangen 1886.

SCHWARTZ, M., « Scatology and Eschatology in Zoroaster: on the paronomasia of Yasna 48:10, and on Indo-European *H_2eg 'to make taboo', and on the Reciprocity Verbs *Ksen(w)* and *Megh* », dans *Papers in Honor of Professor Mary Boyce*, Brill, Leyde 1985 (Acta Iranica, 25), p. 473-496.

—, « Coded Sound Patterns, Acrostics, and Anagrams in Zoroaster's Oral Poetry », dans R. Schmitt et P. O. Skjærvø (éd.), *Studia Grammatica Iranica. Festschrift fur Helmut Humbach*, Kitzinger, Munich 1986, p. 327-392.

—, « The Ties that Bind: on the Form and Content of Zarathushtra's Mysticism », dans F. Vajifdar (éd.), *New Approaches to the Interpretation of the Gāthās. Proceedings of the First Gāthā Colloquium Held in Croydon, England (5th–7th November 1993) under the Auspices of the World Zoroastrian Organization*, World Zoroastrian Organisation, Londres 1988, p. 127-197.

—, « How Zarathushtra Generated the Gathic Corpus: Inner-textual and Intertextual Composition », *Bulletin of the Asia Institute* 16 (2002), p. 53-64.

—, « Encryptions in the Gathas: Zarathushtra's Variations on the Theme of Bliss », dans C. G. Cereti, M. Maggi et E. Provasi (éd.), *Religious Themes and Texts of Pre-Islamic Iran and Central Asia: Studies in Honour of Professor Gherardo Gnoli on the Occasion of his 65th Birthday on 6th December 2002*, Reichert, Wiesbaden 2003, p. 375-390.

—, « The Hymn To Haoma In Gathic Transformation: Traces Of Iranian Poetry Before Zarathushtra », dans A. Panaino (éd.), avec la collab. de S. Circassia, *The Scholarly Contribution of Ilya Gershevitch to the Development of Iranian Studies*, Mimesis, Milan 2006 (Simorgh), p. 85-106.

—, « The Gathas and Other Old Avestan Poetry », dans G.-J. Pinault et D. Petit (éd.), *La langue poétique indo-européenne : Actes du colloque de travail de la Société des études indo-européennes*, Peeters, Louvain 2006, p. 459-497.

—, « Kirdēr's Clairvoyants: Extra-Iranian and Gathic Perspectives », dans M. Macuch, M. Maggi et W. Sundermann (éd.), *Iranian Languages and Texts from Iran and Turan. Ronal E. Emmerick Memorial Volume*, Harrassowitz, Wiesbaden 2007 (Iranica, 13), p. 365-376.

—, « The Composition of the Gathas and Zarathustra's Authorship », dans F. Vahman et C. Pedersen (éd.), *Religious Texts in Iranian Languages, Symposium held in Copenhagen, May 2002*, Det Kongelige Danske Videnskabernes Selskab, Copenhague 2007, p. 45-56.

Références bibliographiques

—, « Avestan *kauui* and the Vocabulary of Indo-Iranian Institutions », dans J. Choksy et J. Dubeansky (éd.), *Gifts to a Magus: Papers in Honor of Dastur Dr. Firoze Kotwal. Festschrift Dasturji Firoze Kotwal*, Peter Lang, New York 2012, p. 63-76.

SEN, Ch., *A Dictionary of the Vedic Rituals Based on the Śrauta and Gr̥hya Sutras*, Concept Publishing Company, Delhi 2001 [1978¹].

SHAKED, Sh., *The Wisdom of the Sasanian Sages* (Dēnkard VI) *by Aturpāt-i Ēmētān*, Westview Press, Boulder (CO) 1979 (Persian Heritage Series, 34).

—, *Dualism in Transformation. Varieties of Religion in Sasanian Iran*, School of Oriental and African Studies, Londres 1994 (Jordan Lectures in Comparative Religion, 16).

SHENKAR, M., *Intangible Spirits and Graven Images: The Iconography of Deities in the Pre-Islamic Iranian World*, Brill, Leyde – Boston 2014 (Magical and Religious Literature of Late Antiquity, 4).

SILBURN, L., *Instant at cause. Le discontinu dans la pensée philosophique de l'Inde*, Vrin, Paris 1955 (Bibliothèque d'histoire de la philosophie).

SIMS-WILLIAMS, N., « The Parthian abstract *-yft* », dans J. H. W. Penney (éd.), *Indo-European Perspectives. Studies in honour of Anna Morpurgo-Davies*, Oxford University Press, Oxford 2004, p. 539-547.

SKJÆRVØ, P. O., « Kirdir's Vision: Translation and Analysis », *Archäologische Mitteilungen aus Iran*, N.S. 16 (1983), p. 269-306.

—, « Counter-Manichaean elements in Kerdīr's inscriptions. Irano-Manichaica II », dans L. Cirillo et A. Van Tongerloo (éd.), *Atti del Terzo Congresso Internazionale di Studi "Manicheismo e Oriente Cristiano Antico". Arcavataca di Rende Amantea, 31 agosto – 5 settembre 1993*, Brepols, Louvain – Naples 1983, p. 313-342.

—, « Zarathustra: First Poet-Sacrificer », dans S. Adhami (éd.), *Paitimāna: Essays in Iranian, Indo-European, and Indian Studies in Honour of Hans-Peter Schmidt*, II, Mazda, Costa Mesa (CA) 2003, p. 157-194.

—, « Kartīr », dans E. Yarshater (éd.), *Encyclopædia Iranica*, XV/6, Encyclopædia Iranica Foundation, New York 2011, p. 608-628.

—, « Hairy Meat? On *Nērangestān*, Chapter 47.1–20 », dans Sh. Secunda et S. Fine (éd.), *Shoshannat Yaakov. Jewish and Iranian Studies in Honor of Yaakov Elman*, Brill, Leyde 2013 (The Brill Reference Library of Judaism, 35), p. 415-440.

—, « A Garland of Flowers for a Great Iranist », *Journal of American Oriental Society* 133/2 (2013), p. 353-361.

SPARREBOOM, M. et HEESTERMAN, J. C., *The ritual of setting up the sacrificial fires according to the Vādhūla school (Vādhūlaśrautasūtra 1.1–1.4)*, avec la collab. de A. De Leeuw van Weenen, Österreichische Akademie der Wissenschaften, Vienne 1989 (ÖAW, Philosophisch-historische Klasse, Sitzungsberichte, 539; Veröffentlichungen der Kommission für Sprachen und Kulturen Südasiens, 22).

SPIEGEL, Fr., *Avesta, die heiligen Schriften des Parsen*, III. *Khorda Avesta*, Engelmann, Leipzig 1863.

STAAL, Fr., *Jouer avec le feu. Pratique et théorie du rituel védique*, Collège de France – De Boccard, Paris 1990 (Publications de l'Institut de civilisation indienne. Série in-8°, 57).

—, « Ritual Syntax », dans M. Nagatomi *et al.* (éd.), *Sanskrit and Indian Studies: Essays in Honour of Daniel H.H. Ingalls*, Springer, Dordrecht – Boston – Londres 1980 (Studies of Classical India, 2), p. 119-142.

—, *Agni. The Vedic Ritual of the Fire Altar*, en collab. avec C. V. Somayajipad et M. I. Ravi Nambudiri, photogr. de A. de Mesnil, 2 vol. (vol. 2 éd. par Fr. Staal avec la collab. de P. MacFarland), Asian Humanities Press, Berkeley 1983 [réimpr. Motilal Banarsidass, Delhi 2010].

STAUSBERG, M., *Die Religion Zarathushtras. Geschichte – Gegenwart – Rituale*, I, Kolhammer, Stuttgart 2002.

—, *Die Religion Zarathushtras. Geschichte – Gegenwart – Rituale*, II, Kolhammer, Stuttgart 2002.

—, *Die Religion Zarathushtras. Geschichte – Gegenwart – Rituale*, III, Kolhammer, Stuttgart 2004.

STIETENCRON, H. von, *Indische Sonnenpriester. Sāmba und die Śākadvīpīya-Brāhmaṇa. Eine textkritische und religionsgeschichtliche Studie zum indischen Sonnenkult*, Harrassowitz, Wiesbaden 1966 (Schriftenreihe des Südasieninstituts der Universität Heidelberg, 3).

STRUNK, K., *Nasalpräsentien und Aoriste. Ein Beitrag zur Morphologie des Verbums im Indo-Iranischen und Griechischen*, Winter, Heidelberg 1967.

SWENNEN, Ph., « Indo-iranien *$niu̯ai̯dai̯a$-* : le mécanisme de l'annonce liturgique », *Estudios Iranios y Turanios* 2 (2015) [= *aṯ-ciṯ bā nəmō haōmāi, Homenaje a Éric Pirart en su 65° aniversario*, éd. A. Cantera et J. Ferrer-Losilla], p. 209-217.

Références bibliographiques

Szemerényi, O., « Iranica III (n°s 32-43) », dans M. Boyce et I. Gershevitch (éd.), *W. B. Henning Memorial Volume*, Lund Humphries, Bredford – Londres 1970 (Asia Major Library), p. 417-426.

Taggar-Cohen, A., *Hittite Priesthood*, Winter, Heidelberg 2006 (Texte der Hethiter. Philologische und historische Studien zur Anatolischen, 26).

Tambiah, S. J., « The Magical Power of Words », *Man*, N.S. 3/2 (1968), p. 175-208.

—, *Culture, Thought, and Social Action. An Anthropological Perspective*, Harvard University Press, Cambridge (MA) 1985.

—, *Magic, Science, Religion, and the Scope of Rationality*, Cambridge University Press, Cambridge 1990 (Lewis Henry Morgan Lectures).

Taraf, Z., *Der Awesta-Text Niyāyiš mit Pahlavi- und Sanskritübersetzung*, Kitzinger, Munich 1981 (Münchener Studien zur Sprachwissenschaft. Beiheft, N.F. 10).

Tavadia, J. C., *Šāyast nē Šayas: A Pahlavi Text on Religious Customs, edited, transliterated, and translated with introduction and notes*, Friedrichsen – De Gruyter, Hambourg 1930 (Alt- und Neu-Indische Studien, 3).

Tavernier, J., *Iranica in the Achaemenid period (ca. 550-330 B.C.): lexicon of Old Iranian proper names and loanwords, attested in non-Iranian texts*, Peeters, Louvain 2007 (Orientalia Lovaniensia analecta, 158).

Tedesco, P., « Dialektologie der mitteliranischen Turfantexte », *Le Monde oriental* 15 (1921), p. 184-258.

Thite, G. U., *Sacrifice in the Brāhmaṇa-Texts*, thèse de doctorat de philosophie en sanskrit (1971), University of Poona, Poona 1975.

Tichy, E., *Die Nomina agentis auf -tar- im Vedischen*, Winter, Heidelberg 1995 (Indogermanische Bibliothek. Reihe 3, Untersuchungen).

Thieme, P., « Bráhman », *Zeitschrift der Deutschen Morgenländischen Gesellschaft* 102 [N.F. 27] (1952), p. 91-129 [repris dans Thieme 1984, p. 100-138].

—, *Kleine Schriften*, I, 2. unveränderte Auflage mit einem Nachtrag 1984 zur Bibliographie, F. Steiner, Wiesbaden 1984 (Glasenapp-Stiftung, 5).

Thompson, G., « The *brahmodya* and Vedic Discourse », *Journal of the American Oriental Society* 117/1 (1997), p. 13-37.

Tremblay, X., « Le pseudo-gâthique. Notes de lecture avestique II », dans A. Panaino et A. Piras (éd.), *Proceedings of the 5th Conference*

Le collège sacerdotal avestique et ses dieux

of the *Societas Iranologica Europæa, held in Ravenna, 6–11 October 2003*, I. *Ancient and Middle Iranian Studies*, Mimesis, Milan 2004, p. 233-281.

—, « Le Yasna 58 *Fšuśə̄ Mąθra haδaoxta* » (quatre séminaires au Collège de France, janvier 2007), *Annuaire du Collège de France : résumés des cours et travaux* 107 [résumés 2006-2007] (2008), p. 683-694.

TUPLIN, Chr., *The Arshama Letters from the Bodleian Library*, III. *Commentary* (2013), en ligne : https://wayback.archive-it.org/org-467/20190828083642/http://arshama.bodleian.ox.ac.uk.

TURNER, R. L., *A Comparative Dictionary of the Indo-Aryan Languages*, I. *Text*, Oxford University Press, Londres 1989 [réimpr. Motilal Banarsidass, Delhi 1999].

UNVALA, M. R., *Dârâb Hormazyâr's Rivâyat*, 2 vol., British India Press, Bombay 1922.

UTZ, R. J. et BATZ, Chr., « Transubstantiation in Medieval and Early Modern Culture and Literature: An Introductory Bibliography of Critical Studies », dans C. Poster et R. Utz (éd.), *Translation, Transformation, and Transubstantiation*, Northwestern University Press, Evanston (IL) 1998, p. 223-256.

VAAN, M. de, *The Avestan Vowels*, Rodopi, Amsterdam – New York 2003 (Leiden Studies in Indo-European, 12).

—, *Etymological Dictionary of Latin and the other Italic Languages*, Brill, Leyde – Boston 2008 (Leiden Indo-European Etymological Dictionary Series, 7).

VESCI, U. M., *Heat and Sacrifice in the Vedas*, Motilal Banarsidass, Delhi 1992.

VITALONE, M., *The Persian* Revāyats*: A Bibliographic Reconnaissance*, Istituto Universitario Orientale, Dipartimento di Studi Asiatici, Naples 1987 (Etnolinguistica dell'Area Iranica, 1).

VOEGELI, Fr., « À la recherche du Śamitr̥ », *Bulletin de l'École française d'Extrême-Orient* 92 (2005), p. 9-38.

WAAG, A., *Nirangistan. Der Awestatraktat über die rituellen Vorschriften*, Hinrichs, Leipzig 1941 (Iranische Forschungen, 2).

WACKERNAGEL, J. [et DEBRUNNER, A.], *Altindische Grammatik*, II, 2. *Die Nominalsuffixe*, Vandenhoeck und Ruprecht, Göttingen 1954.

WEBER, A., *Indische Studien. Beiträge für die Kunde des Indisches Alterthums*, X, Brockhaus, Leipzig 1868.

Références bibliographiques

WEBER, D., « Pahlavi Phonology », dans A. S. Kaye (éd.), *Phonologies of Asia and Africa*, II, Eisenbrauns, Winona Lake (IN) 1997, p. 601-635.

WEINREICH, M., « Die Geschichte von Jōišt ī Friyān », *Altorientalische Forschungen* 19 (1992), p. 44-101.

WEST, E. W., *Pahlavi Texts*, 1ʳᵉ partie. *The Bundahišn, Bahman Yašt, and Shāyast Lā-Shāyast*, Clarendon Press, Oxford 1880 (Sacred Books of the East, 5) [réimpr. Motilal Banarsidass, Delhi – Varanasi – Patna 1977].

—, *Pahlavi Texts*, 4ᵉ partie. *Contents of the Nasks*, Clarendon Press, Oxford 1892 (Sacred Books of the East, 37) [réimpr. Motilal Banarsidass, Delhi – Varanasi – Patna 1977].

WESTERGAARD, N. L., *Codices Orientales Bibliothecae Regiae Havniensis, iussu et auspiciis Regis Daniae Christiani Octavi enumerati et descripti*, 1ʳᵉ partie, Berling, Copenhague 1846.

—, *Zendavesta or the Religious Books of the Zoroastrians*, I. *The Zend Texts*, Berling, Copenhague 1852-1854.

WIKANDER, S., *Feuerpriester in Kleinasien und Iran*, Gleerup, Lund 1946 (Acta Regiae Societatis humaniorum litterarum Lundensis, 11).

WILLIAMS, A. W., *The Pahlavi Rivāyat accompanying the Dādestān ī Dēnīg*, I. *Transliteration, Transcription and Glossary*, II. *Translation, Commentary and Pahlavi Text*, Munksgaard, Copenhague 1990 (Det Kongelige Danske Videnskabernes Selskab. Historisk-filosofiske Meddelelser, 60/1-2).

WINDFUHR, G., « The Ties that Bind: Sacred Geometry in the Zoroastrian Yasna Ritual (*Nērangestān* 60–61) », *Nāme-ye Irān-e Bāstān* 4/1 (2004), p. 3-40.

WITZEL, M., « Tracing the Vedic Dialects », dans C. Caillat (éd.), *Dialectes dans les littératures indo-aryennes. Actes du colloque international organisé par l'UA 1058 sous les auspices du CNRS... 16-18 septembre 1986*, De Boccard, Paris 1989 (Publications de l'Institut de civilisation indienne. Série in-8°, 55), p. 97-265.

—, « R̥gvedic History: Poets, Chieftains and Politics », dans G. Erdosy (éd.), *The Indo-Aryans of Ancient South Asia*, De Gruyter, Berlin 1995 (Indian Philology and South Asian Studies, 1), p. 307-352.

—, « The development of the Vedic Canon and its Schools: The Social and Political Milieu », dans M. Witzel (éd.), *Inside the Texts. Beyond the Texts. New Approaches to the Study of the Vedas. Proceedings of the International Vedic Workshop, Harvard University, June 1989*, Harvard University Department of Sanskrit and Indian Studies, Cambridge (MA) 1997 (Harvard Oriental Series, Opera Minora, 2), p. 347-345.

—, « The R̥gvedic Religious System and its Central Asian and Hindukush Antecedents », dans A. Griffith et J. E. M. Houben (éd.), *The Vedas. Texts, Language and Ritual. Proceedings of the Third International Vedic Workshop, Leiden 2002*, Egbert Forsten, Groningen 2004 (Groningen Oriental Studies, 20), p. 581-636.

WOLFF, Fr., *Avesta, die heiligen Bücher der Parsen übersetzt auf der Grundlage von Chr. Bartholomae's altiranischem Wörterbuch*, Trübner, Strasbourg 1910.

ZAEHNER, R. C., *Zurvan: a Zoroastrian Dilemma*, avec une nouvelle introduction de l'auteur, Biblio and Tannen, New York 1972 [Clarendon Press, Oxford 1955[1]].

ZIMMER, H., *Altindisches Leben. Die Cultur der vedischen Arier nach den Saṁhitā dargestellt*, Weidmann, Berlin 1879.

LISTE DES MANUSCRITS UTILISÉS

Ms. 2007, Vaziri Library (Yazd), extrait de l'Avestan Digital Archive (https://ada.geschkult.fu-berlin.de). MARTÍNEZ-PORRO, J. (2014).

Ms. 2104, Muze-ye Zardoštyān-e Kermān, extrait de l'Avestan Digital Archive (https://ada.geschkult.fu-berlin.de). DE LA FUENTE-PÁRAMO, I. (2014).

Ms. 4040 [Ave1001], extrait de l'Avestan Digital Archive (https://ada.geschkult.fu-berlin.de). GHOLAMI, S. (2014).

Ms. 4515_FIRES1, Zoroastrian Association of Houston (https://ada.geschkult.fu-berlin.de). MARTÍNEZ-PORRO, J. (2012).

Ms. Ave976_4000 (Iranian *Vīdēvdād Sāde*), Tehran University Library, extrait de l'Avestan Digital Archive (https://ada.geschkult.fu-berlin.de). CANTERA, A. – FERRER-LOSILLA, J. (2012).

INDEX

Passages

Védique et sanskrit

Agniṣṭoma : 61, 115 n. 75, 139

Āp. VII,14,14 : 98

Āśv. XII,9,11 : 200

ĀŚS. 3,3,4 : 202

Mī. III,7,25 : 200

ṚV. 1,95,3 : 35, 160
ṚV. 1,164,1d : 145
ṚV. 1,164,34-35 : 226 n. 83
ṚV. 2,13,1 : 35 n. 24, 161 n. 37
ṚV. 3,4,7 : 109 n. 51
ṚV. 3,17,1 : 149 n. 64
ṚV. 3,51,7 : 149 n. 64
ṚV. 4,1,12 : 110 n. 51
ṚV. 5,4,3 : 145-146
ṚV. 5,46,8 : 160, 161 n. 37
ṚV. 5,46,8d : 33 n. 24
ṚV. 7,86,2b : 111 n. 56
ṚV. 9,11,5 : 159 n. 29
ṚV. 10,65,10 : 110 n. 53
ṚV. 10,66,13 : 110 n. 53

Mahābhārata : 105 n. 33

Bṛhatsaṃhitā, chap. 60 : 29 n. 17

Avestique

Aōgəmadaēca 12 : 223

Āfrīnagān 1,11 : 161 n. 40

Dahmān Āfrīn : 238

Gāh 3,5 : 32-33, 154

Hērbedestān : 15, 54
Hērbedestān 4-5 : 225 n. 79

Hōm Stōm : 23, 24, 25, 37, 176

Nērangestān 3,8 : 12
N. 4,1-2 : 171
N. 4,3 : 171
N. 4,4 : 99, 239
N. 47,12 : 197 n. 88
N. 47,16 : 197
N. 47,19 : 29, 52, 196
N. 54,1-3 : 59 n. 1, 71-73
N. 54-57 : 167
N. 55,1-2 : 59 n. 1, 60, 71-73
N. 56,1-2 : 60, 71-73, 197
N. 57,1-2 : 60, 72-73
N. 58,1 : 59 n. 1, 60, 71-73
N. 59,1 : 61, 71-73, 100, 236
N. 60,1-2 : 74-75
N. 61,1-9 : 182-183
N. 62,1-4 : 162
N. 63,1-9 : 163
N. 64,1-3 : 167
N. 65,1-2 : 78, 79
N. 65,2-4 : 85
N. 65, 6-7 : 79
N. 84,1 : 207

Yasna 0,4 : 88
Y. 9,24 : 118 n. 90
Y. 11,8 : 170 n. 6
Y. 11,9 : 23, 24, 51, 83
Y. 11,9-10 : 37 n. 41
Y. 11,10 : 60 n. 17, 197
Y. 11,11 : 82
Y. 11,16b : 48

Le collège sacerdotal avestique et ses dieux

Y. 13,1 : 36, 160
Y. 13,3 : 28, 46 n. 7
Y. 14,1 : 49
Y. 15,1 : 49
Y. 19,18 : 160
Y. 22-27 : 121, 208 n. 2
Y. 27,8-11 : 121
Y. 28,2 : 88
Y. 30,5 : 95
Y. 33,4 : 10 n. 3, 120, 121
Y. 33,11-14 : 121
Y. 34 : 121, 122
Y. 34,2 : 187
Y. 34,4 : 159 n. 29
Y. 36 : 122
Y. 36,1-3 : 159 n. 29
Y. 47 : 192
Y. 48,1 : 171
Y. 48,10 : 120
Y. 56 : 178, 190
Y. 57 : 178
Y. 57,2 : 241
Y. 57,6-7 : 241
Y. 58 : 190
Y. 58,2 : 188
Y. 58,4 : 182, 187, 237 n. 27
Y. 58,4-8 : 189
Y. 58,5 : 181, 182, 187
Y. 58,6 : 182, 186, 187, 189
Y. 58,7 : 182, 186
Y. 58,8 : 182, 185, 186, 188
Y. 58,9 : 190
Y. 59,1 : 183, 184
Y. 59,9 : 183
Y. 59,33 : 177, 180
Y. 62,1 : 159 n. 28
Y. 62-72 : 175 n. 16
Y. 65,7 : 63
Y. 70,1 : 89
Y. 72,5 : 170 n. 6

Yasna Haptaŋhāiti : 72, 97, 122, 124, 163, 182, 192-193, 195

Yt. 3,1-2 : 62 n. 34
Yt. 5,89 : 118 n. 90
Yt. 5,91 : 118 n. 90
Yt. 10,30-31 : 161
Yt. 10,56 : 161
Yt. 10,89 : 29
Yt. 13,2-3 : 95

Vištāsp Yašt
Yt. 24,15 (ou *Vyt.* 15) : 147, 167
Yt. 24,15-16 : 167

Pursišnīhā 27 (28) : 158

Vidēvdād 3,1 : 167
Vd. 5,26 : 101
Vd. 5,57-58 : 165-167
Vd. 7,17-18 : 59, 165 n. 52, 167
Vd. 7,71 : 101
Vd. 8,19 : 118 n. 90
Vd. 9,24 : 118 n. 90
Vd. 18,14-15 : 98-99, 233-234
Vd. 18,15 : 232-233, 234, 235 n. 20, 236, 246-247
Vd. 19,31 : 223

Vr. 3,1 : 12, 23, 41, 46, 49, 50, 59-60, 164, 167, 184, 316, 317
Vr. 3,1-2 : 176
Vr. 3,1-3 : 50, 77
Vr. 3,1-4 : 28
Vr. 3,1-5 [= VrS. 11,9-12] : 23, 37, 50
Vr. 3,2-4 : 26
Vr. 3,3 : 27
Vr. 3,4 : 27, 29
Vr. 3,5 : 46, 47-48
Vr. 3,6 [= VrS. 11,24] : 48
Vr. 3,6-7 : 48
Vr. 3,7 : 50
Vr. 4,1-2 [= VrS. 11,34-35] : 37
Vr. 4,2 : 49

VrS. 3,1 : 70 n. 10
VrS. 11,9 : 30 n. 20
VrS. 11,13 : 46 n. 8
VrS. 11,24 : 48
VrS. 11,34 : 36
VrS. 11,34-35 : 39, 161, 210-211
VrS. 13,3 : 28 n. 12
VrS. 14,1 : 141
VrS. 42,7 : 81 n. 88
VrS. 65,26 : 88
VrS. 76,6a : 70
VrS. 77,42 : 180
VrS. 78,2-4 : 180
VrS. 80,1 : 88

Index

VrS. 82,29 : 180
VrS. 82,33 : 180
VrS. 87,5 : 180
Fr.W. 2,2 : 210 n. 12
Fr.W. 10 : 235 n. 20

Pehlevi

Frahang-i Ōīm 7 (369) : 68 n. 4, 69 n. 8, 69-70 n. 10

Gāh 3,5 : 154

Hērbedestān 4-5 : 225 n. 79

Nērangestān 4,1-2 : 170
N. 4,3 : 171-172
N. 54,1-3 : 72
N. 54-57 : 167
N. 55,1-2 : 72
N. 56,1-2 : 72
N. 57,1-2 : 73
N. 58,1 : 73
N. 59,1 : 73
N. 60,1-2 : 75
N. 61,1-9 : 75
N. 62,1-4 : 163
N. 63,1-3 : 164
N. 65,1-2 : 78-79
N. 65,2-4 : 78-79
N. 65,6-7 : 78-79
N. 84,1 : 207

Pursišnīhā 27 (28) : 158

Visprad 3,1 : 170
Visprad 3,1-4 : 30-31

Vištāsp Yašt 15 (ou *Yt.* 24,15) : 134
Yt. 24,15-16 : 167

Bundahišn
III,3-4 : 94-95
XXVI,6-7 : 95-96
XXVI,8 : 99
XXVI,12-14 : 223
XXXIV,29 : 93

Dādestān ī Dēnīg XLVIII,23 : 92

Dādestān ī Dēnīg (*Rewāyat* pehlevie)
XXXI : 222

Dēnkard
III,192 : 94
VI,77-78 : 240 n. 42
IX,33,5 : 91

MHD A 40,3 : 208 n. 5

Jōist ī Friyān II,25 : 239 n. 38

Mēnōg ī Xrad XLIV,35 : 241

Šāyest nē-Šāyest (Supplément au)
X,9 : 235 n. 19
X,16 : 86-87
XI,1-2 : 37 n. 45
XI,4 : 118 n. 92
XIII,2 : 37 n. 45
XIII,9 : 118
XVI,5 : 37 n. 45

Wahman Yasn IV,31 : 55, 91

Wizīdagīhā ī Zādspram
XXX,49 : 224 n. 78
XXXI : 224
XXXV,15 : 241
XXXV,16-17 : 70 n. 12, 241
XXXV,20 : 137
XXXV,39 : 131

Drayišn ī Ahreman ō Dēwān 3 : 247

Moyen-perse épigraphique

KNRm : 219

KSM : 219

Persan

Rivāyat de Kāmdin Šāpur (424) : 135-137, 167 n. 56, 241, 319

Grec

Suda : 117 n. 81

Syriaque

Yoḥannan bar Penkaye : 94

Le collège sacerdotal avestique et ses dieux

Mots

Indo-européen

*ĝh(e)w- : 11
*ĝh(e)w-d- : 11
*h₂r̥-etu- : 157 n. 13
*h₂r̥ti- : 157 n. 15
*h₂r̥tu- : 157 n. 15
*(s)teh₂-ti- : 157 n. 17

Indo-iranien

*jhau̯tar- : 9

Védique et sanskrit

agni- : 112
agnihotrin- : 112 n. 59
agnīdhra- : 66 n. 3, 102 n. 24, 103 n. 29, 112, 114 n. 69, 116 n. 78, 138, 202
aghnīh- : 115 n. 75, 139
acchāvaka- : 67 n. 3, 114, 115 n. 75
adhvará- : 105 n. 33, 113 n. 62
adhvaryú- : 13 n. 26, 70 n. 13, 103 n. 29, 105 n. 33 et 35, 107 n. 40 et 45, 113, 115 n. 75, 125, 138, 139, 231
adhrigu-praiṣa- : 202
átharvan- : 117
ápa-śri- : 64 n. 53
aratí- : 35, 157
ājya- : 117 n. 67
ājyasastra- : 114 n. 67
upagātár- : 13 n. 22
upaśrotár- : 13 et n. 22, 66
usij- : 143 n. 41, 146, 150
r̥- : 35
r̥tá- : 160 n. 30
*r̥tásya r̥túḥ : 33, 155
r̥tú- : 35
r̥tuthā : 202
r̥tuyāja- : 156 et n. 11
r̥túbhis : 35, 156
r̥tvij- : 34, 35, 114, 155, 158
edh- : 112
kaví- : 106 n. 36, 142, 144-148

gr̥hápati- : 98, 107, 144, 145, 231
grāvastut- : 114, 115 n. 75
jaritár- : 62
dákṣiṇā- : 88 n. 112, 150 et n. 66
dānastuti- : 51 n. 17, 150 et n. 66
nī- : 112 n. 58
neṣṭr̥- : 68 n. 5, 102, 103 n. 29, 112 et n. 58, 115 n. 75, 138, 139
pavītŕ̥- : 11 et n. 7
pótr̥- : 69 n. 9, 103 n. 29, 112 et n. 57, 114 n. 69, 116 n. 75, 138, 139
purohita- : 108 n. 48, 143 n. 41
prakr̥yā- : 9 n. 3
pratima-pratiṣṭhā- : 29 n. 17
pratiṣṭhā- : 29 n. 17
prábhartar- : 61 n. 24
prāstotr̥- : 115 n. 75
bráhman- : 108 et n. 47
brahmán- : 103 n. 29, 107 n. 45, 108 et n. 47, 113, 114 et n. 69, 115 n. 72, 139
brahmaṇācchaṃsim- : 115 n. 75
bhakti- : 249 n. 1
mū́rti- : 249 n. 1
maitrāvaruṇá- : 110 n. 54, 114, 115 n. 75
yaj- : 34, 35 n. 34
yájamāna- : 11, 40, 102, 112 n. 58, 113 n. 64, 145, 148, 149, 223, 224
yajuṣ- : 125, 126
yáṣṭar- : 62
yaṣṭŕ̥- : 11 et n. 6, 62
yātár- : 157 n. 17
yājyā- : 35
yātú- : 35, 157 et n. 17
yā́man- : 157 n. 17
yūpa- : 201
rákṣas- : 157 n. 17
rakṣás- : 157 n. 17
rādh- : 64
vánam : 201 n. 108
vanditŕ̥- : 11 et n. 7
viśpáti- : 107, 144, 145
vedhás- : 144
vettr̥- : 105 n. 33
śamitr̥- : 200-203

Index

śastrayajña- : 105 n. 33
śām- : 202
śrótr̥- : 13 n. 22
sakháy- : 63
sattra- : 116 n. 80
sadasya- : 102 n. 25
saṃjñayeṣṭi- : 115 n. 75
subrahmaṇya- : 115 n. 75
sūd- : 202
soma- : 61 n. 20, 107, 115, 120, 253
somavidha- : 123
sr̥j- : 202
hastá-cyuta- : 159 n. 29
hótr̥-/hótar- : 9-11, 12 et n. 16, 13 n. 26, 62 n. 40, 103 n. 29, 104, 105 n. 35, 107 et n. 40 et 45, 108-109 n. 48, 109-110 n. 51, 110 n. 54, 112, 114 et n. 69, 115 n. 75, 118 et n. 93, 139, 145, 146, 148, 194, 201, 202-203
hotrá- : 12
hotr̥ka- : 12 et n. 16
hotr̥vūrya- : 12

Avestique

aēθrapati- : 117 n. 85, 212
aēθriia- : 117 n. 12
aduuan- : 55
aθauruuan-/aθrauuan- : 28, 116-117
aibi.jarətar- : 62
arədra- : 64
ātrauuaxša- : 25, 33, 38-39, 48, 51-52, 59-60 et n. 15, 65, 67 n. 3, 72, 74, 76, 81, 89, 91 n. 2, 93, 102, 133, 154, 163 et n. 49, 164, 175, 176, 177, 181, 182, 185, 186, 187, 197, 208 n. 2, 221, 237, 238, 242
ātrəuuaxš- : 66 n. 3
ātrə.vazana- : 67 n. 3
āθrauuan- : 116
ābərət- : 65, 68 n. 5, 68-69 n. 6, 69 n. 7, 72, 74, 76, 91, 133, 138, 154, 166, 182, 183, 186, 245
āfrītar- : 61, 140-141
āstaoϑβana- : 215
ā-stāiia- : 29 n. 15
āstuiiē : 49

āsnātar-/āsnāθr- : 26, 33, 65, 69 n. 9, 72, 74, 76, 77, 91 n. 2, 133, 138, 154, 162 et n. 46, 163 n. 49, 164, 166, 167, 181-183, 185, 187
ā-snaiia- : 69 n. 9
əuuistō.kaiiaδa- : 28 n. 11
upa.sraōtar- : 12-13 n. 22, 46, 62, 80, 167, 198, 236
uzaiieirina- : 33, 133, 154-155
uz-vāza- : 69 n. 6
kaēta- : 27-28 n. 11
kaiiaδa- : 27 n. 11, 45
kauui- : 106 n. 36, 118 n. 87, 142, 143 n. 41, 146-150
karapan- : 117 n. 87, 143 n. 41, 146, 150
kahrkatāt- : 234
kahrkāsa- : 234 n. 15
gar-/jar- : 62, 210 n. 14
caϑβārō° : 215
daēnā- : 28, 55, 138, 189, 235
dāitiiō gātu- : 64 n. 52
dānu- : 69 n. 6
dānuzuuāza- : 59, 61, 69 n. 6
ϑβāxšah- : 215
ϑβāša- : 215
°r̥kaēša- : 117 n. 87
paiti.a.sti- : 26, 28-29 n. 15, 167, 170
paiti.stāiia- : 28-29 n. 15
paθ- : 55
parahaōma- : 10 n. 3, 41, 43
parō.darəs- : 232, 234 n. 14
pairi.jasamaide : 88
pairi.jasāi : 88-89
pasuuāzah- : 29, 52, 123, 153, 191, 197, 198-200, 250
barəsman- : 60, 65, 72, 74, 207, 241
frabərətar- : 26, 33, 38, 60 et n. 15, 61, 65, 68 n. 5 et 6, 72, 74, 76, 91 n. 2, 92, 133, 138, 154, 163 et n. 49, 164, 166, 180-181, 182-183, 187, 197-198 et n. 82, 199
framarətar- : 62, 63
*framazdā- : 218 n. 57
frauuarānē : 27, 45, 49, 55
frauuaṣi- : 189, 228
frastuiiē : 49
frašō.kərəti- : 139
nāfa- : 63

307

Le collège sacerdotal avestique et ses dieux

nāfiia- : 63
nāfiiah- : 63
magauuan- : 149 n. 65
maṇθ- : 71 n. 63
²*mar- (fra°)* : 62
mąθra- : 66 n. 2, 99, 233
mąθrān- : 63, 66 n. 2
moγu- : 63
moγu.ṯbiš- : 63
yaoždātar- : 62
yazəmna- : 45-46, 48, 147-150 et n. 61, 223
yaštar- : 62, 140-141
varz- : 70 n. 13, 231 n. 1
varəzāna- : 63
varəzāna.ṯbiš- : 63
raēʋβiškara- : 26, 60-61, 65, 76-77, 91 n. 2, 133, 163 n. 49, 166-167, 182-183, 185, 209, 214
¹*ratu-* : 34 et n. 25
²*ratu-* : 32-33 et n. 23, 34-36 et n. 25, 79 et n. 75, 81, 101, 121, 153-155 et n. 3 et 6, 156 n. 13, 158-161 et n. 42, 167, 198, 207, 209, 212-213, 218, 251
ratuθβa- : 36, 162 et n. 46, 213-214
¹*raθβiia-* : 161
²*raθβiia-* : 161, 198, 210-211, 212-213 et n. 24, 214
**răθβiiaka-* : 36, 210, 214, 216-219
raθβiiō.varšti- : 158
rapiϑβā- : 214
rapiϑβitara- : 214
rapiϑβina- : 70 n. 12, 214
rapiϑβinatara- : 214
rād- : 64
rādah- : 64
rāna- : 13 n. 23
uruϑβan-/ar- : 215
saōšiiaṇt- : 55, 56, 141 n. 33, 189, 241
staotar- : 11, 62, 140, 141 n. 33
stūna.yuxtiš : 65 n. 54, 75 et n. 66
sraošāuuarəza- : 12, 26, 33, 37 et n. 45, 38-39 et n. 49, 40-41 et n. 51 et 54, 46-47 et n. 10, 49, 60-61, 65 et n. 53 et 57, 72, 74, 76, 80, 81 n. 89, 84, 91, 98-99, 100-101, 125, 128, 129, 133, 137, 138, 154, 163 n. 49, 164, 166-167,

179-181 et n. 33, 182-185, 186 n. 38, 187, 197, 231-233, 235-237, 239, 241-247 et n. 82, 249, 251
sraošō.carana- : 101 n. 20, 240
zaōθra- : 10 n. 3, 196
zav- : 62
zastāišta- : 159 n. 29
zbatar- : 62, 140, 141
haōma- : 66 n. 2, 71, 72, 115, 119-125, 187, 196, 207 n. 2, 253
**haōmā-auuisti-* : 207 n. 2
haši- : 63 et n. 42
hāuuanān- : 25, 33, 59-60, 65, 66 n. 2, 71, 74, 76, 91 n. 2, 92, 133, 154, 182 et n. 46, 163 et n. 49, 164, 166, 167, 174, 180-182, 185, 186, 196, 218
hāuuani- : 66 n. 2

Vieux perse

**abiš(h)avaka-* : 218
*aθarvapatiš : 119 n. 96
*bagaratuš : 218
magu- : 14, 63, 218
**magu-pati-* : 119 n. 96

Pehlevi

abar-srōdārān : 80, 226
ahreman : 217 n. 51
andarag : 76, 84-88, 133
ardaxšīr : 257 n. 51
arzah : 129-133
āburd(ar) : 30, 32, 59, 127, 128, 131-132, 135 et n. 14, 154, 164 et n. 50
āburdīh : 92, 93, 164
āb-zohr : 10 n. 3, 191 n. 59 et 60
ādušt : 84
āsnadār : 30, 32, 33, 59, 70 n. 10, 92, 127, 128, 131, 132, 134 et n. 14, 154, 163 et n. 47, 164 et n. 50
āsnayīdan : 70 n. 10
āsnīdār : 59, 60, 69-70 n. 10
āsnūdār : 59
aštuwānīh : 215
āsrō : 116
āsrōg : 31, 118 n. 89

Index

āsrōgīh : 30
āsrōn/āsrōnān : 94, 96, 116, 118 n. 92
āsrōnīh : 94
ātarwaxš : 30, 32, 59, 68 n. 4, 72-73, 75, 92-93, 127-128, 131-132, 143 et n. 14, 154, 164 et n. 50
ātarwaxšīh : 30, 92-93, 208 n. 5
ātašgāh : 84
ātaš-zōhr : 196
bandag : 208 n. 5
bang : 225
barsom : 208, 245, 323
bōxt-ruwān : 229
čaharōm : 243, 246
čahār : 215
čehel : 216 n. 50
čīdan : 221 n. 68
čīn : 221 n. 68
day : 100
dēn : 31, 91, 223, 224-225, 227, 235
*dōspurrnām : 80
ērān : 217 n. 51
farnbag : 99 n. 10, 235 n. 16
frabardār : 30 n. 20, 59, 72-73, 75, 83, 92, 175 n. 16 , 180, 199
frabardārīh : 92
frarōn kunišn(īh) : 158
frašgird : 92
frašgird-kardār : 126, 130
frašgird-kardārīh : 134
gētīg : 16, 92, 93, 120, 123
hammēstagan : 222
hangerb : 223-225
hāwanān : 30 n. 20, 32, 40 n. 53, 59, 72-73, 75, 92-93, 127-128, 131-132, 134 et n. 14, 154, 163-164 et n. 47 et 50, 180
hāwanānīh : 92-93, 163-164
hērbed : 14 et n. 17
hēraggōn : 94
kanīg-kirb : 224 et n. 78
kark : 233-234
kay : 136, 143 n. 41
kēδ : 27 n. 11
kišwar : 127-129, 131 n. 9, 133, 136, 137
nām : 80 n. 83
nāmay : 80 n. 83

mard-kirb : 224 et n. 78
mēnōg : 217 n. 51
mēnōg-wēnišnīg : 220
moy/mow : 15 n. 28, 119 n. 96
radpassāg : 34 n. 26, 79
rahīg : 217-218, 223
rapihwin : 70 n. 12, 209 n. 10, 214, 215
rapihwintar : 214
rāspīg : 9 n. 2, 13 et n. 26, 26, 30 et n. 20, 36, 38, 55, 65, 67 n. 3, 70 n. 10, 75, 77 et n. 71 et 72, 78, 80-84, 91, 93, 95, 162, 166, 170-172, 175 n. 16, 178 n. 24, 180, 196, 199, 208-209, 214-215, 216, 229, 237 n. 27, 245, 323
rehwiškar : 30, 32, 60, 70 n. 12, 72-73, 75, 127, 128, 131, 132, 134 et n. 14, 154, 164, 209 et n. 7, 214
rōd-wazēnīdār : 59, 69 n. 8
rōd-wazēnīdārīh : 69 n. 8
ruwān : 195, 224-225 et n. 78, 229
sawah : 129-133
spāš : 215
srōšāwarz : 30, 32, 37 n. 45, 60, 72-73, 75, 92-93 et n. 12, 128, 134 et n. 14, 154, 164 et n. 50, 231, 233, 236 et n. 21, 241
srōšočarnām : 37 n. 45
šahryār : 221 et n. 69, 221-223
tuxšāgīh : 215
uruspar : 215
urwēs : 76, 84 et n. 100, 89, 133-135
urwarām : 10 n. 3
wāž girišnīh : 38 n. 48
widadafš : 129-132
wōrūbaršt : 129-132
wōrūjaršt : 129-132
xwanirah : 127-133, 241
yazišngāh : 84, 89
zan : 225, 227
zōd/zōt : 9 n. 2, 13 et n. 23, 24-25, 30 et n. 20, 36, 37 n. 41, 38, 55, 61 n. 23, 67 n. 3, 72-75, 77 et n. 71 et 72, 78-79 et n. 75, 80-81, 82-83, 84, 91-93, 99 et n. 12, 127-129, 131-132, 135, 163 et n. 47, 166 et n. 53, 171-172, 175 n. 16, 177, 178 et n. 24, 196, 236 et n. 21, 241, 245, 323

309

Le collège sacerdotal avestique et ses dieux

zōdgāh : 64 n. 53, 92
zōhr : 10 n. 3, 72-73, 79, 86 et n. 105, 163 et n. 47, 196-197
zōtdān : 75, 84
zōtīh/zōdīh : 9 n. 2, 154, 163

Moyen-perse épigraphique

čayan/čayēn/čiyēn : 221, 223
cydyn(y) : 221
ēwēn mahr : 229
lysyk : 217-220, 251
lsyk : 217-218 et n. 54
rehīg : 26 n. 10, 36, 162, 217-218, 221, 223, 225-226, 229 n. 88, 251

Moyen-perse manichéen

ahrimen : 217 n. 51

Parthe

čafār : 216
nidfār : 216
mgbyd : 119 n. 96

Sogdien

vaγnpat [βγnpt] : 15 n. 28
mγδβ- : 119 n. 86
moγpat [mwγpat] : 15 n. 28
nwyδm' : 110 n. 54

Chorasmien

rid : 34 n. 25

Pāzand

zōṯ : 13, 25-26
rāspī : 25

Persan

bāj : 12, 49
čihil : 216 n. 50

īrān : 217 n. 51
xurōh : 235 n. 16
xurōs : 235 n. 16
wāž/wāz : 12 et n. 20, 38-39 et n. 48, 50-51, 208 n. 2

Kati

ištikavan : 12
ištihék : 12
utō : 11
wutō : 11

Prasun

wutā́ : 12
utṍ : 12

Araméen

'*bšwk* : 218

Arménien

bagnapet : 15 n. 28
mogpet : 119 n. 96

Arabe

'*īd* : 34 n. 25
harābidha : 14 n. 27

Syriaque

būrsemē : 94

Moyen-indien

bakanapati/vakanapati : 15 n. 28

Élamite

m.an-tar-ma-ša : 67 n. 3
ma-ku-iš : 218
pirramadda : 218
haturmakša : 218 n. 55

Index

Latin

Arīmanius : 217 n. 51
armus : 157
ars, artis : 157 n. 15
artus : 35, 157 et n. 15
axis mundi : 88
immolāre : 191 n. 58
immolātio : 191 n. 58
mola : 191 n. 58
quattuor : 216
salsa : 191 n. 58

Grec

Ἀρείμανιος : 217 n. 51
ἀρτύς : 157 n. 15
Ὀστᾶναι : 117 n. 81
στρόφις : 157 n. 17

Germanique

vieil allemand **gudjan* : 11
norv. *guðija* : 11

Vieux slave

тать : 157 n. 17

Vieil-irlandais

taid : 157 n. 17

Arguments

Ādityas : 102, 104, 106 n. 38, 139, 195
Ādurbad ī Māraspandan : 229 n. 88
Akchakan : 239 n. 39, 240, 243
Aməṣa Spəṇtas (Amahraspandan) : 28, 33, 46-47, 98, 102-103 et n. 23, 104, 140-141, 179, 186-188, 190, 195
Āprī- : 109 n. 48, 110 n. 51, 201
Axis Mundi : 88
Bharata : 105 n. 35
Bṛhaspati : 106 n. 38, 139, 142, 145
Cautes : 244
Cautopates : 244
Cérémonie du sedōs : 247 n. 62
Chaîne rituelle : 43, 147
Činwad : 222, 243, 245
Cosmographie : 33, 43-44, 84, 87, 88, 129, 155, 244
Désintallation/Désengagement : 153, 175, 176-180, 182
Daēna- : 28, 55, 138, 189, 235
Dō-Hōmāst : 207 n. 2

Espace sacrificiel : 84 n. 100, 87 n. 109, 92, 110 n. 51, 127, 164, 169, 176
Eucharistia : 252
Femmes : 27, 33 n. 24, 101, 103 n. 29, 112 n. 58, 139, 160, 161 n. 37, 235
Feu : 105, 112 et n. 59, 113 n. 62, 122, 124, 126, 128, 131, 133, 134, 138, 145, 159 n. 29, 163, 177, 179, 186, 192, 195 n. 77, 196, 197, 201, 202, 208 n. 5, 221-223, 235 n. 16, 237, 242, 244-245, 247, 232
Frauuaṣi- : 189, 228
Fšūšō Maθra : 169, 170, 171, 176-178
Gāhānbārs : 207 n. 2
Hadayōs : 134, 203
Haōma : 10 n. 3, 24, 35, 43, 60, 66 n. 2, 71, 72, 115, 119, 120-124, 187, 196, 207 n. 2, 239 n. 38, 253
Himmelsreisen : 235
Iconostasis : 252
Indra : 103 n. 29, 106 n. 38, 111 n. 56, 139, 142, 145, 147

311

Le collège sacerdotal avestique et ses dieux

Initiation : 13 n. 24, 226 n. 83, 227 n. 84, 253
Installation : 23-26, 28-32, 36-40, 46-47, 49-52, 55, 65 et n. 56, 77 et n. 69, 103-104 n. 30, 133, 161 n. 40, 169-170 et n. 6, 173-179, 184, 189, 190, 196-199, 201, 203, 210, 213, 236, 237 n. 27, 250, 315, 316, 317
Kayanides : 143 n. 41
Kerdīr : 26 n. 10, 207, 219-229, 242, 251
Kuntāpas : 110 n. 54
Kuru : 105 n. 35
Lupercales : 88 n. 112
Mahāsena : 238 n. 31
Maruts : 106 n. 38, 142
Miankal : 222
Mihr-Narsēh : 208 n. 5
Mimesis rituelle : 129, 204 et n. 13
Molla-Kurgan : 110 n. 54, 240 n. 60, 323
Mŗtāṇda : 102, 139
Nirūḍhapaśubandha : 201
Nividas : 188, 240
Parōdarš : 233-234, 236, 246
Pouvoir rituel (grand et petit) : 40 n. 51, 44 n. 2, 146, 175
Praiṣas : 110-111 n. 54
Purorucas : 110 n. 54
Résurrection : 131, 133, 135, 136, 137, 138, 139, 228, 246, 247, 253
Šābuhr II : 229 n. 88
Sacrifice animal : 121, 122 n. 103, 186, 191 n. 58, 192, 193, 197, 201
Saōšiiaṇt- : 55, 56, 141 n. 33, 189, 241
Sivaz : 222 et n. 71, 324
Sraōša/Srōš : 39, 47 et n. 10, 70 n. 13, 90-101, 125, 129, 137, 138, 172, 178-179, 187, 195, 211-212 et n. 18, 222 et n. 70, 223, 231, 231-237, 238 n. 31, 239 n. 38 et 39, 240-242, 244, 245, 246, 247 et n. 62, 251
Temps cosmique : 43-44
Transubstantiatio : 252
Tvaṣṭṛ- : 102, 103 n. 29, 112 n. 58, 139
Via crucis : 228
Vánaspáti : 201
Vīštāspa : 142, 143, 147, 150
Vivasvant : 102, 139

Yima : 84, 137-138, 222, 223
Yumalaktepe : 222, 325
Zaraθuštra : 63, 91, 98, 99, 140, 142, 143 n. 40, 147, 150, 155 n. 6, 211, 213, 232, 233
Zurwān : 94

PLANCHES

Pl. 1. Diagramme avec le *yazniš gāh* ajouté au *Vr.* 3,1 concernant l'installation du collège sacerdotal, selon le ms. 2007, Vaziri Library, Yazd, extrait de l'Avestan Digital Archive (https://ada.geschkult.fu-berlin.de), fol. 98r

Pl. 2. Diagramme avec le *yazniš gah* ajouté au *Vr.* 3,1 concernant l'installation du collège sacerdotal, selon le ms. 2104, Muze-ye Zardoštyān-e Kermān, extrait de l'Avestan Digital Archive (https://ada.geschkult.fu-berlin.de), fol. 45v

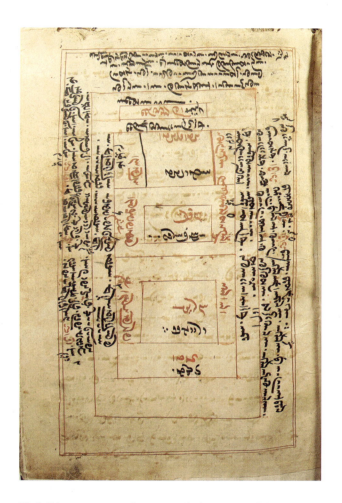

Pl. 3. Diagramme avec le *yazništāh* ajouté au *Vr.* 3,1 concernant l'installation du collège sacerdotal, selon le ms. 4040 [Ave1001], Rawanyan-Niknam, extrait de l'Avestan Digital Archive (https://ada.geschkult.fu-berlin.de), fol. 27r

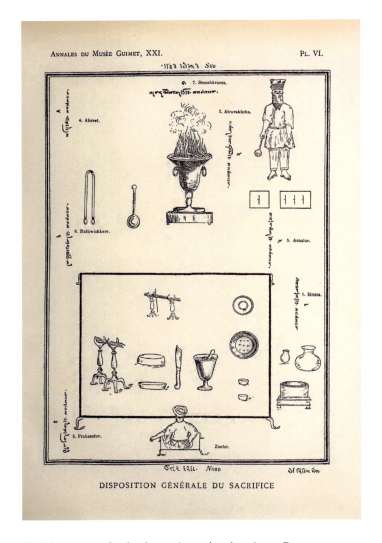

Pl. 4. Le *yaznišgāh* selon la représentation donnée par Darmesteter (*Le Zend-Avesta*, I, p. 46)

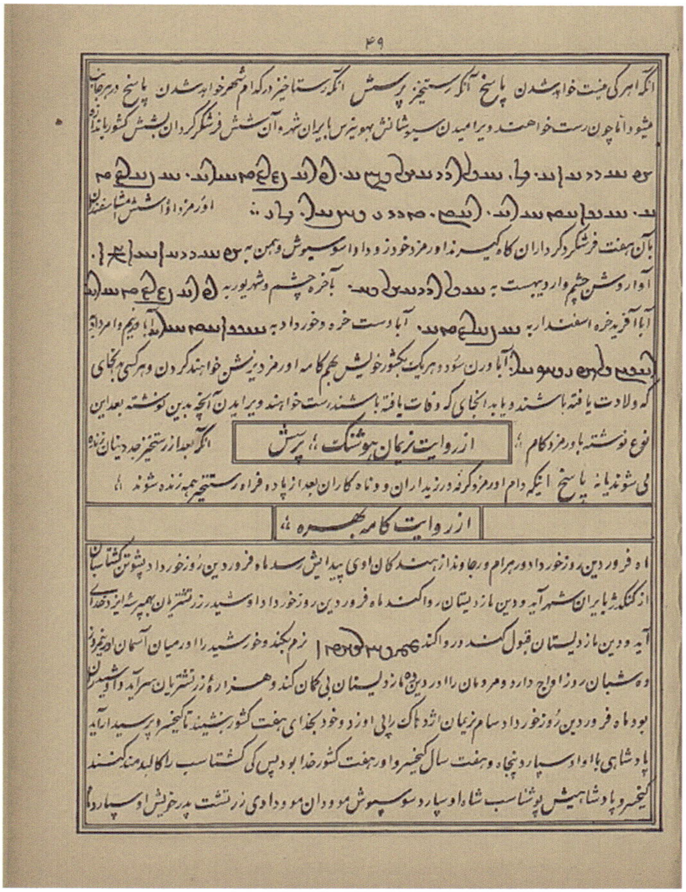

Pl. 5. La *Rivāyat* persane 424 de Kāmdin Šāpur selon l'édition Unvala, *Dârâb Hormazyâr's Rivâyat*, II, p. 49

Pl. 6. Diagramme avec le *yazništāh* ajouté au *Y.* 58,9 concernant le procès de désengagement du collège sacerdotal, selon le ms 4515_FIRES1, Zoroastrian Association of Houston, extrait de l'Avestan Digital Archive (https://ada.geschkult.fu-berlin.de), fol. 279r

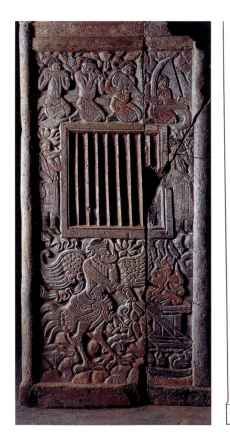

Pl. 7. Le prêtre ailé sur le sarcophage sogdien de Xi'an. Document Frantz GRENET

Pl. 8. Les peintures murales de Bāmyān, sur les deux côtés de la peinture de Miθra. Document Frantz GRENET

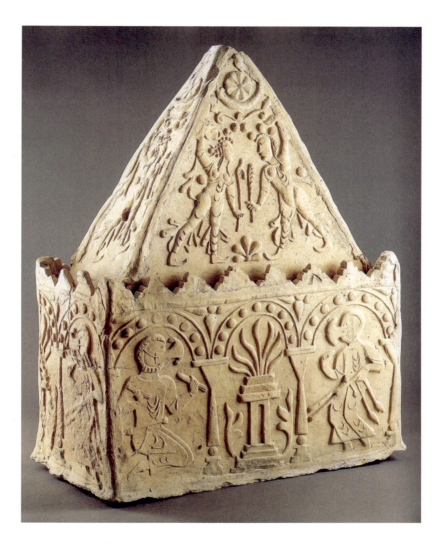

Pl. 9. L'ossuaire de Durmen Tepe, Mallakurgan, proche de Samarkand. Détail montrant les deux prêtres officiants. À gauche, le *zōt* assis au contact de la terre, tenant des *barsoms* courts. À droite, le *raspīg* assumant ici la fonction d'*ādurwaxš*, avec l'*ātrəuuazana-* (ici un soufflet) pour activer le feu. Document Frantz GRENET

Pl. 10. Dessin de l'ossuaire de Sivaz. Document Frantz GRENET

Pl. 11. Ossuaire de Yumalaktepe. Document Frantz GRENET

TABLE DES MATIÈRES

Abréviations 7

Introduction 9

Partie I
Préparation du sacrifice
et installation du collège sacerdotal

Chapitre I. — Préparation du sacrifice et installation des sept prêtres : témoignages avestiques 23

Chapitre II. — La chaîne rituelle et l'identité de l'installateur 43

Partie II
Prêtres et dieux : symbolisme du collège sacerdotal

Chapitre III. — Noms et fonctions des sept prêtres assistants 59
    Considérations sur la disposition des assistants lors des cérémonies longues 64
    Appendice 1 : notes 2 à 13 66
    Appendice 2 : *Nērangestān* 54-59 71
    Appendice 3 : *Nērangestān* 60-61 74
    Appendice 4 : disposition des prêtres selon le *Nērangestān* et le *Visprad* 76
    Appendice 5 : symbolique de l'*andarag* 84

Chapitre IV. — Les prêtres avestiques : traditions récentes 91

Chapitre V. — Composition du collège sacerdotal gāθique et avestique récent à la lumière de la comparaison indo-iranienne : dieux et prêtres 97

Chapitre VI. — Le collège sacerdotal et les Aməṣ̌a Spəṇtas 127

    Appendice 6 : les autres listes de prêtres 140

    Appendice 7 : avestique *kauui-* 142

PARTIE III

TEMPS RITUEL ET INTÉGRITÉ DE L'ORDRE COSMIQUE

Chapitre VII. — La chaîne ininterrompue de la liturgie
du sacrifice 153

    Réflexions sur le signifié de l'avestique *ratu-* 154

Chapitre VIII. — Encore *Y. 58* : désinstallation ou désengagement du collège sacerdotal ? 169

    Appendice 8 : remarques sur le prêtre *pasuuāzah-* 191

PARTIE IV

KERDĪR ET SA LITURGIE OU DE LA MIMÊSIS RITUELLE

Chapitre IX. — À propos de l'avestique *ratu-*, *raθβiia-*,
du pehlevi *rad*, *radīg*, *rāspīg* et du moyen-perse épigraphique
rehīg [lysyk] 207

    Appendice 9 : les lysyk de Kerdīr 219

Chapitre X. — Jouer avec les dieux, jouer comme un dieu :
le prêtre *sraōšāuuarəza-* 231

Conclusions 249

Références bibliographiques 255

Liste des manuscrits utilisés 301

Index 303

Planches 313

BIBLIOTHÈQUE DE L'ÉCOLE DES HAUTES ÉTUDES, SCIENCES RELIGIEUSES

vol. 170
H. Seng
Un livre sacré de l'Antiquité tardive : les Oracles chaldaïques
149 p., 156 x 234, 2016, ISBN 978-2-503-56518-7

vol. 171
Cl. Zamagni
L'extrait des Questions et réponses *d'Eusèbe de Césarée : un commentaire*
358 p., 156 x 234, 2016, ISBN 978-2-503-55830-1

vol. 172
C. Ando
Religion et gouvernement dans l'Empire romain
320 p., 156 x 234, 2016, ISBN 978-2-503-56753-2

vol. 173
Ph. Bobichon
Controverse judéo-chrétienne en Ashkenaz (XIIIe siècle)
Florilèges polémiques : hébreu, latin, ancien français
(Paris, BnF Hébreu 712, fol. 56v-57v et 66v-68v)
305 p., 156 x 234, 2016, ISBN 978-2-503-56747-1

vol. 174 (Série "Histoire et prosopographie" n° 12)
V. Zuber, P. Cabanel, R. Liogier (éd.)
Croire, s'engager, chercher.
Autour de Jean Baubérot, du protestantisme à la laïcité
475 p., 156 x 234, 2016, ISBN 978-2-503-56749-5

vol. 175
N. Belayche, C. Bonnet, M. Albert Llorca, A. Avdeef, F. Massa, I. Slobodzianek (éd.)
Puissances divines à l'épreuve du comparatisme : constructions, variations
et réseaux relationnels
500 p., 156 x 234, 2016, ISBN 978-2-503-56944-4

vol. 176 (Série "Histoire et prosopographie" n° 13)
L. Soares Santoprete, A. Van den Kerchove (éd.)
Gnose et manichéisme. Entre les oasis d'Égypte et la Route de la Soie.
Hommage à Jean-Daniel Dubois
970 p., 156 x 234, 2016, ISBN 978-2-503-56763-1

vol. 177
M. A. Amir-Moezzi (éd.), *L'ésotérisme shi'ite : ses racines et ses prolongements / Shi'i Esotericism: Its Roots and Developments*
VI + 870 p., 156 x 234, 2016, ISBN 978-2-503-56874-4

vol. 178
G. Toloni
Jéroboam et la division du royaume
Étude historico-philologique de 1 Rois 11, 26 – 12, 33
222 p., 156 x 234, 2016, ISBN 978-2-503-57365-6

vol. 179
S. Marjanović-Dušanić
L'écriture et la sainteté dans la Serbie médiévale. Étude hagiographique
298 p., 156 x 234, 2017, ISBN 978-2-503-56978-9

vol. 180
G. Nahon
Épigraphie et sotériologie.
L'épitaphier des « Portugais » de Bordeaux (1728-1768)
430 p., 156 x 234, 2018, ISBN 978-2-503-51195-5

vol. 181
G. Dahan, A. Noblesse-Rocher (éd.)
La Bible de 1500 à 1535
366 p., 156 x 234, 2018, ISBN 978-2-503-57998-6

vol. 182
T. Visi, T. Bibring, D. Soukup (éd.)
Berechiah ben Natronai ha-Naqdan's Works and their Reception
L'œuvre de Berechiah ben Natronai ha-Naqdan et sa réception
254 p., 156 x 234, 2019, ISBN 978-2-503-58365-5

vol. 183
J.-D. Dubois (éd.)
Cinq parcours de recherche en sciences religieuses
132 p., 156 x 234, 2019, ISBN 978-2-503-58445-4

vol. 184
C. Bernat, F. Gabriel (éd.)
Émotions de Dieu. Attributions et appropriations chrétiennes (XVIe-XVIIIe siècles)
416 p., 156 x 234, 2019, ISBN 978-2-503-58367-9

vol. 185
Ph. Hoffmann, A. Timotin (éd.)
Théories et pratiques de la prière à la fin de l'Antiquité
398 p., 156 x 234, 2020, ISBN 978-2-503-58903-9

vol. 186
G. Dahan, A. Noblesse-Rocher (éd.)
La Vulgate au XVIe siècle. Les travaux sur la traduction latine de la Bible
282 p., 156 x 234, 2020, ISBN 978-2-503-59279-4

vol. 187
N. Belayche, F. Massa, Ph. Hoffmann (éd.)
Les « mystères » au IIe siècle de notre ère : un « tournant » ?
350 p., 156 x 234, 2021, ISBN 978-2-503-59459-0

vol. 188 (Série "Histoire et prosopographie" n° 14)
M. A. Amir-Moezzi (éd.)
Raison et quête de la sagesse. Hommage à Christian Jambet
568 p., 156 x 234, 2021, ISBN 978-2-503-59353-1

vol. 189
P. Roszak, J. Vijgen (éd.)
Reading the Church Fathers with St. Thomas Aquinas
Historical and Systematical Perspectives
520 p., 156 x 234, 2021, ISBN 978-2-503-59320-3

vol. 190
M. Bar-Asher, A. Kofsky
The 'Alawī Religion: An Anthology
221 p., 156 x 234, 2021, ISBN 978-2-503-59781-2

vol. 191
V. Genin
L'Éthique protestante de Max Weber et les historiens français (1905-1979)
283 p., 156 x 234, 2022, ISBN 978-2-503-59783-6

vol. 192
V. Goossaert, M. Tsuchiya (éd.)
Lieux saints et pèlerinages : la tradition taoïste vivante /
Holy Sites and Pilgrimages: The Daoist Living Tradition
488 p., 49 ill. n/b + 26 ill. couleurs, 156 x 234, 2022, ISBN 978-2-503-59916-8

vol. 193 (Série "Histoire et prosopographie" n° 15)
S. Azarnouche (éd.)
À la recherche de la continuité iranienne. De la tradition zoroastrienne
à la mystique islamique.
Recueil de textes autour de l'œuvre de Marijan Molé (1924-1963)
338 p., 3 ill. n/b, 156 x 234, 2022, ISBN 978-2-503-60022-2

vol. 194 (Série "Histoire et prosopographie" n° 16)
S. De Franceschi, D.-O. Hurel, B. Tambrun (éd.)
Le Dieu un : problèmes et méthodes d'histoire des monothéismes.
Cinquante ans de recherches françaises (1970-2020)
916 p., 156 x 234, 2022, ISBN 978-2-503-60112-0

Cet ouvrage a été réalisé avec la chaîne d'édition structurée Métopes
(Méthodes et outils pour l'édition structurée) développée par
le pôle Document numérique de la MRSH de Caen.

Réalisation : Morgan Guiraud
École pratique des hautes études